『みんなが欲しかった! 社労士の直前予想模試』は Webコンテンツ

無料

は じ め に

　本書は、『みんなが欲しかった！　社労士シリーズ』の直前予想問題集です。同シリーズの『社労士の教科書』や『社労士の問題集』で学習してこられた方に贈る、社労士直前対策用書籍となります。

　社労士試験では出題内容のおおよそ半数が基本事項であることから、本書は、その基本事項を中心とした予想問題を作成しています。本書を繰り返し解き、本試験の形式に慣れること、そして、今まで勉強してきた成果が本番でしっかり出せるように、丁寧に復習し、知識の定着を図ってください。自信をもって本試験会場に向かっていただけると思います。

　本書を活用してくださった多くの方が、見事、2024年度の社労士試験合格の栄冠を勝ち取っていただければ幸いです。

2024年3月吉日
TAC社会保険労務士講座

CONTENTS

● 本書の構成

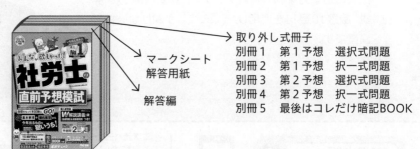

取り外し式冊子
別冊1　第1予想　選択式問題
別冊2　第1予想　択一式問題
別冊3　第2予想　選択式問題
別冊4　第2予想　択一式問題
別冊5　最後はコレだけ暗記BOOK

マークシート
解答用紙

解答編

本書の特長

 特長1 本試験と同じスタイルの
問題が2回分!

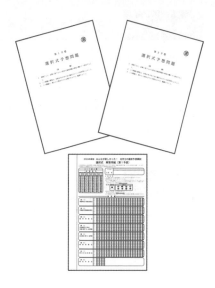

　本試験前の力試しとして、これまでの学習の最後の総仕上げに解いていただく予想問題です。基本事項を中心としていますので、知識に抜けがないかを確認するためには最適なツールです。

　マークシート解答用紙つきで、本試験と同じスタイルなので、完璧な予行練習ができます。

　マークシート解答用紙は、次のサイトにアクセスしていただければ、無料で何度でもご利用できます!

TAC出版の書籍販売サイト　Cyber Book Store
「書籍連動ダウンロードサービス」ページより
https://bookstore.tac-school.co.jp/download_service/

 特長2 わかりやすい丁寧な解説で、
復習もスムーズ!

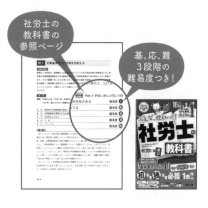

社労士の
教科書の
参照ページ

基、応、難
3段階の
難易度つき!

　解答編では、問題ごとに丁寧な解説を掲載しています。サクサクと確認できる、要点をおさえた解説なので、時間のない直前期も無理なく使っていただけます。また、解説には、本シリーズ『社労士の教科書』の参照ページを記載していますので、復習の過程でさらに知識を補強していくこともできます。

 特長3 「最後はコレだけ暗記BOOK」
で最後の仕上げ!

最後はコレだけ
暗記BOOK

これでファイナルチェックも
万端!

　本試験頻出の内容をぎゅっとまとめたスペシャルコンテンツ!

　注目度の高い改正内容をまとめた「労働契約法制及び労働時間法制の見直しに係る改正総まとめ」と、本試験当日までに絶対に覚えておきたい暗記事項をまとめた「最後にココだけ暗記ポイント」の強力2本立てです。本試験当日まで何度も見返して、しっかり確認しましょう。

本書の効果的な活用法

Step 1　まずは時間を計って解いてみましょう！

　まずは、全科目通しで解いてみることが重要です。本試験どおりの時間で、1回分ずつ解いていきましょう。時間配分を意識しつつ、制限時間内にすべて解き終わるようにします。

〈参考〉令和5年度の社会保険労務士試験実施要綱より
　選択式　10:30〜11:50（80分間）　　択一式　13:20〜16:50（210分間）

Step 2　解答編で答え合わせをしっかりしましょう！

　問題を解いたら、必ず解答編を見ながら、答え合わせをしましょう。間違えた問題は、なぜ間違えてしまったのかを考え、丁寧に復習しましょう。

　まずは「基」レベルから始め、次に「応」レベル、「難」レベルと進めていきましょう。「基」レベルの問題を落としてしまっていたら、基本的な知識があやふやになっている可能性が高いので、『社労士の教科書』に戻ってしっかり確認するといいでしょう。

　全体の総得点も出して、今の実力で何割くらいとれるのかを把握しておくことが大切です。解いた日付と得点を（8）ページの「得点アップシート」に書き込んで確認しましょう。

　社労士試験は、科目ごとの基準点があります。とくに点数が低い科目は、苦手科目ということもあるので、本試験までにしっかり克服できるように復習をがんばりましょう。

〈難易度の目安〉
基 必ず正解してほしい基本事項。
応 点差がつく応用問題。
　　 復習で完璧にしておこう！
難 正解できなくても気にしなくてOK！
　　 正解できたら自信をもって！
　　 復習で理解しよう。

〈配点〉
選択式　1問5点、40点満点
択一式　1問1点、70点満点

Step 3　3回は解く！

　本書の問題は、最低でも3回は繰り返し解きましょう。「得点アップシート」に記録しながら、最終的にはすべての問題が完璧に解けるようになるまで学習しましょう。

▶ **2024年6月中旬〜**

みんなが欲しかった！ 社労士の直前予想模試

厳選問題 解き方解説講義

【担当講師】
原田 悠太郎

本書の問題を使用し、「どうすれば解答を導けるか」解答へのアプローチの仕方を解説します。本番力がアップすること間違いナシ！ 1回あたり2時間半で、選択式30分、択一式2時間です。択一式は、スキマ時間でも学習しやすいように、2時間をさらに30分ずつに分けました！

2.5時間 ×2回

直前対策の進め方

　本試験がいよいよ近づいてきました。この時期からは、スケジュール管理をしっかり行い、やるべきことをしっかり整理しながら、着実にこなしていくことが大切です。TAC出版では、社労士試験絶対合格のために、直前対策用の書籍も豊富に刊行しています。本書の模試を解いて、改めて確認しておきたい箇所が出てきたら、ぜひ活用してください。

TAC出版の社労士本　直前期の今、オススメしたい書籍

◎法改正、一般常識対策にはコレ！

**『2024年合格目標　無敵の社労士3
　　完全無欠の直前対策』**（2024年5月下旬刊行予定）

【おもな掲載内容】
・法改正最前線　総まとめ講義
・最強の一般常識対策（一般常識法規、統計調査、白書、演習問題）
・最終チェック！　重要判例　徹底解説　厳選10選！
　ほか特集多数！

◎知識整理、暗記にはコレ！

**『2024年度版　みんなが欲しかった！
　　社労士全科目横断総まとめ』**

科目横断整理と、科目ごとの重要事項を表形式ですべて整理できる最強の要点整理本！　コンパクトサイズで、直前期の今でも無理なくこなせるボリューム感です。

◎最後はやっぱり過去問で仕上げる！

**『2024年度版　みんなが欲しかった！
　　社労士の年度別過去問題集　5年分』**

直近5年分の本試験問題を年度別に収載！　今まで一問一答形式での演習は積み重ねてきたが、本書のように五肢択一形式になると慣れない、解答しづらい…と感じた方は、ぜひこの年度別過去問題集でトレーニングしてください。

◎さらにハイレベルな予想模試にチャレンジ！

『2024年度版　本試験をあてる
　TAC直前予想模試　社労士』

本書を解き終えた後、まだ余力があるという方には、より高い
レベルの模試もご用意！　模試2回分と、難問対策用の選択式
プラスワン予想、最新の改正まとめなど、内容も充実！

スケジュールイメージ

　今から本試験までにやるべきことを、次のようなイメージで考えてみてください。無理の
ないスケジュールを組むことが重要です。本試験当日には「やるだけやった！」と自信をも
って会場に向かえるように、今からできることをコツコツと進めておきましょう。

本試験→

5月	6月	7月	8月
全科目の基礎学習をすべて完了	本試験形式の問題演習を繰り返し行い、弱点の強化を図る		法改正・一般常識対策、総復習

やること

得点アップシート

第1予想

	選択式			択一式		
	1回目(／)	2回目(／)	3回目(／)	1回目(／)	2回目(／)	3回目(／)
労基安衛	点	点	点	点	点	点
労災（徴収）	点	点	点	点	点	点
雇用（徴収）	点	点	点	点	点	点
労一	点	点	点			
社一	点	点	点	点	点	点
健保	点	点	点	点	点	点
厚年	点	点	点	点	点	点
国年	点	点	点	点	点	点
合　計	点	点	点	点	点	点

第2予想

	選択式			択一式		
	1回目(／)	2回目(／)	3回目(／)	1回目(／)	2回目(／)	3回目(／)
労基安衛	点	点	点	点	点	点
労災（徴収）	点	点	点	点	点	点
雇用（徴収）	点	点	点	点	点	点
労一	点	点	点			
社一	点	点	点	点	点	点
健保	点	点	点	点	点	点
厚年	点	点	点	点	点	点
国年	点	点	点	点	点	点
合　計	点	点	点	点	点	点

目標得点

	第1予想		第2予想
選択式	総得点30点以上かつ 各科目3点以上	選択式	総得点28点以上かつ 各科目3点以上
択一式	総得点50点以上かつ 各科目4点以上	択一式	総得点48点以上かつ 各科目4点以上

令和6年度本試験では ココ が出る！
TAC講師予想論点

ラストスパート頑張ってください！

【労基・安衛・労災・雇用・徴収担当】

中村 翔太 TAC 社会保険労務士講座 専任講師

S.N社会保険労務士事務所 代表 株式会社S.N経営労務コンサルティング
代表取締役 株式会社エヌエー 代表取締役社長
講義では豊富なレジュメや実務家ならではの話を通じ、受験生にわかり
やすい講義を心がけている。神戸校を担当。
事務所HP：https://s-nakamura-sr.com/

> 2024年、直前期に入りました。この時期は焦りや不安
> が高まる時期かと思います。合格への道のりは大変厳
> しいですが、人生が変わるような本当に価値のある資
> 格です。試験当日に自信を持って受験できるようラスト
> スパート頑張ってください！

即戦力になる情報をお届けします！

【労一・社一担当】

原田 悠太郎 TAC 社会保険労務士講座 専任講師

手品師、社労士、大学院生。平成28年の社会保険労務士試験に一発合
格。現在、総合本科生の教室講義（大宮校）と、速修本科生の収録講義
（新宿校）を担当。好きな社労士試験の論点：社会保障制度の沿革。趣
味：考えごと。

> 本書の解き方解説講義を担当しているのが私です。
> 「効率的な解き方は？」「知識だけで勝負ができない
> 問題にはどう対処する？」といった、即戦力になる情報
> をお届けしています。私も収録を頑張ったので、あとひ
> と息、私と一緒に頑張りましょう！

今年の本試験では何が出るのか…
TAC講師3名の予想を大公開!

最後まで諦めないで!

【健保・厚年・国年担当】

山本 裕貴　TAC 社会保険労務士講座　専任講師

中央大学卒業後、東証プライム市場上場企業に就職し、採用や育成を始めとした人事労務管理業務に興味を抱く。退職後、社会保険労務士事務所である山本労法事務所に就職。2021年に社労士試験に合格し、現在は中小企業の労務相談業務を中心に携わりながら、TAC立川校にて講師を務めている。

事務所HP：http://y-rouhou.jp/

> 本書を解いている現在が、受験勉強の正念場という方も多いのではないでしょうか？　問題を解いていると、知識の定着ができていないことに、不安や焦りを覚えることも多いと思います。ですが、どうか最後まで諦めずに、8月の本試験を迎えて下さい！　本書が、皆さんの合格につながることを祈っています！

CHECK!!

予想論点の見方

 本命　講師イチ押しの論点

 対抗　本命にできなくとも確実に押さえておきたい重要論点

 改正　直近の改正で出題可能性が高い論点

 大穴　一か八かの論点（信じるかはアナタ次第…）

労働基準法

 **本命** 賃　金

　賃金の論点に関しては、過去の出題実績から本命と言って間違いないでしょう。出題傾向としては、「賃金」という分野から満遍なく出題されています。

　近年の択一式の注意点として、令和5年の本試験でも出題されていたように、**簡単な計算をさせる事例問題**が増加傾向にあります。**休業手当**や**平均賃金**の論点に関しては、細かな通達まで押さえ、事例問題に対応できるようにしましょう。

　選択式に関しては、毎年**最高裁判例**から出題されます。過去の出題実績として賃金に関する判例が出題されていますが、賃金の返還請求権を論点とした「**福島県教組事件**（最一小判昭和44年12月18日）」に注意しましょう。「福島県教組事件」は、賃金の過払のあった場合に、**発生した時期と合理的に接着した時期**においてなされ、かつ、**労働者の経済生活の安定をおびやかすおそれのない場合**の相殺は、賃金の「全額払いの原則」には違反しないとした非常に重要な判例です。択一式では過去10年間で平成27年、平成29年、令和3年で出題されていますが、選択式では平成21年以降出題されていません。出題から相当の期間が経っていることから再度出題されてもおかしくありません。また、割増賃金に関しても令和2年の本試験では択一式で、令和3年の本試験では選択式でそれぞれ判例が出題されております。「**高知県観光事件**（最二小判平成6年6月13日）」、「**医療法人社団康心会事件**（最二小判平成29年7月7日）」等の**割増賃金の不払い**を争った判例にも注意しましょう。

対抗 労働時間

　賃金に次いで択一式での出題実績も多く、こちらも非常に注意が必要な論点となります。

　まずは、**時間外労働**に関する論点です。労働基準法の改正により平成31年4月から時間外労働の上限が適用されていますが、一部の事業、業務については以前から長時間労働であった等の背景から適用が5年猶予されていました。これらの事業、業務について**令和6年4月から一定の労働時間の上限規制が適用**されました。**自動車運転の業務や医師等の時間外労働の上限規制**に加え、原則の時間外労働の上限規制もしっかり押さえておきましょう。

　また近年、労働基準法以外の法律に関しても副業、兼業を想定した法改正が頻繁に行われています。例えば、労働者災害補償保険法（以下「労災保険法」という。）の令和2年改正の**複数事業労働者、複数業務要因災害**に関する点や、雇用保険法の令和4年の改正により追加された**マルチジョブホルダー制度**などがありますが、労働基準法においても**副業、兼業**に関する分野は注意しましょう。令和2年には「副業・兼業の場合における労働時間管理に係る労働基準法第38条第1項の解釈等（令和2.9.1基発3号）」という副業、兼業の場合の労働時

間管理に関する通達も発せられていますので、その点もチェックしておいてください。

　労働時間に関する最高裁判例に関しては、不活動仮眠時間が労働時間に該当するか争われた「**大星ビル管理事件**（最一小判平成14年2月28日）」や、時間外労働の義務について争われた「**日立製作所武蔵工場事件**（最一小判平成3年11月28日）」などの主要判例をチェックしておいてください。

 ## 労働条件の明示

　労働条件の明示の際の改正が行われ、**無期転換ルール**及び**労働契約関係の明確化**が必要となりました。また、新しく「**就業場所・業務の変更の範囲**」や「**更新上限の有無と内容**」等の明示項目の追加も行われました。労働条件の明示の際の絶対的明示事項、相対的明示事項に加えて、書面での明示が必要な事項に関しても押さえておきましょう。

 ## 高度プロフェッショナル制度、みなし労働時間制

　まずは高度プロフェッショナル制度からです。平成31年の働き方改革法の1つですが、**高度プロフェッショナル制度が開始されてから一度も出題されたことがありません**。統計的には、高度プロフェッショナル制度の適用事業場数、対象労働者数ともに令和5年3月時点で**26事業所**、**823人**と増加傾向にあることから、そろそろ出題されてもおかしくありません。併せて、高度プロフェッショナル制度の**定期報告**についても起算日を明確にする改正が行われているため注意しましょう。

　また、社会情勢の変化から**テレワーク**を導入する企業が増加してきましたので、みなし労働時間制の出題にも注意しましょう。**事業外のみなし労働時間制**は、在宅勤務の導入、実施に関する通達（平成16.3.5基発0305001号）でも触れられています。みなし労働時間制は令和元年を最後に出題されていませんが、平成27年、平成28年の選択式でも問われている論点ですのでチェックしておいてください。専門業務型裁量労働制に関しても協定事項、記録の保存及び対象業務の追加が行われていますので、注意が必要です。

労働安全衛生法

 ## 安全衛生管理体制

　労働安全衛生法の本命は**安全衛生管理体制**でしょう。労働安全衛生法は、出題論点に偏りがある科目ではありますが、安全衛生管理体制は、択一式ではトップの出題率です。労働安全衛生法では、事業場ごとに、各事業場の業種や規模等に応じて、総括安全衛生管理者、安全管理者、衛生管理者及び産業医の選任と安全衛生委員会の設置を義務付けています。また、規模が小さい事業場では安全衛生推進者、衛生推進者の選任が必要です。特に、事業場ごとに選任すべき者に関しては頻出論点となります。安全衛生管理体制全体を理解し、選任義務のある事業所の規模、選任後の報告義務、行政官庁による勧告・命令等の内容がそれぞれ異なるので、効率よくそれぞれ比較して学習しましょう。

　安全衛生管理体制で重要度が高いと思われるのが産業医です。平成31年に大きな改正がありましたが、改正後の出題がまだ少ない状況です。特に**産業医の行う職務**を中心に注意が必要です。産業医を選任した事業者が、産業医に対し提供する労働者の労働時間に関する情報、その他の産業医が労働者の健康管理等を適切に行うために必要な情報として厚生労働省令で定めるものなどは、提供時期も含めしっかり押さえておきましょう。

 ## 健康保持増進のための措置

　健康保持増進のための措置に関しては、安全衛生管理体制に次いで択一式で出題実績が多い論点になります。健康診断・面接指導に関してはまず、誰が行うのか、**対象となる労働者、実施時期**を意識して押さえておきましょう。

　また、**作業環境測定**に関しては**実施頻度、結果の保存期間**を押さえておきましょう。石綿等を取り扱い、又は試験研究のため製造する屋内作業場、若しくは石綿分析用試料等を製造する屋内作業場に関しては、結果の保存期間が**40年**と長くなっているため、特に注意が必要です。**作業環境測定の結果の評価とその措置**に関しては、管理区分に応じて措置が不要なのか、努力義務なのか、義務なのか違いも注意して押さえておきましょう。

 ## 化学物質の自律的な管理

　事業場における化学物質に関する管理体制を強化するため、**リスクアセスメント対象物**の製造等を行う事業場ごとに、業種や規模を問わず**化学物質管理者**の選任が義務付けられました。リスクアセスメント対象物は令和8年4月1日以降に2900物質に拡大予定で、今後も改正が予定されているため、注意しておきたい点です。関連する箇所として押さえておくべき

論点は「**表示対象物質（ラベル対象物質）**」及び「**通知対象物質**」です。**表示項目**や**通知事項**、**事業者が行うべき調査の努力・努力義務**についてはチェックしておきましょう。また「**製造許可物質**」もリスクアセスメント対象物に含まれていますので要注意です。製造禁止物質との比較として、法55条、法56条の**物質の定義**は押さえておきましょう。選択式対策としても今回の法改正の「**化学物質管理者**」とテキストにも記載がある「**保護具着用責任者**」は押さえておきたいキーワードです。

ストレスチェック、面接指導

ストレスチェックですが、過去10年間で平成28年に選択式で出題、平成30年に択一式で出題されて以降出題がない論点となります。まずは、平成28年の選択式でも問われている論点ですがストレスチェックの**実施者**をしっかりと押さえましょう。実施者は**医師**だけではなく、**保健師**や**歯科医師等**も行える点は注意です。検査を受ける労働者について解雇、昇進又は異動に関して直接の権限を持つ監督的地位にある者は、検査の実施の事務に従事してはならないという点も併せて押さえておきましょう。続けて実施の頻度、検査を義務化されている**事業所の規模**、**記録の保存期間**等の数字は当然ですが、しっかり暗記してください。

また**面接指導**に関しても注意が必要です。長時間労働者に関する面接指導、研究開発業務従事者に対する面接指導、高度プロフェッショナル制度対象者に対する面接指導それぞれ内容が細かく異なっておりますので、しっかり横断的に勉強してそれぞれを押さえましょう。特に**高度プロフェッショナル制度**対象者に対する面接指導には労働時間という言葉を用いず、**健康管理時間**が出てきますのでその点も注意です。

労働者災害補償保険法

本命　業務災害の認定

　業務災害の論点は、択一式を中心に過去の出題実績が多く、過去10年間では令和2年、令和5年を除き、全ての年で出題されています。中でも、**業務災害の認定**は本命の論点と言えるでしょう。この論点の特徴として、具体的な認定事例を問う問題が出題されています。事例問題は出題された際に焦らないように、まずは業務災害の判断基準としての「**業務遂行性**」と「**業務起因性**」を理解し、過去問や模試で実際の問題を解いて慣れていきましょう。出題内容は違っても問われている論点は、過去に出題されたものと同様であることもあります。

　また、業務災害の認定では**脳・心臓疾患、心理的負荷による精神障害**は認定基準が細かく定められていますが、本試験では細かな数字や通達まで問われています。心理的負荷による精神障害に関しては令和2年6月1日から労働施策総合推進法が施行された影響で労災認定の基準を改定し、新たに「**パワーハラスメント**」の項目が追加されました。令和3年9月15日施行で脳・心臓疾患の認定基準を長期間の過重業務の評価にあたり、労働時間と労働時間以外の負荷要因を総合評価して認定することを明確化しました。その点も含めて脳・心臓疾患、心理的負荷による精神障害の認定基準は業務災害の認定基準の中でも要注意です。

　今年の改正では**精神障害の認定基準の見直し**も行われており、令和6年の本試験では業務災害の認定は、非常に注目の論点と言えるでしょう。

対抗　複数事業労働者、複数業務要因災害

　副業、兼業を想定した法改正として、令和2年9月に**複数事業労働者、複数業務要因災害**が追加されました。複数事業労働者、複数業務要因災害の論点に関しては、令和3年選択式、令和4年択一式で問われているものの、まだまだ出題が少なく、今後様々な論点の出題が考えられますので細かな通達も含めて注意してください。基本事項になりますが、複数業務要因災害については、個々の事業場の業務と傷病等との間には因果関係がないことから、いずれの事業場の使用者も**労働基準法上の災害補償義務を負わない**という点は注意が必要です。

　また、複数事業労働者、複数業務要因災害の追加により目的条文（法1条）にも改正が行われました。目的条文は本試験では非常に問われやすいです。改正後、出題がまだありませんので注意しておいてください。

　労災保険法に限らず、副業、兼業を見据えた法改正が続いていますので、この論点は今後も注意が必要です。

特別加入の範囲の適用拡大

　こちらは昨年の改正ですが非常に重要な論点となります。令和4年7月1日施行で第2種特別加入者（一人親方等）の対象として、「歯科技工士法に規定する歯科技工士が行う事業」が追加されました。第2種特別加入者（一人親方等）の対象に関しては近年改正が続いており令和3年9月1日施行で**「自転車を使用して貨物運送事業を行う者」**、**「労働者以外の方であって情報処理に係る作業を行う方」**、令和4年4月1日施行で**「あん摩マッサージ指圧師、はり師、きゅう師」**と近年改正が続いています。特定作業従事者に関しては過去10年間での出題が多いですが、一人親方等に関しては過去10年間で平成30年の選択の一度しか出題されていません。近年の改正の影響で出題されることも考えられますので、注意しましょう。

　また、特別加入者の論点に関しては、過去10年間で平成28年、令和5年を除き毎年出題されており、選択式でも3度出題されています。令和6年の本試験では**第2種特別加入者**を中心に全体をしっかりチェックしておきましょう。

 二次健康診断等給付

　二次健康診断等給付は、労働安全衛生法に定められている定期健康診断等とも関連する非常に重要な論点と言えますが、過去10年間で平成25年、平成30年、それぞれ択一式で出題されて以降出題がありません。平成30年の択一式では1問の5肢すべてが二次健康診断等給付に関する論点の問題となっていました。まずは、**二次健康診断等給付の支給要件**に注意しましょう。こちらは、過去にも出題された論点ではありますが、既に脳血管疾患又は心臓疾患の症状を有すると認められる労働者には、二次健康診断等給付は行わないという点に注意してください。また、二次健康診断等給付として行われる**二次健康診断及び特定保健指導**ですが、**二次健康診断は1年度に1回**に限り行われ、**特定保健指導は二次健康診断ごとに1回**行われるという違いに注意しましょう。健診給付病院等に関しても注意が必要です。

雇用保険法

本命 基本手当

基本手当に関しては、択一式で多数の出題実績がある重要論点ですが、選択式でも度々出題がされています。出題の傾向としては、主要条文はもちろんのこと細かな行政手引からも多数出題されていますので、しっかり学習していただくことが必須となっています。ただ正解肢に関しては、基本的論点であることがほとんどなので得点自体は難しくないと思われます。全体的には理解より暗記が優先される論点になりますので、「**所定給付日数**」や「**倒産・解雇等離職者及び特定理由離職者**」の部分など細かな数字が多い部分に関してもしっかり暗記しましょう。

基本手当の論点に関しては昨年に改正もあり、今年も引き続き注意が必要です。まず、令和4年10月1日施行で**マイナンバーカードによる失業認定等**が行えるようになりました。こちらは、ペーパーレス化の観点から、受給資格者等の希望に応じて、受給資格者等がマイナンバーカードを提示して受給資格の確認を受けた場合には、失業の認定等の手続において、受給資格者証等に貼付する顔写真や、失業の認定等の手続ごとの受給資格者証等の提出が不要となりました。また、令和4年7月1日施行で**事業開始等による基本手当の受給期間の特例**が新設されました。こちらは事業を開始等した者が事業を行っている期間等は、**最大3年間**、基本手当の受給期間に算入しない特例となります。これにより、仮に事業を休廃業した場合でも、その後の再就職活動に当たって基本手当を受給することが可能となりました。

どちらも非常に大切な改正となりますのでしっかりと理解しておきましょう。

対抗 高年齢者に関する論点

まず、高年齢雇用継続給付ですが、令和7年4月1日から新たに**60歳となる労働者への同給付の給付率が10%**（賃金割合が64%以下の場合）に縮小されます。縮小に伴い、縮小前に出題されることが考えられます。雇用保険法に関しては事例問題の出題実績はあまりありませんが、高年齢雇用継続給付に関しては計算問題が出題されてもおかしくありません。しっかり対応できるようにしておきましょう。

次に、令和4年1月1日から新設された**マルチジョブホルダー制度**の特例高年齢被保険者です。労働基準法、労災保険法でも前述しましたが副業、兼業を想定した法改正が行われております。その一環として、雇用保険法ではマルチジョブホルダー制度が新設されました。特例高年齢被保険者に関しては令和4年の本試験で出題されていますが、まだまだ注目の論点となりますので、特例高年齢被保険者の定義だけでなく、それぞれの保険給付時の扱いに関してもしっかり押さえておきましょう。

改正 出生時育児休業給付金、育児休業給付金の分割支給

　昨年の改正点とはなりますが、育児休業給付に関して非常に大きな改正が行われました。育児介護休業法にて、**子の出生後8週間以内に4週間まで取得することができる出生時育児休業制度**が令和4年10月1日から改正で追加されました。育児介護休業法の改正に伴い、雇用保険法でも出生時育児休業を取得した場合に、受給できる**出生時育児休業給付金**が創設されました。まずは、労務管理その他の労働に関する一般常識（以下「労働の一般常識」という。）の範囲である育児介護休業法の出生時育児休業制度をしっかり理解し、その後出生時育児休業給付金の**支給要件、支給額**を中心に学習しましょう。内容としては、育児休業給付金と被る部分が多数ありますので、効率よく学習するように心がけましょう。

　また、育児介護休業法による**育児休業が2回までの分割取得**が可能となった改正に伴い育児休業給付金の支給に関しても**育児休業給付金の分割支給**の条文が追加されました。今回の改正で育児休業給付金も2回を限度として分割支給することが可能となりましたが、条文が**「〜同一の子について3回以上の育児休業**（厚生労働省令で定める場合に該当するものを除く）**をした場合における3回目以後の育児休業については、育児休業給付金は、支給されない。」**と独特な言い回しになっておりますのでその点についても注意しましょう。

大穴 給付日数の延長

　基本手当の**延長給付**については、令和5年の本試験で訓練延長給付が出題されていますが他の延長給付ついては比較的出題が多くありません。ただ、**令和6年能登半島地震が激甚災害に指定された影響**から延長給付に関しては注意が必要です。特に個別延長給付は適用対象者の条件よって延長される日数が変わってきますので、しっかりと区別をして押さえておく必要があります。選択対策しても数字を中心に押さえておきましょう。また、基準日において35歳以上60歳未満でかつ算定基礎期間20年以上の場合、日数が変更になる点も注意です。他にも広域延長給付、全国延長給も同様に対象なる場面、延長日数も併せて暗記しておきましょう。

　他にも**「広域延長給付が行われる場合のその地域における基本手当の初回受給率が全国平均基本手当の初回受給率の2倍以上となる」**という論点は令和2年の択一式で出題されています。細かい部分にはなりますが、一度出題されているため今後は選択式対策としても注意が必要です。

　雇用保険全般に言えることではありますが、数字や専門用語が多く時間が空くと忘れがちになるため、繰り返しの反復学習を心がけていきましょう。

労働保険の保険料の徴収等に関する法律

 本命 概算保険料、確定保険料の申告・納付

　労働保険の保険料の徴収等に関する法律（以下、「徴収法」という。）は、労働関係科目の中でも得点源にしていただきたい科目です。内容は少ないにも関わらず、択一式で6点分も出題され、過去出題された論点と同様の論点が再度出題されやすい傾向にあります。

　中でも出題が多いのが**概算保険料、確定保険料の申告・納付**に関する論点です。この論点は必ず押さえておきたい本命論点です。概算保険料、確定保険料の申告・納付の流れはセットで押さえましょう。まずは、労働保険料のうち、一般保険料、第1種特別加入保険料、第2種特別加入保険料及び第3種特別加入保険料については、保険料の算定の対象となる期間の初めに概算額で申告・納付し、その期間の終了後に確定額を申告し、概算額と確定額の過不足を精算するしくみをとっているという保険料の**申告納付の流れをしっかり理解**することが大切です。

　概算保険料、確定保険料の申告・納付の論点に関しては**納期限や端数処理**など数字の論点も多い点が特徴で、本試験では非常に問われやすくなっていますので、しっかりと暗記するようにしましょう。また、**認定決定**などは概算保険料と確定保険料と異なる点も多いので、比較して学習しましょう。

 対抗 労働保険事務組合

　労働保険事務組合は、ほぼ毎年出題される論点です。まずは、**委託事業主の規模**をしっかり押さえておきましょう。規模は使用する労働者数で決定しますが、**金融業若しくは保険業、不動産業又は小売業は50人以下**、**卸売業又はサービス業は常時100人以下**、**それら以外は300人以下**という規模はしっかり押さえてください。こちらの規模は、労災保険法の特別加入の第1種特別加入者（中小事業主等）となることのできる中小事業主の範囲と同様であることも押さえておきましょう。また、第1種特別加入者（中小事業主等）となる要件には、労働保険事務組合に労働保険事務の処理を委託していることも要件となっておりますので併せて押さえてください。

　続けて押さえたいのが**労働保険事務組合への委託事務の範囲**です。この論点は委託事務の範囲に含まれていないものを押さえておきましょう。印紙保険料に関する事項、労災保険の保険給付や雇用保険の失業等給付等が、委託事務の範囲に含まれていないことは特に注意が必要です。

雇用保険料率の引き上げ

　近年、雇用保険の予算や積立金の確保が厳しい状況であることから、**雇用保険料率の引き上げ**が行われました。一般の事業で、令和5年4月1日から令和6年3月31日までの雇用保険料率は**一般の事業で15.5/1000**、労働者負担分に関しても、**6/1000**となります。こちらの雇用保険料率に関しては、雇用保険法でも出題される可能性はあります。一般の事業に限らずその他の事業の保険料率に関しても労働者負担分、使用者負担分共に押さえておきましょう。

徴収法の賃金

　徴収法の賃金に関してですが、まずは労働基準法の賃金の定義との違いに注意しましょう。徴収法では、一般保険料の額の算定にあたって、賃金総額を基礎としているため、恩恵的なもの、福利厚生的なもの、実費弁償的なものとして支給される金品は、事業主が労働者に支払うものであっても、労働の対償として支払うものではないため、原則として賃金とされていません。また、支給基準が労働協約、就業規則等によりあらかじめ明確に定められている退職金、慶弔見舞金などは労働基準法では賃金と解されますが、徴収法ではこれらを原則として賃金総額には算入しないことにも注意しましょう。こちらの論点は、令和4年の本試験でも出題されております。

　続いて**賃金に算入するもの、しないもの**に関してもしっかりと押さえておきましょう。例えば賃金総額に算入しないものとされている休業補償費に関しては、法定額を上回る部分を含めて賃金総額に算入しないという点や、退職金に関しては、労働者が在職中に退職金相当額の全部又は一部を給与や賞与に上乗せするなどして前払いされる場合は、原則として賃金総額に算入するなど細かな部分も注意が必要です。

　また、賃金に算入すべき通貨以外で支払われるものに関してのそれらの範囲は、食事、被服及び住居の利益のほか、「所轄労働基準監督署長又は所轄公共職業安定所長」の定めるところによります。それらの評価に必要な事項は「厚生労働大臣」が定めるという流れに注意が必要です。

労務管理その他の労働に関する一般常識

 労働契約法

令和4年試験、令和5年試験では、選択式で最高裁判例からの出題がありました。重要な判例については、しっかりと読み込んでおくとよいでしょう。

労働契約法16条は、「解雇は、**客観的に合理的な理由を欠き、社会通念上相当であると認**められない場合は、その**権利を濫用**したものとして、**無効**とする。」と定めています（解雇権濫用法理）。特に、懲戒による解雇の場合については、「就業規則所定の懲戒事由にあたる事実がある場合において、本人の再就職など将来を考慮して、懲戒解雇に処することなく、普通解雇に処することは、それがたとえ懲戒の目的を有するとしても、必ずしも許されないわけではない。」としており、「普通解雇として解雇するには、**普通解雇の要件を備えていれば足り、懲戒解雇の要件まで要求されるものではない**と解すべきである。」としています。さらに懲戒については、「使用者が労働者を懲戒するには、**あらかじめ就業規則において懲戒の種別及び事由を定めておくこと**を要する。そして、就業規則が法的規範としての性質を有するものとして、拘束力を生ずるためには、その内容を適用を受ける事業場の労働者に**周知**させる手続が採られていることを要するものというべきである。」としています。

また、労働契約法17条1項は、期間の定めのある労働契約（有期労働契約）契約期間中の解雇について、「使用者は、期間の定めのある労働契約（有期労働契約）について、**やむを得ない事由がある場合**でなければ、その契約期間が満了するまでの間において、労働者を解雇することができない。」と定めています。なお、このときの「やむを得ない事由」があると認められる場合は、解雇権濫用法理における「客観的に合理的な理由を欠き、社会通念上相当であると認められない場合」以外の場合よりも**狭い**（つまり、解雇権濫用法理の場合よりも、より厳しく判断する。）と解されています。

判例問題の対策としては、判例を読むときに、「**選択式で出題するなら、ここを空欄にするんじゃないかな？**」とイメージしながら読むようにしておくと効果的です。

 高年齢者雇用安定法

最近、65歳以上70歳未満の定年の定めをしている事業主又は継続雇用制度（高年齢者を70歳以上まで引き続いて雇用する制度を除く。）を導入している事業主に対して、**65歳から70歳までの安定した雇用を確保**するよう、努力義務が規定されました。この措置としては、①**定年の引上げ**、②**65歳以上継続雇用制度**の導入、がありますが、事業主が、**過半数労働組合等の同意**を得た場合、③**創業支援等措置**を講ずることも認められています。

創業支援等措置は、①その雇用する高年齢者が**希望**するときは、当該高年齢者が新たに事

業を開始する場合に、事業主が、当該事業を開始する当該高年齢者との間で、当該事業に係る**委託契約を締結**し、当該契約に基づき当該高年齢者の就業を確保する措置、②その雇用する高年齢者が希望するときは、「当該事業主が実施する**社会貢献事業**」や「当該事業主が委託又は資金の提供等をする法人その他の団体が行う**社会貢献事業**」とされています。

改正 障害者雇用促進法

　障害者雇用率については、これまでも選択式で出題されることがありました。障害者雇用率は、民間事業主は原則**2.7%**、特殊法人は原則**3.0%**とされていますが、**令和8年6月30日**までの間は、民間事業主は**2.5%**、特殊法人は**2.8%**とされています。これにより、民間事業主については、常時**37.5人以上**の労働者を雇用する場合（令和8年6月30日までの間は、常時**40人以上**）に、特殊法人の場合は、常時**33.5人以上**の労働者を雇用する場合（令和8年6月30日までの間は、常時**36人以上**）に、それぞれ対象障害者の雇用義務が生ずることとなります。

　また、厚生労働大臣は、その雇用する労働者の数が常時**300人以下**（※常時300人以上ではない！）である事業主からの申請に基づき、当該事業主について、一定の基準に適合するものである旨の認定（**もにす認定**：「**もにす**」マーク）を行うことができる、とされている点も押さえておきましょう。

職業安定法

　昨年、あまり選択式で問われることの多くない最低賃金法と労働者派遣法から選択式の出題があったことから、大穴として同じく選択式での出題が少ない職業安定法を挙げておきたいと思います。

　職業紹介事業を行おうとする者は、厚生労働大臣の許可を受けなければならないとされていますが、**有料職業紹介事業者**の許可の有効期間は、当該許可の日から起算して**3年**とされており、また、当該許可の有効期間の更新において、この更新後の許可の有効期間は、更新前の許可の有効期間が満了する日の翌日から起算して**5年**とされています。一方で、**無料職業紹介事業**の許可の有効期間は、当初から当該許可の日から起算して**5年**とされており、更新後の有効期間も更新前の許可の有効期間が満了する日の翌日から起算して**5年**とされています。選択式対策として、数字をピンポイントで押さえておきましょう。

社会保険に関する一般常識

本命 社会保障協定

社会保障協定は、たびたび選択式での出題があります。令和6年（2024年）は2か国との社会保障協定が発効されることになりますので、確実に押さえておきたいところです。

わが国における社会保障協定は、2000年2月に**ドイツ**との社会保障協定が発効されてから、徐々に拡大されてきました。そして本年は、2024年1月に**オーストリア**との社会保障協定が発効されたほか、2024年4月には**イタリア**との社会保障協定が発効されました。これにより、**23か国**との社会保障協定が発効されることになります。

例えば、ある国へ海外派遣された者の場合、日本とその国との、2か国の年金制度に**二重加入**することとなることがあります。この場合、その人は**保険料を二重払い**しなければならないという問題や、外国の年金制度に加入した期間の短い者がその制度の**受給資格期間を満たすことができない**ため、その制度からの年金給付を受けられないという問題が生じることがあります。このような問題を解消することが、社会保障協定の役割です。

社会保障制度については沿革からの出題も見られるため、法令の知識面だけでなく、わが国の社会保障制度発展の経緯についても押さえておくとよいでしょう。

対抗 児童手当法

児童手当法からは、昨年も支給される児童手当の月額について算定する問題が出題されました。児童手当の月額についてしっかりと押さえて、事例形式で問われても算出できるようにしておきましょう。

児童手当の児童1人当たりの月額は、3歳未満の児童については15,000円（一律）、3歳以上小学校修了前の児童については10,000円（当該子が**第3子以降の子**に該当する場合は15,000円）、小学校修了後中学校修了前の児童については**10,000円**（一律）とされています。

意外と誤解しがちなのが、「**児童**」の定義です。児童手当法において「**児童**」は、「**18歳に達する日以後の最初の3月31日までの間にある者**であって、日本国内に住所を有するもの又は留学その他の内閣府令で定める理由により日本国内に住所を有しないもの」を言います。しかしながら、児童手当の月額の算定においては、中学校修了前の児童だけが、「1人当たりの月額」の算定の対象になります。つまり、「**児童**」に該当しても、児童手当の月額の算定の**対象にはならない「児童」もいる**ということになります（中学校修了後から18歳に達する日以後の最初の3月31日までの間にある「児童」）。「当該子が**第3子以降の子**に該当する場合は15,000円」の「第1子、第2子、第3子、……」を数えるとき、**中学校修了後から18歳に**

達する日以後の最初の3月31日までの間にある「児童」も数え損ねないよう、注意しておきましょう。

改正 国民健康保険法

　令和6年4月1日から、国民健康保険の保険料（税）について、賦課限度額が**106万円**に引き上げられることとなりました。内訳としては、基礎賦課額に係る賦課限度額は65万円、介護納付金賦課額に係る賦課限度額は17万円に据え置きとなりますが、後期高齢者支援金等賦課額に係る賦課限度額が、**24万円**に引き上げられることになります。

　また、国民健康保険法では、**出産予定日（出産日）の前月（多胎妊娠の場合は3か月前）から翌々月までの期間**（産前産後期間）の保険料免除制度が、令和6年1月から始まりました。この免除の申出は、**出産予定日の6か月前**からすることができます。これをきっかけとして、健康保険法と厚生年金保険法の保険料免除、並びに国民年金法の保険料免除についても併せて確認しておくとよいでしょう。

大穴 船員保険法

　船員保険法1条は、「……、**労働者災害補償保険による保険給付と併せて**船員の職務上の事由又は通勤による疾病、負傷、障害又は死亡に関して保険給付を行うこと等により、船員の生活の安定と福祉の向上に寄与することを目的とする。」と定めており、健康保険的な部分のみならず、労災保険の保険給付の上乗せ給付のほか、船員保険の独自給付である「**行方不明手当金**」が規定されています（行方不明手当金については、なぜかよく問われます。）。

　「**行方不明手当金**」は、被保険者が職務上の事由により**1月以上行方不明**となったときに、行方不明となった日の翌日から起算して**3月**を限度として、被扶養者に対して、1日につき被保険者が行方不明となった当時の標準報酬日額に相当する金額を支給するものです。

　なお、船員保険では労災保険の上乗せ給付等の費用に充てるため、「**災害保健福祉保険料**」が徴収されますが、災害保健福祉保険料率は、**1000分の10から1000分の35までの範囲内**において、一定の手続きを経て協会が決定することとされています。

　「ほとんど健康保険法と同じじゃないか！」と思いがちな船員保険法ですが、「ほとんど」に該当しない部分の**健康保険法との相違点**は要注意です。健康保険法との違いをしっかりと押さえておきましょう。

健康保険法

本命 傷病手当金

　傷病手当金は例年出題されていますが、令和5年本試験の択一式においては、5肢全てが傷病手当金から出題された問題がありました。

　傷病手当金は、療養のため労務不能の期間中の生活保障の保険給付ですが、「**療養のためであること**」、「**労務に服することができないこと**」、「**継続した3日の待機を満たしていること**」という3つの支給要件があります。いずれの支給要件も細かい内容まで問われますので、しっかりと学習する必要があります。

　また、傷病手当金の支給期間には注意が必要です。傷病手当金は支給を始めた日から**通算して1年6か月**支給されます。押さえたいポイントは、この1年6か月の支給は実歴日数で数えるのではなく、**累計日数**で数えることです。イメージとしては、1年6か月分のチケットを、療養中の労務に服することができない日毎に使っていくイメージでよいかと思います。

　傷病手当金の支給期間が累計起算に変更となったのは、令和4年1月からですが、まだ本試験でこの論点が問われたことはありません。かなり注目を集めた改正点だったこともあって、出題確率はかなり高いと言えるでしょう。

対抗 社会保険の適用拡大

　一週間の所定労働時間が同一の事業所に使用される通常の労働者の4分の3未満である短時間労働者について問われる問題は、本試験で繰り返し出題されています。令和5年の本試験での出題はありませんでしたが、令和2年から4年までは3年連続で出題されました。106万円の壁という言葉をニュースで耳にした方も多いと思いますが、社会保険の適用拡大については世間で注目されている内容ですので、出題を意識しておいてください。

　まず、適用基準はしっかりと押さえておきましょう。一週間の所定労働時間が同一の事業所に使用される通常の労働者の4分の3未満であることを前提として、「**特定適用事業所で使用されていること**」、「**週所定労働時間が20時間以上**」、「**一月当たりの報酬が8.8万円以上**」、「**学生でないこと**」という要件を全て満たすことで、社会保険に加入となります。

　特に適用基準の中で意識したいのは、特定適用事業所の規模要件となります。2022年10月以降、特定適用事業所の規模要件が**常時100人**に改正されました。そして、まだ未施行ですが、2024年10月以降には、特定適用事業所の規模要件が常時50人に改正されることが決定しています。変遷途中ですので、やはり出題の可能性は高いと言えます。

改正 出産育児交付金

　健康保険法の法改正で、真っ先に思い浮かぶのは2024年4月から交付される**出産育児交付金**です。

　出産育児交付金が設けられた背景には、出産育児一時金の増額があります。2023年4月から、出産育児一時金の支給額が42万円から**50万円**（正確には、出産育児一時金の額48万8千円に、産科医療保障制度に加入する医療機関で出産する等の要件を満たすことで1万2千円が加算され、50万円となります。）に増額されました。家族出産育児金についても同様の増額です。

　この増額の財源については**後期高齢者医療制度**が負担するということは、当時から広く話題になっていました。増額前は出産育児一時金の財源のほとんどが現役世代が加入する各医療保険の保険料で賄われていましたが、子育てを全世代で支援するという観点や、現役世代の負担を抑制する観点から、75歳以降が加入する後期高齢者医療制度からの支援が決まりました。具体的には、後期高齢者医療広域連合から社会保険診療報酬支払基金が出産育児支援金として徴収をし、それを原資として出産育児交付金が各医療保険者に対して交付されます。

　他にも法改正については、**流行初期医療確保拠出金**周辺の内容も合わせて確認しておいてください。

 大穴 指定健康保険組合

　健康保険組合に関する問題は多く出題されますが、その中で**指定健康保険組合**に関する内容は、あまり本試験では出題されません。ただ、前回の出題は平成30年、その前は平成25年です。5、6年をスパンに指定健康保険が出題されていることを考えると、まさに今年の健康保険法の大穴にふさわしいのではないでしょうか。

　指定健康保険組合とは、健康保険事業の収支が均衡しない健康保険組合であって、厚生労働大臣の指定を受けたものを言います。財政的に不安定なため、財政の健全化に関する健全化計画という計画を定め、厚生労働大臣の承認を受けなければなりません。

　この健全化計画は、指定の日の属する年度の翌年度を初年度とする3箇年の計画として、一定の事項を記載するものとなっています。

　他にも財政の調整・収支の見通し、加えて近い範囲では**都道府県単位保険料率**についても押さえておきましょう。

厚生年金保険法

 本命 遺族厚生年金

　遺族厚生年金は択一式での出題が非常に多いです。過去10年間の本試験を分析してみると、10問50肢の中で、10肢前後が出題された試験が8回あり、時間をかけて学習しなくてはいけない科目の一つと言えます。

　また、令和5年の本試験の選択式では、一定の状態にある対象者が受けることができる障害及び遺族に関する給付を全て挙げる、という**事例問題**が出題されました。厚生年金保険法のみでなく、国民年金法の給付の支給要件までわからないと解けない問題で、一筋縄ではいかない問題でした。近年の本試験問題の傾向として、事例問題での出題も増えてきているからこそ、基本事項をしっかりと押さえて欲しいです。

　遺族厚生年金の中で、よく出題される内容は**遺族の範囲**と、**支給停止及び失権**の2つです。遺族の範囲については、配偶者、子、父母、孫、祖父母で、死亡の当時に生計を維持されていたものが対象です。遺族に応じて、年齢要件や障害要件が異なりますので、それぞれの遺族の要件を押さえておきましょう。

　支給停止と失権については、その要件についても当然出題されますが、事由によって支給停止なのか、それとも失権なのかという点を意識しながら学習をしてください。とは言え、中々覚えにくい内容ですので、繰り返し問題を解くことで少しずつ知識を定着させていく必要があります。また、労災保険の遺族補償等年金と失権事由で異なる点は横断学習になりますので、必ず整理して押さえるようにしましょう。

対抗 保険料免除

　保険料に関しての問題は、例年1問は出題されています。基本的には、保険料負担や納付義務を問う問題が出題されますが、**保険料免除**も同様に出題実績が多い範囲となります。

　厚生年金保険法の保険料免除は、**産前産後休業期間中の保険料免除**と、**育児休業期間中の保険料免除**の2種類です。特に育児休業期間中の保険料免除については、2022年10月から、免除要件が改正されたため、出題の可能性が極めて高いと思います。育児休業期間中は、育児休業の開始日の属する月から終了日の翌日が属する月の前月までの保険料が免除となります。また、もし育児休業の開始日の属する月と終了日の属する月が同一であっても、育児休業等開始日が含まれる月に14日以上育児休業等を取得した場合であれば保険料免除が行われます。なお、賞与に係る保険料免除においては、当該賞与月の末日を含んだ連続した1か月を超える育児休業等を取得した場合に限り、免除の対象となります。

　この保険料免除の仕組みは、健康保険法も基本的に同様です。ただ、絶対に押さえておき

たいことは、健康保険法には少年院等に収容された場合にも保険料免除を受けられるのに対し、厚生年金にはその規定はありません。これは、少年院等に収容された場合は、健康保険法上の保険給付を受けることが出来ないための免除であるため、厚生年金には適用されないということです。

改正 ★ 在職老齢年金

在職老齢年金は、賃金（賞与込み月収）と年金の合計額が、支給停止調整額を上回る場合には、賃金の増加に対し年金額を支給停止する仕組みとなっています。この支給停止調整額は、名目賃金の変動に応じて改定されることとなっているため、調整額自体は頻繁に変わるもので、令和6年度は48万円から**50万円**に改定となりました。

試験対策として押さえたいポイントは支給停止基準額の計算方法で、これについての問題が令和4年の本試験で出題されました。支給停止基準額は、総報酬月額相当額と基本月額の合計額から、支給停止調整額を控除して得た額の2分の1に相当する額に12を乗じた金額となります。ただし、この支給停止基準額が老齢厚生年金の額以上である場合、加給年金額を含み、繰下げ加算額と経過的加算額を除いた老齢厚生年金の全部が支給停止となります。何が支給停止となるのかという箇所については、本試験で度々問われている論点ですので、きちんと押さえるようにしてください。また、総報酬月額相当額や基本月額の定義についても、しっかりと学習しておくことが重要です。

大穴 障害手当金

障害手当金の内容はあまり多くありませんが、本試験ではほぼ毎年出題されるので、しっかりと学習しましょう。

障害手当金は障害等級3級よりも軽い障害が残った場合に、一定の要件を満たすことで、一時金として支給されます。見落としがちな点は、必ずしも傷病が治ったことが要件ではない障害厚生年金に対して、障害手当金は**必ず傷病が治っていること**が要件となります。

本試験においては、不支給要件について問われることが多いです。例えば老齢等を含む厚生年金保険法の他の年金給付を受けている場合は、障害手当金は支給されません。令和元年や令和4年等、最近の本試験で問われている論点ですので、忘れずに押さえましょう。

他にも、厚生年金原簿の訂正の請求は確認しておいてください。

国民年金法

 ### 老齢基礎年金の繰上げ繰下げ

　繰上げ繰下げは、国民年金法か厚生年金保険法のいずれかで必ず毎年度出題されている頻出範囲な上に、2022年4月に法改正も加わり、令和6年の本試験でも出題されると想定されます。改正後、繰上げ請求については、減額率が**4/1,000**、繰下げ支給については、上限年齢が**70歳から75歳**に引き上げられています。よって、5年繰上げをした場合で24％（60月×4/1,000）が減額され、10年繰下げた場合で84％（120月×7/1,000）の増額がされます。

　また、**繰下げの申出みなし**については、改正点も合わせて理解してください。改正前まで、繰下げの申出をできる者が、70歳に達した日後に老齢基礎年金を請求し、かつ、支給繰下げの申出をしなかった場合は、年金の時効が5年であるために、5年より前の部分の老齢基礎年金は消滅し、繰下げ加算額にも反映されず、まだ時効を迎えていない5年分の老齢基礎年金を一括で受給するのみでした。しかし、同様の場合であっても、**請求をした日の5年前の日に支給繰下げの申出があったものとみなす**、という改正が加わったことにより、5年前の時効消滅分は繰下げ待機をしていたとみなされ、繰下げ加算が行われるようになりました。

　ここでは、法改正が加わった内容を中心に解説をしましたが、繰下げ繰上げの要件はもちろん、繰上げ繰下げを行うことによる、振替加算をはじめとした他の給付との兼ね合いもしっかりと確認してください。

 ### 被保険者

　過去10年間の本試験で国民年金法の択一式で最も出題が多いのは、**被保険者**に関する問題となっており、令和5年の本試験においては、選択式からも出題がありました。

　国民年金は全国民が対象であるからこそ、厚生年金のような適用事業所で勤務している等といった要件はなく、第1号から第3号被保険者として強制加入となります。被保険者の要件に関する問題は出題されますので、本試験までに、何度も繰り返し問題を解いておいて欲しい範囲の一つです。

　また、**任意加入被保険者**においても、年齢要件や国内居住要件が紛らわしいので、強制加入と同様に要件をしっかりと覚える必要がありますが、それぞれの任意加入被保険者が何を目的に加入をするのかも理解しておきましょう。日本国内に住所を有する20歳以上60歳未満の者で、厚生年金保険法に基づく老齢給付等を受けることができる者を例にすると、この場合はすでに老齢給付等を受けることができるため、第1号被保険者となることはできないと同時に、すでに受給資格を満たしています。しかし、満額の老齢基礎年金を受給していると

は限らないため、老齢基礎年金の増額を目的として任意加入被保険者となることができます。

　他にも被保険者関連の範囲である、各被保険者資格の得喪や届出に関する問題も出題頻度が高いです。しっかりと確認しておきましょう。

 国民年金保険料

　国民年金保険料は、名目賃金の変動に応じて毎年度改定されますが、令和6年度の保険料額は**16,980円**（前年度+460円）となっています。国民年金の保険料については、保険料免除についての内容が、制度の複雑さと相まって頻出範囲となっており、令和5年の本試験においても択一式で数問出題されました。同時に保険料水準固定方式についても、きちんと拾っておきたいです。

　国民年金の保険料は、平成16年の年金制度改正により、毎年段階的に引き上げられてきましたが、平成29年度に16,900円を上限として引上げが完了しました。それに加え、平成31年4月からは次世代育成支援という観点から、第1号被保険者に対して、産前産後期間の保険料免除制度が施行されたことに伴い、さらに保険料が100円引き上がり17,000円となっています。しかし、実際の保険料額は、保険料改定率を乗じることとなっているため、年度単位で保険料額が調整されます。

　なお、保険料改定率は、前年度の保険料改定率に**名目賃金変動率**を乗じた率となっています。細かい内容ではありますが、ここまで押さえておきたいです。

 年金額の改定

　年金額の改定、所謂**マクロ経済スライド**に関する問題は、年金支給額に関する内容ということで、国民年金法のみでなく、厚生年金保険法でも問われる可能性もあります。令和5年本試験においては厚生年金保険法の選択式と、国民年金法の択一式で出題されました。国民年金法では令和2年の本試験でも択一式で出題されており、理解することが難しい範囲ではありますが、是非しっかりと学習して欲しい範囲になります。

　まず理解しておいてほしいことは、年金額の改定は**「調整期間か調整期間以外の期間か」****「新規裁定者か既裁定者か」**という要件によって、何を基準に年金額を改定するのか異なるということです。例えば、調整期間以外の改定率の改定は、新規裁定者においては名目手取り賃金変動率を基準とし、前年度の改定率に乗じます。それに対し、既裁定者においては物価変動率（物価変動率が名目手取り賃金変動率を上回る場合は、名目手取り賃金変動率）を基準とし、前年度の改定率に乗じます。

　年金額の改定については、わかりにくくて難しい内容ですので、理解をしてから問題を解くのではなく、まずは問題から入ることをお勧めします。

　他には国民年金基金も近年出題が増えている範囲ですので、見ておいて欲しい内容です。

試験に出る！重要判例20選！

本試験で出題される可能性の高い重要な判例をわかりやすく、かつ、コンパクトにまとめました。直前期の判例対策にご活用ください！

やるべきことは基本事項の確認です

貫場 恵子　TAC 社会保険労務士講座　専任講師

ぬきば労務コンサルティング株式会社代表取締役
ぬきば社労士事務所代表
社会保険労務士。キャリアコンサルタント。
資格の学校ＴＡＣ専任講師。帝塚山大学法学部非常勤講師（労働法）。
三田市商工会理事。　事務所HP：http://www.nukiba-sr.com

本試験も近づきましたが、この時期にやるべきことは基本事項の確認です。もう一度すべてのテキストを復習していきましょう。特に苦手な科目についてはテキストを読む時間を増やしましょう。判例については、本誌、過去問、無敵の社労士3で確認することをお勧めします。

CHECK!!

直前対策書籍 2誌連動企画

超重要判例 解説講義

「みんなが欲しかった！社労士の直前予想模試」の『試験に出る！重要判例20選！』と「無敵の社労士3 完全無欠の直前対策」の『最終チェック！重要判例 徹底解説 厳選10選！』を使用した、ここでしか聞けない特別講義です。使用教材はどちらか片方のみお持ちの方もご利用いただけます。

※本サービスの提供期間は、2024年8月末までです。

担当講師	貫場 恵子
配信日程	2024年6月中旬頃から

二次元バーコードから
クイックアクセス！

アクセス用パスワード
240810787

無料

1 横浜南労働基準監督署長事件 （最一小判平成8年11月28日）

【本試験】R2選択BC（労基）

概要

自己所有のトラックを持ち込み、会社（F紙業）の指示に従って製品等の輸送に従事していた運転手が、災害を被ったことにつき労災保険法上の労働者であるとして労災保険法の保険給付を請求した事件です。

判旨

上告人は、業務用機材であるトラックを所有し、自己の危険と計算の下に運送業務に従事していたものである上、F紙業は、運送という業務の性質上当然に必要とされる運送物品、運送先及び納入時刻の指示をしていた以外には、上告人の業務の遂行に関し、特段の指揮監督を行っていたとはいえず、**時間的、場所的な拘束**の程度も、一般の従業員と比較してはるかに緩やかであり、上告人がF紙業の**指揮監督の下で労務を提供**していたと評価するには足りないものといわざるを得ない。そして、**報酬の支払方法、公租公課の負担**等についてみても、上告人が労働基準法上の労働者に該当すると解するのを相当とする事情はない。そうであれば、上告人は、専属的にF紙業の製品の運送業務に携わっており、同社の運送係の指示を拒否する自由はなかったこと、毎日の始業時刻及び終業時刻は、右運送係の指示内容のいかんによって事実上決定されることになること、右運賃表に定められた運賃は、トラック協会が定める運賃表による運送料よりも1割5分低い額とされていたことなど原審が適法に確定したその余の事実関係を考慮しても、上告人は、労働基準法上の労働者ということはできず、労働者災害補償保険法上の労働者にも該当しないものというべきである。

解説

本件は、労災保険の保険給付について争われた事件ですが、労災保険の適用労働者と労基法の労働者は同義であるため、結論として労基法の労働者性が争われたものです。労基法9条では、「労働者とは、職業の種類を問わず、事業又は事務所に使用される者で、賃金を支払われる者をいう」と規定しています。これを換言すると、労働者とは使用者の指揮命令の下に労働し、その労働の対償として賃金を支払われる者、つまり使用従属関係にある者のことをいい、その判断は雇用・請負契約等の法形式にかかわらず実態に基づき行われます。

最高裁は、本判決にておいて、上告人はトラックを所有し、自己の危険と計算の下に運送業務に従事しており、事業者性が強いこと、業務遂行におけるF紙業からの指示の程度及び時間的・場所的拘束性もF紙業の従業員よりも緩やかであることが考慮され、労働者性が否定され、労災保険法の保険給付は不支給とされました。

2 藤沢労働基準監督署長事件（最一小判平成19年6月28日）

概　要

上告人は、作業場を持たずに1人で工務店の仕事を請け負う形態で稼働する大工であり、A工務店等の受注したマンションの建築工事について、B木材工業が請け負っていた内装工事に従事していた際に指を切断する負傷をしました。上告人は藤沢労働基準監督署長Yに対して、労災保険法に基づき療養補償給付および休業補償給付の請求をしたところ、Yが、上告人は労災保険法上の労働者ではないとして不支給処分をしたため、審査請求、再審査請求を経た上で不支給処分の取消を求めた事件です。最高裁は上告人の労働者性を否定し請求を棄却しました。

判　旨

　上告人は、(1)自分の判断で工事に関する具体的な工法や作業手順を選択することができたこと、(2)上告人は、事前に同社（B木材工業）の現場監督に連絡すれば、工期に遅れない限り、仕事を休んだり、所定の時刻より後に作業を開始したり所定の時刻前に作業を切り上げたりすることも自由であったこと、(3)上告人は、他の工務店等の仕事をすることを同社から禁じられていなかったこと、(4)上告人とBとの報酬の取決めは、完全な出来高払の方式が中心とされていたこと、(5)上告人は、一般的に必要な大工道具一式を自ら所有し現場に持ち込んで使用していたことなど…

　以上によれば、上告人は、工事に従事するに当たり、Aはもとより、Bの指揮監督の下に労務を提供していたものと評価することはできず、Bから上告人に支払われた報酬は、仕事の完成に対して支払われたものであって、労務の提供の対価として支払われたものとみることは困難であり、上告人の**自己使用の道具の持込み使用状況**、Bに対する**専属性の程度**等に照らしても、上告人は労働基準法上の労働者に該当せず、労働者災害補償保険法上の労働者にも該当しないものというべきである。上告人が職長の業務を行い、職長手当の支払を別途受けることとされてたことその他所論の指摘する事実を考慮しても、上記の判断が左右されるものではない。

解　説

　本判決は、使用従属関係の判断を厳格に解し、一人親方の大工の労働者性を否定しました。これは、前頁の横浜南労働基準監督署長事件を踏襲したものといえます。

　なお、一人親方の大工については、労災保険法による第2種特別加入の制度により、労災保険の適用があることも確認しておきましょう。

3　関西医科大学研修医事件（最二小判平成17年6月3日）

【本試験】H29-5オ（労基）【本書】第1予想選択式　問1AB

概要

研修医Aは大学病院Yにおいて、臨床研修期間中に医療行為に従事していました。YはAに対し、月額6万円の奨学金及び1回あたり1万円の副直手当を支給し、所得税法の給与等にあたるとして源泉徴収を行っていました。Aが過重労働による心筋梗塞により死亡したため、その親であるXは、Aは労基法9条にいう労働者にあたることから、最低賃金法の労働者に当たるにもかかわらず、最低賃金額を下回る給与額しか支払いを受けていないとして、その差額等を求めて提訴しました。

判旨

　臨床研修は、医師の資質の向上を図ることを目的とするものであり、教育的な側面を有しているが、そのプログラムに従い、臨床研修指導医の指導の下に、研修医が医療行為等に従事することを予定している。そして、研修医がこのようにして医療行為等に従事する場合には、これらの行為等は病院の開設者のための労務の遂行という側面を不可避的に有することとなるのであり、病院の開設者の指揮監督の下にこれを行ったと評価することができる限り、上記研修医は労働基準法9条所定の労働者に当たるものというべきである。

　本件病院における臨床研修のプログラムは、研修医が医療行為等に従事することを予定しており、研修医Aは、本件病院の休診日等を除き、上告人が定めた時間及び場所において、指導医の指示に従って、上告人が本件病院の患者に対して提供する医療行為等に従事していたというのであり、これに加えて、上告人は、研修医Aに対して奨学金等として金員を支払い、これらの金員につき給与等に当たるものとして源泉徴収まで行っていたというのである。そうすると、研修医Aは、上告人の指揮監督の下で労務の提供をしたものとして労働基準法9条所定の労働者に当たり、最低賃金法2条所定の労働者に当たるというべきである。

解説

　最低賃金法の適用を受ける労働者は労基法9条の労働者と同義です。したがって、本件は、労基法上の労働者性が争われた事件になります。労基法では、労働者とは「職業の種類を問わず、事業又は事務所に使用される者で、賃金を支払われる者をいう」と定義しています。換言すると、「使用従属関係にある者」といえます。したがって、請負契約、業務委託契約であっても、実質的に使用従属関係が認められれば、労働者に該当します。本件は、高度の専門的職業能力の養成課程にある研修医が労働者にあたるか否かが争点となった事件ですが、最高裁は、研修医が医療行為等に従事する場合には、これらの行為等は病院の開設者のための労務の遂行という側面を不可避的に有することとなるのであり、病院の開設者の指揮監督の下にこれを行ったと評価することができる限り、研修医は労働基準法9条所定の労働者にあたるものというべきであると判示しました。

4 熊本総合運輸事件（最二小判令和5年3月10日）

概　要

本件は、トラック運転手が元勤務先に対して時間外労働等に対する賃金等の支払いを求めた事件です。会社は割増賃金として日々の業務内容などに応じて月ごとに決められた賃金総額から基本給等を控除した残額を時間外手当と調整手当として支給し、この2つの手当を合わせたものを割増賃金として支払っていました。そして、時間外手当は基本給等を通常の労働時間の賃金として、労基法37条に定められた方法により算定し、調整手当は割増賃金の総額から時間外手当の額を差し引いた額で支給していました。

判　旨

　　新給与体系の下においては、時間外労働等の有無やその多寡と直接関係なく決定される本件割増賃金の総額のうち、基本給等を通常の労働時間の賃金として労働基準法37条等に定められた方法により算定された額が本件時間外手当の額となり、その余の額が調整手当の額となるから、本件時間外手当と調整手当とは、前者の額が定まることにより当然に後者の額が定まるという関係にあり、両者が区別されていることについては、本件割増賃金の内訳として計算上区別された数額に、それぞれ名称が付されているという以上の意味を見いだすことができない。

　　そうすると、本件時間外手当の支払により労働基準法37条の割増賃金が支払われたものといえるか否かを検討するに当たっては、本件時間外手当と調整手当から成る本件割増賃金が、**全体として時間外労働等に対する対価として支払われるものとされているか否か**を問題とすべきこととなる。

　　新給与体系は、その実質において、時間外労働等の有無やその多寡と直接関係なく決定される賃金総額を超えて労働基準法37条の割増賃金が生じないようにすべく、旧給与体系の下においては通常の労働時間の賃金に当たる基本歩合給として支払われていた賃金の一部につき、名目のみを本件割増賃金に置き換えて支払うことを内容とする賃金体系であるというべきである。そうすると、本件割増賃金は、その一部に時間外労働等に対する対価として支払われているものを含むとしても、通常の労働時間の賃金として支払われるべき部分をも相当程度含んでいるものと解さざるを得ない。

　　本件割増賃金のうちどの部分が時間外労働等に対する対価に当たるかが明確になっているといった事情もうかがわれない以上、本件割増賃金につき、通常の労働時間の賃金に当たる部分と労働基準法37条の割増賃金に当たる部分とを判別することはできない。

解　説

　本件は、労働基準監督署の指導を契機として、新賃金体系に基づく割増賃金の支払い方法（賃金総額から基本給等を控除し、その残額を割増賃金として支払う手法）が割増賃金を支払ったことになるか否かが争われた事件です。最高裁は時間外労働に応じて時間外手当は増えるものの調整手当が減る仕組みでは、歩合給の一部を名目のみ調整手当に置き換えたもので、通常の労働時間の賃金を相当程度含むため、通常の労働時間の賃金に当たる部分と割増賃金部分とを判別できないとしました。

5　宮城県・県教育委員会（退職手当）事件（最三小判令和5年6月27日）

概　要

酒気帯び運転を理由とする懲戒免職処分を受けて退職した公立学校教員が、職員の退職手当に関する条例の規定により、一般の退職手当等の全部を支給しないこととする処分を受けたため、その支給を求めた事件です。

判　旨

　本件条例の規定により支給される一般の退職手当等は、**勤続報償的な性格**を中心としつつ、給与の後払的な性格や生活保障的な性格も有するものと解される。そして、本件規定は、個々の事案ごとに、退職者の功績の度合いや非違行為の内容及び程度等に関する諸般の事情を総合的に勘案し、給与の後払的な性格や生活保障的な性格を踏まえても、当該退職者の勤続の功を抹消し又は減殺するに足りる事情があったと評価することができる場合に、退職手当支給制限処分をすることができる旨を規定したものと解される。このような退職手当支給制限処分に係る判断については、平素から職員の職務等の実情に精通している者の<u>裁量に委ねるのでなければ、適切な結果を期待することができない</u>。

　裁判所が退職手当支給制限処分の適否を審査するに当たっては、退職手当管理機関と同一の立場に立って、処分をすべきであったかどうか又はどの程度支給しないこととすべきであったかについて判断し、その結果と実際にされた処分とを比較してその軽重を論ずべきではなく、<u>退職手当支給制限処分が退職手当管理機関の裁量権の行使としてされたことを前提とした上で、当該処分に係る判断が社会観念上著しく妥当を欠いて裁量権の範囲を逸脱し、又はこれを濫用したと認められる場合に違法であると判断すべきである</u>。

　本件全部支給制限処分に係る県教委の判断は、被上告人が管理職ではなく、本件懲戒免職処分を除き懲戒処分歴がないこと、約30年間にわたって誠実に勤務してきており、反省の情を示していること等を勘案しても、社会観念上著しく妥当を欠いて裁量権の範囲を逸脱し、又はこれを濫用したものとはいえない。

解　説

　本件は、最高裁が教育公務員が酒気帯び運転をして物損事故を起こした事案について、退職手当の全額不支給を是認した判決です。懲戒処分に伴う退職金の不支給・減額について、最高裁として初めて判断枠組みを示したものであり、民間企業に与える影響も大きいといえます。また、最高裁は、退職手当を「勤労報償的な性格」が中心であるとし、支給制限の判断については支給者側に大幅な裁量権を認めました。

6　三菱重工神戸造船所事件（最一小判平成3年4月11日）

概　要

下請会社の従業員が、作業場での騒音を原因とする聴力障害について、元請会社に安全配慮義務違反があるとして、損害賠償の請求を求めたものです。原審は従業員の請求を認めたため、元請会社が上告しました。

判　旨

　上告人の下請企業の労働者が上告人のD造船所で労務の提供をするに当たっては、いわゆる社外工として、上告人の管理する設備、工具等を用い、事実上上告人の指揮、監督を受けて稼働し、その作業内容も上告人の従業員であるいわゆる本工とほとんど同じであったというのであり、このような事実関係の下においては、上告人は、下請企業の労働者との間に**特別な社会的接触の関係**に入ったもので、**信義則上**、右労働者に対し**安全配慮義務**を負うものであるとした原審の判断は、正当として是認することができる。

解　説

　安全配慮義務については、労働契約法5条において、「使用者は、労働契約に伴い、労働者がその生命、身体等の安全を確保しつつ労働することができるよう、必要な配慮をするものとする」と規定されていますが、本判決では、労働契約関係にない場合にも当該義務を負うとしました。

　安全配慮義務を最初に認めた最高裁判決（陸上自衛隊八戸車両整備工場事件-最三小判昭和50年2月25日）では、安全配慮義務について、「**ある法律関係に基づいて特別な社会的接触の関係に入った当事者間において、当該法律関係の付随義務として当事者の一方又は双方が相手方に対して信義則上負う義務として一般的に認められるべきもの**」としており、本件もこの判例を踏襲したものといえます。

7　日立製作所武蔵工場事件（最一小判平成3年11月28日）

【本試験】H18-5D・H27-6ウ・H20選択C（労基）

概　要

トランジスターの特性管理の業務に従事していた労働者が、製品の良品率が低下した原因の追求と対策のために残業を命じられたのに対して、それを拒否して懲戒処分（出勤停止処分）を受けました。しかし、労働者は残業命令に従う義務はないとの考え方を変えず、始末書の提出命令を拒否したため、使用者は、「悔悟の見込みがない」として懲戒解雇しました。これに対し、労働者は解雇無効を主張し提訴しました。

判　旨

　労働基準法32条の労働時間を延長して労働させることにつき、使用者が、当該事業場の労働者の過半数で組織する労働組合等と書面による協定（いわゆる36協定）を締結し、これを所轄労働基準監督署長に届け出た場合において、使用者が当該事業場に適用される就業規則に当該36協定の範囲内で一定の業務上の事由があれば労働契約に定める労働時間を延長して労働者を労働させることができる旨定めているときは、当該就業規則の規定の内容が**合理的**なものである限り、それが具体的労働契約の内容をなすから、右就業規則の規定の適用を受ける労働者は、その定めるところに従い、労働契約に定める労働時間を超えて労働をする義務を負うものと解するを相当とする。

解　説

　使用者は36協定を締結し届け出ることによって時間外・休日労働をさせても労基法違反とならず、罰則は適用されません。しかし、36協定自体には、個々の労働者に時間外・休日労働を義務付ける効力はなく、労働者に時間外・休日労働を行わせるためには、別途労働契約上の根拠が必要となります。

　この根拠については、2つの見解があり、労働協約や就業規則において時間外・休日労働を命じる旨の規定があれば、時間外労働義務が発生するという説（包括的同意説）と、労働協約や就業規則の定めだけでは足りず、個々の労働者の同意が必要となるという説（個別的同意説）です。

　本判決では、就業規則に当該36協定の範囲内で、労働者に時間外労働をさせることができる旨定めているときは、当該就業規則の規定の内容が**合理的**なものである限り、労働者はその定めるところに従い、労働契約に定める労働時間を超えて労働をする義務を負うと判示し包括的同意説を採用しました。

　これは、就業規則上の規定が合理的であれば労働契約の内容になるとする秋北バス事件（次頁参照）及び電電公社帯広電報電話局事件（最一小判昭和61年3月13日）を引用したものといえます。

8 秋北バス事件（最大判昭和43年12月25日）

概要

Y社は就業規則を変更し、これまでの定年制を改正して主任以上の職に在る者の定年を55歳（この当時55歳定年制は適法）に定めました。このため、それまで定年制の適用のなかったXは、定年制の対象となり解雇通知を受けました。

判旨

　元来、「労働条件は、労働者と使用者が、対等の立場において決定すべきものである」（労働基準法2条1項）が、多数の労働者を使用する近代企業においては、労働条件は、経営上の要請に基づき、統一的かつ画一的に決定され、労働者は、経営主体が定める契約内容の定型に従って、附従的に契約を締結せざるを得ない立場に立たされるのが実情であり、この労働条件を定型的に定めた就業規則は、一種の社会的規範としての性質を有するだけでなく、それが**合理的な労働条件**を定めているものであるかぎり、経営主体と労働者との間の労働条件は、その就業規則によるという事実たる慣習が成立しているものとして、その**法的規範性が認められる**に至っているものということができる。

　右に説示したように、就業規則は、当該事業場内での社会的規範たるにとどまらず、法的規範としての性質を認められるに至っているものと解すべきであるから、当該事業場の労働者は、就業規則の存在および内容を現実に知っていると否とにかかわらず、また、これに対して個別的に同意を与えたかどうかを問わず、当然に、その適用を受けるものというべきである。

　新たな就業規則の作成又は変更によって、既得の権利を奪い、労働者に不利益な労働条件を一方的に課することは、原則として、許されないと解すべきであるが、労働条件の集合的処理、特にその統一的かつ画一的な決定を建前とする就業規則の性質からいって、当該規則条項が**合理的**なものであるかぎり、個々の労働者において、これに同意しないことを理由として、その適用を拒否することは許されないと解すべきである。

解説

　就業規則の効力については、労働者の同意があって初めて効力が発生するという契約説と、就業規則には法規範としての性質があり、労働者の同意がなくても拘束力があるとする法規範説がありました。最高裁は、「就業規則の存在および内容を現実に知っていると否とにかかわらず、また、個別的に同意を与えたかどうかを問わず、当然に、その適用を受ける」としました。本判決は、その後、労働契約法7条に引き継がれています。また、就業規則の不利益変更については、現在、労働契約法9条及び10条において、判断されることとなります。

　労働契約法7条、9条及び10条も確認しておきましょう。

9 山梨県民信用組合事件 （最二小判平成28年2月19日）

【本試験】H29-1B（労一） 【本書】第2予想択一式　労一4B

概　要

本件は、信用組合の職員が合併により労働条件が大幅に変更され、退職金がほぼゼロになったとして、合併前の本来基準での退職金の支払いを求めて提訴した事件です。

判　旨

　労働契約の内容である労働条件は、労働者と使用者との個別の合意によって変更することができるものであり、このことは、就業規則に定められている労働条件を労働者の不利益に変更する場合であっても、その合意に際して就業規則の変更が必要とされることを除き、異なるものではないと解される。

　変更に対する労働者の同意の有無についての判断は慎重にされるべきである。そうすると、就業規則に定められた賃金や退職金に関する労働条件の変更に対する労働者の同意の有無については、当該変更を受け入れる旨の労働者の行為の有無だけでなく、当該変更により労働者にもたらされる不利益の内容及び程度、労働者により当該行為がされるに至った経緯及びその態様、当該行為に先立つ労働者への情報提供又は説明の内容等に照らして、当該行為が労働者の**自由な意思**に基づいてされたものと認めるに足りる合理的な理由が客観的に存在するか否かという観点からも、判断されるべきものと解するのが相当である。

解　説

　最高裁は、労働者と使用者の合意があれば、労働条件を不利益に変更できるとしました。そして、変更に対する労働者の同意の有無については、当該変更により労働者にもたらされる不利益の内容及び程度、労働者により当該行為がされるに至った経緯及びその態様、当該行為に先立つ労働者への情報提供又は説明の内容等に照らして、当該行為が労働者の**自由な意思**に基づいてされたものと認めるに足りる合理的な理由が客観的に存在するか否かという観点からも、判断されるべきものであるとの判断基準を明らかにしました。

　この基準を本件に当てはめると、同意書への労働者らの署名押印がその自由な意思に基づいてされたものと認めるに足りる合理的な理由が客観的に存在するか否かという観点から審理を尽くすことなく、労働者が退職金一覧表の提示を受けていたことなどから直ちに、署名押印をもって労働者の同意があるものとした高裁の判断には、審理不尽の結果、法令の適用を誤った違法があるとして、高裁に差戻しました。

10 名古屋自動車学校事件（最一小判令和5年7月20日）

【本書】第2予想選択式　問4

概　要

本件は、自動車学校で正社員として30年以上勤務し、定年退職後に嘱託職員として再雇用された労働者が、再雇用後の賃金が減額されたのは、旧労働契約法20条（現行のパートタイム・有期雇用労働法8条）に違反するとして差額の支払いを求めて提訴した事件です。

判　旨

　正職員の基本給は、勤続年数に応じて額が定められる**勤続給**としての性質のみを有するということはできず、職務の内容に応じて額が定められる**職務給**としての性質をも有するものとみる余地がある。他方で、…役付手当…の支給額は明らかでないこと、正職員の基本給には功績給も含まれていることなどに照らすと、その基本給は、職務遂行能力に応じて額が定められる**職能給**としての性質を有するものとみる余地もある。

　また、…嘱託職員は定年退職後再雇用された者であって、役職に就くことが想定されていないことに加え、その基本給が正職員の基本給とは異なる基準の下で支給され、…勤続年数に応じて増額されることもなかったこと等からすると、嘱託職員の基本給は、正職員の基本給とは異なる性質や支給の目的を有するものとみるべきである。

　また、労使交渉に関する事情を…「**その他の事情**」として考慮するに当たっては、労働条件に係る合意の有無や内容といった労使交渉の結果のみならず、その具体的な経緯をも勘案すべきものと解される。

解　説

　最高裁は、基本給のうち定年時の6割を下回る部分と賞与の一部の不合理を認めた原審を破棄し、差し戻しました。本判決において、正職員の基本給は勤続給や職務給、職能給の性質も有する余地はあると指摘した上で、原審は正職員の基本給の年功的性質以外の性質、内容、支給目的を検討していないと述べています。さらに労使交渉の経緯も勘案していないとして、審理のために原審である名古屋高等裁判所に差し戻すという判断を下しました。

参考条文

短時間労働者及び有期雇用労働者の雇用管理の改善等に関する法律　第8条

　「事業主は、その雇用する短時間・有期雇用労働者の基本給、賞与その他の待遇のそれぞれについて、当該待遇に対応する通常の労働者の待遇との間において、当該短時間・有期雇用労働者及び通常の労働者の業務の内容及び当該業務に伴う責任の程度（以下「職務の内容」という。）、当該職務の内容及び配置の変更の範囲**その他の事情**のうち、当該待遇の性質及び当該待遇を行う目的に照らして適切と認められるものを考慮して、不合理と認められる相違を設けてはならない。」

11 福原学園事件（最一小判平成28年12月1日）

概　要

Xは、平成23年4月1日、Y学園との間で、契約職員規程に基づき、契約期間を平成24年3月31日までの1年とし、3年を限度に更新することがある（在職中の勤務成績が良好であることが条件）とする有期労働契約を締結し、Yの運営するA短期大学の講師として勤務していました。

Yは、平成24年3月19日、Xに対し、同月31日をもって労働契約を終了する旨を通知したため、Xは、同年11月6日、地位確認訴訟を提起しました。またYは、平成26年1月22日、Xに対し、契約期間の更新の限度は3年とされているので、仮に労働契約が終了していないとしても同年3月31日をもって労働契約を終了する旨通知ました。なお、Yの契約職員規程では、契約職員のうち勤務成績を考慮し、Yがその任用を必要と認め、本人が希望した場合は、契約期間が満了するときに、期間の定めのない職種に異動することができるとの定めがありました。

判　旨

　本件労働契約の内容となる本件規程には、契約期間の更新限度が3年であり、その満了時に労働契約を期間の定めのないものとすることができるのは、これを希望する契約職員の勤務成績を考慮してYが必要であると認めた場合である旨が明確に定められていたのであり、Xもこのことを十分に認識した上で本件労働契約を締結したといえる。さらに、Xが大学教員としてYに雇用された者であり、大学教員の雇用については一般に**流動性**のあることが想定されていることや、Yの運営する3大学において、3年の更新限度期間の満了後に労働契約が無期契約とならなかった契約職員も複数いたことに照らせば、本件労働契約が無期労働契約となるか否かは、Xの勤務成績を考慮して行うYの判断に委ねられているものというべきであり、本件労働契約が3年の更新限度期間の満了時に当然に無期労働契約となることを内容とするものであったと解することはできない。そして、Yが本件労働契約を無期労働契約とする必要性を認めていなかったことは明らかである。また、労契法18条の要件をXが満たしていないことも明らかであり、他に本件労働契約が無期労働契約となったと解すべき事情を見いだすことはできない。以上によれば、本件労働契約は平成26年4月1日から無期労働契約となったとはいえず、同年3月31日をもって終了したというべきである。

解　説

　最高裁は、契約職員規程において無期労働契約に転換することができるのは、Yが必要と認めた場合であることが定められていることや、現に更新上限期間の満了時に無期労働契約とならなかった職員が複数いること等に照らし、3年の有期労働契約の期間は試用期間ではなく、有期労働契約の更新の上限であり、3年の更新限度期間の満了後に期間の定めのないものとなったとはいえないとしました。

12 神戸引陵学園事件（最三小判平成2年6月5日）

概 要

Xは、Y（学園）に、昭和59年4月1日付けで教員（常勤講師）として採用され、採用面接の際に理事長から口頭で以下の説明を受け、受諾しました。

・契約期間は昭和59年4月1日から翌年3月末日までの1年間とし、勤務状況により再雇用するか否かを判定する

さらに同年5月中旬、以下の内容が記載された期限付職員契約書がYから交付され、Xは署名押印をしました。

・昭和60年3月31日までの1年間の期限付の常勤講師として採用し、期限が満了したときは、解雇予告その他何らの通知を要せず満了日に当然の効果が生じる

そして昭和60年3月18日、YはXに同月末日で雇用契約を終了する旨を通知し、3月末日で雇用契約を終了しました。これに対し、Xは雇用契約の終了は無効であると主張し、教員としての地位確認を求め提訴しました。

判 旨

使用者が労働者を新規に採用するに当たり、その雇用契約に期間を設けた場合において、その設けた趣旨・目的が労働者の適性を評価・判断するためのものであるときは、右期間の満了により右雇用契約が当然に終了する旨の明確な合意が当事者間に成立しているなどの**特段の事情**が認められる場合を除き、右期間は契約の**存続期間ではなく、試用期間である**と解するのが相当である。

試用期間付雇用契約の法的性質については、試用期間中の労働者に対する処遇の実情や試用期間満了時の本採用手続の実態等に照らしてこれを判断するほかないところ、試用期間中の労働者が試用期間の付いていない労働者と同じ職場で同じ職務に従事し、使用者の取扱いにも格段変わったところはなく、また、試用期間満了時に再雇用（すなわち本採用）に関する契約書作成の手続が採られていないような場合には、他に特段の事情が認められない限り、これを解約権留保付雇用契約であると解するのが相当である。

解約権留保付雇用契約における解約権の行使は、解約権留保の趣旨・目的に照らして、客観的に合理的な理由があり社会通念上相当として是認される場合に許されるものであって、通常の雇用契約における解雇の場合よりも広い範囲における解雇の自由が認められてしかるべきであるが、試用期間付雇用契約が試用期間の満了により終了するためには、本採用の拒否すなわち留保解約権の行使が許される場合でなければならない。

解 説

本判決は、有期労働契約の趣旨及び目的が労働者の適性を評価、判断するためのものであるときは、試用期間であるとしました。

13　新国立劇場運営財団事件（最三小判平成23年4月12日）

概要

年間を通じて多数のオペラ公演を主催する財団法人との間で、契約を1年とする出演基本契約を締結した上、各公演ごとに個別講演出演契約を締結して公演に出演していた合唱団員Aが、当該法人との関係において労働組合法上の労働者にあたるとされた事件です。

判旨

- 出演基本契約は、一定の歌唱能力を有する者を、原則として年間シーズンの全公演への出演が可能である契約メンバーとして確保することにより、X財団の各公演を円滑かつ確実に遂行する目的で締結されている。契約メンバーは、各公演の実施に不可欠な歌唱労働力としてX財団の組織に組み入れられていた。
- 出演基本契約を締結する際、契約メンバーはX財団から、全ての個別公演に出演するために可能な限りの調整をすることを要望されていた。また、出演基本契約書の別紙には、公演名、公演時期、契約メンバーの出演の有無等が記載され、契約メンバーが個別公演出演を辞退した例は僅かだったことなどに鑑みると、各当事者の認識や契約の実際の運用においては、契約メンバーは基本的にX財団からの個別公演出演の申込みに応ずべき関係にあった。
- X財団は、出演基本契約の内容を一方的に決定し、シーズン中の公演件数、演目、稽古日程等、契約メンバーが歌唱の労務を提供する態様も一方的に決定しており、契約メンバーの側に交渉の余地はなかった。
- 契約メンバーは、X財団により一方的に決められた公演日程等に従い、X財団が指定する日時、場所において歌唱の労務を提供していた。また、歌唱技能の提供の方法については、X財団の選定する者の指揮を受け、稽古への参加状況についてX財団の監督を受けていた。契約メンバーは、X財団の指揮監督の下で歌唱の労務を提供しており、時間的・場所的に一定の拘束を受けていた。
- 契約メンバーの報酬は、出演基本契約で定めた方法で算定されており、予定時間を超えて稽古に参加した場合には超過稽古手当も支払われており、報酬の金額の合計も300万円であった。当該報酬は歌唱の労務の提供それ自体の対価である。

　以上の諸事情を総合考慮すれば、**AはX財団との関係において労働組合法上の労働者に当たる**と解すべきである。

解説

　最高裁は、労組法上の労働者性について、①事業組織への組入れ、②契約内容の一方的・定型的決定、③報酬の労務対価性、④業務の依頼に応ずべき関係、⑤指揮監督関係の存在を総合考慮して判断すべきとの枠組みを示しました。その後、厚生労働省労使関係法研究会が、当該判例を踏まえ、労組法上の労働者性の判断基準について、①事業組織への組入れ、②契約内容の一方的・定型的決定、③報酬の労務対価性の3つを基本的判断要素とする報告書を発表しました。

14 朝日放送事件（最三小判平成7年2月28日）

概　要

被上告人会社（X社）は、請負3社との間でテレビの番組制作の業務に関して請負契約を締結し、請負各社はその従業員を派遣して業務を処理していました。

番組制作に当たっては、X社は、編成日程表を作成して3社に交付し、派遣従業員はこれに従って作業をするほかX社のディレクターの指揮監督のもとに作業を行っていました。派遣従業員が加盟するY労働組合は、X社に対し、労働条件の改善等を求めて団体交渉を要求しましたが、X社が使用者ではないとの理由からこれを拒否しました。

判　旨

　労働組合法7条にいう「使用者」の意義について検討するに、一般に使用者とは労働契約上の雇用主をいうものであるが、同条が団結権の侵害に当たる一定の行為を不当労働行為として排除、是正として正常な労使関係を回復することを目的としていることにかんがみると、雇用主以外の事業主であっても、雇用主から労働者の派遣を受けて自己の業務に従事させ、その労働者の基本的な労働条件等について、雇用主と部分的とはいえ**同視できる程度に現実的かつ具体的に支配、決定することができる地位にある場合**には、その限りにおいて、右事業主は同条の「使用者」に当たるものと解するのが相当である。

　被上告人は、実質的にみて、請負3社から派遣される従業員の勤務時間の割り振り、労務提供の態様、作業環境等を決定していたのであり、右従業員の基本的な労働条件等について、雇用主である請負3社と部分的とはいえ同視できる程度に現実的かつ具体的に支配、決定することができる地位にあったものというべきであるから、その限りにおいて、労働組合法7条にいう「使用者」に当たるものと解するのが相当である。

解　説

　本判決は、他者が雇用する労働者に関して、労働契約上の雇用主でない者も、労組法7条の使用者になり得ること及びその判断基準を示した重要な判例です。この事件では、労働者を派遣していた派遣元企業が雇用主としての実体を持つ場合でも、「雇用主から労働者の派遣を受けて自己の業務に従事させ、その労働者の基本的な労働条件等について、雇用主と部分的とはいえ同視できる程度に現実的かつ具体的に支配、決定することができる地位にある場合には、その限りで労組法7条の使用者に当たる」としました。

15 東朋学園事件（最一小判平成15年12月4日）

【本試験】H22選択C（労基）

概 要

Y学園で働く女性Xは、8週間の産後休業終了後職場復帰し、Yの育児休職規程に基づき1日1時間15分の勤務時間短縮措置を受けました。Yは賞与の支給について、1年を6ヵ月で2分した各期間につき出勤率が90％以上の者という要件を就業規則で定め、詳細はその都度回覧文書で知らせるとしていました。

Xはいずれの期間も出勤率90％を満たすことができず、賞与支給対象者から除外され、各期間に対応する賞与が支給されませんでした。そこでXは、上記取扱いの根拠である就業規則の定めは、労基法、育休法の趣旨及び公序に反するなどと主張して、Yに対して不支給とされた各賞与等の支払いを求めて提訴しました。

判 旨

従業員の出勤率の低下防止等の観点から、出勤率の低い者につきある種の経済的利益を得られないこととする措置ないし制度を設けることは、一応の経済的合理性を有するものである。本件90％条項は、労働基準法で認められた産前産後休業を取る権利及び育児休業法を受けて育児休職規程で定められた勤務時間の短縮措置を請求し得る法的利益に基づく不就労を含めて出勤率を算定するものであるが、上述のような労働基準法及び育児休業法の趣旨に照らすと、これにより上記権利の行使を抑制し、ひいては労働基準法等が上記権利等を保障した趣旨を実質的に失わせるものと認められる場合に限り、**公序に反する**ものとして無効となると解するのが相当である。

本件90％条項のうち、出勤すべき日数に産前産後休業の日数を算入し、出勤した日数に産前産後休業の日数及び勤務時間短縮措置による短縮時間分を含めないものとしている部分は、…公序に反し無効であるというべきである。

賞与の計算式の適用にあたっては、産前産後休業の日数及び勤務時間短縮措置による短縮時間分は、回覧文書の定めるところに従って欠勤として減額の対象となるというべきである。

解 説

最高裁は、労基法や育児介護休業法に基づく休業等を出勤日数に含めない規程等は、法律上の権利の行使を抑制し、法律が権利として保障した趣旨を実質的に失わせるものであると認められる場合には、公序違反として無効になるとしました。

ただし、賞与額の計算において、産前産後休業期間及び勤務時間短縮時間分を欠勤扱いとして減額することは公序に反し無効とはいえないと判断しました。

16 広島中央保健生活協同組合事件（最一小判平成26年10月23日）

【本試験】H27-2A・R3-4オ（労一）

概　要

本件は、Ｙ組合に雇用され副主任の職位であった理学療法士Ｘが、労働基準法65条3項に基づき妊娠中の軽易な業務への転換となったことにより副主任を免ぜられ（いわゆる降格）、育児休業の終了後も副主任に任ぜられなかったことから、Ｙ組合に対し、副主任を免じた措置は男女雇用機会均等法9条3項に違反する無効なものであるなどとして、管理職手当等の支払いを求めました。

判　旨

　男女雇用機会均等法は、…女性労働者につき、妊娠、出産、産前休業の請求、産前産後の休業その他の妊娠又は出産に関する事由であって厚生労働省令で定めるものを理由として解雇その他不利益な取扱いをしてはならない旨を定めている（男女雇用機会均等法9条3項）。

　女性労働者につき妊娠中の軽易業務への転換を契機として降格させる事業主の措置は、原則として男女雇用機会均等法9条3項の禁止する取扱いに当たるものと解されるが、当該労働者が軽易業務への転換及び上記降格措置により受ける有利な影響並びに上記降格措置により受ける不利な影響の内容や程度、降格措置に係る事業主による説明の内容その他の経緯や当該労働者の意向等に照らして、当該労働者につき自由な意思に基づいて降格を承諾したものと認めるに足りる合理的な理由が客観的に存在するとき、又は事業主において当該労働者につき降格の措置を執ることなく軽易業務への転換をさせることに円滑な業務運営や人員の適正配置の確保などの業務上の必要性から支障がある場合であって、その業務上の必要性の内容や程度及び降格による有利又は不利な影響の内容や程度に照らして、降格措置につき、男女雇用機会均等法9条3項の趣旨及び目的に実質的に反しないものと認められる特段の事情が存在するときは、同法9条3項の禁止する取扱いに当たらないものと解するのが相当である。

　上記の承諾に係る合理的な理由に関しては、上記の有利又は不利な影響の内容や程度の評価に当たって、上記措置の前後における職務内容の実質、業務上の負担の内容や程度、労働条件の内容等を勘案し、当該労働者が上記措置による影響につき事業主から適切な説明を受けて十分に理解した上でその諾否を決定し得たか否かという観点から、その存否を判断すべきものと解される。

解　説

　最高裁は軽易業務への転換請求を契機としてなされた降格は、原則、男女雇用機会均等法9条3項に違反するとしましたが、例外として、労働者の自由な意思による承諾がある場合と、降格させないと業務上の支障があるなどの特段の事情がある場合には、同項に違反しないとしました。また、労働者の承諾については、事業主から適切な説明を受けて十分に理解した上のものであるか否かを判断基準とするとしました。

17 片山組事件 （最一小判平成10年4月9日）

【本試験】H26-1C（労一）

概要

私傷病により本来の業務に就くことができなくなった労働者Xが、別の業務で就労可能であると申し出たことに対し、Y社が自宅療養を命じ、その間の賃金を支払わず、賞与を減額支給しました。Xは自宅療養命令は無効であるとして、不就労期間の賃金及び減額分の賞与の支払いを求めて提訴しました。

判旨

　労働者が職種や業務内容を特定せずに労働契約を締結した場合においては、現に就業を命じられた特定の業務について労務の提供が十全にはできないとしても、その能力、経験、地位、当該企業の規模、業種、当該企業における労働者の配置・異動の実情及び難易等に照らして当該労働者が配置される現実的可能性があると認められる他の業務について労務の提供をすることができ、かつその提供を申し出ているならば、なお**債務の本旨に従った履行の提供**があると解するのが相当である。そのように解さないと、同一企業における同様の労働契約を締結した労働者の提供し得る労務の範囲に同様の身体的原因による制約が生じた場合に、その能力、経験、地位等にかかわりなく、現に就業を命じられている業務によって、労務の提供が債務の本旨に従ったものになるか否か、また、その結果、賃金請求権を取得するか否かが左右されることになり、不合理である。

解説

　本判決は、身体的原因による制約のため、労務の一部のみの提供を申し出たことが、債務の本旨に従った履行の提供といえるかについて、最高裁として初めての判断を示しました。

　労働者が提供を申し出ている労務の内容が、本来の業務以外であっても、それが、その能力、経験、地位、当該企業の規模、業種、当該企業における労働者の配置・異動の実情及び難易等に照らして当該労働者が配置される現実的可能性があれば、なお債務の本旨に従った履行の提供があると解すべきであるとしました。

　労働契約上職種や業務の特定がない場合、現に命じられている業務の一部が私傷病により履行できなくなったとき、会社の規模からして配置できる業務や部署がある場合には、他の業務への配置を検討することを使用者側に要請したものといえます。

「債務の本旨に従った履行の提供」とは

　債務の本旨に従った履行の提供とは、民法493条に規定があり、契約通りの内容の債務を、定められた時期に、定められた場所で現実に提供することです。

　これを労働契約関係に当てはめて考えると、労働者は労働契約に基づき、使用者の指揮命令に従って誠実に労務を提供しなければならないということになります。

18 東芝うつ事件（最二小判平成26年3月24日）

概　要

本件は、うつ病に罹患して休職し、休職期間満了に伴い解雇された労働者が、うつ病は過重な業務に起因するものであり、解雇は無効であるとして、労働契約上の地位確認及び安全配慮義務違反等による損害賠償等を求めた事件です。

判　旨

　労働者が会社に申告しなかった自らの精神的健康（いわゆるメンタルヘルス）に関する情報は、神経科の医院への通院、その診断に係る病名、神経症に適応のある薬剤の処方等を内容とするもので、労働者にとって、自己のプライバシーに属する情報であり、人事考課等に影響し得る事柄として通常は職場において知られることなく就労を継続しようとすることが想定される性質の情報であったといえる。使用者は、必ずしも労働者からの申告がなくても、その健康に関わる労働環境等に十分な注意を払うべき安全配慮義務を負っているところ、…労働者にとって過重な業務が続く中でその体調の悪化が看取される場合には、上記のような情報については労働者本人からの積極的な申告が期待し難いことを前提とした上で、必要に応じてその業務を軽減するなど労働者の心身の健康への配慮に努める必要があるものというべきである。

　過重な業務が続く中で、労働者は、体調が不良であることを会社に伝えて相当の日数の欠勤を繰り返し、業務の軽減の申出をするなどしていたものであるから、会社としては、そのような状態が過重な業務によって生じていることを認識し得る状況にあり、その状態の悪化を防ぐために労働者の業務の軽減をするなどの措置を執ることは可能であったというべきである。これらの諸事情に鑑みると、会社が労働者に対し上記の措置を執らずに本件鬱病が発症し増悪したことについて、労働者が会社に対して上記の情報を申告しなかったことを重視するのは相当でなく、これを労働者の責めに帰すべきものということはできない。

　会社が安全配慮義務違反等に基づく損害賠償として労働者に対し賠償すべき額を定めるに当たっては、労働者が上記の情報を会社に申告しなかったことをもって、民法418条又は722条2項の規定による過失相殺をすることはできないというべきである。

解　説

　最高裁は、使用者は、健康に関わる労働環境等に十分な注意を払うべき安全配慮義務を負っているという規範を示したうえで、具体的内容として必要に応じてその業務を軽減するなど労働者の心身の健康への配慮に努める必要があると判示しました。

　また、安全配慮義務違反における過失相殺の適用について、労働者がメンタルヘルス情報を会社に申告しなかったことは、「被害者に過失があったとき」（民法418条、722条2項）に該当しないとして過失相殺することはできないとしました。

19 新日本製鉄事件（最二小判平成15年4月18日）

【本試験】H28-1ウ（労一）

概要

Y社は、社内の構内輸送業務のうち鉄道輸送部門の一定の業務を業務協力会社A社に業務委託し、委託業務に従事していたXらにA社への在籍出向を命じました。これに対しXらは、本件出向命令の無効確認請求を行いました。

判旨

Yの就業規則には、「会社は従業員に対し業務上の必要によって社外勤務をさせることがある。」という規定があること、…労働協約において、社外勤務の定義、出向期間、出向中の社員の地位、賃金、退職金、各種の出向手当、昇格・昇給等の査定その他処遇等に関して出向労働者の利益に配慮した詳細な規定が設けられているという事情がある。

以上のような事情の下においては、Yは、Xらに対し、その**個別的同意なしに**、Yの従業員としての地位を維持しながら出向先においてその指揮監督の下に労務を提供することを命ずる本件各出向命令を発令することができるというべきである。

本件各出向命令は、業務委託に伴う要員措置として行われ、当初から出向期間の長期化が予想されたものであるが、上記社外勤務協定は、業務委託に伴う長期化が予想される在籍出向があり得ることを前提として締結されているものであるし、在籍出向といわゆる転籍との本質的な相違は、出向元との労働契約関係が存続しているか否かという点にあるのであるから、出向元との労働契約関係の存続自体が形がい化しているとはいえない本件の場合に、出向期間の長期化をもって直ちに転籍と同視することはできない。

委託される業務に従事していたYの従業員につき出向措置を講ずる必要があったということができ、出向措置の対象となる者の人選基準には合理性があり、具体的な人選についてもその不当性をうかがわせるような事情はない。

また、本件各出向命令によってXらの労務提供先は変わるものの、その従事する業務内容や勤務場所には何らの変更はなく、上記社外勤務協定による出向中の社員の地位、賃金、退職金、各種の出向手当、昇格・昇給等の査定その他処遇等に関する規定等を勘案すれば、Xらがその生活関係、労働条件等において著しい不利益を受けるものとはいえない。そして、本件各出向命令の発令に至る手続に不相当な点があるともいえない。これらの事情にかんがみれば、本件各出向命令が権利の濫用に当たるということはできない。

解説

最高裁は、在籍出向において、就業規則・労働協約に出向規定があり、それに基づいて出向労働者の利益に配慮した詳細な規定がある場合には、使用者は労働者の個別的同意なしに出向を命じることができると判示しました。そのうえで、本出向命令が権利の濫用に当たるか否かを判断し、出向の必要性、人選の合理性、労働者の生活関係、不利益の程度、手続きの相当性を総合的に考慮して権利の濫用にあたらないと判断しました。

20 細谷服装事件（最二小判昭和35年3月11日）

【本試験】H18-2D、7A・H19-4C・H20-7C・H21-2D（労基） 【本書】第2予想択一式　労基7D

概　要

昭和24年8月4日	Y社は従業員Xに対して解雇予告手当を支給することなく一方的に解雇を通知しました。
	XはY社に解雇手当、遅延損害金の支払いを求めて提訴しました。
昭和26年3月19日	Y社は第1審の口頭弁論終結日である昭和26年3月19日に昭和24年8月分の給料と給料1ヶ月分に相当する解雇予告手当及び当日までの遅延利息を加算した合計金をXに支払いました。

XはYの解雇は労基法20条違反であり、実際に解雇予告手当が支払われた昭和26年3月19日までは解雇の効力は生じないとし、昭和24年8月以降昭和26年3月までの給料並びに労基法114条に基づき附加金の支払いを請求しました。

判　旨

　使用者が労働基準法20条所定の予告期間をおかず、または予告手当の支払をしないで労働者に解雇の通知をした場合、その通知は即時解雇としては効力を生じないが、使用者が即時解雇を固執する趣旨でない限り、通知後同条所定の30日の期間を経過するか、または通知の後に同条所定の予告手当の支払をしたときは、そのいずれかのときから解雇の効力を生ずるものと解すべきである。

　労働基準法114条の附加金支払義務は、使用者が予告手当等を支払わない場合に、当然に発生するものではなく、労働者の請求により裁判所がその支払を命ずることによって、初めて発生するものと解すべきであるから、使用者に労働基準法20条の違反があっても、既に予告手当に相当する金額の支払を完了し使用者の義務違反の状況が消滅した後においては、労働者は同条による附加金請求の申立をすることができないものと解すべきである。

解　説

　労基法20条に違反して行われた解雇について、最高裁は即時解雇としての効力は生じないが、即時解雇に固執する趣旨でなければ、解雇通知後30日経過するか予告手当の支払いをしたときのいずれかの時から解雇の効力が生ずるとしました。従って、本件の場合、解雇通知日の昭和24年8月4日から30日経過後に解雇が有効ということになります。

　また、本判決は、労基法114条に基づく附加金の支払い義務は、予告手当の支払義務違反があったときに発生するのではなく、裁判所の支払い命令があったときに発生するとしました。つまり、裁判所が支払命令を命じるまでに、使用者が予告手当を支払えば、裁判所は附加金の支払いを命じることはできないことになります。

解 答 編

CONTENTS

第1予想　選択式

解　答

しっかり復習しましょう！

第1予想　選択式　解答一覧

問1		労働基準法及び労働安全衛生法		チェック欄		
				1回目	2回目	3回目
A	⑱	病院の開設者のための労務の遂行	応			
B	⑯	指揮監督	応			
C	④	6	基			
D	⑰	都道府県労働局長	基			
E	⑩	健康障害を生ずるおそれがない	基			

問2		労働者災害補償保険法		チェック欄		
				1回目	2回目	3回目
A	⑤	障　害	基			
B	⑥	常時又は随時介護を受けている	基			
C	⑱	当該労働者	基			
D	⑫	当該遺族補償年金を受けることができる他の遺族	基			
E	⑩	遅滞なく	基			

問3		雇用保険法		チェック欄		
				1回目	2回目	3回目
A	⑭	失業の認定日に	基			
B	⑨	個人番号カード	基			
C	⑬	失業認定申告書	基			
D	⑱	中長期的なキャリア形成	基			
E	②	48万円	応			

問4		労務管理その他の労働に関する一般常識		チェック欄		
				1回目	2回目	3回目
A	⑬	集合的処理	応			
B	⑪	合　理	基			
C	⑰	必　要	基			
D	④	規　範	応			
E	⑧	交　渉	基			

問5		社会保険に関する一般常識		チェック欄		
				1回目	2回目	3回目
A	⑭	包括的かつ効率的	基			
B	⑪	監　護	基			
C	⑦	確定拠出年金運営管理機関	基			
D	④	35	基			
E	⑳	老齢給付金、障害給付金及び死亡一時金	基			

問6		健康保険法		チェック欄		
				1回目	2回目	3回目
A	⑲	平均的な家計	基			
B	⑧	460	基			
C	⑥	260	基			
D	⑨	一般保険料率	基			
E	⑬	被保険者の資格、標準報酬又は保険給付	基			

問7		厚生年金保険法		チェック欄		
				1回目	2回目	3回目
A	⑤	240	基			
B	③	3　月	基			
C	⑫	推定する	基			
D	⑨	故意に	基			
E	⑱	は、支給しない	基			

問8		国民年金法		チェック欄		
				1回目	2回目	3回目
A	③	思　料	基			
B	③	月の前月	基			
C	①	月	基			
D	①	国税及び地方税に次ぐもの	基			
E	①	配偶者、子、父母、孫、祖父母又は兄弟姉妹であって、その者の死亡の当時その者と生計を同じくしていた	基			

第1予想の選択式の目標得点は30点です。
正解できたかどうか、チェック欄に書きこんでいきましょう！

出題の趣旨

労働基準法の選択式について、本試験では、判例からの出題がほぼ定着しています。判例は難解ですが、関連する法令の知識が身についていれば、初見の内容であっても読み解くことは不可能ではありません。教科書の該当箇所をしっかりと読み、設問の判例と照らし合わせて理解するようにしましょう。また、本試験の労働安全衛生法では、基本的な条文知識を問われることが多くあります。対策としては、教科書をベースに基本事項をしっかりと覚えることが重要です。

解　答

根拠　労基法9条、82条、安衛法37条1項、則577条の2,2項、最二小H17.6.3関西医科
大学付属病院事件　　　　　　　　　　教科書 Part 1 P16、117、159、166、167

A	⑱	病院の開設者のための労務の遂行	難易度 応
B	⑯	指揮監督	難易度 応
C	④	6	難易度 基
D	⑰	都道府県労働局長	難易度 基
E	⑩	健康障害を生ずるおそれがない	難易度 基

解　説

　設問文1の判例は、平成29年の本試験択一式で出題されたものである。「上記研修医は労働基準法9条所定の労働者に当たるものというべきである」という結論につながる文脈から考えて、**A・B**にふさわしい語句を選びたい。

　なお、設問文2の法82条は細かい規定であるが、国民年金・厚生年金保険の障害年金や遺族年金が、同一の事由について労働基準法の障害補償や遺族補償が行われる場合に「④6」年間支給停止になることから推測することができる。

　また、設問文4は令和6年4月施行の改正点の1つである濃度基準値設定物質に関する問題である。新たな化学物質規制に係る改正については、教科書に記載のある基本事項を確実に押さえておきたい。

問2　労働者災害補償保険法

出題の趣旨

労災保険法の選択式について、本試験では、基本的な条文の知識が問われることがあります。このような出題の場合、教科書の記載内容をしっかりと押さえていれば十分に対応できますので、しっかりと教科書を復習して基本事項を固めていきましょう。

解答

根拠　法11条1項、12条の8,4項、則22条　　　　教科書 Part 1 P248、262、263、270

A	⑤	障　害	難易度 基
B	⑥	常時又は随時介護を受けている	難易度 基
C	⑱	当該労働者	難易度 基
D	⑫	当該遺族補償年金を受けることができる他の遺族	難易度 基
E	⑩	遅滞なく	難易度 基

解説

　Dについて、遺族（補償）等年金以外の場合には、未支給保険給付の請求権者は「⑨その者の配偶者、子、父母、孫、祖父母又は兄弟姉妹であって、その者の死亡の当時その者と生計を同じくしていたもの」となることに注意すること。また、「受ける権利を有する」者と「受けることができる」者の違いにも注意したい。前者は「受給権者」、後者は「受給資格者」を表し、遺族（補償）等年金の受給権者が死亡した場合、当該遺族（補償）等年金の他の「受給資格者」が未支給の遺族（補償）等年金の支給を請求することができる。具体的には、死亡者の他にも遺族（補償）等年金の受給権者があればその者、ない場合には、受給資格者のうちの最先順位者（死亡者の次順位者）となる。

問3　雇用保険法

出題の趣旨

雇用保険法の選択式について、本試験では、条文からの出題が多くみられます。近年では事例問題も出題されるようになりましたが、まずは基本的な用語や数字が問われている問題でしっかりと3点以上を確保できるように基礎固めをしておきましょう。

根拠 則22条１項、101条の２の7,2号、３号、101条の２の8,1項３号、２項他

📖教科書 Part 1 P328、369 ～ 372

A	⑭	失業の認定日に		難易度 基
B	⑨	個人番号カード		難易度 基
C	⑬	失業認定申告書		難易度 基
D	⑱	中長期的なキャリア形成		難易度 基
E	②	48万円		難易度 応

解 説

　設問文１は「職業の紹介を求め」とあるので、**A**の解答は「⑭失業の認定日に」になり、これにふさわしい書類等を考えて**B・C**を解答するようにしたい。設問文３の**E**は専門実践教育訓練Ｂの受講のために支払った費用の総額が100万円であることから、その70％である「④70万円」が支給されると考えるかもしれないが、専門実践教育訓練Ａの受講を開始してから10年以内に専門実践教育訓練Ｂの受講を開始していることから、支給限度期間の制限により、168万円－120万円＝「②48万円」となることに注意すること。

問4　労務管理その他の労働に関する一般常識

出題の趣旨

労働一般常識の選択式については、本試験では、統計や白書等の知識が問われることが多く、令和４年及び５年は判例からの出題が連続しています。他の労働関係科目を含めて幅広い知識を身につけておき、細部からの出題であっても、ある程度類推して解答を導けるように練習をしておく必要があります。

解 答

根拠 労契法10条、最二小Ｈ9.2.28第四銀行事件

📖教科書 Part 1 P485

A	⑬	集合的処理		難易度 応
B	⑪	合　理		難易度 基
C	⑰	必　要		難易度 基
D	④	規　範		難易度 応
E	⑧	交　渉		難易度 基

　設問の判例は、労働契約法10条〔就業規則による労働契約の内容の変更（合意の原則の例外）〕の基となったものである。同法の知識から**B**、**C**、**E**は回答可能であるので、ここで3点を確保したい。**A**は直後に「特にその統一的かつ画一的な決定」と続く文脈から判断して「⑬集合的処理」を選びたい。また、**D**については、就業規則の法的性質を考えると、事業場における労働者の行動を規律することとなることから、「④規範」を選びたい。

問5　社会保険に関する一般常識

出題の趣旨

設問文1の介護保険法は過去10年において6回、設問文2の児童手当法は過去10年において8回という高頻度で出題される法律ですので、過去問の学習を通じて基本事項は確実に得点できるようにしておきましょう。設問文3の空欄Cは、確定拠出年金法で出てくる機関の名称と役割をしっかりと押さえておきましょう。設問文4については、平成30年に出題された確定給付企業年金の給付の種類と比較しておきましょう。なお、脱退一時金は法附則2条の2及び法附則3条において、当分の間、支給を行うものと規定されています。

解　答

根拠　介保法115条の45,1項1号ニ、児童手当法4条1項2号、確拠法第23条1項、28条、令15条の2

教科書 Part 2 P432、436、450、451

A	⑭	包括的かつ効率的	難易度 基
B	⑪	監　護	難易度 基
C	⑦	確定拠出年金運営管理機関	難易度 基
D	④	35	難易度 基
E	⑳	老齢給付金、障害給付金及び死亡一時金	難易度 基

解　説

　設問文3について、簡易企業型年金を実施する場合には、企業型年金加入者等に係る運用関連業務を行う確定拠出年金運営管理機関（運用関連業務を行う事業主を含む。以下、本解説において「企業型運用関連運営管理機関等」という。）が選定する運用の方法の数

は、2以上35以下とされている。なお、企業型年金加入者等は、企業型年金規約で定めるところにより、積立金のうち当該企業型年金加入者等の個人別管理資産について、提示された運用の方法の中から1又は2以上の運用の方法を選択し、かつ、それぞれの運用の方法に充てる額を決定して、これらの事項を企業型記録関連運営管理機関等に示すことによって運用の指図を行うものとされている。

設問文4に関連して、確定給付企業年金法29条において、事業主（基金型企業年金を実施する場合にあっては、企業年金基金。以下、本解説において「事業主等」という。）は、老齢給付金及び脱退一時金の給付を行うものとし、事業主等は、規約で定めるところにより、老齢給付金及び脱退一時金に加え、障害給付金及び遺族給付金の給付を行うことができると規定していることと比較しておこう。

問6 健康保険法

出題の趣旨

設問文1の食事療養標準負担額は覚えるのが大変だとは思いますが、平成26年の選択式で生活療養標準負担額に関する同様の問題が出題されたこともありますので、本試験までには覚えてほしいところです。設問文2は、各保険料率の違いを確認しておきましょう。設問文3は国民年金法、厚生年金保険法の不服申立てとも見比べておきましょう。

解答

根拠 法85条2項、160条1項、192条、則58条4号、5号、R2.9.30厚労告336号

教科書 Part 2 P65、105、144

A	⑲	平均的な家計	難易度 基
B	⑧	460	難易度 基
C	⑥	260	難易度 基
D	⑨	一般保険料率	難易度 基
E	⑬	被保険者の資格、標準報酬又は保険給付	難易度 基

解説

設問文1について、食事療養標準負担額をまとめると、次の表の通りである。

対象者		①右記②以外の者	②小児慢性特定疾病児童等・指定難病の患者
低所得者以外		460円	260円
低所得者	市町村民税非課税者	210円 （160円）	210円 （160円）
	70歳以上で判断基準所得のない者	100円	100円

※（　）内は、入院日数が90日を超える者

　設問文2について、一般保険料率とは、基本保険料率と特定保険料率とを合算した率をいう。特定保険料率とは、「各年度において保険者が納付すべき前期高齢者納付金等の額及び後期高齢者支援金等の額並びに流行初期医療確保拠出金等の額（全国健康保険協会が管掌する健康保険及び日雇特例被保険者の保険においては、その額から法153条及び法154条の規定による国庫補助額を控除した額）の合算額（前期高齢者交付金がある場合には、これを控除した額）を当該年度における当該保険者が管掌する被保険者の総報酬額の総額の見込額で除して得た率を基準として、保険者が定める。」と規定されており、基本保険料率とは、「一般保険料率から特定保険料率を控除した率を基準として、保険者が定める。」と規定されている。

　設問文3について、保険料等の賦課若しくは徴収の処分又は法180条の規定による滞納処分に不服がある者は、社会保険審査会に対して審査請求をすることができるとされている。

問7　厚生年金保険法

出題の趣旨

いずれも基本的事項ですので、しっかり学習していれば5点を獲得することも可能な問題です。復習の際には、正解肢以外の選択肢がどの規定に関連するものなのかも確認しておきましょう。設問文3の給付制限については、厚生年金保険法の他の給付制限の規定との比較だけでなく、労働者災害補償保険法、健康保険法、国民年金法の給付制限の規定とも比較しておきましょう。

解答

根拠　法46条6項、59条の2、73条　　Part 2 P321、356、357、383、384

A　⑤　240　　　　　　　　　　　　　　　　　　　　難易度

B	③	3　月	難易度 **基**
C	⑫	推定する	難易度 **基**
D	⑨	故意に	難易度 **基**
E	⑱	は、支給しない	難易度 **基**

解説

　設問文1について、老齢厚生年金における加給年金額の対象となっている配偶者が、設問の老齢厚生年金の他、障害厚生年金、国民年金法による障害基礎年金の支給を受けることができるとき（障害を支給事由とする給付であってその全額につき支給を停止されているものを除く。）も、その間、当該配偶者に係る加給年金額に相当する部分の支給が停止される。

　設問文2のCについて、正解肢である「⑫推定する」とは、「反対の事実や証拠がない限り、ある事実について法律上そのように取り扱う。」という意味であり、「⑲みなす」は、「本来は異なるものであっても、法律上同一のものとして取り扱う。」という意味である。推定された場合は、その事実が覆る場合があるのに対し、みなされた場合は反証を認めないという点が異なる。

　設問文3について、厚生年金保険法73条の2では「被保険者又は被保険者であった者が、自己の故意の犯罪行為若しくは重大な過失により、又は正当な理由がなくて療養に関する指示に従わないことにより、障害若しくは死亡若しくはこれらの原因となった事故を生ぜしめ、若しくはその障害の程度を増進させ、又はその回復を妨げたときは、保険給付の全部又は一部を行なわないことができる。」と規定されている。

問8　国民年金法

出題の趣旨

設問文2の法定免除は、申請免除等の適用期間との違いに注意するとともに、復習の際には要件の違いについても比較しておきましょう。設問文3について、労働保険徴収法、健康保険法、厚生年金保険法でも同様の規定があるので共通して覚えておきましょう。設問文4は未支給給付の遺族の範囲と混同しないようにしましょう。

解 答

根拠 法14条の2,1項、52条の3,1項、89条1項、98条

📖教科書 Part 2 P169、182、192、245

A	③	思 料	難易度 基
B	③	月の前月	難易度 基
C	①	月	難易度 基
D	①	国税及び地方税に次ぐもの	難易度 基
E	①	配偶者、子、父母、孫、祖父母又は兄弟姉妹であって、その者の死亡の当時その者と生計を同じくしていた	難易度 基

解 説

　設問文1について、遺族基礎年金を受けることができる配偶者又は子は、国民年金原簿に記録された死亡した被保険者又は被保険者であった者に係る特定国民年金原簿記録が事実でない、又は国民年金原簿に自己に係る特定国民年金原簿記録が記録されていないと思料するときは、厚生労働省令で定めるところにより、厚生労働大臣に対し、国民年金原簿の訂正の請求をすることができる。「寡婦年金を受けることができる妻」、「死亡一時金を受けることができる遺族」及び「未支給の年金の支給を請求することができる者」についても同様である。

　設問文2について、「障害基礎年金又は厚生年金保険法に基づく障害等級1級又は2級の障害厚生年金等の受給権者〔厚生年金保険法に規定する障害等級3級以上の障害の状態に該当しなくなった日から起算して、3級以上の障害状態に該当することなく3年を経過した障害基礎年金、障害厚生年金等の受給権者（現に3級以上の障害状態に該当しない者に限る。）を除く。〕」、「厚生労働省令で定める施設（国立ハンセン病療養所等）に入所している者」も法定免除の対象となる。なお、申請免除と納付猶予制度については、厚生労働大臣の指定する期間に係る保険料につき、既に納付されたものを除き、納付することを要しないものとされるが、当該厚生労働大臣の指定する期間は、原則として、申請のあった日の属する月の2年1月前の月から申請のあった日の属する年の翌年6月（当該申請のあった日の属する月が1月から6月までである場合にあっては、申請のあった日の属する年の6月）までの期間のうち必要と認める期間とされている（学生納付特例については「6月」の部分をすべて「3月」に読み替える。）。

第1予想　択一式

解 答

しっかり復習しましょう！

第1予想　択一式　解答一覧

労働基準法及び労働安全衛生法	問題番号	解答	難易度	チェック欄 1回目	2回目	3回目
	問1	C	基			
	問2	A	基			
	問3	B	基			
	問4	E	基			
	問5	C	基			
	問6	B	基			
	問7	C	基			
	問8	E	応			
	問9	B	基			
	問10	E	応			

雇用保険法（労働保険の保険料の徴収等に関する法律を含む。）	問題番号	解答	難易度	チェック欄 1回目	2回目	3回目
	問1	B	基			
	問2	C	基			
	問3	B	基			
	問4	A	応			
	問5	E	応			
	問6	D	基			
	問7	B	基			
	問8	E	基			
	問9	A	基			
	問10	C	基			

労働者災害補償保険法（労働保険の保険料の徴収等に関する法律を含む。）	問題番号	解答	難易度	チェック欄 1回目	2回目	3回目
	問1	B	基			
	問2	E	基			
	問3	B	基			
	問4	B	基			
	問5	C	基			
	問6	D	基			
	問7	A	基			
	問8	E	基			
	問9	E	基			
	問10	C	基			

労務管理その他の労働及び社会保険に関する一般常識	問題番号	解答	難易度	チェック欄 1回目	2回目	3回目
	問1	A	難			
	問2	D	難			
	問3	E	難			
	問4	C	基			
	問5	E	基			
	問6	D	基			
	問7	E	基			
	問8	B	基			
	問9	A	基			
	問10	C	基			

	問題番号	解答	難易度	チェック欄 1回目	2回目	3回目
健康保険法	問1	E	基			
	問2	D	基			
	問3	C	基			
	問4	C	基			
	問5	B	基			
	問6	C	基			
	問7	E	基			
	問8	D	基			
	問9	A	基			
	問10	B	基			

	問題番号	解答	難易度	チェック欄 1回目	2回目	3回目
国民年金法	問1	E	基			
	問2	A	基			
	問3	C	基			
	問4	E	基			
	問5	C	基			
	問6	D	基			
	問7	D	基			
	問8	D	基			
	問9	A	基			
	問10	B	基			

	問題番号	解答	難易度	チェック欄 1回目	2回目	3回目
厚生年金保険法	問1	B	基			
	問2	B	基			
	問3	D	基			
	問4	D	基			
	問5	E	基			
	問6	D	基			
	問7	C	基			
	問8	B	基			
	問9	A	応			
	問10	E	基			

第１予想の択一式の目標得点は
50点です！
基本レベルの問題を
間違えた場合は、
必ず『社労士の教科書』に戻って
復習しましょう！

労働基準法及び労働安全衛生法

問 1　正解　C　　　　　　　　　　　　　　　　難易度 基

出題の趣旨

総則等からの出題です。本試験では、単に条文を覚えているかだけでなく、その解釈まで問われることが多いので、教科書をしっかりと読んで理解を深めるようにしておきましょう。

解答

A ✕ 根拠　法2条2項　　　　　　　　　　　教科書 Part 1 P 9

法2条は訓示的規定であり、その違反については、使用者にも労働者にも**罰則は規定されていない**。

B ✕ 根拠　法3条、S63.3.14基発150号・婦発47号　　教科書 Part 1 P 9

「その他の労働条件」には「**解雇**」も**含まれる**。解雇の意思表示そのものは労働条件とはいえないが、労働協約、就業規則等で解雇の基準又は理由が規定されていれば、それは労働するに当たっての条件として本条の労働条件となる。

C ◯ 根拠　法4条、H9.9.25基発648号　　　　教科書 Part 1 P10

設問の通り正しい。なお、法3条の差別的取扱いについても、不利に取り扱う場合のみならず、有利に取り扱う場合も含まれる。

D ✕ 根拠　法6条　　　　　　　　　　　　　教科書 Part 1 P11

「法律に基いて許される場合」には、**職業安定法**及び船員職業安定法に規定する場合が該当する。労働者派遣については、他人の就業に介入したことにはならないので、それが合法であるか違法であるかを問わず、本条違反にはならない。

E ✕ 根拠　法7条、S22.11.27基発399号　　　教科書 Part 1 P11、12

労働者に必要な時間を与えた場合、その時間に対応する賃金については、本条は何ら触れていないから、**有給たると無給たるとは当事者間の自由**に委ねられた問題であるとされている。

出題の趣旨

労働契約等からの出題です。正解肢Aは令和6年4月施行の改正点となりますので、十分に注意しておきましょう。

解答

A　✕　根拠　法15条1項、則5条1項1号の3　　　　　　　教科書 Part 1 P21

　則5条1項1号の3では「就業の場所及び従事すべき業務に関する事項（就業の場所及び従事すべき業務の**変更の範囲**を含む。）」と明示事項を規定している。したがって、「雇入れ直後」の就業の場所及び従事すべき業務では足りず、その「変更の範囲」についても明示しなければならない。

B　〇　根拠　法15条1項、S61.6.6基発333号　　　　　教科書 Part 1 P21

　設問の通り正しい。なお、労働者派遣法34条は、**派遣元**事業主は、労働者派遣をする場合にはあらかじめ労働者派遣契約で定める**就業条件等を明示**しなければならないと規定している。労働契約の締結時点と派遣する時点が同時である場合には、労働基準法15条の労働条件の明示と労働者派遣法34条の就業条件の明示を合わせて行って差し支えないとされている。

C　〇　根拠　法14条1項、120条1号、S23.4.5基発535号　教科書 Part 1 P23

　設問の通り正しい。法14条（契約期間等）の趣旨に鑑み、本条の罰則は**使用者に対してのみ**適用があるとされている。なお、本条違反の長期労働契約の民事的効力については、法13条（この法律違反の契約）が適用になるので、その契約期間は3年又は5年等に**短縮される**。

D　〇　根拠　法19条1項、S63.3.14基発150号　　　　　教科書 Part 1 P28

　設問の通り正しい。法19条の規定は、あくまでも「解雇」に関する制限であって、労働契約期間の終了（雇止め）については制限していない。

E　〇　根拠　法20条、26条、S24.12.27基収1224号　　　教科書 Part 1 P30

　設問の通り正しい。設問の場合には、30日前にその予告がなされている限り、その労働契約は予告期間の満了によって終了するものとされている。

出題の趣旨

賃金及び労働時間等からの出題です。ウについては「介護休業」と混同しないように注意しましょう。また、エについて、あくまでも実労働時間が8時間を超える場合に1時間以上の休憩を与えなければならないと規定するのみであることを確認しておきましょう。

解　答

ア　○　根拠　法11条、24条2項、S22.9.13発基17号　　　教科書 Part 1 P37、41、42

設問の通り正しい。なお、「臨時の賃金等」については、賃金支払5原則のうち、「毎月1回以上払の原則」「一定期日払の原則」が適用されない。

イ　×　根拠　法24条2項、H12.3.8基収78号　　　教科書 Part 1 P45

設問の場合、既に**支給額が確定**しているものであるから、「臨時の賃金等」には該当せず、平均賃金の算定の基礎に**含めなければならない**。

ウ　○　根拠　法12条3項　　　教科書 Part 1 P45

設問の通り正しい。なお、育児介護休業法2条1号に規定する**育児休業**又は同条2号に規定する**介護休業**をした期間については、平均賃金の算定期間及びその算定の基礎となる賃金の総額から**控除する**。

エ　×　根拠　法34条1項、S23.5.10基収1582号　　　教科書 Part 1 P51

一昼夜交代制とは、例えば始業時刻が朝の9時、終業時刻が翌朝の9時のような連続24時間勤務を交代で行うものであるが、このような場合であっても、法律上は労働時間の途中に**1時間以上の休憩**を与えればよい。

オ　×　根拠　法41条2号　　　教科書 Part 1 P54

設問のいわゆる法41条該当者について適用が除外されるのは、労働基準法第4章（労働時間等）、第6章（年少者）及び第6章の2（妊産婦等）で定める**労働時間、休憩**及び**休日**の規定である（「深夜の割増賃金」の規定については除外されない。）。「深夜の割増賃金」の規定が除外されるのは、法41条の2に規定するいわゆる高度プロフェッショナル制度の適用労働者である。

問4　正解　E　　　　　　　　　　難易度 基

出題の趣旨

賃金及び労働時間等からの出題です。時間外労働や休日労働の割増賃金について、本試験では事例形式での出題も見られますので、適切に判断できるように演習をしておきましょう。

解答

A ○ 根拠 法32条の2,1項、S22.9.13発基17号

　設問の通り正しい。１か月単位の変形労働時間制を労使協定**以外**に定める場合、就業規則の作成・届出義務がある**常時10人以上**の労働者を使用する事業場では就業規則にその定めをしなければならず、「その他これに準ずるもの」にその定めをすることができるのは就業規則の作成・届出義務がない事業場に限られる。

B ○ 根拠 法32条の3,4項

　設問の通り正しい。１か月以内の清算期間を定めてフレックスタイム制を実施する場合には、労使協定を行政官庁（所轄労働基準監督署長）に届け出る必要はない。

C ○ 根拠 則６条の2,1項、２項

　設問の通り正しい。なお、設問の①に該当する者がいない事業場（管理監督者のみの事業場）にあっては、一定の協定等については、②に該当する者とされているが、この「一定の協定等」とは、法18条２項（任意貯蓄）、法24条１項ただし書（賃金の一部控除）、法39条４項（時間単位年休）、同条６項（年次有給休暇の計画的付与）及び同条９項ただし書（年次有給休暇中の賃金を健康保険法の標準報酬月額の30分の１に相当する額で支払う場合）に関する労使協定並びに法90条１項（就業規則の作成の手続）に関する意見聴取である。

D ○ 根拠 法36条６項１号、H31.4.1基発0401第43号

　設問の通り正しい。坑内労働その他厚生労働省令で定める健康上特に有害な業務については、１日について労働時間を**延長**して労働させた時間が**２時間を超えない**こととされており、原則としては１日の法定労働時間（８時間）＋２時間＝10時間が限度となるが、変形労働時間制により１日の所定労働時間が８時間を超える日は、１日の所定労働時間＋２時間が限度となる。

E × 根拠 法37条１項、H6.5.31基発331号

法定休日は原則として「暦日」を単位とするから、法定休日の前日の勤務が延長されて法定休日に及んだ場合は、法定休日である日の午前０時から午後12時までの時間帯に労働した部分は休日労働時間となる。したがって、設問の場合の午前０時から午前２時までの労働については、休日割増賃金の対象となる（併せて深夜割増賃金の対象にもなる。）。

問5　正解　C　　　　　　　　　　　　　　　　　　　　　難易度 基

出題の趣旨

年次有給休暇からの出題です。Ｂは少し難しい内容かもしれませんが、判例（最一小 H25.6.6八千代交通事件）に基づく内容であり、判例自体も平成26年の本試験選択式で出題されていますので、しっかりと押さえておきたい内容です。

解答

A　×　根拠　法39条１項、S63.3.14基発150号　　　 教科書 Part 1 P89

設問の場合には、**派遣元**との雇用関係が**終了**し、**新たに派遣先での雇用関係が開始**されることとなるので、派遣就業していた期間（派遣元での在籍期間）については、派遣先に係る継続勤務として取り扱わなくてよい。

B　×　根拠　法39条１項、H25.7.10基発0710第３号　　　教科書 Part 1 P89、90

「労働者の責に帰すべき事由によるとはいえない不就労日」のうち、**当事者間の衡平等の観点から出勤日数に算入するのが相当でないもの**」（例えば「不可抗力による休業日」「使用者側に起因する経営、管理上の障害による休業日」「正当な同盟罷業その他正当な争議行為により労務の提供が全くされなかった日」など）については、出勤率の算定の基礎となる全労働日から除かなければならないが、それ**以外**（例えば、解雇が無効とされた期間など）については、出勤率の算定の基礎となる**全労働日に含まれ**、**出勤したものとみなされる**。

C　○　根拠　法39条１項、３項、則24条の3,1項、４項　　　教科書 Part 1 P92、93

設問の通り正しい。労働者甲は１週間の所定労働日数が５日、労働者乙は１週間の所定労働時間が32時間（＝８時間×４日）であることから、ともに**比例付与の対象とはならず**、令和５年10月１日には10労働日の年次有給休暇が発生する。比例付与の対象となるのは、**１週間の所定労働日数が４日以下の労働者**（週以外の期間によって所定労働日数が定められている労働者については、１年間の所定労働日数が216日以下の労働者）であっ

て、1週間の所定労働時間が30時間未満のものである。

D ✕ 根拠 法39条6項、S63.3.14基発150号

教科書 Part 1 P94、95

　計画的付与の対象とすることができるのは、労働者が保有する年次有給休暇の日数のうち、**5日を超える**部分であるが、その対象となる日数には、**前年度繰越分も含まれる**。したがって、設問の場合には、前年度繰越分も含めた「12日分」を計画的付与の対象とすることができる。

E ✕ 根拠 法39条7項、8項、H30.9.7基発0907第1号 　教科書 Part 1 P95

　法39条7項の規定による使用者の時季指定は義務であるが**労働者の時季指定等又は計画的付与**により有給休暇を与えた場合においては、当該与えた有給休暇の日数（当該日数が5日を超える場合には、5日とする。）分については、**使用者は時季を定めることにより与えることを要しない**と同条8項で定めている。したがって、すでに労働者の時季指定等や計画的付与により年5日以上の有給休暇を取得している場合には、使用者の時季指定は必要ないことになる。

問6　正解 **B**　　　　　　　　　　　　　　難易度 基

出題の趣旨

年少者の保護規定からの出題です。Aは、年少者を交替制によって労働させる「事業」において午後10時30分まで（深夜業の時間帯が午後11時から午前6時までとされている場合にあっては、午前5時30分から）労働させる場合には行政官庁（所轄労働基準監督署長）の許可を受ける必要があること、正解肢のBについては妊産婦等の保護規定とそれぞれ比較しておきましょう。

解答

A ○ 根拠 法61条1項 　教科書 Part 1 P99、100

　設問の通り正しい。法61条1項では、「使用者は、満18才に満たない者を午後10時から午前5時までの間において使用してはならない。ただし、交替制によって使用する満16才以上の男性については、**この限りでない。**」と規定しており、満16歳以上の男性については、行政官庁の許可を受けることなく、深夜業を行わせることができる。

B ✕ 根拠 法60条1項 　教科書 Part 1 P99

　フレックスタイム制についても、満18歳に満たない者には適用されない。

C ○ **根拠** 法62条１項 教科書 Part 1 P105

設問の通り正しい。なお、法62条は、年少者の**危険有害業務**の就業制限を規定しており、同条２項では「使用者は、満18才に満たない者を、毒劇薬、毒劇物その他有害な原料若しくは材料又は爆発性、発火性若しくは引火性の原料若しくは材料を取り扱う業務、著しくじんあい若しくは粉末を飛散し、若しくは有害ガス若しくは有害放射線を発散する場所又は高温若しくは高圧の場所における業務その他安全、衛生又は福祉に**有害な場所**における業務に就かせてはならない。」と規定している。

D ○ **根拠** 法57条２項 教科書 Part 1 P98、99

設問の通り正しい。法57条１項では「使用者は、**満18才に満たない者**について、その**年齢を証明する戸籍証明書**を事業場に備え付けなければならない。」と規定しており、満15歳に達した日以後の最初の３月31日が終了するまでの児童を法56条２項の規定により使用する場合についても、その年齢を証明する戸籍証明書の備え付けが必要とされ、これに加え、修学に差し支えないことを証明する学校長の証明書及び親権者又は後見人の同意書の備え付けが必要となる。

E ○ **根拠** 法60条他 教科書 Part 1 P100

設問の通り正しい。なお、法61条４項により、**災害等**による臨時の必要がある場合には**深夜業を行わせることができる**が、**公務**のために臨時の必要がある場合であっても、**深夜業を行わせることはできない**ことにも注意しておこう。

問7　正解　C　　　　　　　　　　　　難易度 基

出題の趣旨

就業規則、雑則等からの出題です。Ｅの両罰規定については、少し細かい内容となりますが解答解説の内容も含めてしっかりと理解しておきましょう。

解　答

A × **根拠** 法89条１号、H11.3.31基発168号 教科書 Part 1 P65、110

「始業及び終業の時刻」は就業規則の**絶対的必要記載事項**であり、フレックスタイム制により労働者を労働させる事業場においても始業及び終業の時刻を労働者の決定に委ねる旨を定める必要がある。

B × **根拠** 法89条９号 教科書 Part 1 P110

法89条9号では「**表彰及び制裁の定めをする場合**においては、その種類及び程度に関する事項」と定めており、当該事項は就業規則の**相対的必要記載事項**である。したがって、設問のように制裁の定めがない場合、「その旨」の記載も必要ない。

C ○ 根拠 法96条の2,1項

教科書 Part 1 P114

設問の通り正しい。法96条の2，1項では、「使用者は、『**常時10人以上の労働者を就業させる事業**』、『**厚生労働省令で定める危険な事業又は衛生上有害な事業**』の附属寄宿舎を設置し、移転し、又は変更しようとする場合においては、法96条の規定に基づいて発する厚生労働省令で定める危害防止等に関する基準に従い定めた計画を、工事着手14日前までに、行政官庁に届け出なければならない。」と規定しており、「厚生労働省令で定める危険な事業又は衛生上有害な事業」においては、常時10人以上の労働者を就業させる場合でなくても、寄宿舎を設置等の届出が必要となる。

D × 根拠 法114条、法附則143条2項

教科書 Part 1 P116

法114条に基づく付加金の請求は、その違反のあったときから**5年**（当分の間、**3年**）以内にしなければならないとされている。

E × 根拠 法121条1項

教科書 Part 1 P119

設問の場合においては、原則として事業主に対しても**罰金刑**を課するとされている。この場合の「事業主」とは、**経営の主体**、すなわち、個人企業の場合は個人企業主であるが、法人組織の場合その法人そのものをいうことから、「懲役刑」は成し得ないからである。また、「事業主〔事業主が法人である場合においてはその**代表者**、事業主が営業に関し成年者と同一の行為能力を有しない未成年者又は成年被後見人である場合においてはその法定代理人（法定代理人が法人であるときは、その代表者）を事業主とする。以下同じ。〕が違反の防止に必要な措置をした場合においては、この限りでない。」とされており、**自然人である事業主が違反防止措置**を講じた場合には、刑罰は**課されない**。なお、事業主が違反の計画を知りその**防止に必要な措置を講じなかった**場合、違反行為を知り、その**是正に必要な措置を講じなかった**場合又は**違反を教唆**した場合においては、事業主も行為者として罰せられ、この場合は罰金刑に限られない。

問8　正解　E　難易度

出題の趣旨

安全衛生管理体制等に関する問題です。正解肢Eは令和6年4月施行の改正で導入された

新たな化学物質規制に関係するものですので、注意を要します。同改正では保護具着用管理責任者の選任についても規定が新設されていますが、こちらも行政への報告は規定されておらず、関係労働者への周知義務が規定されていますので、併せて確認しておきましょう。

解答

A ○ 根拠 法10条2項、S47.9.18基発602号 教科書 Part 1 P132

　設問の通り正しい。なお、法10条2項では、「総括安全衛生管理者は、当該事業場においてその事業の実施を統括管理する者をもって充てなければならない。」と規定しており、**特段の資格や免許等については規定されていない。**

B ○ 根拠 法11条1項、令3条 教科書 Part 1 P132、133

　設問の通り正しい。小売業のうち、**各種商品小売業、家具・建具・じゅう器小売業**及び**燃料小売業**は安全管理者を選任すべき業種である。

C ○ 根拠 法12条1項、S47.9.18基発602号 教科書 Part 1 P135

　設問の通り正しい。なお、安全管理者についても、総括安全衛生管理者の業務（一定のものを除く。）のうち安全に係る技術的事項を管理させなければならないが、この「安全に係る技術的事項」とは、必ずしも安全に関する**専門技術的事項に限る趣旨**ではなく、総括安全衛生管理者が統括管理すべき業務のうち安全に関する**具体的事項**をいうものと解されている。

D ○ 根拠 則13条4項 教科書 Part 1 P138

　設問の通り正しい。設問の規定は、産業医の身分の安定を担保し、その職務の遂行の独立性・中立性を高める観点から平成31年4月施行の改正で設けられたものである。

E × 根拠 則12条の5 教科書 Part 1 P167、168

　設問の化学物質管理者の選任について、行政への報告は規定されていない。なお、化学物質管理者の**選任**については、それぞれその選任すべき事由が発生した日から**14日以内**に行うこととされ、事業者は、これらの者を選任したときは、その氏名を事業場の見やすい箇所に掲示すること等により**関係労働者に周知**させなければならないとされている。

問9 正解 B   難易度 基

出題の趣旨

雇入れ時の安全衛生教育に関する問題です。Cは令和6年4月施行の改正点となりますので、十分に注意しておきましょう。

解答

A ✕ 根拠 法59条1項、則35条1項   教科書 Part 1 P173

　雇入れ時の安全衛生教育の実施対象となる労働者は、**常時使用する労働者に限られない**。したがって、臨時労働者や日雇労働者を新たに雇い入れた場合であっても、当該教育を実施しなければならない。

B ◯ 根拠 則35条2項   教科書 Part 1 P173

　設問の通り正しい。なお、**作業内容変更時の安全衛生教育**や**特別教育、職長教育**においても同様の省略規定がある。

C ✕ 根拠 則35条1項   教科書 Part 1 P173

　設問のような規定はない。なお、則35条1項に規定する教育事項は次のとおりである。

①	機械等、原材料等の危険性又は有害性及びこれらの取扱い方法に関すること。
②	安全装置、有害物抑制装置又は保護具の性能及びこれらの取扱い方法に関すること。
③	作業手順に関すること。
④	作業開始時の点検に関すること。
⑤	当該業務に関して発生するおそれのある疾病の原因及び予防に関すること。
⑥	整理、整頓及び清潔の保持に関すること。
⑦	事故時等における応急措置及び退避に関すること。
⑧	①～⑦に掲げるもののほか、当該業務に関する安全又は衛生のために必要な事項

　令2条3号に掲げる業種（その他の業種）の事業場の労働者については、上記のうち①から④までの事項についての教育を省略することができるとされていたが、令和6年3月末をもって当該規定は廃止されている。

D ✕ 根拠 派遣法45条   教科書 Part 1 P174

　派遣労働者に対する雇入れ時の安全衛生教育の実施義務は、**派遣元事業者のみ**に課せら

れている。

E ✕ 根拠 S47.9.18基発602号　　　　　　　　　　　　教科書 Part 1 P173

「雇入れ時の安全衛生教育にあてるべき時間は、法令上規定されていない」とする記述は正しい（どの教育事項に何時間といった規定はない）が、安全衛生教育は、本来、労働者がその業務に従事する場合の労働災害を防止するため、**事業者の責任**において実施されなければならないものであるから、**所定労働時間内**に行うべきものとされ、当該教育が**法定時間外**に行われた場合には、当然**割増賃金**が支払われなければならないとされている。

問10　正解　E　　　　　　　　　　　　　　　　難易度 応

出題の趣旨

労働者の健康管理等に関する問題です。正解肢 E は少し細かい内容となりますが、B の健康診断に係る医師等からの意見聴取の記録と混同しないように注意しましょう。

解 答

A ◯ 根拠 則52条2項　　　　　　　　　　　　　　教科書 Part 1 P186

設問の通り正しい。歯科健康診断を実施する義務のある事業者は、定期の歯科健康診断を行ったときは、**使用する労働者の人数にかかわらず**、遅滞なく、有害な業務に係る歯科健康診断結果報告書を所轄労働基準監督署長に提出しなければならない。

B ◯ 根拠 法66条の4、則51条の2,1項2号、2項2号　教科書 Part 1 P185

設問の通り正しい。なお、医師等からの意見聴取は、健康診断が行われた日（法66条5項ただし書の労働者指定医師による健康診断の場合にあっては、当該労働者が健康診断の結果を証明する書面を事業者に提出した日）から**3月以内**、法66条の2の**自発的健康診断**の場合にあっては、当該健康診断の結果を証明する書面が事業者に提出された日から**2月以内**に行わなければならない。

C ◯ 根拠 法66条の8の3、H31.3.29基発0329第2号　教科書 Part 1 P189

設問の通り正しい。なお、労働基準法41条の2の規定により労働時間等に関する規定の適用が除外される労働者（労働安全衛生法66条の8の4の面接指導の対象となる**高度プロフェッショナル制度**の対象労働者）については、設問の労働時間の把握の規定は適用されない。

D ◯ 根拠 則52条の10,2項　　　　　　　　　　　　教科書 Part 1 P191

設問の通り正しい。なお、「解雇、昇進又は異動に関して直接の権限を持つ」とは、当該労働者の人事を決定する権限を持つこと又は人事について一定の判断を行う権限を持つことをいい、人事を担当する部署に所属する者であっても、こうした権限を持たない場合は、該当しないものであるとされている。

E ✕ 根拠 則52条の13,2項　　　　　　　　　　　　教科書 Part 1 P191

事業者は、検査を受けた労働者の同意を得て、当該検査を行った医師等から当該労働者の検査の結果の提供を受けた場合には、当該検査の結果に基づき、当該検査の**結果の記録を作成**して、これを**5年間保存**しなければならないと規定されているが、当該検査の結果を「健康診断個人票に記載しなければならない」とは規定されていない。

労働者災害補償保険法（労働保険の保険料の徴収等に関する法律を含む。）

問1 正解 **B** 難易度

出題の趣旨

業務災害・複数業務要因災害・通勤災害の認定に関して、基本的な事項を確認する問題です。本試験では業務災害や通勤災害の具体的な認定事例が出題されることが多くありますが、まずはその判断のベースとなる知識を教科書で確認しておきましょう。

解答

A ✕ 根拠 S61.6.30基発383号 　　教科書 Part 1 P214

　設問のほか、派遣労働者が派遣元事業主との間の**労働契約に基づき派遣元事業主の支配下**にある場合も、一般に業務遂行性があるものとして取り扱われる。

B ○ 根拠 法12条の8,2項、労基法75条2項、労基則35条、同別表第1の2

教科書 Part 1 P215

　設問の通り正しい。労働基準法施行規則別表第1の2第1号では「**業務上の負傷に起因する疾病**」、第2号から第10号までは具体的な業務と疾病名、第11号では「**その他業務に起因することの明らかな疾病**」がそれぞれ規定されており、これらのいずれかに該当しなければ業務上の疾病と認められない。

C ✕ 根拠 法7条2項 　　教科書 Part 1 P217

　通勤とは、労働者が、就業に関し、所定の移動を、合理的な経路及び方法により行うことをいい、**業務の性質を有するものを除く**ものとされている。

D ✕ 根拠 法7条3項 　　教科書 Part 1 P221、222

　設問の場合、当該**逸脱又は中断後の移動**は通勤とされるが、「当該逸脱又は中断の間」は通勤とされない。

E ✕ 根拠 法20条の3,1項、則18条の3の6 　　教科書 Part 1 P216、217

　複数業務要因災害による疾病は、労働基準法施行規則別表第1の2第8号（血管病変等を著しく増悪させる業務による脳・心臓疾患）及び第9号（心理的負荷による精神障害）に掲げる疾病に限られず、「その他2以上の事業の業務を要因とすることの明らかな疾病」も含まれる。

出題の趣旨

給付基礎日額に関する問題です。スライド改定等については近年ほどんど出題されていませんが、基本的な事項についてはしっかりと押さえておきましょう。スライド改定や年齢階層別の最低・最高限度額の適用は休業給付基礎日額と年金給付基礎日額で異なる点や、一時金として支給される給付の給付基礎日額についての扱いに注意しましょう。

解　答

A　✕　根拠　法8条1項

 教科書 Part 1 P224

　算定事由発生日は、**負傷若しくは死亡**の原因である**事故が発生した日**又は診断によって**疾病の発生が確定した日**とされている。

B　✕　根拠　法8条2項、則9条1項1号

教科書 Part 1 P224

　設問の場合、①「原則的な算定による給付基礎日額（平均賃金相当額）」が②「**業務外の事由による負傷又は疾病の療養のために休業した期間中の日数や賃金を除いて算定した額**」に満たない場合には、②の額を給付基礎日額とする。

C　✕　根拠　法8条の3,2項

教科書 Part 1 P229

　「算定事由発生日の属する年度の翌々年度の7月以前の分として支給する年金たる保険給付の額の算定の基礎として用いる給付基礎日額」にも、年齢階層別の最低・最高限度額の適用がある。**年金たる保険給付**の場合、その**当初**からその額の算定の基礎として用いる給付基礎日額に年齢階層別の最低・最高限度額の適用がある。

D　✕　根拠　法8条の4

教科書 Part 1 P228

　「休業補償給付、複数事業労働者休業給付又は休業給付の額の算定の基礎として用いる給付基礎日額」（休業給付基礎日額）ではなく、「年金たる保険給付の額の算定の基礎として用いる給付基礎日額」（**年金給付基礎日額**）のスライド改定の規定が準用される。

E　○　根拠　法8条3項

教科書 Part 1 P225

　設問の通り正しい。例えば、自動変更対象額（最低保障額）の適用においては、複数事業労働者を使用する**事業ごと**に算定した給付基礎日額に相当する額には、自動変更対象額の規定は**適用せず**、これらを**合算**して得た額が自動変更対象額に**満たない**場合には、**自動変更対象額とする**（自動変更対象額の規定を適用する）とされている。

出題の趣旨

療養（補償）等給付に関する問題です。ウについては、「治ゆ」の定義をしっかりと押さえておきましょう。また、オについては、療養給付に係る一部負担金の徴収対象とならない者についても教科書で確認しておきましょう。

解　答

ア　×　根拠　則11条1項　　　　　　　　　　教科書 Part 1 P233

療養の給付は、法29条1項の社会復帰促進等事業として設置された病院若しくは診療所又は**都道府県労働局長**の指定する病院若しくは診療所、薬局若しくは訪問看護事業者において行う。

イ　×　根拠　法13条3項、則11条の2　　　　教科書 Part 1 P234

「労働者が療養の給付を受けないことについてやむを得ないものと認める場合」ではなく、「療養の給付を受けないことについて労働者に**相当の理由**がある場合」である。なお、健康保険において療養費（現金支給）を行う場合は、「療養の給付等を行うことが**困難**であると認めるとき、又は被保険者が保険医療機関等以外の病院、診療所、薬局その他の者から診療、薬剤の支給若しくは手当を受けた場合において、保険者が**やむを得ない**ものと認めるとき」と規定されているので、これと混同しないこと。

ウ　○　根拠　S23.1.13基災発3号　　　　　　教科書 Part 1 P234

設問の通り正しい。傷病が治ゆした場合には、治療の必要がなくなったものであるから、療養補償給付は行われない。なお、負傷にあっては創面の治ゆした場合、疾病にあっては急性症状が消退し慢性症状は持続しても医療効果を期待し得ない状態となった場合等であってこれらの結果として残された欠損、機能障害、神経症状等は**障害**として障害補償の対象となるものであるとされている。

エ　○　根拠　則12条2項　　　　　　　　　　教科書 Part 1 P235

設問の通り正しい。「負傷又は発病の年月日」「災害の原因及び発生状況」の事業主証明について、**非災害発生事業場**の事業主は証明することを**要しない**。

オ　×　根拠　法31条2項　　　　　　　　　　教科書 Part 1 P235

「その都度」が誤りである。「**同一の通勤災害に係る療養給付について既に一部負担金を納付した者**」については、一部負担金は徴収されないため、同一の通勤災害に係る療養給

付を複数回受ける場合であっても、負担は一度限りである。なお、療養給付を受ける労働者（一定の者を除く。）に支給する**休業給付**であって**最初に支給すべき事由の生じた日**に係るものの額は、一部負担金に相当する額を減じた額とされており、一部負担金は初回の休業給付から控除することにより徴収される。

問4　正解　B　　　　　　　　　　　難易度 基

出題の趣旨

休業（補償）等給付及び障害（補償）等給付に関する問題です。正解肢Bについては、「通勤災害に関する保険給付」と問題文になくても判断できるように注意しましょう。

解答

A　×　根拠　法14条1項、S40.9.15基災発14号　教科書 Part 1 P237

設問の場合は、「**賃金を受けない日**」には**該当しない**ため、休業補償給付は支給されない。「賃金を受けない日」とは、金額をまったく受けない日はもちろん、「平均賃金の60％**未満**の金額しか受けない日」も含まれ（全部労働不能の場合）、設問のように時間単位年休を取得した場合、当該時間単位年休に対する賃金額が平均賃金の60％未満であれば「賃金を受けない日」に該当するが、平均賃金の60％であれば「賃金を受けない日」に該当せず、休業補償給付は支給されないことになる。

B　○　根拠　法22条の2、労基法76条他　教科書 Part 1 P237

設問の通り正しい。待期の3日間について、事業主が労働基準法の規定による休業補償の義務を負うのは、**業務災害に関する保険給付**である**休業補償給付**の場合である。

C　×　根拠　則14条2項他　教科書 Part 1 P243

設問の場合には、第13級以上の障害が2以上あるため、併合して重い方の等級を1級**繰上げ**、「**併合第7級**」となる。

D　×　根拠　法15条の2　教科書 Part 1 P244、245

障害補償一時金を受けた者の当該障害の程度が自然的経過により増進しても、新たな障害補償給付は行われない。なお、**障害補償年金**を受ける労働者の当該障害の程度に変更があったため、新たに他の障害等級に該当するに至った場合には、新たに該当するに至った障害等級に応ずる障害補償年金又は障害補償一時金を支給するものとし、その後は、従前の障害補償年金は、支給しないとされている（変更の取扱い）。

E ✕ **根拠** 則附則26項　　　　　　　　　　　　　　　　　　　教科書 Part 1 P246

「**2年を経過する日**」ではなく、「**1年を経過する日**」である。なお、障害補償年金前払一時金の支給を受ける権利は、**これを行使することができる時から2年を経過したとき**は、**時効**によって消滅するとされており、これと混同しないようにすること。

| 問 5 | 正解　**C** | 難易度 **基** |

出題の趣旨

遺族（補償）等給付及び葬祭料等（葬祭給付）に関する問題です。正解肢Cについて、遺族（補償）等年金や障害（補償）等年金差額一時金、未支給の保険給付の遺族の順位と混同しないよう、それぞれ教科書で復習しておきましょう。

解答

A ○ **根拠**　則14条の4　　　　　　　　　　　　　　　　　　　　教科書 Part 1 P252

　設問の通り正しい。設問の基準では、「生計を維持していた」とは、もっぱら又は主として労働者の収入によって生計を維持されていることを要せず、労働者の収入によって生計の一部を維持されていれば足り、いわゆる共稼ぎもこれに含まれることなどが示されている。

B ○ **根拠**　法16条の5,1項　　　　　　　　　　　　　　　　　　　教科書 Part 1 P254

　設問の通り正しい。なお、**同順位者**がないときは、その間、**次順位者**が**先順位者**とされる。また、この場合は、所在不明となったときに**さかのぼり**、所在不明となった月の**翌月**から支給停止（年金額の改定）が行われる。

C ✕ **根拠**　法16条の7　　　　　　　　　　　　　　　　　　　　教科書 Part 1 P257

　設問の場合、乙が遺族補償一時金の受給権者となる。遺族補償一時金の受給権者となるのは①**配偶者**→②労働者の死亡の当時その収入によって**生計を維持していた**子、父母、孫及び祖父母→③労働者の死亡の当時その収入によって**生計を維持していなかった**子、父母、孫及び祖父母→④**兄弟姉妹**のうちの最先順位者である。

D ○ **根拠**　法16条の9,3項　　　　　　　　　　　　　　　　　　　教科書 Part 1 P257

　設問の通り正しい。なお、労働者の**死亡前**に、当該労働者の死亡によって**遺族補償年金を受けることができる遺族となるべき者**を故意に死亡させた者も、同様とされている。

E ○ **根拠**　則17条　　　　　　　　　　　　　　　　　　　　　　教科書 Part 1 P257

設問の通り正しい。葬祭料の額は、原則として「**315,000円＋給付基礎日額の30日分**」であるが、「**給付基礎日額の60日分**」が**最低保障**される。また、葬祭料の額の算定の基礎として用いる給付基礎日額には、遺族補償一時金などの一時金と同様に年金給付基礎日額のスライド制が適用される。

問6　正解　D　　　　　　　　　　　　　　　　　　　　　難易度 基

出題の趣旨

特別加入者に関する問題です。いずれも基本事項となりますが、通勤災害に関する保険給付が行われない一人親方等の特別加入者は本試験で頻出となっていますので、注意しておきましょう。

解答

A　○　根拠　H11.12.3基発695号　　　　　　　　 Part 1 P286

設問の通り正しい。特別加入者については、労働安全衛生法の定期健康診断等（**一次健康診断**）の**適用対象となっておらず**、健康診断の受診について自主性に任されていることから、二次健康診断等給付の対象としないこととされている。

B　○　根拠　法34条1項、H15.5.20基労発0520001号　　　　　　　教科書 Part 1 P283

設問の通り正しい。中小事業主等の特別加入は、中小事業主及びその者が行う事業に従事する者を**包括して加入**することが原則となっているが、**就業の実態がない中小事業主**（病気療養中・高齢のために就業していない場合や株主総会・取締役会に出席する等の事業主本来の業務のみに従事している場合など）については、その者が行う事業に従事する者のみを加入させることができることとされている。

C　○　根拠　法34条1項3号　　　　　　　　　　　　教科書 Part 1 P285

設問の通り正しい。なお、設問の厚生労働大臣の権限は、**都道府県労働局長**に委任されている。

D　×　根拠　法35条1項、則46条の22の2　　　　　　　教科書 Part 1 P286

設問の者については、通勤災害に関する保険給付は制限されない。通勤災害に関する保険給付が行われない者（住居と就業の場所との間の往復の状況等を考慮して厚生労働省令で定める者）は、一人親方等の特別加入者のうち、「**自動車を使用して行う旅客**若しくは**貨物の運送の事業又は原動機付自転車**若しくは**自転車**を使用して行う**貨物の運送の事業に**

従事する者」「**漁船による水産動植物の採捕の事業**（船員法１条に規定する**船員**が行う事業を除く。）に従事する者」「**特定農作業・指定農業機械作業従事者**」「**家内労働者及びその補助者**」である。

E　○　根拠　法36条１項３号　　　　　　　　　　　　　　　教科書 Part 1 P286、287

　設問の通り正しい。業務災害の原因である事故が事業主の故意又は重大な過失によって生じたものである場合に給付制限の対象となるのは、**中小事業主等**の特別加入者のみである。

問7　正解　A　　　　　　　　　　　　　　　　　　　　難易度 基

出題の趣旨

通則等からの総合問題です。正解肢Ａは少し細かい事項となりますが、Ｂ〜Ｅについては誤りと判断できるようにしておきましょう。

解答

A　○　根拠　法49条１項　　　　　　　　　　　　　　　　　　教科書 P-

　設問の通り正しい。なお、カッコ書き中の「遺族補償年金、複数事業労働者遺族年金又は遺族年金の額の算定の基礎となる者」とは、遺族（補償）等年金の**受給資格者**のことである。

B　✕　根拠　法12条の２　　　　　　　　　　　　　　　　　　教科書 Part 1 P265

　設問の場合、当該過誤払が行われた保険給付は、「返還金債権に係る債務の弁済をすべき者に支払うべき保険給付の**内払**とみなすことができる」のではなく、「当該保険給付の支払金の金額を当該過誤払による返還金債権の金額に**充当**することができる」とされている。

C　✕　根拠　法12条の２の2,1項　　　　　　　　　　　　　　教科書 Part 1 P267

　「労働者が、**故意**に負傷、疾病、障害若しくは死亡又はその直接の原因となった事故を生じさせたときは、政府は、保険給付を行わない。」とされており「故意の犯罪行為」による場合には、全面的な給付制限は行われない。なお、労働者が**故意の犯罪行為**若しくは**重大な過失**により、又は正当な理由がなくて**療養に関する指示に従わない**ことにより、負傷、疾病、障害若しくは死亡若しくはこれらの原因となった事故を生じさせ、又は負傷、疾病若しくは障害の程度を増進させ、若しくはその回復を妨げたときは、政府は、保険給

付の**全部又は一部を行わないことができる**とされている。

D ✕ 根拠 法29条3項、則1条3項他　 Part 1 P274

政府は、社会復帰促進等事業のうち、独立行政法人労働者健康安全機構法12条1項に掲げるものを独立行政法人労働者健康安全機構に行わせるものとするとされており、「全部」又は一部を独立行政法人労働者健康安全機構に行わせるとは規定していない。例えば、社会復帰促進等事業のうち**労災就学等援護費及び特別支給金**の支給に関する事務は、都道府県労働局長の指揮監督を受けて、**所轄労働基準監督署長**が行うこととされている。なお、「独立行政法人労働者健康安全機構法12条1項に掲げるもの」には、「療養施設の設置及び運営を行うこと」などがある。

E ✕ 根拠 法32条　 Part 1 P210

国庫は、予算の範囲内において、労働者災害補償保険事業に要する費用の一部を**補助する**ことが**できる**とされている。

問8　正解 E　難易度 基

出題の趣旨

保険関係の成立及び消滅等からの出題です。正解肢Eについては、雇用保険暫定任意適用事業との違いに注意しましょう。

解答

A ○ 根拠 法39条1項、則70条1項3号　 Part 1 P408

設問の通り正しい。「**農林、畜産、養蚕**又は**水産の事業（船員が雇用される事業を除く。）**」は、二元適用事業である。

B ○ 根拠 法3条、整備法7条　 Part 1 P409

設問の通り正しい。労働保険の保険関係は、事業が開始された日又は**暫定任意適用事業が適用事業に該当するに至った日**に成立する。

C ○ 根拠 整備省令1条他　 Part 1 P411

設問の通り正しい。労災保険暫定任意適用事業の事業主が、労災保険に任意加入の申請をしようとする場合、労働者の**同意**を得ることは**要件とされていない**。なお、労災保険暫定任意適用事業の事業主は、その事業に使用される労働者の**過半数が希望**するときは、任意加入の申請を**しなければならない**とされている。

解答編
第1予想
択一式

D ○ 根拠 法5条 教科書 Part 1 P411

設問の通り正しい。**適用事業であると暫定任意適用事業であるとを問わず**、事業が**廃止**され、又は**終了**したときは、その事業についての労働保険の保険関係は、その**翌日**に**法律上当然に消滅**する。「消滅の申請及び認可を経る」必要があるのは、任意に労働保険の保険関係を消滅させる場合である。

E × 根拠 整備法8条2項 教科書 Part 1 P412

労災保険に係る保険関係の消滅の申請に際しては、「当該事業に使用される労働者の過半数の同意を得ること」のほか、「**擬制任意適用事業以外**の事業にあっては、保険関係が成立した後**1年**を経過していること」「**特別保険料**が徴収される場合は、その徴収期間を経過していること」の要件も満たしている必要がある。

問9　正解 E　難易度 基

出題の趣旨

保険関係の一括に関する問題です。正解肢Eについて、一元適用事業の場合、本来、労災保険及び雇用保険の両保険に係る保険関係が成立するものであり、労災保険又は雇用保険いずれか一方の保険に係る保険関係のみが成立することは恒常的にはあり得ないからとされています。

解答

A × 根拠 法7条、則6条 教科書 Part 1 P414

設問のような地理的制限はない（地理的制限の規定は平成31年4月の改正で削除されている。）。

B × 根拠 法7条、S40.7.31基発901号 教科書 Part 1 P415

有期事業の一括の規定により一括された個々の有期事業については、事業の規模の変更等があっても、**あくまで当初の一括の扱いによる**こととされている。また、当初独立の有期事業として保険関係が成立した事業は、事業の規模の変更等があっても、一括扱いの対象とはしない。

C × 根拠 法8条1項、則7条 教科書 Part 1 P415

請負事業の一括について**事業規模の要件はない**。また、請負事業の一括が行われるのは労災保険に係る保険関係が成立している事業のうち**建設の事業**が数次の請負によって行わ

れる場合のみである。

D ✕ 根拠 法8条2項、則8条、S47.11.24労徴発41号 教科書 Part 1 P416

設問のいわゆる下請負事業の分離に係る申請書は、天災、不可抗力、事業開始前に請負方式の特殊性から下請負契約が成立しない等のやむを得ない理由がある場合を除き、**保険関係が成立した日の翌日から起算して10日以内**に提出しなければならない。

E ○ 根拠 法9条、則10条1項1号ハ 教科書 Part 1 P416

設問の通り正しい。継続事業の一括の要件の一つとして、それぞれの事業が、次のいずれか一のみに該当するものであることが規定されている。

① **労災保険に係る保険関係が成立している事業のうち二元適用事業**
② **雇用保険に係る保険関係が成立している事業のうち二元適用事業**
③ **一元適用事業であって労災保険及び雇用保険に係る保険関係が成立しているもの**

問10	正解 **C**	難易度 **基**

出題の趣旨

雑則等からの問題です。正解肢Cの口座振替納付の対象となる労働保険料についてはしっかりと覚えておきましょう。また、Bについて、追徴金などの労働保険料以外の徴収金には延滞金が課せられないことは本試験で頻出となっていますので、こちらもしっかりと押さえておきましょう。

解答

A ○ 根拠 則25条3項 教科書 Part 1 P440

設問の通り正しい。**継続事業**についての次の申告書（労働保険事務組合に労働保険事務の処理が委託されている事業に係るものを除く。）の提出は、**特定法人**（資本金等の額が1億円を超える法人等）にあっては、原則として、電子情報処理組織を使用して行うものとされている（**電子申請の義務**）。

① **概算保険料申告書**（保険年度の**中途**に保険関係が成立したものについての当該保険関係が成立した日から**50日以内**に行う申告書の提出を**除く**。）
② **増加概算保険料申告書**
③ **確定保険料申告書**
④ **一般拠出金申告書**

B ○ 根拠　法28条1項　　　　　　　　　　　教科書 Part 1 P455、456

　設問の通り正しい。政府は、法27条1項の規定により労働保険料の納付を督促したときは、原則として、労働保険料の額に、所定の割合を乗じて計算した延滞金を徴収するとされており、労働保険料ではない**追徴金に延滞金は課せられない**。なお、追徴金は労働保険料と同様に督促の対象にはなる。

C ✕ 根拠　法21条の2,1項、則38条の4　　　　　教科書 Part 1 P439

　設問の不足額の納付は口座振替による納付の対象となる。口座振替による納付が可能なのは、**納付書によって行われる**①**概算保険料**（延納により納付するものを**含む**。）及び②**確定保険料**（確定精算による**不足額**）の納付である。

D ○ 根拠　行審法4条3号、行訴法8条1項　　　教科書 Part 1 P458

　設問の通り正しい。概算保険料や確定保険料、印紙保険料の認定決定などの労働保険徴収法に基づく処分に不服がある場合には、行政不服審査法に基づき審査請求を行うか、**又は**、裁判所に対して処分の取消しの訴えを提起することができる（審査請求に対する裁決を経た後でなければ処分の取消しの訴えを提起することができないとする「**審査請求前置主義**」は採られていない。）。

E ○ 根拠　法附則6条、7条1項　　　　　　　教科書 Part 1 P459

　設問の通り正しい。雇用保険暫定任意適用事業の事業主は、労働者が法附則2条1項の規定による保険関係の成立（**雇用保険への任意加入**）を希望したことを理由として、労働者に対して**解雇その他不利益な取扱いをしてはならない**とされており、当該規定に違反した事業主には設問の通り罰則の適用がある。

雇用保険法（労働保険の保険料の徴収等に関する法律を含む。）

問 1　正解　B　　　　　　　　　　　　　難易度 基

出題の趣旨

被保険者についての問題です。本試験でも択一式問1は被保険者に関して問われることが定着していますので、まずは基本的な被保険者に関する知識、適用除外や労働者性の判断などができるようにしておきましょう。

解答

A　×　根拠　法6条5号　　　　　　　　　　　　教科書 Part 1 P310

船員であって、政令で定める漁船に乗り組むために雇用される者は、被保険者とならないが、**1年を通じて**船員として**適用事業**に雇用される場合には被保険者となり得る。

B　○　根拠　法6条3号、H22厚労告154号　　　　教科書 Part 1 P310

設問の通り正しい。**季節的に雇用**される者であって、次の①②の**いずれか**に該当するものは、日雇労働被保険者に該当することとなる者を除き、被保険者とならない。

①　**4か月以内**の期間を定めて雇用される者

②　1週間の所定労働時間が**20時間以上30時間未満**である者

C　×　根拠　行政手引20351　　　　　　　　　　教科書 Part 1 P311

家事使用人は被保険者とならないが、**適用事業に雇用**されて**主として家事以外**の労働に従事することを本務とする者は、家事に使用されることがあっても被保険者となり得る。

D　×　根拠　行政手引20352　　　　　　　　　　教科書 Part 1 P311

求職者給付及び就職促進給付の内容を上回るような退職金制度のある適用事業に雇用される者であっても、被保険者となり得る。なお、**国**、**都道府県**、**市町村**その他これらに準ずるものの事業に雇用される者のうち、離職した場合に、他の**法令**、**条例**、**規則**等に基づいて支給を受けるべき諸給与の内容が、**求職者給付**及び**就職促進給付**の内容を**超える**と認められる者であって、厚生労働省令で定めるものは、被保険者とならない。

E　×　根拠　行政手引20352　　　　　　　　　　教科書 Part 1 P312

設問の者であっても、国内の出向元事業主との雇用関係が継続している限り被保険者となり得る。なお、雇用関係が継続しているかどうかは、その契約内容による。

出題の趣旨

届出についての問題です。イについては改正点となりますので注意しておきましょう。

解答

ア ○ 根拠 則141条1項 教科書 Part 1 P313

　設問の通り正しい。なお、事業所を廃止したときについても、所定の事項を記載した届書に所定の書類を添えてその**廃止の日の翌日**から起算して**10日以内**に、事業所の所在地を管轄する公共職業安定所の長に提出しなければならない。

イ ✕ 根拠 則145条2項 教科書 Part 1 P314

　事業主は、設問の代理人を選任し、又は解任したときは、所定の事項を記載した届書を、当該代理人の選任又は解任に係る事業所の所在地を管轄する公共職業安定所の長に提出しなければならないとされており、届書への「**署名又は記名押印**」や「**当該代理人が使用すべき認印の印影**」の届出は令和5年9月をもって**廃止**されている。

ウ ✕ 根拠 則6条1項 教科書 Part 1 P314

　事業主は、法7条の規定により、その雇用する労働者が当該事業主の行う適用事業に係る被保険者となったことについて、**当該事実のあった日の属する月の翌月10日までに、**雇用保険被保険者資格取得届をその事業所の所在地を管轄する公共職業安定所の長に提出しなければならないとされている。

エ ○ 根拠 則8条1項 教科書 Part 1 P312

　設問の通り正しい。なお、**文書**で確認の請求をしようとする者は、所定の事項を記載した請求書を、その者を**雇用し又は雇用していた事業主の事業所の所在地**を管轄する公共職業安定所の長に提出しなければならない（**口頭**で確認の請求をしようとする者は、所定の事項を**陳述**しなければならない。）。また、これらの場合において、**証拠**があるときは、これを提出しなければならない。

オ ○ 根拠 則72条1項 教科書 Part 1 P317

　設問の通り正しい。日雇労働被保険者の任意加入の申請についての規定である。なお、日雇労働被保険者は、法43条1項1号から3号まで（任意加入以外）のいずれかに該当することについて、その該当するに至った日から起算して**5日以内**に、日雇労働被保険者資格取得届に所定の書類を添えて**管轄**（その者の住所又は居所を管轄する）公共職業安定

所の長に提出しなければならないとされている。

問3 正解 B 難易度

出題の趣旨

基本手当についての問題です。Cについては、算定基礎期間の計算と混同しないように注意しましょう。

解答

A ✕ 根拠 法13条1項 教科書 Part 1 P321、322

　設問の場合には、いわゆる受給要件の緩和（算定対象期間の延長）の対象となるが、加算後の期間は最長でも**4年**となるので、誤りである。

B ◯ 根拠 法14条1項 教科書 Part 1 P322

　設問の通り正しい。被保険者として雇用された期間を、資格喪失日の前日からさかのぼって1か月ごとに区切っていき、このように区切られた1か月の期間に賃金支払基礎日数が**11日以上**ある場合に、その1か月の期間を被保険者期間の1か月として計算するのが原則であるが、このように区切ることにより1か月未満の期間が生じることがある。この場合、その1か月未満の期間の日数が**15日以上**あり、かつ、その期間内に賃金支払基礎日数が**11日以上**あるときに、その期間を被保険者期間の2分の1か月として計算する。

C ✕ 根拠 法14条2項 教科書 Part 1 P324

　「育児休業給付の支給を受けたことがある場合の当該給付金の支給に係る休業期間」を、被保険者期間の計算の基礎となる被保険者であった期間から除くとする規定はない。このような休業期間であっても、賃金支払基礎日数の要件を満たしていれば、被保険者期間として計算され得る。

D ✕ 根拠 法33条1項 教科書 Part 1 P392

　設問の就職困難者を法33条1項の給付制限（離職理由による給付制限）の対象から除くとする規定はない。被保険者が自己の責めに帰すべき重大な理由によって解雇され、又は正当な理由がなく自己の都合によって退職した場合には、法21条の規定による期間（待期）の満了後1か月以上3か月以内の間で公共職業安定所長の定める期間は、原則として基本手当を支給しない。

E ✕ 根拠 法15条3項 教科書 Part 1 P329、330

失業の認定は、原則として、求職の申込みを受けた公共職業安定所において、**受給資格者が離職後最初に出頭した日から起算して４週間に１回ずつ直前の28日の各日について行うものとされている。**

問4　正解　**A（イの一つ）**　難易度

出題の趣旨

基本手当の延長給付に関する問題です。各延長給付の対象者がどのように規定されているのか、教科書でしっかりと確認しておきましょう。

解　答

ア　○　根拠　法24条１項、令４条２項、行政手引52353　　教科書 Part 1 P343

　設問の通り正しい。なお、この「待期」は、あくまでも「公共職業訓練等を受けるため」の待期であって、**法21条**〔基本手当は、受給資格者が当該基本手当の受給資格に係る離職後最初に公共職業安定所に求職の申込みをした日以後において、失業している日（疾病又は負傷のため職業に就くことができない日を含む。）が通算して**7日**に満たない間は、支給しない。〕**の待期ではないので注意すること。**

イ　×　根拠　法24条の2,2項　　教科書 Part 1 P344

　設問のいわゆる就職困難者であっても、「雇用されていた適用事業が**激甚災害**の被害を受けたため離職を余儀なくされた者等であって、政令で定める基準に照らして職業に就くことが特に困難であると認められる地域として厚生労働大臣が指定する地域内に居住する者」などの要件に該当すれば、個別延長給付の対象となり得るので誤りである。

ウ　○　根拠　法25条２項　　教科書 Part 1 P345

　設問の通り正しい。なお、広域延長給付は**90日**を限度として行われるが、設問の場合でも延長できる日数の限度は**移転の前後を通じて90日**となる。

エ　○　根拠　法27条１項　　教科書 Part 1 P345

　設問の通り正しい。全国延長給付については、対象者が限定されていないことから、基本手当を受け得るすべての受給資格者を対象として行われる。

オ　○　根拠　法附則５条１項、則附則19条　　教科書 Part 1 P346

　設問の通り正しい。就職困難者以外の**特定理由離職者**は地域延長給付の対象となり得るが、「期間の定めのある労働契約の期間が満了し、かつ、当該労働契約の更新がないこと

（その者が当該更新を希望したにもかかわらず、当該更新についての合意が成立するに至らなかった場合に限る。）」により離職した者（いわゆる**雇止めによる離職者**）に限られる。

問5　正解　E　　　　　　　　　　　　　　　　　難易度

出題の趣旨

基本手当以外の求職者給付のほか、高年齢被保険者の特例などの総合問題です。Cについては、特例高年齢被保険者が特例の申出に係る適用事業のうちいずれか1の適用事業を離職した場合は、高年齢求職者給付金の支給対象となり得ることとなり、この場合に、離職した1の適用事業において支払われていた賃金をもって、賃金日額を算定することと混同しないように注意しましょう。

解答

A ✕ 根拠 則57条　　　　　　　　　　　　　　　　　**教科書** Part 1 P347

受講手当は「公共職業訓練等を受け終わる日までの各日について」支給されるわけではなく、公共職業訓練等を**受けた日**〔**基本手当の支給の対象となる日**（基本手当の減額の規定により基本手当が支給されないこととなる日を含む。）**に限る。**〕について、**40日分を限度として**支給される。

B ✕ 根拠 法37条8項　　　　　　　　　　　　　　　**教科書** Part 1 P348

設問文の後半が誤りである。傷病の認定を受けた受給資格者が、当該認定を受けた日について、健康保険法の規定による傷病手当金、労働基準法の規定による休業補償、労働者災害補償保険法の規定による休業（補償）等給付等の支給を受けることができる場合には、傷病手当は、支給しないと規定するのみであり、設問文後半のような差額支給の規定はない。

C ✕ 根拠 法37条の6,1項　　　　　　　　　　　　　**教科書** Part 1 P380

特例高年齢被保険者の場合、**全ての適用事業において休業をした場合にのみ**、介護休業給付や育児休業給付の対象となるので誤りである。

D ✕ 根拠 法41条1項　　　　　　　　　　　　　　**教科書** Part 1 P352、392

設問の場合、法33条の**離職理由による給付制限は解除されない**ので誤りである。

E 〇 根拠 法50条2項、55条4項、則79条1項　　　**教科書** Part 1 P354、355

設問の通り正しい。日雇労働求職者給付金は、各週（日曜日から土曜日までの7日をいう。）につき日雇労働被保険者が職業に就かなかった最初の日については、支給しないとされており、特例給付の場合、4週間に1回ごとの失業の認定日に支給を受けることができる日数は最大で「**24日**」分となる。

問6 正解 D 難易度 基

出題の趣旨

就職促進給付に関する問題です。各給付で支給対象となる場合、ならない場合が混同しやすい箇所ですので、給付間での横断整理をしっかりとしておきましょう。

解 答

A ○ 根拠 法56条の3,1項1号 　　**教科書** Part 1 P357〜359

　設問の通り正しい。なお、**常用就職支度手当や移転費、求職活動支援費（広域就職活動費、短期訓練受講費及び求職活動関係役務利用費）** は「**受給資格者等**」が支給対象となり得るが、この「**受給資格者等**」には、受給資格者（基本手当の受給資格を有する者）のほか、**高年齢受給資格者（高年齢求職者給付金の支給を受けた者**であって、当該高年齢受給資格に係る離職の日の翌日から起算して**1年**を経過していないものを**含む**。）、**特例受給資格者（特例一時金の支給を受けた者**であって、当該特例受給資格に係る離職の日の翌日から起算して**6か月**を経過していないものを**含む**。）又は**日雇受給資格者**が含まれる。

B ○ 根拠 則82条2項1号 　　**教科書** Part 1 P362

　設問の通り正しい。なお、**就業手当**や**再就職手当**では、受給資格に係る離職について法33条の**離職理由による給付制限**を受けた場合において、待期期間の満了後**1か月**の期間内については、**公共職業安定所又は職業紹介事業者等の紹介**により職業に就いたことが要件とされる。

C ○ 根拠 則98条の2 　　**教科書** Part 1 P366

　設問の通り正しい。なお、**移転費**においても、就職先の事業主等から就職支度費が支給される場合にあっては、その支給額が則87条から90条までの規定によって計算した額に満たないときは、その**差額**に相当する額を移転費として支給するとされている。

D × 根拠 則100条の2 　　**教科書** Part 1 P366

　法33条の離職理由による給付制限期間中に教育訓練を開始した場合でも、短期訓練受

講費は支給され得るので誤りである。なお、法33条の離職理由による給付制限期間中に**移転費**の支給に係る移転や**広域求職活動費**の支給に係る広域求職活動の開始、**求職活動関係役務利用費**の支給に係る保育等サービスの利用が行われても、当該期間中であることによる制限は受けない。

E ○ 根拠 則100条の8,3項 〔教科書〕 Part 1 P367

設問の通り正しい。求職活動支援費（求職活動関係役務利用費）支給申請書の提出は、**受給資格者**にあっては、失業の認定の対象となる日について、当該**失業の認定を受ける日**にしなければならないとされているが、**高年齢受給資格者**、**特例受給資格者**又は**日雇受給資格者**が求職活動支援費（求職活動関係役務利用費）支給申請書を提出する場合にあっては、当該求職活動関係役務利用費の支給に係る保育等サービスを利用をした日の翌日から起算して**4か月以内**に行うものとされている。

問7　正解　B　難易度　基

出題の趣旨

不服申立てに関する問題です。Aと正解肢Bは事例問題となりますが、Aについては令和元年の本試験択一式でも問われていますので、誤りと判断できるようにしておきましょう。また、C〜Eについても条文に照らして確実に誤りと判断できるようにしておきましょう。

解答

A × 根拠 法69条1項 〔教科書〕 Part 1 P396

設問の決定を受けた者は、**その後の手続を拒否され**、基本手当の支給を受けられないので、「失業等給付（基本手当）に関する処分」に該当し、審査請求の対象となる。

B ○ 根拠 法69条1項 〔教科書〕 Part 1 P396

設問の通り正しい。設問は支給要件の照会であり、当該受講開始予定日について支給申請がなされても支給要件を満たさないであろうということを示したに過ぎず、**その後の手続を拒否したものではない**ので、「失業等給付（教育訓練給付金）に関する処分」には該当せず、審査請求の対象とならない。

C × 根拠 法69条2項 〔教科書〕 Part 1 P396、397

「**2か月**」ではなく「**3か月**」である。社会保険における審査請求の棄却みなしと混同

しないように注意すること。

D ✕ 根拠 法70条　　　　　　　　　　　　教科書 Part 1 P397、398

　法９条の規定による確認（被保険者資格の確認）に関する処分が確定したときは、当該処分についての不服を当該処分に基づく失業等給付等（失業等給付及び育児休業給付）に関する処分についての**不服の理由とすることができない**とされている。

E ✕ 根拠 法71条　　　　　　　　　　　　　　教科書 Part 1 P397

　法69条１項に規定する処分（審査請求をすることができる処分）の取消しの訴えは、当該処分についての**審査請求**に対する**雇用保険審査官の決定**を経た後でなければ、提起することができないとされている。

問8 正解 E　　　　　　　　　　　　　　　　　　難易度 基

出題の趣旨

確定保険料等に関する問題です。通知及び納付を「納入告知書」により行うものについては、しっかりと押さえておきましょう。

解答

A ✕ 根拠 法19条２項　　　　　　　　　　　教科書 Part 1 P436

　「５月21日」ではなく「**５月20日**」である。確定保険料の申告及び納付期限は、**保険関係が消滅した日から50日以内**（当日起算）であり、令和６年３月31日に有期事業が終了していることから、保険関係が消滅した日はその翌日の同年４月１日となり、同日から起算して50日目の同年５月20日が申告及び納付期限となる。

B ✕ 根拠 法18条　　　　　　　　　　　　　教科書 Part 1 P438

　確定保険料については、延納することができない。

C ✕ 根拠 則36条　　　　　　　　　　　　　教科書 Part 1 P438

　「確定保険料について労働保険徴収法第19条第４項の規定による認定決定の通知を受けたとき」についても、通知を受けた日の翌日から起算して**10日以内**に設問の請求書（労働保険料還付請求書）を提出することにより、超過額の還付を受けることができるので誤りである。

D ✕ 根拠 則37条１項　　　　　　　　　　　教科書 Part 1 P438

　「所轄都道府県労働局収入官吏」ではなく「**所轄都道府県労働局歳入徴収官**」である。

なお、**還付の請求**は、**官署支出官**又は**所轄都道府県労働局資金前渡官吏**（確定保険料申告書について所轄労働基準監督署長を経由して提出できる場合にあっては、所轄都道府県労働局長及び所轄労働基準監督署長を経由して官署支出官又は所轄労働基準監督署長を経由して所轄都道府県労働局資金前渡官吏）に提出することによって行わなければならない。

E ○ 根拠 法21条1項、則26条、38条5項　　　　　 **教科書** Part 1 P439

設問の通り正しい。なお、通知及び納付を「**納入告知書**」で行うものには、①「**認定決定に係る確定保険料及び追徴金**」、②「**認定決定に係る印紙保険料及び追徴金**」、③「**特例納付保険料**」、④「**有期事業のメリット制**適用に伴う**差額徴収**」がある。

問9　正解　A　　　　　　　　　　　　　　　　　難易度 基

出題の趣旨

印紙保険料についての問題です。正解肢Aについて、本試験では、「事業主は、雇用保険印紙を譲り渡し、又は譲り受けてはならない。」という規定の違反について罰則が設けられていないことが問われたことがありました。これらの規定は「労働保険徴収法施行規則」に定められており、政令や省令には、法律の委任がなければ罰則を定めることはできないこととなっています。なお、仮にこれらに違反した場合、法24条（帳簿の調製及び報告）の規定にも違反することが想定され、同条違反には罰則が定められています。

解答

A × 根拠 則41条3項他　　　　　　　　　　　 **教科書** Part 1 P459

「事業主その他正当な権限を有する者を除いては、何人も消印を受けない雇用保険印紙を所持してはならない」とするのは正しいが、これに違反した場合の**罰則は定められていない**ので誤りである。

B ○ 根拠 則42条2項　　　　　　　　　　　　**教科書** Part 1 P447

設問の通り正しい。なお、雇用保険印紙購入通帳の**有効期間の更新**を受けようとする事業主は、当該雇用保険印紙購入通帳の有効期間が満了する日の翌日の**1月前**から当該期間が満了する日までの間（**3月1日**から**3月31日**までの間）に、当該雇用保険印紙購入通帳を添えて、所定の事項を記載した申請書を所轄公共職業安定所長に提出して、新たに雇用保険印紙購入通帳の交付を受けなければならない。

C ○ 根拠 則43条2項2号、3項　　　　　　　　**教科書** Part 1 P448

設問の通り正しい。**雇用保険に係る保険関係が消滅したとき**や**保有する雇用保険印紙の等級に相当する賃金日額**の日雇労働被保険者を使用しなくなったときも同様である。なお、**雇用保険印紙が変更された**ときも買戻しを申し出ることができるが、この場合、所轄公共職業安定所長の**確認は不要**であり、その買戻しの期間は、雇用保険印紙が変更された日から**6月間**とされている。

D　〇　根拠　法24条、則55条　　　　　　　　　　　教科書 Part 1 P448

設問の通り正しい。なお、**雇用保険印紙購入通帳の交付**を受けている事業主は、所定の事項を記載した報告書によって、毎月における雇用保険印紙の受払状況を**翌月末日まで**に、所轄都道府県労働局歳入徴収官に報告しなければならない。**日雇労働被保険者を1人も使用せず**、印紙の受払や納付計器の使用がない場合であっても、その旨を報告書の備考欄に記入して**報告する義務**がある。

E　〇　根拠　法25条2項、H15.3.31基発0331002号　　教科書 Part 1 P449

設問の通り正しい。設問の場合には、印紙保険料の納付を怠ったことについて「**正当な理由**」があるものとして追徴金の対象にはならない。

問10　正解　C　　　　　　　　　　　　　　　　難易度 基

出題の趣旨

労働保険事務組合についての問題です。正解肢Cは条文通りの記述ですが、内容は頻出の基本事項ですので、しっかりと覚えておく必要があるものです。正解肢C以外についても、確実に誤りと判断できるようにしておきましょう。

解答

A　✕　根拠　則62条1項　　　　　　　　　　　　教科書 Part 1 P461

「事務組合として認可を受けた団体の構成員又は当該認可を受けた連合団体を構成する団体の構成員たる事業主」以外の事業主であっても、**労働保険事務の処理を委託することが必要であると認められる**もの（事務組合に労働保険事務の処理を委託しなければ労働保険への加入が困難であるもの、及び労働保険事務の処理を委託することにより当該事業における負担が軽減されると認められるもの）は、事務組合に労働保険事務の処理を委託することができる。

B　✕　根拠　則62条3項　　　　　　　　　　　　教科書 Part 1 P461〜463

設問のような地理的制限は特に定められていない。なお、則62条３項では「労働保険事務組合の主たる事務所の所在地を管轄する都道府県労働局長は、必要があると認めたときは、当該労働保険事務組合に対し、当該労働保険事務組合が労働保険事務の処理の委託を受けることができる事業の行われる地域について必要な指示をすることができる」と規定している。

C ○ 根拠 則62条２項　　　　　　　　教科書 Part 1 P461

設問の通り正しい。なお、設問の「事業主」とは、中小企業基本法２条にいう中小企業者をいい、労働保険関係の成立が事業場単位に行われるのと異なり、**企業単位**となっている。

D × 根拠 H12.3.31発労徴31号　　　　教科書 Part 1 P462

「雇用保険の被保険者資格の取得及び喪失の届出、被保険者の転入及び転出その他雇用保険の被保険者に関する届出等の事務」は、事業主が事務組合に委託することのできる労働保険事務に**含まれる**。なお、印紙保険料に関する事項や労災保険・雇用保険の給付に関する事項、雇用保険二事業に関する事項は含まれない。

E × 根拠 H12.3.31発労徴31号　　　　教科書 Part 1 P461 ～ 463

団体等が法人であるかどうかは問わないとされているので誤りである。なお、法人でない団体等にあっては、**代表者の定め**があるほか、団体等の事業内容、構成員の範囲、団体等の組織、運営方法等が定款等に明確に定められ、**団体性が明確**であることが要件とされる。

労務管理その他の労働及び社会保険に関する一般常識

出題の趣旨

就労条件総合調査は、社労士試験においては頻出の調査となっています。A、B、Eについては、令和4年の本試験でも出題されている調査項目ですので、押さえておきたいところです。本問で取り上げた項目以外の項目についても、できれば厚生労働省のホームページなどで調査全体の概況を確認し、本問のように「○割程度」などと大まかな数字でとらえておくとよいと思います。

解答

A ○ **根拠** 「令和5年就労条件総合調査（厚生労働省）」

設問の通り正しい。主な週休制の形態を企業規模計でみると、「**何らかの週休2日制**」を採用している企業割合は**85.4%**となっており、さらに「**完全週休2日制**」を採用している企業割合は**53.3%**となっている。

B × **根拠** 「令和5年就労条件総合調査（厚生労働省）」

労働者1人平均の年次有給休暇の取得率を企業規模別でみると、「1,000人以上」では65.6%、「300～999人」では61.8%、「100～299人」では62.1%と6割を超えているが、「30～99人」では57.1%と6割を超えていない。なお、労働者1人平均の年次有給休暇の取得率を**企業規模計**でみると、**62.1%**となっており、**昭和59年以降過去最高**となっている。

C × **根拠** 「令和5年就労条件総合調査（厚生労働省）」

年次有給休暇の計画的付与制度の有無を企業規模計でみると、計画的付与制度がある企業割合は「**43.9%**」となっており、5割を超えていない。なお、設問後半は正しい（これを計画的付与日数階級別にみると、「**5～6日**」が**72.4%**と最も高くなっている。）。

D × **根拠** 「令和5年就労条件総合調査（厚生労働省）」

みなし労働時間制を採用している**企業割合**は14.3%となっており、**1割を超えている**。なお、みなし労働時間制の適用を受ける**労働者割合**は8.9%となっており、1割を超えていない。

E × **根拠** 「令和5年就労条件総合調査（厚生労働省）」

勤務間インターバル制度の導入状況を企業規模計でみると、「**導入予定はなく、検討もしていない**」が最も多く、8割を超えている（「導入している」6.0%、「導入を予定又は検討している」11.8%、「導入予定はなく、検討もしていない」**81.5%**）。

問2　正解　**D**　　　　　　　　　　　　難易度 **難**

出題の趣旨

　「派遣労働者実態調査」は、「雇用の構造に関する実態調査」として毎年テーマを変えて実施されるものの一つです。令和3年の「パートタイム・有期雇用労働者総合実態調査」は令和5年の本試験で、令和2年の「転職者実態調査」は令和4年の本試験で、令和元年の「就業形態の多様化に関する総合実態調査」は令和3年の本試験でそれぞれ出題されており、今年の本試験では令和4年の「派遣労働者実態調査」が要注意ということになります。

解　答

A　○　根拠　「令和4年派遣労働者実態調査（厚生労働省）」　　　 **教科書** P-

　設問の通り正しい。派遣労働者について年齢階級別にみると、「**45〜49歳**」と「**50〜54歳**」が15.8%と最も高く、次いで「**35〜39歳**」14.0%となっている。これを性別にみると、男は「**35〜39歳**」が19.4%と最も高くなっている。**女は「50〜54歳」**が20.3%と最も高くなっており、次いで「**45〜49歳**」19.9%となっている。また、派遣労働者の平均年齢は**44.3歳**となっている。

B　○　根拠　「令和4年派遣労働者実態調査（厚生労働省）」　　　**教科書** P-

　設問の通り正しい。派遣労働者について、これまで派遣労働者として働いてきた通算期間をみると、「**10年以上**」が28.2%と最も高く、次いで「**5年以上10年未満**」19.6%、「**3年以上5年未満**」16.4%となっており、派遣労働者として働いてきた**通算期間が3年以上の割合は6割以上**を占めている。

C　○　根拠　「令和4年派遣労働者実態調査（厚生労働省）」　　　 **教科書** P-

　設問の通り正しい。派遣労働者について、現在行っている派遣業務（複数回答）をみると、「**一般事務**」が35.2%と最も高く、次いで「**物の製造**」19.1%となっている。これを性別にみると、男は「**物の製造**」が27.5%、女は「**一般事務**」が50.8%と最も高くなっている。

D ✕ 根拠 「令和４年派遣労働者実態調査（厚生労働省）」 教科書 P-

　派遣労働者について、現在の派遣元との労働契約の期間をみると、「期間の定めはない」が38.4％と最も高く、次いで「２か月を超え３か月以下」17.6％となっている。これを派遣の種類別にみると、**登録型**は「**２か月を超え３か月以下**」が21.7％と最も高く、登録型以外は「**期間の定めはない**」56.4％が最も高くなっている。なお、派遣労働者について、**派遣先で予定される派遣期間**（派遣元から明示されている「労働者派遣の期間」）をみると、「**２か月を超え３か月以下**」が31.0％と最も高く、次いで「**３か月を超え６か月以下**」17.5％、「**６か月を超え１年以下**」11.9％となっている。

E ◯ 根拠 「令和４年派遣労働者実態調査（厚生労働省）」 教科書 P-

　設問の通り正しい。派遣労働者について、個人単位の期間制限についての意見をみると、「**制限は不要**」が31.9％と最も高く、次いで「**今のままでよい**」26.0％、「**わからない**」25.9％となっている。これを派遣の種類別にみると、**登録型**は「**制限は不要**」が36.7％、**登録型以外**は「**今のままでよい**」が36.5％とそれぞれ最も高くなっている。

問3　正解　E　　　　　　　　　　　　　　　　　　難易度 難

出題の趣旨

労使間の交渉等に関する実態調査に関する問題です。令和元年の本試験では、平成29年に行われた同調査の結果が問われています。本問は、令和元年の本試験で問われた項目と同様のものですので、最新の令和４年調査ではどのような数字になっているのか、概数で構いませんので、以下の解答解説をよく確認しておきましょう。

解答

A ✕ 根拠 「令和４年労使間の交渉等に関する実態調査（厚生労働省）」 教科書 P-

　労働組合と使用者（又は使用者団体）の間で締結される労働協約の締結状況をみると、労働協約を「**締結している**」労働組合は94.5％となっており、**9割を超えている**。

B ✕ 根拠 「令和４年労使間の交渉等に関する実態調査（厚生労働省）」 教科書 P-

　「経営に関する事項」ではなく「**雇用・人事に関する事項**」である。過去３年間において、「**何らかの労使間の交渉があった**」事項をみると、「**賃金・退職給付に関する事項**」**72.6％**、「**労働時間・休日・休暇に関する事項**」**70.0％**、「**雇用・人事に関する事項**」**60.4％**の３つが6割を超えている。

C ✕ **根拠** 「令和４年労使間の交渉等に関する実態調査（厚生労働省）」 教科書 P-

「約４分の３」ではなく「約３分の２」である。過去３年間において、使用者側との間で行われた団体交渉の状況をみると、**「団体交渉を行った」**労働組合が全体の**68.2%**、**「団体交渉を行わなかった」**労働組合が**30.7%**となっている。

D ✕ **根拠** 「令和４年労使間の交渉等に関する実態調査（厚生労働省）」 教科書 P-

過去３年間において、労働組合と使用者との間で発生した労働争議の状況をみると、**「労働争議があった」**労働組合は**3.5%**、**「労働争議がなかった」**労働組合は**95.5%**となっており、「労働争議があった」労働組合は「１割」もない。

E ◯ **根拠** 「令和４年労使間の交渉等に関する実態調査（厚生労働省）」 教科書 P-

設問の通り正しい。使用者側との労使関係の維持についての認識をみると、**「安定的に維持されている」51.9%**、**「おおむね安定的に維持されている」37.6%**であり、**「安定的」**と認識している労働組合は**89.5%**、**「どちらともいえない」7.1%**、**「やや不安定である」1.5%**、**「不安定である」1.0%**となっている。

問4　正解　C　難易度 基

出題の趣旨

労働市場法に関する総合問題です。正解肢Cについては、令和４年の本試験択一式でも出題されている箇所ですので、誤りに気がつけるようにしておきましょう。

解答

A ◯ **根拠** 労総法33条２項 Part 1 P530

設問の通り正しい。なお、労働施策総合推進法33条１項では、厚生労働大臣は、同法の施行に関し必要があると認めるときは、事業主に対して、**助言、指導**又は**勧告**をすることができると規定している。

B ◯ **根拠** 職安法５条の3,4項、則４条の2,3項２号の３他 教科書 Part 1 P533

設問の通り正しい。労働基準法における労働条件の明示に係る改正と同様の改正が職業紹介における労働条件の明示においても行われており、「有期労働契約を更新する場合の基準に関する事項」に、労働契約法18条１項に規定する**通算契約期間**又は**有期労働契約の更新回数に上限の定め**がある場合の当該上限が含まれることなった。また、「労働者の従事すべき業務の内容」にも**「変更の範囲」**が含まれることとなった。

C **✕** **根拠** 派遣法30条の2,2項 教科書 Part 1 P544、545

　労働者派遣法30条の2,2項では、派遣元事業主は、その雇用する派遣労働者の求めに応じ、当該派遣労働者の職業生活の設計に関し、相談の機会の確保その他の援助を**行わなければならない**（**義務**）と規定している。

D **〇** **根拠** 高齢法16条1項、則6条の2 教科書 Part 1 P556

　設問の通り正しい。なお、設問の届出は、**多数離職届を当該届出に係る離職が生ずる日**（当該届出に係る離職の全部が同一の日に生じない場合にあっては、当該届出に係る**最後の離職が生ずる日**）の**1月前**までに当該事業所の所在地を管轄する公共職業安定所の長に提出することによって行わなければならない。

E **〇** **根拠** 障雇法43条2項 教科書 Part 1 P558

　設問の通り正しい。なお、一般の民間事業主に係る障害者雇用率は、100分の2.7（令和8年6月30日までは**100分の2.5**）と定められている。

問5　正解　E　　　　　　　　　　　　　　　　　　　難易度 基

出題の趣旨

社会保険労務士法に関する問題です。正解肢Eは少し難しいかもしれませんが、法25条の33は本試験では頻出の条文ですので、正確に覚えておきましょう。

解答

A **〇** **根拠** 社労士法2条1項1号の6,2項 教科書 Part 2 P458、459

　設問の通り正しい。紛争解決手続代理業務の一つとして、法2条1項1号の6では「個別労働関係紛争（紛争の目的の価額が**120万円を超える**場合には、**弁護士**が同一の依頼者から受任しているものに**限る**。）に関する民間紛争解決手続であって、個別労働関係紛争の民間紛争解決手続の業務を公正かつ適確に行うことができると認められる団体として厚生労働大臣が指定するものが行うものについて、紛争の当事者を代理すること。」と規定している。

B **〇** **根拠** 社労士法14条の7,2号 教科書 Part 2 P462

　設問の通り正しい。なお、税理士法48条1項（**懲戒処分を受けるべきであったことについての決定**）の規定により税理士業務の**禁止**処分を受けるべきであったことについて決定を受けた者で、当該決定を受けた日から**3年**を経過しないものは、社会保険労務士とな

る**資格を有しない**とされている。

C ○ **根拠** 社労士法25条の３の2,1項 教科書 Part 2 P468

解答編
第1予想
択一式

　設問の通り正しい。なお、**何人も、社会保険労務士**について、法25条の２（**不正行為の指示等を行った場合の懲戒**）及び25条の３（**一般の懲戒**）に規定する行為又は事実があると認めたときは、厚生労働大臣に対し、当該社会保険労務士の氏名及びその行為又は事実を通知し、適当な措置をとるべきことを求めることができるとされている。

D ○ **根拠** 社労士法25条の９の２ 教科書 Part 2 P469

　設問の通り正しい。なお、法２条の２，１項は補佐人としての業務（社会保険労務士は、事業における労務管理その他の労働に関する事項及び労働社会保険諸法令に基づく社会保険に関する事項について、**裁判所において**、**補佐人として**、**弁護士である訴訟代理人**とともに**出頭し**、**陳述**をすることができる。）の規定である。

E ✕ **根拠** 社労士法25条の33 教科書 Part 2 P471

　社会保険労務士会は、所属の社会保険労務士又は社会保険労務士法人が社会保険労務士法若しくは同法に基づく命令又は労働社会保険諸法令に違反するおそれがあると認めるときは、会則の定めるところにより、当該社会保険労務士又は社会保険労務士法人に対して、**注意を促し**、又は必要な措置を講ずべきことを**勧告**することができるとされている。

問6　正解　**D**　難易度

出題の趣旨

国民健康保険法に関する問題です。令和５年の本試験では択一式、選択式いずれにも出題されなかった法律ですが、それ故に今年は注目したいところです。正解肢Ｄの費用負担の割合については、他の社会保険制度の負担割合と併せて確認しておきましょう。

解答

A ○ **根拠** 国保法４条１項 教科書 Part 2 P407

　設問の通り正しい。なお、国民健康保険法４条２項において、「都道府県は、安定的な財政運営、市町村の国民健康保険事業の効率的な実施の確保その他の都道府県及び当該都道府県内の市町村の国民健康保険事業の健全な運営について中心的な役割を果たすものとする。」と規定されており、同条３項において、「市町村は、被保険者の資格の取得及び喪失に関する事項、国民健康保険の保険料（地方税法の規定による国民健康保険税を含む。）

の徴収、保健事業の実施その他の国民健康保険事業を適切に実施するものとする。」と規定されている。

B ○ 根拠 国保法8条1項 　　 Part 2 P408

設問の通り正しい。なお、設問文カッコ書内の「第9号及び第10号」は、それぞれ、「生活保護法による保護を受けている世帯（その保護を停止されている世帯を除く。）に属する者」、「国民健康保険組合の被保険者」であり、その該当するに至った日から、被保険者の資格を喪失する。

C ○ 根拠 国保法58条2項 教科書 Part 2 P410

設問の通り正しい。国民健康保険の保健給付は、法定給付（絶対的必要給付と相対的必要給付）及び任意給付に大別されるが、傷病手当金は任意給付とされている。

D × 根拠 国保法72条の2,1項 教科書 Part 2 P411

設問文の「100分の32」は、正しくは「**100分の9**」である。

E ○ 根拠 国保法110条1項 教科書 Part 2 P412

設問の通り正しい。

問7　正解　E　　　　　　　　　　　　難易度 基

出題の趣旨

船員保険法に関する問題です。Bについては、健康保険法の任意継続被保険者と共通している点を押さえておきましょう。Dは細かい内容ですが、船員保険には労災保険の上乗せ給付がある点を理解していれば、遺族（補償）等年金の知識から判断することは可能です。また、令和2年にも出題されています。正解肢Eは、それぞれの保険料率の範囲も覚えておきましょう。

解答

A × 根拠 船保法6条1項 Part 2 P413

船員保険事業に関して船舶所有者及び被保険者（その意見を代表する者を含む。）の意見を聴き、当該事業の円滑な運営を図るため、全国健康保険協会に置かれているのは、**船員保険協議会**である。

B × 根拠 船保法2条2項 教科書 Part 2 P414

疾病任意継続被保険者とは、原則として、船舶所有者に使用されなくなったため、被保

険者（独立行政法人等職員被保険者を除く。）の資格を喪失した者であって、喪失の日の前日まで継続して**2月以上被保険者**（一定の者を除く。）であったもののうち、健康保険法による全国健康保険協会に申し出て、継続して被保険者になった者をいう。

C　✕　根拠　船保法53条1項6号

 教科書 Part 2 P414

自宅以外の場所における療養に必要な宿泊及び食事の支給は、**療養の給付**として行われる。

D　✕　根拠　船保法35条1項

教科書 P-

遺族年金を受けることができる遺族の範囲は、被保険者又は被保険者であった者の配偶者（婚姻の届出をしていないが、事実上婚姻関係と同様の事情にあった者を含む。）、子、父母、孫、祖父母及び**兄弟姉妹**であって、被保険者又は被保険者であった者の死亡の当時その収入によって生計を維持していたものである。

E　○　根拠　船保法120条

教科書 Part 2 P415

設問の通り正しい。なお、疾病保険料率は、1000分の40から1000分の130までの範囲内において、災害保健福祉保険料率は、1000分の10から1000分の35までの範囲内において、それぞれ全国健康保険協会が決定するものとされている。

問8　正解　**B**　　　　　　　　　　　　難易度 **基**

出題の趣旨

高齢者医療確保法に関する問題です。国、地方公共団体、都道府県、市町村、その他の組織の役割をしっかりと把握しておきましょう。Eは平成30年の問題です。保険料の普通徴収と特別徴収は国民健康保険法や介護保険法でも問われる可能性がありますので仕組みを押さえておきましょう。

解答

A　✕　根拠　高医法5条

 教科書 Part 2 P416

設問文は、「地方公共団体」ではなく「**保険者**」の責務に関する記述である。なお、法4条1項において、「地方公共団体は、高齢者の医療の確保に関する法律の趣旨を尊重し、住民の高齢期における医療に要する費用の適正化を図るための取組及び高齢者医療制度の運営が適切かつ円滑に行われるよう所要の施策を実施しなければならない。」と規定されている。

B　○　根拠　高医法18条１項、５項　　　　　　　　　教科書 Part 2 P418

　設問の通り正しい。また、保険者（国民健康保険法の定めるところにより都道府県が当該都道府県内の市町村とともに行う国民健康保険にあっては、市町村）は、特定健康診査等基本指針に即して、６年ごとに、６年を１期として、特定健康診査等の実施に関する計画（特定健康診査等実施計画）を定めるものとされている。

C　×　根拠　高医法32条１項　　　　　　　　　　　　教科書 Part 2 P418

　設問の前期高齢者交付金の交付を行うのは、**社会保険診療報酬支払基金**である。

D　×　根拠　高医法64条１項　　　　　　　　　　　　教科書 Part 2 P420

　設問の療養の給付を行うのは、**後期高齢者医療広域連合**である。なお、被保険者が被保険者資格証明書の交付を受けている間は、当該被保険者に対して、療養の給付等は行われず、その療養に要した費用について、後期高齢者医療広域連合から特別療養費が支給される。

E　×　根拠　高医法110条、令21条〜23条、則94条　　教科書 Part 2 P421

　老齢基礎年金の年間の給付額が18万円以上であっても、**同一の月に徴収されると見込まれる後期高齢者医療の保険料額と介護保険料の保険料額の合算額が、老齢等年金給付の額の２分の１に相当する額を超える場合等**においては、特別徴収の対象とならず、普通徴収の対象となる。したがって、設問の場合において口座振替の方法により保険料を納付することが「一切できない」ということではない。

問9　正解　A　　　　　　　　　　　　　　　　　　　難易度 基

出題の趣旨

介護保険法に関する問題です。Bについて、第２号被保険者となるには医療保険加入者であることが要件となっている点に注目しておきましょう。Cの要介護認定（要支援認定）については、申請から認定までの流れをしっかりと押さえておきましょう。Dについて、居宅介護サービス計画費と特例居宅介護サービス計画費は、費用の全額が支給される（自己負担がない）点も押さえておきましょう。

解答

A　×　根拠　介保法５条１項　　　　　　　　　　　　教科書 Part 2 P424

　設問の措置を講じなければならないのは、「国及び地方公共団体」ではなく「国」であ

る。

B ○　**根拠**　介保法９条２号　　　　　　　　　　Part 2 P424

　設問の通り正しい。なお、市町村の区域内に住所を有する65歳以上の者を第１号被保険者という。

C ○　**根拠**　介保法27条３項　　　　　　　　　　Part 2 P425

　設問の通り正しい。なお、市町村は、当該職員による調査の結果と、設問の主治の医師の意見又は指定する医師若しくは当該職員で医師であるものの診断の結果その他厚生労働省令で定める事項を介護認定審査会に通知し、要介護認定の申請に係る被保険者について、被保険者の区分に応じ、所定の事項に関し審査及び判定を求めるものとされている。

D ○　**根拠**　介保法44条２項、３項　　　　　　　Part 2 P428

　設問の通り正しい。なお、第１号被保険者であって政令で定めるところにより算定した所得の額が政令で定める額以上である要介護被保険者に係る居宅介護福祉用具購入費の額は、現に当該特定福祉用具の購入に要した費用の額の100分の80又は100分の70に相当する額となる。

E ○　**根拠**　介保法115条の45,1項　　　　　　　Part 2 P431

　設問の通り正しい。また、市町村は、介護予防・日常生活支援総合事業のほか、被保険者が要介護状態等となることを予防するとともに、要介護状態等となった場合においても、可能な限り、地域において自立した日常生活を営むことができるよう支援するため、地域支援事業として、包括的支援事業を行うものとされている。

問10　正解　C　　　　　　　　　　難易度 基

出題の趣旨

確定給付企業年金法に関する問題です。近年の本試験の出題傾向として、令和２年から確定拠出年金法と確定給付企業年金法が択一式と選択式で交互に出題されています。この傾向が続くのであれば、令和６年は択一式に確定給付企業年金が、選択式に確定拠出企業年金法が出題されると予想されますので、確実に得点できるよう教科書の内容はしっかりと押さえておきましょう。Ａの目的条文は確定拠出年金法１条と比較しておきましょう。Ｄは令和２年に出題された論点です。

A ○ **根拠** 確給法1条 教科書 Part 2 P453

設問の通り正しい。

B ○ **根拠** 確給法2条3項 教科書 Part 2 P454

設問の通り正しい。

C × **根拠** 確給法33条 教科書 Part 2 P455

設問文後半が誤り。年金給付の支給期間及び支払期月は、終身又は5年以上にわたり、**毎年1回以上定期的に支給する**ものでなければならないとされている。

D ○ **根拠** 確給法40条 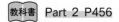 教科書 P-

設問の通り正しい。老齢給付金は、原則として、年金として支給するものであるが、規約でその全部又は一部を一時金として支給することができることを定めた場合には、政令で定める基準に従い規約で定めるところにより、一時金として支給することもできるとされている。

E ○ **根拠** 確給法55条、令35条1項 教科書 Part 2 P456

設問の通り正しい。設問以外の基準は以下のように規定されている。

① 加入者が掛金を負担することについて、厚生労働省令で定めるところにより、当該加入者の同意を得ること。

② 掛金を負担している加入者が当該掛金を負担しないことを申し出た場合にあっては、当該掛金を負担しないものとすること。

③ 掛金を負担していた加入者であって上記①又は②のいずれかの規定により掛金を負担しないこととなったものが当該掛金を再び負担することができるものでないこと（規約の変更によりその者が負担する掛金の額が減少することとなる場合を除く。）。

問1　正解　**E**　　難易度　**基**

出題の趣旨

保険者に関する内容を中心にした問題です。Cは運営委員会と評議会を混同しないように注意しましょう。また、Dについては全国健康保険協会と健康保険組合の運営の相違点が把握できていたかも確認しておきましょう。

解答

A　**○**　**根拠**　法4条、123条1項　　教科書　Part 2 P9、10

　設問の通り正しい。日雇特例被保険者が健康保険組合の組合員となることはない。

B　**○**　**根拠**　則1条の3,1項　　教科書　Part 2 P10

　設問の通り正しい。なお、選択の届出は、同時に2以上の事業所に使用されるに至った日から10日以内に、所定の事項を記載した届書を全国健康保険協会を選択しようとするときは厚生労働大臣に、健康保険組合を選択しようとするときは健康保険組合に提出することによって行うものとされる。

C　**○**　**根拠**　法7条の21,1項　　教科書　Part 2 P12

　設問の通り正しい。

D　**○**　**根拠**　令46条2項、令附則5条　　教科書　Part 2 P16

　設問の通り正しい。なお、全国健康保険協会は、毎事業年度末において、当該事業年度及びその直前の2事業年度内において行った保険給付に要した費用の額（前期高齢者納付金等、後期高齢者支援金等及び日雇拠出金、介護納付金並びに流行初期医療確保拠出金等の納付に要した費用の額（前期高齢者交付金がある場合には、これを控除した額）を含み、出産育児交付金の額並びに法153条及び法154条の規定による国庫補助の額を除く。）の1事業年度当たりの平均額の12分の1に相当する額に達するまでは、当該事業年度の剰余金の額を準備金として積み立てなければならない。

E　**×**　**根拠**　法25条1項　　教科書　Part 2 P16

　法25条1項では、「健康保険組合がその設立事業所を増加させ、又は減少させようとするときは、その増加又は減少に係る**適用事業所の事業主の全部**及びその適用事業所に使用される被保険者の2分の1以上の同意を得なければならない。」と規定している。

出題の趣旨

適用事業所、保険医療機関及び保険医等に関する問題です。AとBは労働保険との違いに注意しましょう。DとEの保険医療機関及び保険医等については、本問では論点にしていませんが、地方社会保険医療協議会に諮問する（の議を経る）ケースも確認しておきましょう。また、保険医等の登録には有効期間の定めがない点にも気をつけましょう。

解　答

A　○　根拠　法3条3項1号、S18.4.5保発905号　　　　教科書　Part 2 P19

設問の通り正しい。

B　○　根拠　法31条　　　　　　　　　　　　　　　　教科書　Part 2 P20

設問の通り正しい。なお、労働保険と異なり、使用される一定割合の者の希望があったとしても、健康保険に加入する義務は生じない。

C　○　根拠　則20条1項　　　　　　　　　　　　　　教科書　Part 2 P21、22

設問の通り正しい。

D　×　根拠　法68条2項　　　　　　　　　　　　　　教科書　Part 2 P42

保険医個人が開設する保険医療機関（病院及び病床を有する診療所を除く。）は、保険医療機関の指定の効力を失う日**前6月から同日前3月まで**の間に、別段の申出がないときは、保険医療機関の指定の申出があったものとみなす。

E　○　根拠　法64条　　　　　　　　　　　　　　　　教科書　Part 2 P43

設問の通り正しい。なお、厚生労働大臣は、保険医療機関又は保険薬局に係る指定を行おうとするときは、地方社会保険医療協議会に諮問するものとされるが、保険医又は保健薬剤師の登録を行うときは地方社会保険医療協議会の諮問は要しない。

問3　正解　C　　　　　　　　　　　　　　　　　　　　難易度　基

出題の趣旨

被保険者、被扶養者に関する問題です。Bについて、季節的業務に使用される者についても、たまたま業務の都合により継続して4月を超えて使用されるに至っても被保険者にはなりません。臨時に使用される者で日々雇い入れられる者や、2月以内の期間を定めて使

用される者との取扱いの違いに気をつけましょう。Ｅの被扶養者の認定に関する問題は、被保険者と同一の世帯に属しているのか、属していないのかを確認したうえで収入要件をみるようにしましょう。

解 答

A　×　根拠　法３条１項　　教科書 Part 2 P23

個人の事業所の事業主は、使用される者に該当しないので**被保険者にはならない**。

B　×　根拠　法３条１項５号　　教科書 Part 2 P25

設問の場合は、一般の被保険者となることはできない。臨時的事業の事業所に使用される者は、**当初から継続して６月を超えて使用される**ときは、一般の被保険者となることができるが、設問のように、６月以内の期間の予定で使用されていた者が、業務の都合等によりたまたま継続して６月を超えて使用されるに至ったとしても、一般の被保険者となることはできない。

C　○　根拠　法34条１項　　教科書 Part 2 P21、29

設問の通り正しい。なお、２以上の適用事業所の事業主が同一である場合には、当該事業主は、厚生労働大臣の承認を受けて、当該２以上の事業所を１の適用事業所とすることができ、当該承認があったときは、当該２以上の適用事業所は、適用事業所でなくなったものとみなされる。

D　×　根拠　法３条４項　　教科書 Part 2 P31

設問の場合は、任意継続被保険者となることはできない。任意継続被保険者となるには、**適用事業所に使用されなくなったため、又は法第３条第１項ただし書に該当する適用除外に至ったために一般の被保険者の資格を喪失した者**でなければならない。したがって、任意適用事業所の取消しにより資格を喪失した場合には、任意継続被保険者となることができない。

E　×　根拠　法３条７項１号、H5.3.5保発15号・庁保発４号　　教科書 Part 2 P35

設問の場合は、被扶養者に該当しない。収入がある者についての被扶養者の認定においては、その認定に係る者が被保険者と同一世帯に属していない場合、原則として、年間収入が130万円未満（その認定に係る者が60歳以上又は概ね厚生年金保険法による障害厚生年金の受給要件に該当する程度の障害者である場合には180万円未満）であり、かつ、**被保険者からの援助による収入額より少ないこと**を要する。

出題の趣旨

標準報酬に関する問題です。正解肢Cのように、数字をしっかりと覚えていても「以上」「超える」「以下」「未満」の違いで誤ってしまう可能性があります。Cを正しいと判断してしまった場合には、こういった点にも注意して学習しておくといいでしょう。

解答

A ○　根拠　法46条　　　　　　　　　　　　　　教科書 Part 2 P47

　設問の通り正しい。なお、通達において、「現物給与の価額の適用に当たっては、被保険者の勤務地（被保険者が常時勤務する場所）が所在する都道府県の現物給与の価額を適用することを原則とすること。」、「派遣労働者については、派遣元事業所において社会保険の適用を受けるが、派遣元と派遣先の事業所が所在する都道府県が異なる場合は、派遣元事業所が所在する都道府県の現物給与の価額を適用すること。」とされている。

B ○　根拠　法42条1項2号　　　　　　　　　　　教科書 Part 2 P49

　設問の通り正しい。なお、設問の方法によって算定することが困難であるものについては、被保険者の資格を取得した月前1月間に、その地方で、同様の業務に従事し、かつ、同様の報酬を受ける者が受けた報酬の額をその者の報酬月額とする。

C ✕　根拠　法41条1項　　　　　　　　　　　　　教科書 Part 2 P51

　定時決定において、4月、5月、6月のうち、報酬の支払基礎となった日数が17日未満の月があるときは、その月を除いた報酬の平均額に基づいて標準報酬月額を決定する。したがって、設問の場合は、**4月から6月に受けた報酬の総額を3で除して得た額**を報酬月額として、標準報酬月額を決定する。

D ○　根拠　法43条1項、R5.6.27事務連絡　　　　　教科書 Part 2 P54

　設問の通り正しい。随時改定は、固定的賃金の変動により報酬月額に著しい変動が生じた場合でなければ行われないため、超過勤務手当が増えても随時改定は行われない。なお、超過勤務手当の支給単価（支給割合）が変更となった場合は、随時改定の対象となる。

E ○　根拠　法43条の3,2項　　　　　　　　　　　教科書 Part 2 P57

　設問の通り正しい。産前産後休業終了時改定の規定によって改定された標準報酬月額は、産前産後休業終了日の翌日から起算して2月を経過した日の属する月の翌月からその

年の8月（当該翌月が7月から12月までのいずれかの月である場合は、翌年の8月）までの各月の標準報酬月額とされる。

問5 正解 B 難易度 基

出題の趣旨

保険給付に関する問題です。Aは訪問看護療養費の支給要件とも比較してみましょう。Cの保険外併用療養費は、解説の図も参考にしながらイメージしてみましょう。

解答

A ✕ 根拠 法63条1項4号、88条1項 〔教科書〕 Part 2 P62、72

設問の場合には、「訪問看護療養費」の支給ではなく、「療養の給付」が行われる。

B ○ 根拠 法75条の2,1項、則56条の2 〔教科書〕 Part 2 P63、64

設問の通り正しい。なお、一部負担金等の徴収猶予については6か月以内の期間に限るものとされる。

C ✕ 根拠 法86条2項 〔教科書〕 Part 2 P70

保険外併用療養費の支給対象となるのは、保険診療部分のみであり、**選定療養部分は被保険者の全額負担となる**。したがって、条文に沿った場合、保険診療分である20万円から被保険者の自己負担分（20万円の3割である6万円）を控除した「14万円」が支給額となる。

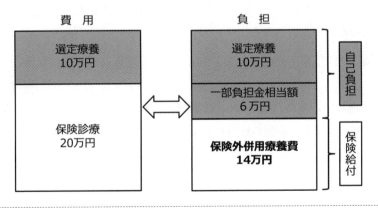

D ✕ 根拠 法63条1項、87条1項、S14.5.13社医発336号 〔教科書〕 Part 2 P71

設問の記述が逆である。生血による輸血の場合には**療養費**、保存血による輸血の場合には**療養の給付（現物給付）**の支給対象となる。

E ✕ 根拠 法97条、則81条、H6.9.9保険発119号・庁保険発９号 📖 Part 2 P74

　移送費は、法97条１項において、被保険者が療養の給付（保険外併用療養費に係る療養を含む。）を受けるため、病院又は診療所に移送されたときに支給すると規定されており、当該移送の目的である療養が**保険診療として適切**であって、患者が移動困難であり、かつ緊急その他やむを得ないと保険者が認めた場合について、最も経済的な通常の経路及び方法により移送された場合の費用により算定された額を、現に要した費用を限度として支給することとされている。したがって、**私費で医療を受けるときには、移送費は支給されない**。

問6	正解　C	難易度 基

出題の趣旨

保険給付に関する出題です。Aの被扶養者に関する保険給付は、名称が家族療養費とされるものとそれ以外のものをしっかりと覚えておきましょう。また、本問では論点にしていませんが、被扶養者に関する保険給付の支給は被保険者に対して行われている点にも気をつけましょう。高額療養費に関する問題は、まずは70歳未満の場合と70歳以上の場合の違いを比較していくとよいでしょう。

解答

A ○ 根拠 法111条１項 📖 Part 2 P76

　設問の通り正しい。なお、実際には、被扶養者が指定訪問看護に係る基本利用料等を支払う現物給付の方式で支給される。

B ○ 根拠 法115条、令43条９項、S48.10.17保険発95号・庁保険発18号

📖 Part 2 P77

　設問の通り正しい。また、同一の保険医療機関であっても、入院診療分と通院診療分は、高額療養費の算定上、別個の病院から受けたものとみなされる。

C ✕ 根拠 法115条、令41条 📖 Part 2 P78

　世帯合算は、被保険者及び被扶養者を単位として行われるため、夫婦がともに被保険者である場合には、その夫婦間で一部負担金等の**世帯合算は行われない**。

D ○ 根拠 法115条、令42条９項、H21.4.30厚労告291号、292号

📖 Part 2 P81

設問の通り正しい。なお、70歳未満の被保険者又はその70歳未満の被扶養者が人工腎臓を実施する慢性腎不全に係る療養を受けている場合であって、当該被保険者の標準報酬月額が53万円以上であるときは、高額療養費算定基準額は20,000円である。

E ○ 根拠 法115条の2,1項 教科書 Part 2 P81

設問の通り正しい。高額介護合算療養費は、高額療養費、高額介護サービス費又は高額介護予防サービス費が支給されていることが必要なわけではなく、これらの支給があった場合に、当該支給額に相当する額を控除した自己負担額から算定するものである。

問7 正解 E 難易度 基

出題の趣旨

傷病手当金に関する出題です。Bは労働者災害補償保険法の休業（補償）等給付の待期期間との違いに注意しましょう。Cは出産手当金や障害厚生年金が関わった場合の調整にも注目しておきましょう。正解肢Eの解説部分は問8の正解肢であるDを考える上でも重要です。

解答

A × 根拠 法99条1項、S2.2.26保発345号 教科書 Part 2 P84

傷病手当金の支給要件である「療養のため」とは、保険給付として受ける療養のみでなく、**それ以外の療養の為をも含む**とされている。したがって、自宅での療養や病後の静養も支給対象となる。

B × 根拠 法99条1項、S32.1.31保発2号の2 教科書 Part 2 P85

傷病手当金の支給要件である待期期間は、**連続した3日間である必要がある**。

C × 根拠 法108条1項 教科書 Part 2 P86、87

疾病にかかり、又は負傷した場合において報酬の全部又は一部を受けることができる者に対しては、これを受けることができる期間は、傷病手当金を支給しないが、**その受けることができる報酬の額が、法99条2項の規定により算定される傷病手当金の額より少ないときは、原則として、その差額が支給される**。

D × 根拠 法99条1項、H11.3.31保険発46号・庁保険発9号 教科書 Part 2 P91

傷病手当金の支給要件に該当すると認められる者については、その者が介護休業期間中であっても**傷病手当金は支給される**。なお、同一期間内に事業主から介護休業手当等で報

酬と認められるものが支給されるときは、傷病手当金の支給額について調整が行われる。

E 〇 根拠 法99条4項　　　　　　　　　　　　　　　教科書 Part 2 P91

　設問の通り正しい。なお、「支給を始めた日」とは、現実の支給開始日であり、例えば、3日間の待期期間を完成して4日目に出勤し、5日目から再び労務不能となって休業した場合は、5日目から起算することになる。

問8 正解 **D**　　　　　　　　　　　　　　　　　　　難易度 **基**

出題の趣旨

出産、死亡、資格喪失後の保険給付に関する問題です。問1のDにもありましたが、Aのような長い文章の問題は隅々まで精査し出すと余計な時間を取られてしまい、他の設問を解く時間がなくなり焦ってケアレスミスを引き起こしてしまう可能性があります。例えば、冒頭の「出産手当金の額」の時点で、正誤の判断をしやすい「平均した額の30分の1」や「4分の3」といった数字に注目するといいでしょう。あるいは、一旦保留にして、短い文章のB以降から先に正誤判断を行い、Dが正解だと判断できたところで次の設問に進むといった立ち回りで少しでも時間に余裕を持たせる工夫が大事です。本模試を通して時間が足りなかったという方は意識してみて下さい。

解答

A ✕ 根拠 法102条2項　　　　　　　　　　　　　　教科書 Part 2 P93

　設問文の「**4分の3**」は、正しくは「**3分の2**」である。

B ✕ 根拠 法101条、令36条、S16.7.23社発991号、S19.10.13保発538号、
　　　　　　H5.3.30保保発0330第8号　　　　　　　　教科書 Part 2 P94

　出産育児一時金は、**多胎分娩の場合は、胎児数に応じて支給する**こととされているため、設問の場合は、**100万円の出産育児一時金が支給される**。

C ✕ 根拠 法100条2項　　　　　　　　　　　　　　教科書 Part 2 P95

　設問の場合には、埋葬料の金額（5万円）の範囲内において**その埋葬に要した費用に相当する金額**を支給する。

D 〇 根拠 法104条、法附則3条6項、S27.6.12保文発3367号　教科書 Part 2 P96

　設問の通り正しい。資格喪失後の傷病手当金の継続給付を受けるためには、資格を喪失した際に傷病手当金の支給を受けている者であることが必要である。設問の者は、労務不

能となった日から3日目に退職したことから、傷病手当金の支給が開始されていないため、資格喪失後の傷病手当金の継続給付を受けることはできない。

E ✕ 根拠 法106条、S31.7.16保文発5265号 教科書 Part 2 P97

資格喪失後の出産育児一時金の要件である「資格を喪失した日後6月以内に出産したこと」とは、**実際の出産日が資格喪失後6月以内の期間になければならない。**

問9　正解　A　　　　　　　　　　　　難易度

出題の趣旨

費用の負担に関する出題です。正解肢であるAは改正によって複雑になったところではありますが、問8の出題の趣旨同様、基本事項である数字をチェックすればすぐに誤りであると判断できると思います。Bも同様に改正点からの出題です。社会保険に関する一般常識とも関わっているところなので、復習の際には選択式対策としても注目しておきましょう。

解答

A ✕ 根拠 法153条、法附則5条 教科書 Part 2 P101

設問文の「1000分の100から1000分の200」は、正しくは「**1000分の130から1000分の200**」である。なお、当分の間は1000分の164とされている。

B ○ 根拠 法152条の2 教科書 Part 2 P101

設問の通り正しい。令和6年度から、後期高齢者医療制度も出産育児一時金等に係る費用の一部を支援する仕組みが導入された。

C ○ 根拠 法155条 教科書 Part 2 P102

設問の通り正しい。

D ○ 根拠 法45条1項、156条3項 教科書 Part 2 P104

設問の通り正しい。健康保険法における標準賞与額は、年度の累計額が573万円の上限があるので、設問のような場合には、年度における標準賞与額の累計額に算入させることで、当該上限に到達しやすくなるようにしている。

E ○ 根拠 法160条5項 教科書 Part 2 P106

設問の通り正しい。

出題の趣旨

通則等からの出題です。アがやや細かい箇所ではありますが、他の設問文が判断できれば答えを絞り込むことは可能だと思います。

解 答

ア ✕ 根拠 法116条、S36.7.5保険発63号の2 教科書 Part 2 P134

　健康保険の被保険者が、道路交通法規違反による処罰せられるべき行為（例えば、制限速度超過、無免許運転等）中に起こした事故により死亡した場合においては、**埋葬料を支給してさしつかえないもの**とされている。

イ 〇 根拠 法58条3項 教科書 Part 2 P136

　設問の通り正しい。なお、偽りその他不正の行為によって保険給付を受けた者があるときは、保険者は、その者からその給付の価額の全部又は一部を徴収することができるとされている。

ウ ✕ 根拠 法55条3項 教科書 Part 2 P138

　被保険者に係る療養の給付又は入院時食事療養費、入院時生活療養費、保険外併用療養費、療養費、訪問看護療養費、家族療養費若しくは家族訪問看護療養費の支給は、同一の疾病又は負傷について、介護保険法の規定によりこれらに相当する給付を受けることができる場合には、**行わない**。

エ 〇 根拠 法150条5項 教科書 Part 2 P142

　設問の通り正しい。

オ 〇 根拠 法193条1項、S48.11.7保険発99号・庁保険発21号

教科書 Part 2 P144、145

　設問の通り正しい。

厚生年金保険法

問 1 正解 B   難易度

出題の趣旨

適用事業所に関する問題です。Aや正解肢Bの届出に関する問題は、事業所と船舶での提出期限の違いをしっかりと把握しておきましょう。Dについて、「常時100人を超える」の数字部分のみで正しいと判断してしまった場合には、解説の特定労働者の部分にも気をつけるようにしましょう。

解 答

A ✕ 根拠 則13条1項   教科書 Part 2 P285

　設問の場合は、当該事実があった日から**5日以内**に、所定の届書を日本年金機構に提出しなければならない。なお、初めて適用事業所となった船舶の船舶所有者（第1号厚生年金被保険者に係るものに限る。）は、当該事実があった日から10日以内に、所定の届書を日本年金機構に提出しなければならない。

B ○ 根拠 則23条4項   教科書 Part 2 P285

　設問の通り正しい。なお、事業主（第1号厚生年金被保険者に係るものに限り、船舶所有者を除く。）は、その氏名若しくは名称若しくは住所、又は事業所の名称若しくは所在地等に変更があったときは、5日以内に、所定の事項を記載した届書を日本年金機構に提出しなければならない。

C ✕ 根拠 法12条1号ロ   教科書 Part 2 P288

　2月以内の期間を定めて臨時に使用される者（船舶所有者に使用される船員を除く。）であって、当該定めた期間を超えて使用されることが見込まれないものが、当該定めた期間を超えて引き続き使用されるに至ったときは、**その引き続き使用されるに至ったときから**、被保険者となる。

D ✕ 根拠 （24）法附則17条12項   教科書 Part 2 P289

　特定適用事業所とは、事業主が同一である1又は2以上の適用事業所（国又は地方公共団体の適用事業所を除く。以下本問の解説において同じ。）であって、当該1又は2以上の適用事業所に使用される**特定労働者（70歳未満の者のうち、法12条各号のいずれにも該当しないものであって、特定4分の3未満短時間労働者以外のものをいう。）**の総数が

常時100人を超えるものの各適用事業所をいう。

E ✕ **根拠** （24）法附則17条2項　　　　　　　　　　教科書 Part 2 P289、290

　特定適用事業所に該当しなくなった適用事業所に使用される特定4分の3未満短時間労働者は、事業主が実施機関（厚生労働大臣及び日本私立学校振興・共済事業団に限る。）に所定の申出をしない限り、被保険者の資格を喪失せず、**引き続き被保険者となる。**

問2　正解　B　　　　　　　　　　　　　　　　　難易度 基

出題の趣旨

被保険者、受給権者に関する問題です。正解肢Bについては、適用事業所以外の事業所に使用される高齢任意加入被保険者及び任意単独被保険者の加入手続きとの違いに気をつけましょう。Cは具体的に被保険者期間を計算する問題が令和4年に出題されていますので、しっかりと覚えておきましょう。Eは、国民年金法の規定と比較しておきましょう。

解答

A ◯ **根拠**　則15条の2,1項、22条1項4号　　　　教科書 Part 2 P293

　設問の通り正しい。70歳以上被用者の要件該当の届出及び被保険者の資格喪失の届出は、それぞれ当該事実があった日から5日以内（船員被保険者、船員たる70歳以上の使用される者の場合は10日以内）に、所定の届書を日本年金機構に提出することによって行うものとするが、設問のような場合には不要となる。

B ✕ **根拠**　法附則4条の3,1項　　　　　　　　　　教科書 Part 2 P295

　適用事業所に使用される70歳以上の者が高齢任意加入被保険者となるには、**実施機関に申し出ればよく、事業主の同意や、厚生労働大臣の認可は必要ない。**

C ◯ **根拠**　（60）法附則47条4項　　　　　　　　　教科書 Part 2 P298

　設問の通り正しい。なお、昭和61年3月31日以前の第3種被保険者であった期間は、実期間（通常の被保険者期間の規定によって算定した期間）に3分の4を乗じて得た期間をもって厚生年金保険の被保険者期間とする。

D ◯ **根拠**　則35条1項　　　　　　　　　　　　　　教科書 Part 2 P301

　設問の通り正しい。

E ◯ **根拠**　法98条4項、則41条5項、6項　　　　　教科書 Part 2 P303

　設問の通り正しい。

出題の趣旨

標準報酬、費用の負担に関する問題です。健康保険法との共通点、相違点に注意しましょう。また、Ａについて、標準報酬月額等級第１級の88,000円は、４分の３要件を満たさない短時間労働者の適用除外の要件にも出てくる数字である点にも注目しておきましょう。

解　答

A　○　根拠　法20条、等級区分改定令１条　　　　　　　　　 Part 2 P306
　設問の通り正しい。

B　○　根拠　令４条４項　　　　　　　　　　　　　　　　　 Part 2 P390
　設問の通り正しい。なお、第１号厚生年金被保険者が同時に２以上の事業所に使用される場合における各事業主の負担すべき標準報酬月額に係る保険料の額は、各事業所について定時決定等の規定により算定した額を当該被保険者の報酬月額で除して得た数を当該被保険者の保険料の半額に乗じて得た額とする。

C　○　根拠　法24条の4,1項　　　　　　　　　　　　　　　 Part 2 P311
　設問の通り正しい。実施機関は、被保険者が賞与を受けた月において、その月に当該被保険者が受けた賞与額に基づき、これに1,000円未満の端数を生じたときはこれを切り捨てて、その月における標準賞与額を決定するが、当該標準賞与額が150万円（法20条２項の規定による標準報酬月額の等級区分の改定が行われたときは、政令で定める額）を超えるときは、これを150万円とする。

D　×　根拠　法83条の２　　　　　　　　　　　　　　　　　 Part 2 P391
　厚生労働大臣は、納付義務者から、預金又は貯金の払出しとその払い出した金銭による保険料の納付をその預金口座又は貯金口座のある金融機関に委託して行うことを希望する旨の申出があった場合には、その納付が確実と認められ、**かつ、その申出を承認することが保険料の徴収上有利と認められる**ときに限り、その申出を承認することができる。

E　○　根拠　法83条２項　　　　　　　　　　　　　　　　　 Part 2 P391、392
　設問の通り正しい。

出題の趣旨

老齢厚生年金の支給要件や年金額に関する問題です。Bは特別支給の老齢厚生年金との違いに注意しましょう。Cの「平均標準報酬月額」と「平均標準報酬額」は混同しやすい語句と思われます。平成15年4月からは、総報酬制が導入され、標準賞与額も年金額の計算に用いられるようになったため、標準報酬月額と標準賞与額をまとめた「標準報酬額」を基に算定しているとイメージするとよいでしょう。正解肢であるDの加給年金額の加算の要件は、障害厚生年金の配偶者に係る加給年金額の加算の要件とも比較しておきましょう。

解答

A　✕　根拠　法33条　　　　　　　　　　　　　　　　　　　教科書　Part 2 P312

　保険給付を受ける権利は、その権利を有する者の請求に基づいて、**実施機関が裁定する**。

B　✕　根拠　法42条、法附則14条1項　　　　　　　　　　　教科書　Part 2 P316

　本来支給の老齢厚生年金は、**被保険者期間を有する者**が、65歳以上であり、保険料納付済期間、保険料免除期間及び合算対象期間を合算した期間が10年以上であるときに支給される。つまり、**被保険者期間は1月でも有していれば良い**。

C　✕　根拠　法43条1項、(12)法附則20条1項2号他　　　　教科書　Part 2 P316

　平成15年4月以後の被保険者であった期間に係る老齢厚生年金の額は、当該被保険者であった期間の**平均標準報酬額**の1000分の5.481に相当する額に被保険者期間の月数を乗じて得た額とする。

D　○　根拠　法44条1項　　　　　　　　　　　　　　　　教科書　Part 2 P319

　設問の通り正しい。老齢厚生年金の加給年金額の加算は、受給権者がその権利を取得した当時（その権利を取得した当時、当該老齢厚生年金の額の計算の基礎となる被保険者期間の月数が240未満であったときは、在職定時改定又は資格喪失による改定により当該月数が240以上となるに至った当時。）その者によって生計を維持していたその者の65歳未満の配偶者又は子（18歳に達する日以後の最初の3月31日までの間にある子及び20歳未満で障害等級の1級若しくは2級に該当する障害の状態にある子に限る。）があるときに行われる。

E ✕ 根拠 法44条4項4号、(60)法附則60条1項 教科書 Part 2 P320

　設問の加給年金額の対象となっている配偶者が65歳に達したときは、当該配偶者が65歳に達した日の属する月の**翌月**から、老齢厚生年金の額を改定する。

問5　正解　E　　　　　　　　　　　　　　難易度 基

出題の趣旨

老齢厚生年金の支給停止、改定、繰上げ・繰下げに関する問題です。Bの60歳台後半の在職老齢年金については、基本月額に含まれない老齢厚生年金の加算額の範囲と、支給停止される老齢厚生年金の加算額の範囲をしっかりと把握しておきましょう。正解肢Eは、解説にあるように障害基礎年金の受給権者は、老齢厚生年金の支給繰下げの申出をすることができる点と比較しておきましょう。

解答

A ✕ 根拠 法46条1項 教科書 Part 2 P322

　在職老齢年金の仕組みによる支給停止は、老齢厚生年金の受給権者が被保険者（**前月以前の月に属する日から引き続き当該被保険者の資格を有する者に限る。**）である日が属する月において、その者の総報酬月額相当額及び基本月額との合計額が支給停止調整額を超えるときに行われる。したがって、在職老齢年金の仕組みによる支給停止の対象となる月**から被保険者の資格を取得した月は除かれる。**

B ✕ 根拠 法46条1項 教科書 Part 2 P322

　在職老齢年金の仕組みによる支給停止額を計算する際に用いる基本月額とは、老齢厚生年金の額（加給年金額、経過的加算額及び**繰下げ加算額**が加算されていれば**それらの額を除く。**）を12で除して得た額のことをいう。

C ✕ 根拠 法43条2項 教科書 Part 2 P323

　65歳以上の老齢厚生年金の受給権者が、毎年基準日である9月1日において被保険者である場合の当該老齢厚生年金の額は、基準日の属する**月前**の被保険者であった期間をその計算の基礎とするものとし、基準日の属する月の翌月から、年金の額を改定する。

D ✕ 根拠 法附則7条の3,1項 教科書 Part 2 P324

　国民年金の任意加入被保険者は、老齢厚生年金の支給繰上げの**請求をすることができない。**

E　○　根拠　法44条の3,1項　　教科書 Part 2 P325

設問の通り正しい。老齢厚生年金の受給権を取得したときに、他の年金たる給付〔厚生年金保険法による他の年金たる保険給付又は国民年金法による年金たる給付（老齢基礎年金及び付加年金並びに障害基礎年金を除く。）をいう。以下、本解説において同じ。〕の受給権者であったとき、又は当該老齢厚生年金の受給権を取得した日から１年を経過した日までの間において他の年金たる給付の受給権者となったときは、当該老齢厚生年金の支給繰下げの申出をすることができない。

問6　正解　D　　難易度 基

出題の趣旨

特別支給の老齢厚生年金、雇用保険法の失業等給付との調整に関する問題です。Ａのような支給開始年齢に関する問題は、支給開始年齢の引上げのルールを正確に覚える必要がありますが、令和６年で昭和34年生まれの者が65歳となっていますので、特に昭和34年〜昭和41年生まれの者に注目しておくとよいでしょう。正解肢Ｄは、そもそも支給停止を行わない月と、いわゆる事後精算により支給停止が解除される月との違いに注意しましょう。

解　答

A　×　根拠　法附則８条の2,2項　　教科書 Part 2 P331

設問の者に係る特別支給の老齢厚生年金の支給開始年齢は**63歳**である。

B　×　根拠　法附則９条の2,1項、９条の3,1項　　教科書 Part 2 P332、333

設問文後半が誤り。障害者の特例についても、**被保険者でないこと**が要件とされている。

C　×　根拠　法附則７条の4,1項、７条の5,1項　　教科書 Part 2 P338

雇用保険法に基づく給付との調整は、**繰上げ支給の老齢厚生年金（受給権者が65歳未満である者に限る。）との間でも行われる**。

D　○　根拠　法附則７条の4,1項、２項１号、11条の５　　教科書 Part 2 P338、339

設問の通り正しい。なお、「基本手当の支給を受けた日とみなされる日」とは、失業認定日の直前に失業の認定を受けた基本手当の支給に係る日が連続しているものとみなされた日をいい、「これに準ずる日として政令で定める日」とは、基本手当の待期期間及び不

正受給以外の事由による基本手当の給付制限期間をいう。

E ✕ 根拠 法附則11条の6,1項他

Part 2 P340

　高年齢雇用継続給付との調整により支給停止される特別支給の老齢厚生年金の額は、最大で当該受給権者に係る標準報酬月額の**6％相当額**である。

問7　正解　C（イとエ）　　　　難易度 基

出題の趣旨

障害厚生年金、障害手当金に関する問題です。それぞれ、支給要件を確認しておきましょう。本問では論点にしている肢がありませんが、障害等級が3級に該当する程度の障害状態にある者の取扱いにも注意が必要です。例えば、イの事後重症による障害厚生年金は障害等級3級の者にも支給されますが、ウの基準傷病による障害厚生年金は基準障害と他の障害を併合して障害等級2級以上でなければ支給されません。なお、エについて、障害厚生年金の加給年金額の加算は、その受給権を取得した後に生計を維持する65歳未満の配偶者を有することとなっても行われますので、問4Dと比較しておきましょう。

解答

ア ✕ 根拠 法47条1項

Part 2 P343

　障害認定日とは「初診日から起算して1年6月を経過した日〔**その期間内にその傷病が治った日（その症状が固定し治療の効果が期待できない状態に至った日を含む。）があるときは、その日**〕」とされている。したがって、初診日から起算して1年6月を経過した日又はその傷病が治った日（その症状が固定し治療の効果が期待できない状態に至った日を含む。）のうちいずれか**早い方の日**が障害認定日となる。

イ ◯ 根拠 法47条の2,1項、法附則16条の3,1項

Part 2 P344

　設問の通り正しい。繰上げ支給の老齢厚生年金の受給権者には、事後重症による障害厚生年金及び基準傷病に基づく障害厚生年金並びにその他障害との併合による改定請求の規定等は適用されない。

ウ ✕ 根拠 法47条の3,1項

Part 2 P345

　いわゆる基準傷病による障害厚生年金が支給されるためには、基準傷病に係る初診日において被保険者であった者であればよく、**基準傷病以外の傷病（基準傷病以外の傷病が2以上ある場合は、基準傷病以外のすべての傷病）に係る初診日においても被保険者である**

必要はない。

エ ◯ 根拠 法50条の2,3項 教科書 Part 2 P348

　設問の通り正しい。なお、障害等級３級に該当する程度の障害状態にある者に支給する障害厚生年金には、配偶者に係る加給年金額は加算されない。

オ ✕ 根拠 法55条１項 教科書 Part 2 P352

　障害手当金は、疾病にかかり、又は負傷し、その傷病に係る初診日において被保険者であった者が、当該初診日から起算して **５年を経過する日までの間におけるその傷病の治った日** において、その傷病により政令で定める程度の障害の状態にある場合に、保険料納付要件を満たす限りその者に支給する。

問8　正解　**B**　　　　　　　　　難易度 **基**

出題の趣旨

遺族厚生年金に関する問題です。正解肢Ｂについて、労働者災害補償保険法の遺族（補償）等年金の遺族の範囲と比較しておきましょう。Ｅは65歳以上であれば老齢厚生年金と遺族厚生年金が併給可能である点にも注目しておきましょう。

解答

A ◯ 根拠 法58条１項１号 教科書 Part 2 P355、356

　設問の通り正しい。設問の場合、厚生年金保険の被保険者である者が死亡したため短期要件に該当する。また、20歳から32歳の間、継続して厚生年金保険の被保険者（国民年金の第２号被保険者）であったことから、保険料納付要件も満たしていることがわかる。

B ✕ 根拠 法59条１項１号 教科書 Part 2 P357

　設問文後半が誤り。55歳以上の年齢要件を問われるのは、**夫、父母及び祖父母である。**配偶者のうち妻については年齢要件を問われない。

C ◯ 根拠 法59条３項 教科書 Part 2 P357

　設問の通り正しい。

D ◯ 根拠 法60条１項 教科書 Part 2 P358

　設問の通り正しい。なお、短期要件に該当する場合は、給付乗率について生年月日による読替を行わず、被保険者期間の月数について300の最低保障を行い、長期要件に該当する場合は、給付乗率について生年月日による読替を行い、被保険者期間の月数について

300の最低保障を行わない。

E ○ **根拠** 法64条の2、60条1項2号ロ カッコ書　　教科書 Part 2 P360

　設問の通り正しい。なお、老齢厚生年金の受給権を有する65歳以上の配偶者に支給する遺族厚生年金の額は、同一の支給事由に基づく遺族基礎年金の支給を受けるときを除き、「死亡した者の老齢厚生年金相当額の4分の3に相当する額（以下、本解説において「原則の遺族厚生年金の額」という。）」又は「原則の遺族厚生年金の額に3分の2を乗じて得た額と当該配偶者の老齢厚生年金の額（加給年金額を除く。）に2分の1を乗じて得た額を合算した額」のうちいずれか多い額となるため、この額から老齢厚生年金の額（加給年金額を除く。）に相当する部分の支給が停止される。

問9　正解　A　　難易度 応

出題の趣旨

遺族厚生年金、脱退一時金に関する問題です。Bは国民年金の振替加算の要件と混同していなかったか確認しましょう。Cについては、解説文の内容に該当する状況を想像しづらいかと思いますが、平成29年に出題された具体例として、日本国外に住所を有する障害等級2級の障害厚生年金の受給権者が死亡した場合で、その死亡の当時、国民年金の被保険者ではなく、保険料納付済期間、保険料免除期間及び合算対象期間を合算した期間が25年未満であった場合が該当します。

解答

A ○ **根拠** 法62条1項、65条　　教科書 Part 2 P361、362

　設問の通り正しい。中高齢寡婦加算額は、遺族厚生年金（長期要件に該当することにより支給されるものであって、その額の計算の基礎となる被保険者期間の月数が、原則として、240未満であるものを除く。）の受給権者である妻であって「①その権利を取得した当時40歳以上65歳未満であったもの」又は「②40歳に達した当時死亡した者の子で遺族基礎年金の支給を受けることができる遺族の要件に該当するものと生計を同じくしていたもの」が65歳未満であるときに加算される。設問の場合、妻が40歳に達した時点で子は16歳前後であり遺族基礎年金の受給権を有しているので、②の要件を満たしており、かつ、死亡した夫は、死亡の当時、厚生年金保険の被保険者であり短期要件に該当するため、妻に対する遺族厚生年金に中高齢寡婦加算額が加算される。また、中高齢寡婦加算額

が加算された妻に対する遺族厚生年金は、当該妻が遺族基礎年金の支給を受けることができる間は、中高齢寡婦加算額に相当する部分の支給を停止する。

B ✕ 根拠 (60)法附則73条１項、同法附則別表第９ 教科書 Part 2 P363

経過的寡婦加算額は、一定の要件を満たした**昭和31年**４月１日以前生まれの妻に対して支給する遺族厚生年金に加算される。

C ✕ 根拠 (60)法附則74条１項 教科書 Part 2 P363、364

設問のような規定はない。配偶者に支給する遺族厚生年金の額は、当該厚生年金保険の被保険者又は被保険者であった者の死亡の当時その配偶者が**法59条１項に規定する遺族厚生年金を受けることができる遺族の要件に該当した子と生計を同じくしていた場合であって、当該厚生年金保険の被保険者又は被保険者であった者の死亡につきその配偶者が遺族基礎年金の受給権を取得しないとき**に、遺族基礎年金の額及び子の加算の規定の例により計算した額を加算する。

D ✕ 根拠 法63条１項３号 教科書 Part 2 P366

遺族厚生年金の受給権は、直系血族及び直系姻族以外の者の養子（届出をしていないが、事実上養子縁組関係と同様の事情にある者を含む。）となったとき消滅する。**叔父は傍系血族であるため、設問の子の遺族厚生年金の受給権は消滅する。**

E ✕ 根拠 法附則29条１項３号 教科書 Part 2 P367

脱退一時金は、**最後に国民年金の被保険者の資格を喪失した日**（同日において日本国内に住所を有していた者にあっては、同日後初めて、日本国内に住所を有しなくなった日）から起算して２年を経過しているときは、その支給を請求することができない。

問10　正解　E　　　　　　　　　　　　　　　難易度 基

出題の趣旨

離婚時の年金分割、その他通則等に関する問題です。ＡとＢについては、合意分割と３号分割の知識が混同していないか確認しましょう。ＣとＤの２以上の種別の被保険者であった期間を有する者の取扱いは、本問以外のものについても教科書でしっかりと確認しましょう。

解　答

A ◯ 根拠 法78条の2,1項、(16)法附則46条 教科書 Part 2 P371

設問の通り正しい。なお、いわゆる３号分割に係る特定期間とは、特定被保険者が被保険者であった期間であり、かつ、その被扶養配偶者が当該特定被保険者の配偶者として国民年金の第３号被保険者であった平成20年４月１日以後の期間をいうことと比較しておこう。

B ○ **根拠** 法78条の14,1項ただし書、則78条の17,1項１号、令３条の12の11

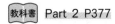 **Part 2 P374**

設問の通り正しい。なお、第１号改定者が対象期間の全部をその額の計算の基礎とする障害厚生年金の受給権者であった場合には、その当事者又は一方は、いわゆる合意分割の規定による標準報酬の改定又は決定の請求をすることができることと比較しておこう。

C ○ **根拠** 法附則９条の3,1項、20条２項 **Part 2 P377**

設問の通り正しい。

D ○ **根拠** 法78条の26,2項 **Part 2 P377**

設問の通り正しい。

E ✕ **根拠** 法38条の2,3項 **Part 2 P382**

設問の支給停止の申出は、いつでも、**将来に向かって**撤回することができることとされているため、撤回する前の支給停止されていた期間の分の年金の支給を受けることはできない。

国民年金法

問1　正解　E　　難易度 基

出題の趣旨

目的条文と被保険者に関する問題です。Ａは厚生年金保険法１条と比較しておきましょう。被保険者については、各種の被保険者に必要な年齢要件、国内居住要件、国籍要件がしっかりと整理されているか確認しておきましょう。正解肢Ｅは年齢到達日が誕生日の前日である点を見逃さないようにしましょう。

解　答

A　✕　根拠　法１条　　教科書 Part 2 P157

　法１条では「**国民年金制度は、日本国憲法25条２項に規定する理念に基き、老齢、障害又は死亡によって国民生活の安定がそこなわれることを国民の共同連帯によって防止し、もって健全な国民生活の維持及び向上に寄与することを目的とする。**」と規定している。

B　✕　根拠　法７条１項１号、２号、３号　　教科書 Part 2 P159、160

　設問文後半が誤り。**第３号被保険者についても20歳以上60歳未満の年齢要件を問われる**。なお、第２号被保険者については、原則として、年齢要件は問われないが、65歳以上の者にあっては、老齢又は退職を支給事由とする年金たる給付であって政令で定める給付の受給権を有しない被保険者に限るとされている。

C　✕　根拠　法７条１項３号、則１条の3,2号　　教科書 Part 2 P160

　第３号被保険者については、日本国内に住所を有する者又は外国において留学をする学生その他の日本国内に住所を有しないが渡航目的その他の事情を考慮して**日本国内に生活の基礎があると認められる者として厚生労働省令で定める者**である必要がある。設問の外国に赴任する第２号被保険者に同行する者は、当該厚生労働省令で定める者に該当する。

D　✕　根拠　法附則５条１項３号　　教科書 Part 2 P161

　日本国籍を有する者であって、日本国内に住所を有しない**20歳以上65歳未満**の者は、厚生労働大臣に申し出て、任意加入被保険者となることができる。したがって、設問文後半の「60歳以上65歳未満の者」も任意加入被保険者になることができる。

E　○　根拠　法８条１号、11条１項　　教科書 Part 2 P163、165

設問の通り正しい。第1号被保険者は20歳に達したときにその資格を取得し、被保険者の資格を取得した日の属する月から被保険者期間に算入する。設問の者は、平成16年1月1日生まれであるので、令和5年12月31日に資格を取得するため、令和5年12月から被保険者期間に算入される。

問2　正解　A　難易度 基

出題の趣旨

保険料に関する問題です。正解肢Aは社労士の教科書Part 2 P176に記載されているブロック分けを意識しましょう。Cの端数処理は覚えるのが大変かと思いますが、本問の場合であれば、令和6年度の保険料額が16,980円であることを覚えていれば、一桁目が0であることからある程度推論することは可能です。Dは健康保険法の任意継続被保険者の知識と混同していないか確認しましょう。

解答

A ○ 根拠 法85条1項1号、2号　　　　　　　　教科書 Part 2 P175

設問の通り正しい。

B × 根拠 法94条の2,1項、2項　　　　　教科書 Part 2 P176、177

法94条の2,1項において、「厚生年金保険の実施者たる政府は、毎年度、基礎年金の給付に要する費用に充てるため、基礎年金拠出金を負担する。」と規定されているが、同法94条の2,2項において、「**実施機関たる共済組合等は**、毎年度、基礎年金の給付に要する費用に充てるため、基礎年金拠出金を**納付する**。」と規定されている。

C × 根拠 法87条3項　　　　　　　　　　　　教科書 Part 2 P178

設問文カッコ書が誤り。保険料の額の端数処理は、「**その額に5円未満の端数が生じたときは、これを切り捨て、5円以上10円未満の端数が生じたときは、これを10円に切り上げるものとする。**」とされている。

D × 根拠 法91条　　　　　　　　　　　　　　教科書 Part 2 P179

設問文後半が誤り。任意加入被保険者も、毎月の保険料を**翌月末日まで**に納付しなければならない。

E × 根拠 法109条の3　　　　　　　　　　　　教科書 Part 2 P181

設問文は「**保険料納付確認団体**」に関する記述である。法109条に規定される「国民年

金事務組合」とは、同種の事業又は業務に従事する被保険者を構成員とする団体その他被保険者を構成員とするこれに類する団体で政令で定めるものであって、当該構成員である被保険者の委託を受けて、当該被保険者に係る法12条１項（資格の取得及び喪失並びに種別の変更に関する事項並びに氏名及び住所の変更に関する事項）の届出をすることができる団体である。

問3　正解　C　　　　　　　　　　　　　　　　　難易度 基

出題の趣旨

保険料免除を中心にした問題です。Ｂの申請免除の所得要件は、具体的な事例の問題が平成26年と平成30年に出題されていますので、しっかりと計算できるようになっておきましょう。正解肢Ｃは、どの免除制度で世帯主や配偶者にも所得要件等が問われるかを確認しておきましょう。Ｅは徴収金や延滞金の端数処理とセットで覚えておくとよいでしょう。また、健康保険法と厚生年金保険法の規定とも比較しておきましょう。

解答

A ○ 根拠 法88条の２　　　　　　　　　　　教科書 Part 2 P181

設問の通り正しい。なお、産前産後期間の保険料免除に係る届出は、出産の予定日の６月前から行うことができるが、当該届出を行う前に出産した場合には、設問文の「出産の予定日」は「出産の日」となる。

B ○ 根拠 法90条の2,1項１号、則77条の２、令６条の８の２　教科書 Part 2 P184

設問の通り正しい。なお、一般世帯の場合には、保険料４分の３免除の適用を受けるための所得基準は「88万円＋38万円（原則）×扶養親族等の数」となっている。

C ✕ 根拠 法90条の３、則77条の２　　　　　　教科書 Part 2 P185

学生納付特例の適用については、**世帯主や配偶者の所得要件等は問われない。**

D ○ 根拠 独立行政法人農業者年金基金法17条　　教科書 Part 2 P189

設問の通り正しい。

E ○ 根拠 法97条１項　　　　　　　　　　　　教科書 Part 2 P192、193

設問の通り正しい。設問の他に、督促状に指定した期限までに徴収金を完納したとき、計算した延滞金の額が50円未満であるとき、又は滞納につきやむを得ない事情があると認められるときにも、延滞金は徴収されない。

問4　正解　E（エとオ）　　難易度 基

出題の趣旨

給付の通則、老齢基礎年金に関する問題です。ウの厚生年金保険の第３種被保険者期間に係る特例は、老齢厚生年金の報酬比例部分の額の計算での取扱いと混同しないように気をつけましょう。エについては、学生であった期間の合算対象期間の取扱いと比較しておきましょう。

解答

ア ○　根拠　法18条３項　　

設問の通り正しい。なお、年金の支払額に１円未満の端数が生じたときは、これを切り捨てるものとし、毎年３月から翌年２月までの間においてこの規定により切り捨てた金額の合計額（１円未満の端数が生じたときは、これを切り捨てた額）については、これを当該２月の支払期月の年金額に加算するものとする。

イ ○　根拠　法５条１項　　

設問の通り正しい。

ウ ○　根拠　(60)法附則８条８項、(60)法附則47条　　

設問の通り正しい。厚生年金保険の第３種被保険者期間に係る特例は、老齢基礎年金の受給要件に係る保険料納付済期間の算定には用いるが、老齢基礎年金の額を計算する場合には用いない。

エ ×　根拠　(60)法附則８条５項８号　　

国会議員であった期間（60歳以上であった期間を除く。）のうち、合算対象期間に算入される期間は、昭和36年４月１日から**昭和55年３月31日まで**の期間である。

オ ×　根拠　法27条８号

学生納付特例の期間については、追納しない限り**年金額には反映されない**。なお、納付猶予制度による保険料免除の期間も追納しない限り年金額には反映されない。

問5　正解　C　　難易度 基

出題の趣旨

老齢基礎年金に関する問題です。Bについては、224,700円の数字にだけに注目してしま

い、老齢基礎年金の受給権者の生年月日に応じて政令で定める率を乗じる点を確認せずに正しいと判断した場合には、今後注意しましょう。正解肢Cについては、具体的な事例で減額率を求める問題が平成29年と令和元年に出題されていますので、支給繰下げの増額率と共にしっかりと計算できるようになっておきましょう。Dは付加年金の取扱いと混同していなかったか確認しておきましょう。Eは令和5年4月からの改正内容で令和5年に出題されなかった部分なので注目しておきましょう。

解答

A ✕ **根拠** (60)法附則14条1項、2項　教科書 Part 2 P205

振替加算の対象となっているのは大正15年4月2日から昭和41年4月1日までの間に生まれた**配偶者**であり、妻に限定されているわけではない。

B ✕ **根拠** (60)法附則14条1項、(61)措置令18条、24条　教科書 Part 2 P207

振替加算の額は、224,700円に改定率を乗じて得た額（その額に50円未満の端数が生じたときは、これを切り捨て、50円以上100円未満の端数が生じたときは、これを100円に切り上げるものとする。）に、**老齢基礎年金の受給権者の生年月日に応じて政令で定める率を乗じて得た額**である。

C ◯ **根拠** 法附則9条の2,4項、令12条1項　教科書 Part 2 P209

設問の通り正しい。なお、昭和16年4月2日から昭和37年4月1日までに生まれた者については、支給繰上げに係る減額率は1000分の5となっている。

D ✕ **根拠** (60)法附則14条1項　教科書 Part 2 P212

老齢基礎年金の支給繰下げの申出をした場合の振替加算については、振替加算も繰下げて支給されるが、**その額は繰下げによって増額されない**。

E ✕ **根拠** 法28条5項1号　教科書 Part 2 P212

設問の者は支給繰下げの申出があったものとみなされない。65歳に達し老齢基礎年金の受給権を取得した者が、70歳に達した日後に当該老齢基礎年金を請求し、かつ、当該請求の際に支給繰下げの申出をしないときは、当該請求をした日の5年前の日に支給繰下げの申出があったものとみなすが、**80歳に達した日以後にあるときは、支給繰下げの申出みなしの規定は適用されない**。

出題の趣旨

障害基礎年金に関する問題です。正解肢Dについて、障害等級1級の障害基礎年金の額の計算と同じように考えて正しい内容だと判断した場合には注意しましょう。また、本問では論点にしていませんが、障害基礎年金には配偶者に係る加算がない点もしっかりと押さえておきましょう。

解 答

A ○ **根拠** 令4条の6、令別表  教科書 Part 2 P216

設問の通り正しい。

B ○ **根拠** 法30条1項2号 教科書 Part 2 P215

設問の通り正しい。被保険者であった者が障害基礎年金の受給権者となるには、初診日において、日本国内に住所を有し、かつ、60歳以上65歳未満であることが要件である。設問の者は、初診日において日本国内に住所を有していないので、障害基礎年金は支給されない。

C ○ **根拠** 法31条1項、(60)法附則26条  教科書 Part 2 P221

設問の通り正しい。障害基礎年金の受給権者に対して更に障害基礎年金を支給すべき事由が生じたときは、前後の障害を併合した障害の程度による障害基礎年金を支給することとし、前後の障害を併合した障害の程度による障害基礎年金の受給権を取得したときは、従前の障害基礎年金の受給権は消滅するが、旧国民年金法による障害年金の受給権を有する者に対して更に障害基礎年金を支給すべき事由が生じたときは、旧国民年金法による障害年金の受給権は消滅せず、設問のように選択受給することとなる。

D × **根拠** 法33条の2,1項 教科書 Part 2 P222

障害等級1級に該当する障害基礎年金に係る子の加算額は、当該子が1人の場合は、224,700円に改定率を乗じて得た額であり、**100分の125を乗じない**。

E ○ **根拠** 法34条1項 教科書 Part 2 P223

設問の通り正しい。

出題の趣旨

遺族基礎年金に関する問題です。Ａは遺族厚生年金のいわゆる長期要件と同じように考えるとよいでしょう。Ｂは令和元年に問われた内容です。Ｃについて、遺族が「配偶者と子」である場合と「子のみ」である場合の遺族基礎年金の額の計算の違いに注意しましょう。

解　答

A　✕　根拠　法37条4号　　　　　　　　　　　　　教科書 Part 2 P230

保険料納付済期間と保険料免除期間とを合算した期間が25年以上有する者が死亡したときは、**保険料納付要件は問われないので**、設問の子に遺族基礎年金の受給権が発生する。

B　✕　根拠　法5条7項、法37条の2,1項1号　　教科書 Part 2 P158、234

国民年金法において、「配偶者」、「夫」及び「妻」には、**婚姻の届出をしていないが、事実上婚姻関係と同様の事情にある者を含む**ものとされている。したがって、設問の事実婚の女性も遺族基礎年金の受給権者となり得る。

C　✕　根拠　法39条の2,1項　　　　　　　　　　教科書 Part 2 P234

設問の場合、遺族基礎年金の額は、780,900円に改定率を乗じて得た額に、「**224,700円に改定率を乗じて得た額**」及び「**74,900円に改定率を乗じて得た額**」を加算した金額を3で除して得た額となる。

D　〇　根拠　法41条1項　　　　　　　　　　　　教科書 Part 2 P236

設問の通り正しい。

E　✕　根拠　法40条3項1号　　　　　　　　　　教科書 Part 2 P239

子の有する遺族基礎年金の受給権は、離縁によって、死亡した被保険者又は被保険者であった者の子でなくなるに至ったときは、**消滅する**。

出題の趣旨

国民年金の独自給付に関する問題です。Ａは付加保険料額（400円）と混同しないように

注意しましょう。Cについて、加算額が8,500円の定額である論点と共に、寡婦年金には
このような加算は行われない点にも注目しておきましょう。正解肢Dは、死亡一時金と遺
族厚生年金については両方受給できる場合がある点も覚えておくとよいでしょう。

解答

A × **根拠** 法43条、44条 教科書 Part 2 P241

設問の者には、**年額48,000円（200円×240月）の付加年金が支給される。**

B × **根拠** 法49条1項他 教科書 Part 2 P243

夫の死亡により遺族基礎年金の受給権を取得した場合であっても、所定の要件を満たす
限り、**妻は寡婦年金の受給権を同時に取得することができる。** なお、この場合において妻
が60歳に達していなければ、遺族基礎年金のみを受給することとなるが、妻が60歳に達
しているときは、併給の調整の対象となり、遺族基礎年金か寡婦年金のいずれかを選択受
給することとなる。

C × **根拠** 法52条の4,2項 教科書 Part 2 P244

死亡日の前日における付加保険料に係る保険料納付済期間が3年以上である者の遺族に
支給される死亡一時金の額に加算される額は、**当該付加保険料に係る保険料納付済期間の
長さに関わらず、8,500円である。**

D ○ **根拠** 法52条の2,2項1号 教科書 Part 2 P244

設問の通り正しい。死亡一時金は、死亡した者の死亡日においてその者の死亡により遺
族基礎年金を受けることができる者があるときには支給されないが、当該死亡日の属する
月に当該遺族基礎年金の受給権が消滅したときは、事実上、遺族基礎年金を受給する者が
いないため、一定の遺族に死亡一時金が支給される。

E × **根拠** 法附則9条の3の2,3項、令14条の3の2 教科書 Part 2 P247

脱退一時金の額は、基準月の属する年度における保険料の額に2分の1を乗じて得た額
に保険料納付済期間等の月数に応じて**6から60**の範囲で定められた数を乗じて得た額と
する。

問9　正解　**A（アとイ）**　　難易度 基

出題の趣旨

年金額の改定や、その他通則等に関する問題です。アは、調整期間における改定率の改定

のルールもしっかりと確認しておきましょう。エについて、いわゆる充当処理の場合は、厚生労働大臣が支給する厚生年金保険法による年金たる保険給付との間で行うことができないことにも注意しましょう。

解答

ア ○ 根拠 法27条の2、27条の3 教科書 Part 2 P250
設問の通り正しい。

イ ○ 根拠 法17条1項 教科書 Part 2 P252
設問の通り正しい。なお、年金たる給付の額を計算する過程において生じた端数についても、50銭未満の端数が生じたときは、これを切り捨て、50銭以上1円未満の端数が生じたときは、これを1円に切り上げることができる。

ウ × 根拠 法19条5項 教科書 Part 2 P254
未支給の年金を受けるべき同順位者が2人以上あるときは、**その1人のした請求は、全員のためその全額につきしたものとみなし、その1人に対してした支給は、全員に対してしたものとみなす。**

エ × 根拠 法21条3項 教科書 Part 2 P256
設問の内払調整は、厚生年金保険法による年金たる保険給付（**厚生労働大臣が支給するものに限る。**）と国民年金法による年金たる給付との間で行うことができる。

オ × 根拠 厚年法74条 教科書 Part 2 P260
設問のような規定はない。なお、**厚生年金保険法74条**において、「障害厚生年金の受給権者が、故意若しくは重大な過失により、又は正当な理由がなくて療養に関する指示に従わないことにより、その障害の程度を増進させ、又はその回復を妨げたときは、法52条1項の規定による改定を行わず、又はその者の障害の程度が現に該当する障害等級以下の障害等級に該当するものとして、同項の規定による改定を行うことができる。」と規定されている。

問10 正解 B 難易度

出題の趣旨
不服申立てと国民年金基金に関する問題です。正解肢Bの解説にある法128条3項は教科書未記載の規定ですが、セットで覚えておくとよいでしょう。Cについて、職能型国民年

金基金の設立要件や、健康保険法の健康保険組合の設立要件との違いにも注意しましょう。Dは国民年金基金の解散要件である「代議員の定数の４分の３以上の多数による代議員会の議決」と混同しないように気をつけましょう。

解 答

A ○ 根拠 法附則９条の３の2,5項 **教科書** Part 2 P262

設問の通り正しい。なお、脱退一時金に関する処分の取消しの訴えは、当該処分についての審査請求に対する社会保険審査会の決定を経た後でなければ、提起することができない。

B × 根拠 法128条５項 **教科書** Part 2 P267

設問文の業務委託は**金融商品取引業者に委託することはできず、国民年金基金連合会その他の法人に委託することができる**。なお、法128条３項において、「基金は、信託会社、信託業務を営む金融機関、生命保険会社、農業協同組合連合会若しくは共済水産業協同組合連合会又は金融商品取引業者と、当該基金が支給する年金又は一時金に要する費用に関して信託、保険若しくは共済の契約又は投資一任契約を締結するときは、政令の定めるところによらなければならない。」と規定している。

C ○ 根拠 法119条４項 **教科書** Part 2 P268

設問の通り正しい。また、地域型国民年金基金を設立するには、加入員たる資格を有する者及び年金に関する学識経験を有する者のうちから厚生労働大臣が任命した者が設立委員とならなければならず、当該設立委員の任命は、300人以上の加入員たる資格を有する者が厚生労働大臣に地域型国民年金基金の設立を希望する旨の申出を行った場合に行うものとする。

D ○ 根拠 法137条の３、137条の３の３ **教科書** Part 2 P268

設問の通り正しい。なお、地域型国民年金基金と職能型国民年金基金との吸収合併については、その地区が全国である地域型国民年金基金が吸収合併存続基金となる場合に限り行うことができる。

E ○ 根拠 法137条の４、137条の17,1項、基金令45条１項 **教科書** Part 2 P272

設問の通り正しい。

第2予想　選択式

解　答

しっかり復習しましょう！

第 2 予想　選択式　解答一覧

問1		労働基準法及び労働安全衛生法		チェック欄		
				1回目	2回目	3回目
A	⑭	使用者が代替勤務者を確保しうるだけの時間的余裕のある	応			
B	⑱	代替勤務者を確保するための配慮をしたとみうる	難			
C	⑨	400円以上となる	基			
D	⑥	3　年	基			
E	①	1メートル	難			

問2		労働者災害補償保険法		チェック欄		
				1回目	2回目	3回目
A	⑳	療養の開始	基			
B	⑨	常態として労働不能	応			
C	④	6か月	基			
D	⑱	被扶養利益の喪失	応			
E	⑫	相互補完	応			

問3		雇用保険法		チェック欄		
				1回目	2回目	3回目
A	⑳	認定職業訓練	基			
B	⑱	作業環境に適応すること	応			
C	④	83	応			
D	⑦	120	難			
E	⑩	30,452	応			

問4		労務管理その他の労働に関する一般常識		チェック欄		
				1回目	2回目	3回目
A	⑪	公正な処遇	難			
B	⑭	性　質	応			
C	⑳	目　的	応			
D	⑧	共　生	難			
E	①	10時間以上20時間未満	基			

問5	社会保険に関する一般常識		チェック欄		
			1回目	2回目	3回目
A	⑨ 基本的な動作の全部若しくは一部	基			
B	⑫ 軽減若しくは悪化の防止	基			
C	⑪ 業務の概況	応			
D	③ 医療費適正化計画	難			
E	⑦ おおむね6年	難			

問6	健康保険法		チェック欄		
			1回目	2回目	3回目
A	⑳ やむを得ないもの	基			
B	⑯ 年4分	基			
C	⑤ 各月の初日が到来	基			
D	⑩ 健康の保持増進の	応			
E	① 行うように努めなければならない	応			

問7	厚生年金保険法		チェック欄		
			1回目	2回目	3回目
A	① 受給権者の誕生日の属する月の末日	基			
B	③ 3 月	応			
C	③ 国民の生活水準	基			
D	② 0.354	応			
E	③ 18.3	基			

問8	国民年金法		チェック欄		
			1回目	2回目	3回目
A	⑥ 承 認	基			
B	⑩ 月前10年	基			
C	⑪ 当該率が1を上回るときは、1	基			
D	⑭ 当該率が1を下回るときは、1	基			
E	⑤ 死亡一時金	基			

解答編
第2予想
選択式

第2予想の選択式の目標得点は28点です。
正解できたかどうか、チェック欄に書きこんでいきましょう！

設問文１の判例は、勤務割による勤務予定日についての年次有給休暇の時季指定に対し使用者が代替勤務者確保のための配慮をせずにした時季変更権の行使が適法とされた事例であり、かなり難解であったかと思います。「使用者が通常の配慮をしたとしても代替勤務者を確保して勤務割を変更することが客観的に可能な状況になかつたと判断しうる場合」というところから、文脈をしっかりと読みとって解答を導くことができるかがポイントとなります。

解　答

根拠　労基法26条、39条５項、安衛則36条５号の４、38条、561条の２、S27.8.7基収
3445号、最三小Ｈ元.7.4電電公社関東電気通信局事件

📖 Part 1　P43、91、173、174

A	⑭	使用者が代替勤務者を確保しうるだけの時間的余裕のある	難易度 応
B	⑱	代替勤務者を確保するための配慮をしたとみうる	難易度 難
C	⑨	400円以上となる	難易度 基
D	⑥	3　年	難易度 基
E	①	1メートル	難易度 難

解　説

　Aについては、⑬⑭⑯⑲が解答候補となり得る。ただし、**A**の前後に「年次休暇の時季指定に対し使用者が従前どのような対応の仕方をしてきたか」、「当該労働者の作業の内容、性質、欠務補充要員の作業の繁閑などからみて、他の者による代替勤務が可能であつたか」、「当該事業場において週休制がどのように運用されてきたか」とあることから、⑬⑯⑲についてはこれらと重複する内容が含まれており、改めて**A**で述べる内容ではないことになる。したがって、⑭の「使用者が代替勤務者を確保しうるだけの時間的余裕のある」が残り、これが正解となる。このように解答候補を４つに絞り、空欄の前後の文脈から消去法で解答を１つに絞り込む方法が効果的である。

　Cについては、平均賃金が9,000円の労働者であるため、その「100分の60」である5,400円以上の支払いを要することになるが、半日出勤に対し5,000円の支払いがあるため、5,400円－5,000円＝400円以上となる。

設問文3（テールゲートリフター特別教育）及び4（本足場）の内容はいずれも改正点であるが、**D**の特別教育の記録の保存期間は基本事項であるので正解したい。

問2　労働者災害補償保険法

出題の趣旨

設問文1、2については、A及びCは確実に得点できるようにしておくとともに、Bについては、傷病（障害）等級1～3級の程度をイメージできるようにしておきましょう。設問文3については判例からの出題であり、難解であるとは思いますが、（中略）以下の後半部分が平成29年の本試験択一式で出題されており、また、Eの「⑫相互補完」は平成27年の本試験選択式で他の判例から出題されていますので、過去問演習から身につけた知識で何とか正解してほしい問題です。

解答

根拠　法12条の8,3項、則18条2項、則別表第2、最大判H27.3.4フォーカスシステムズ労災遺族年金事件

教科書 Part 1 P238、239

A	⑳	療養の開始	難易度 **基**
B	⑨	常態として労働不能	難易度 **応**
C	④	6か月	難易度 **基**
D	⑱	被扶養利益の喪失	難易度 **応**
E	⑫	相互補完	難易度 **応**

解説

Bについて、「⑧常時介護を要する状態」は第1級、「⑩随時介護を要する状態」は第2級、また「⑭特に軽易な労務以外の労務に服することができない状態」は障害等級の第5級にそれぞれ該当するので併せて押さえておきたい。

設問文3の判例について、「(中略)」の部分では「遺族補償年金は、労働者の死亡による遺族の被扶養利益の喪失の塡補を目的とする保険給付であり、その目的に従い、法令に基づき、定められた額が定められた時期に定期的に支給されるものとされているが、これは、遺族の被扶養利益の喪失が現実化する都度ないし現実化するのに対応して、その支給を行うことを制度上予定しているものと解されるのであって、制度の趣旨に沿った支給がされる限り、その支給分については当該遺族に被扶養利益の喪失が生じなかったとみるこ

とが相当である。」としている。

出題の趣旨

雇用保険法の本試験選択式では、事例形式での出題が増えています。設問文3は難しいですが、平成29年の本試験択一式で出題があった論点です。設問文4の高年齢雇用継続基本給付金の計算はできるようにしておきましょう。

解　答

根拠　法13条1項、15条3項、49条1項、61条1項、5項、R5厚労告239号、行政手引50153

教科書 Part 1　P321、330、354、377

A	⑳	認定職業訓練	難易度 基
B	⑱	作業環境に適応すること	難易度 応
C	④	83	難易度 応
D	⑦	120	難易度 難
E	⑩	30,452	難易度 応

解　説

　Dについて、算定対象期間（2年）に加えることができるのは、疾病、負傷その他厚生労働省令で定める理由により引き続き「30日以上」賃金の支払を受けることができなかった日数である。したがって、加えることができるのは「100日」の欠勤であって「20日」の欠勤は本来加えることができないが、これらが「同一の理由」により賃金の支払を受けることができなかったものであり、かつ、中断の期間が「30日未満」（設問は「15日」）であることから、これらを合算して「⑦120日」を算定対象期間（2年）に加えることができる。

　Eについて、設問の者のみなし賃金日額×30は570,000円であり、支給対象月に事業主から支払われた賃金の額が340,000円であることから、当該支給対象月の賃金は60歳到達時等賃金の約59.65％（61％未満）ということになり、高年齢雇用継続基本給付金の支給率は「15％」となる。したがって、給付金の額は340,000円×15％＝51,000円と計算されるが、当該支給対象月の賃金の額340,000円に51,000円を加えると391,000円となり、支給限度額（370,452円）を超えてしまう。このような場合は、支給限度額から当該

賃金の額を減じて得た額を高年齢雇用継続基本給付金の額とすることから、「370,452円
－340,000円」で計算して「⑩30,452」円が正解となる。

問4 労務管理その他の労働に関する一般常識

出題の趣旨

判例及び白書からの出題になります。E以外はかなり難しい内容ですが、A～Cについて
は無期契約労働者と有期契約労働者の不合理な待遇差の禁止というところから想定して解
答を絞り込むとよいでしょう。なお、Dについて、令和5年版厚生労働白書の第1部で
は「つながり・支え合いのある地域共生社会」と題し、全ての人々が地域、暮らし、生き
がいを共に創り、高め合うことができる社会の実現に向けた展望を論じています。この
「地域共生社会」というキーワードは押さえておきたいところです。

解 答

根拠 旧労契法20条、最一小R5.7.20名古屋自動車学校事件、「令和5年版厚生労働白書
（厚生労働省）」P.225、226他

教科書 Part 1 P492、558

A	⑪	公正な処遇	難易度 難
B	⑭	性 質	難易度 応
C	⑳	目 的	難易度 応
D	⑧	共 生	難易度 難
E	①	10時間以上20時間未満	難易度 基

解 説

　設問文1の旧労働契約法20条は、平成30年の働き方改革関連法案による改正で現在で
はパートタイム・有期雇用労働法8条に統合され、不合理な待遇の禁止について明確化し
ている。同条では「事業主は、その雇用する短時間・有期雇用労働者の基本給、賞与その
他の待遇のそれぞれについて、当該待遇に対応する通常の労働者の待遇との間において、
当該短時間・有期雇用労働者及び通常の労働者の業務の内容及び当該業務に伴う責任の程
度（以下「職務の内容」という。）、当該職務の内容及び配置の変更の範囲その他の事情の
うち、当該待遇の『⑭性質』及び当該待遇を行う『⑳目的』に照らして適切と認められる
ものを考慮して、不合理と認められる相違を設けてはならない。」と規定している。

問5 社会保険に関する一般常識

出題の趣旨

設問文１の「要支援状態」の定義については、令和４年の本試験で出題された「要介護状態」の定義と比較しながら復習しておきましょう。設問文３は白書からの出題ですが、設問文の「医療費適正化の推進」、「都道府県内の国民健康保険運営」や「医療費の適正化の取組に関する事項」といった部分からＤを類推し、そこから高齢者医療確保法の知識（都道府県医療費適正化計画）でＥの解答を導き出すことは可能です。

解答

根拠 介保法７条２項、確給法73条１項、「令和５年版厚生労働白書（厚生労働省）」P.310

教科書 Part 2 P425、454

A	⑨	基本的な動作の全部若しくは一部	難易度 基
B	⑫	軽減若しくは悪化の防止	難易度 基
C	⑪	業務の概況	難易度 応
D	③	医療費適正化計画	難易度 難
E	⑦	おおむね６年	難易度 難

解説

　設問文１について、設問文の「厚生労働省令で定める期間」は、６月間とされている。ただし、要支援状態にある40歳以上65歳未満のものであって、その要支援状態の原因である身体上又は精神上の障害が特定疾病によって生じたものであり、当該特定疾病ががん（医師が一般に認められている医学的知見に基づき回復の見込みがない状態に至ったと判断したものに限る。）である場合の要支援状態の継続見込期間については、その余命が６月に満たないと判断される場合にあっては、死亡までの間とされている。

　設問文２に関連して、確定拠出企業年金法73条２項において、事業主（基金型企業年金を実施する場合にあっては、企業年金基金。以下、本解説において「事業主等」という。）は、業務の概況について、加入者以外の者であって事業主等が給付の支給に関する義務を負っているものにも、できる限り同様の措置を講ずるよう努めるものとすると規定している。なお、業務の概況の周知事項として、「給付の種類ごとの標準的な給付の額及び給付の設計」「加入者の数及び給付の種類ごとの受給権者の数」「積立金の額と責任準備金の額及び最低積立基準額との比較その他積立金の積立ての概況」等がある。

出題の趣旨

設問文1と設問文2は、内容は基本事項ではありますが、Aは労災保険の療養の費用の支給要件である「療養の給付を受けないことについて労働者に相当の理由がある場合」と混同しないよう注意しましょう。また、Cは国民年金の保険料前納の知識が整理できていないと間違えてしまう可能性があります。復習の際には、それぞれの内容とも比較しておきましょう。設問文3は選択式対策と割り切って覚えておきましょう。前半の特定健康診査等は義務規定、後半の被保険者の健康の保持増進のための必要な事業は努力義務規定になっているところがポイントです。

解答

根拠 法87条1項、150条1項、165条1項～3項、令49条

教科書 Part 2 P71、72、112、113、141

A	⑳	やむを得ないもの	難易度 基
B	⑯	年4分	難易度 基
C	⑤	各月の初日が到来	難易度 基
D	⑩	健康の保持増進の	難易度 応
E	①	行うように努めなければならない	難易度 応

解説

設問文1について、空欄Aの「保険者が『⑳やむを得ないもの』と認めるとき」とは、病状が緊迫した状態で保険医療機関等を探す余裕がなかった場合、負傷して担ぎ込まれた病院が保険医療機関等でなかった場合などが該当する。なお、前半の「療養の給付等を行うことが困難である」場合とは、無医村で保険医療機関がない場合、事業主が取得届を怠った結果被保険者の身分を証明できない場合、海外療養費等が該当する。

設問文2について、任意継続被保険者は、保険料を前納しようとするときは、前納しようとする額を前納に係る期間の初月の前月末日までに払い込まなければならない。なお、前納を行わず、毎月保険料を納付する場合は、任意継続被保険者はその月の10日（初めて納付すべき保険料については、保険者が指定する日）までに納付しなければならない。

やや細かい問題もありますが、A、C、Eで確実に得点して基準点である3点を確保して欲しいところです。Aは労働者災害補償保険法の定期報告書の提出期限（社労士の教科書 Part 1 P264）や国民年金法の現況届等の提出期限（社労士の教科書Part 2 P171）の規定と比較しておきましょう。Dは平成30年に社会保険に関する一般常識の択一式で出題された箇所です。

解　答

根拠　法2条の2、81条4項、則51条の2,1項、51条の4,1項、(16)法附則33条、
H21.12.28厚労告521号　　　　　　　　　　教科書　Part 2 P301、379、389

A	①	受給権者の誕生日の属する月の末日	難易度 基
B	③	3 月	難易度 応
C	③	国民の生活水準	難易度 基
D	②	0.354	難易度 応
E	③	18.3	難易度 基

解　説

　Aについて、「②6月30日」、「④10月31日」は、労働者災害補償保険法の年金たる保険給付の受給権者報告書の定期の提出に係る指定日である。また、「③9月30日」は、国民年金法の20歳前傷病による障害基礎年金の受給権者の障害基礎年金所得状況届等の提出に係る指定日である。設問文4について、第1号厚生年金被保険者のうち、第3種被保険者に係る保険料率は、原則として、平成16年10月分から毎年「①0.248」％ずつ引き上げられ、平成29年9月分以後は、「③18.3」％で固定されるようになった。なお、第4号厚生年金被保険者に係る保険料率は、現在も引上げの途中であり、令和9年4月をもって18.3％に固定されることとなっている。

問8　国民年金法

設問文1のAに入る語句は混同しやすい部分ではありますが、解説の内容を見てイメージ

を摑んでみましょう。設問文２について、令和５年の厚生年金保険の選択式で、具体的な事例で再評価率の改定基準を求める問題も出題されましたので、基準年度以後の改定率（既裁定者に適用する改定率）の改定も含めて、ルールをしっかりと把握しましょう。設問文３の国民年金基金の給付内容については、付加年金と死亡一時金の加算額を基にして考えるとよいでしょう。

解 答

根拠 法27条の4,1項、94条１項、129条３項

教科書 Part 2 P186、187、250、251、271

A	⑥	承 認	難易度 基
B	⑩	月前10年	難易度 基
C	⑪	当該率が１を上回るときは、１	難易度 基
D	⑭	当該率が１を下回るときは、１	難易度 基
E	⑤	死亡一時金	難易度 基

解 説

　設問文１の**A**について、正解肢の「⑥承認」とは「ある行為を行うときに正当・妥当・適当と認めて承知すること」をいう。なお、他の候補となる語句について、「④許可」とは「法令又は行政処分によって一般的に禁止されている事項について、特定の場合にその禁止を解除して、適法にその事項を行うことができるようにする行為」、「⑰認可」とは「当事者の行為だけでは、その目的とした効力を生じさせないものに関して、その効力を法律上完成させる行為」、「⑱認定」とは「公の機関が資格、事実の有無や物事の程度などを調べて決定すること」をいう。

　設問文２について、調整率は、具体的には、「公的年金被保険者総数の変動率」に「65歳時の平均余命の変動率（0.997）」を乗じて得た率をいい、「⑪当該率が１を上回るときは、１」とするのが**C**の部分である。特別調整率とは、いわゆる前年度のキャリーオーバー分を指し、「名目手取り賃金変動率×調整率×前年度の特別調整率」によって算定された率が、例えば、**D**の「⑭当該率が１を下回るときは、１」となったことによって発生した未調整分を翌年度以降に繰り越したものなどである。

　設問文３について、当該一時金の額は、8,500円を超えるものでなければならないとされている。

第2予想　択一式

解　答

しっかり復習しましょう！

第2予想　択一式　解答一覧

労働基準法及び労働安全衛生法	問題番号	解答	難易度	チェック欄 1回目	2回目	3回目
	問1	D	応			
	問2	C	基			
	問3	B	応			
	問4	E	基			
	問5	D	応			
	問6	A	基			
	問7	D	応			
	問8	D	応			
	問9	A	応			
	問10	B	応			

雇用保険法（労働保険の保険料の徴収等に関する法律を含む。）	問題番号	解答	難易度	チェック欄 1回目	2回目	3回目
	問1	B	難			
	問2	D	基			
	問3	A	難			
	問4	C	応			
	問5	E	難			
	問6	D	基			
	問7	C	基			
	問8	C	基			
	問9	A	応			
	問10	E	基			

労働者災害補償保険法（労働保険の保険料の徴収等に関する法律を含む。）	問題番号	解答	難易度	チェック欄 1回目	2回目	3回目
	問1	C	難			
	問2	A	応			
	問3	E	応			
	問4	A	基			
	問5	D	応			
	問6	B	基			
	問7	C	応			
	問8	D	応			
	問9	C	応			
	問10	D	応			

労務管理その他の労働及び社会保険に関する一般常識	問題番号	解答	難易度	チェック欄 1回目	2回目	3回目
	問1	A	難			
	問2	B	難			
	問3	C	難			
	問4	B	応			
	問5	E	応			
	問6	D	基			
	問7	B	応			
	問8	D	応			
	問9	C	基			
	問10	A	難			

問題番号	解答	難易度	チェック欄 1回目	2回目	3回目
問1	C	基			
問2	D	基			
問3	E	応			
問4	B	応			
問5	C	応			
問6	B	応			
問7	E	基			
問8	B	基			
問9	D	基			
問10	B	応			

健康保険法

問題番号	解答	難易度	チェック欄 1回目	2回目	3回目
問1	B	基			
問2	C	基			
問3	A	基			
問4	C	応			
問5	E	基			
問6	E	応			
問7	D	応			
問8	C	基			
問9	E	基			
問10	D	基			

国民年金法

問題番号	解答	難易度	チェック欄 1回目	2回目	3回目
問1	E	基			
問2	C	基			
問3	C	応			
問4	D	応			
問5	B	応			
問6	E	基			
問7	D	基			
問8	C	応			
問9	B	基			
問10	E	基			

厚生年金保険法

第2予想の択一式の目標得点は
48点です！
基本レベルの問題を
間違えた場合は、
必ず『社労士の教科書』に戻って
復習しましょう！

労働基準法及び労働安全衛生法

問 1　正解　D　　　　　　　　　　　　　　　　　　　難易度 応

出題の趣旨

総則等からの出題です。正解肢Dについては、労働関係の存在について、形式ではなく実態を見て判断するということを理解しておきましょう。また、Eは少し細かい論点となりますが、解答解説の内容をこれを機に押さえておきましょう。

解　答

A　〇　根拠　法1条1項、S22.9.13発基17号　　　　　教科書 Part 1 P 8

　設問の通り正しい。なお、標準家族の「範囲」についても、**その時その社会の一般通念**によって理解されるべきものであるとされている。

B　〇　根拠　法5条、S23.3.2基発381号　　　　　　教科書 Part 1 P10

　設問の通り正しい。詐欺の手段が用いられても、それは通常労働者は無意識の状態にあって**意思を抑圧されるものではない**から、必ずしもそれ自体としては本条に該当しないとされている。

C　〇　根拠　法116条2項、H11.3.31基発168号　　　教科書 Part 1 P15

　設問の通り正しい。なお、法人に雇われ、その役職員の家庭において、その家族の指揮命令の下で家事一般に従事している者は、労働基準法の適用が除外される「家事使用人」に該当する。「**指揮命令**」関係の所在に注意すること。

D　✕　根拠　法9条、S22.11.27基発400号　　　　　教科書 Part 1 P16

　配達部数に報酬を与えているのは、単に賃金の支払形態が請負制になっているだけであって、一般には新聞販売店と配達人との間には**使用従属関係**が存在し、配達人は労働基準法上の労働者である場合が通例とされている。したがって「労働基準法上の労働者であるとみることはない」とするのは誤りである。

E　〇　根拠　法10条　　　　　　　　　　　　　　　教科書 Part 1 P16、17

　設問の通り正しい。派遣労働者については、**派遣元**の使用者に労働基準法が適用されるが、労働者派遣法44条の特例により、派遣先の使用者についても労働基準法が適用される場合がある。この特例が適用されるのは、次のいずれにも該当する労働者派遣である。

　① 派遣元が労働基準法の適用事業の事業主であり、かつ、派遣される労働者が労働基

準法 9 条に規定する労働者であること

② 派遣先が事業又は事務所の事業主であること

②の「事業又は事務所」には、業として継続的に行われるものであれば、**労働基準法の適用事業のほか**、法116条 2 項により同法を適用しないこととされている同居の親族のみを使用している事業を含むものであるとされている。したがって、設問のような国等の事業（労働基準法の適用が実質的に全部又は一部除外されている事業）も含まれる。

問2　正解　C　難易度

出題の趣旨

労働契約等からの出題です。正解肢 C は頻出の論点ですので確実に判断できるようにしておきたいところです。なお、 E は令和 6 年 4 月施行の改正点となりますので、十分に注意しておきましょう。

解答

A　✕　根拠　法15条 1 項、則 5 条 1 項 1 号　教科書 Part 1 P21

「労働契約の期間に関する事項」は、**労働契約の期間の定めをしない場合**であっても、**その旨を明示**しなければならないので誤りである。

B　✕　根拠　法附則137条　教科書 Part 1 P24

設問は**満60歳以上の労働者**との間に締結される労働契約であることから、法附則137条は適用されない。契約期間の上限が **5 年**とされる労働契約や、**一定の事業の完了に必要な期間**を定める労働契約には、法附則137条は適用されない（法附則137条が適用されるのは、契約期間の上限が **3 年**とされる労働契約であって、その期間が 1 年を超えるものに限られる。）。

C　○　根拠　法16条、S22.9.13発基17号　教科書 Part 1 P25

設問の通り正しい。損害賠償の金額をあらかじめ約定せず、現実に生じた損害について賠償を請求することは、法16条が禁止するところではないとされている（法16条が**禁止**するのは**損害賠償額を予定する契約**である。）。

D　✕　根拠　法22条 4 項、S63.3.14基発150号　教科書 Part 1 P33

退職証明書に「**秘密の記号**」を記入することについては、設問の 4 つの事項に限定せず**禁止**されている。使用者は、あらかじめ第三者と謀り、労働者の就業を妨げることを目的

として、労働者の**国籍**、**信条**、**社会的身分**若しくは**労働組合運動**に関する**通信**をし、又は法22条１項及び２項の退職証明書に**秘密の記号**を記入してはならないとされており、「**通信**」については、この４つの事項に**限定して禁止**されている。

E　✕　根拠　法14条２項、R５厚労告114号　　教科書 Part 1 P34、35

使用者は、有期労働契約の締結後、当該有期労働契約の変更又は更新に際して、通算契約期間又は有期労働契約の更新回数について、上限を定め、又はこれを引き下げようとするときは、あらかじめ、その理由を労働者に**説明しなければならない**（義務）。

問3　正解　**B**　　　　　　　　　　　　難易度

出題の趣旨

賃金支払５原則の１つである全額払の原則に関係する最高裁判所の判例からの出題です。いずれも本試験では頻出の判例となっていますので、しっかりと確認しておきましょう。

解　答

A　○　根拠　法24条１項、最大判S36.5.31日本勧業経済会事件　　教科書 Part 1 P40

設問の通り正しい。なお、設問の判例では、「労働者の賃金は、労働者の生活を支える重要な財源で、日常必要とするものであるから、これを労働者に**確実に受領**させ、その**生活に不安のないようにする**ことは、労働政策の上から極めて必要なことであり、労働基準法24条１項が、賃金は同項但書の場合を除きその全額を直接労働者に支払わねばならない旨を規定しているのも、右にのべた趣旨を、その法意とするものというべきである」としている。

B　✕　根拠　法24条１項、最一小S44.12.18福島県教組事件　　教科書 Part 1 P40

最高裁判所の判例では、「過払のあった時期と賃金の清算調整の実を失わない程度に合理的に接着した時期においてされたものであれば、労働者の経済生活の安定をおびやかすおそれがない」とはしていないので誤りである。最高裁判所の判例では、適正な賃金の額を支払うための手段たる相殺は、法24条１項但書によって除外される場合にあたらなくても、**その行使の時期、方法、金額等からみて労働者の経済生活の安定との関係上不当と認められないもの**であれば、同項の禁止するところではないと解するのが相当であるとしており、また、この見地からすれば、許さるべき相殺は、過払のあった時期と賃金の清算調整の実を失わない程度に**合理的に接着した時期**においてされ、**また、**あらかじめ労働者

にそのことが**予告される**とか、その額が**多額にわたらない**とか、要は**労働者の経済生活の安定をおびやかすおそれのない場合**でなければならないものと解せられるとしている。

C ○　根拠　法24条1項、最二小H2.11.26日新製鋼事件

教科書 Part 1 P41

設問の通り正しい。設問の判例では、労働者が、使用者（会社の担当者）に対し借入金の残債務を退職金等で返済する手続を執ってくれるように自発的に依頼しており、委任状の作成、提出の過程においても強要にわたるような事情は全くうかがえないなどの諸点に照らすと、本件相殺における労働者の同意は、同人の**自由な意思**に基づいてされたものであると認めるに足りる**合理な理由が客観的に存在**していたものというべきであり、右事実関係の下において、本件相殺は法24条1項本文に違反するものではないとしている。

D ○　根拠　法24条1項、最二小S52.8.9三晃社事件

教科書 P-

設問の通り正しい。設問の判例では、この場合の退職金の定めは、制限違反の就職をしたことにより**勤務中の功労に対する評価が減殺**されて、退職金の権利そのものが一般の自己都合による退職の場合の半額の限度においてしか発生しないこととする趣旨であると解すべきであるから、右の定めは、その退職金が労働基準法上の賃金にあたるとしても、同法3条（均等待遇）、16条（賠償予定の禁止）、24条（賃金の支払）及び民法90条（公序良俗）等の規定にはなんら違反するものではないとしている。

E ○　根拠　法24条1項、最二小S48.1.19シンガー・ソーイング・メシーン事件

教科書 Part 1 P41

設問の通り正しい。なお、設問の判例では、右全額払の原則の趣旨とするところなどに鑑みれば、右意思表示の効力を肯定するには、それが上告人の**自由な意思**に基づくものであることが明確でなければならないものと解すべきであるとしている。

問4　正解　E　　　　　　　　　　　　　　　　　　難易度 基

出題の趣旨

正解肢Eの特殊勤務手当は、その危険作業に従事した日の「通常の労働日の賃金」と解され、割増賃金の計算の基礎に算入すべきものとなることを理解しておきましょう。これとは逆に、例えば、坑内係員が所定労働時間に坑内労働に従事した場合に支給される坑内手当について、当該坑内係員が所定労働時間外に坑内労働以外の労働に従事したときは、当該坑内手当は割増賃金の計算の基礎に算入しなくてよいことになります。

A ✕ **根拠** H11.3.31基発168号　　　　　　　　　教科書 Part 1 P49

設問の場合は、労働時間とは解されない。

B ✕ **根拠** 法40条、則25条の2,3項　　　　　　　　教科書 Part 1 P62、65

設問の事業場は1週間の法定労働時間が44時間とされるいわゆる**特例事業**であるが、清算期間を**1か月超3か月以内**とする**フレックスタイム制**を導入した場合のその清算期間として定められた期間を平均した1週間当たりの労働時間の上限は**40時間**となる。

C ✕ **根拠** H11.3.31基発168号　　　　　　　　　　教科書 Part 1 P62

1年単位の変形労働時間制は、**使用者が業務の都合によって任意に労働時間を変更することがない**ことを前提とした制度であるので、設問のように通常の業務の繁閑等を理由として休日振替が通常行われるような場合には、1年単位の変形労働時間制を**採用できない**。ただし、1年単位の変形労働時間制を採用した場合において、労働日の特定時には予期しない事情が生じ、やむを得ず休日の振替を行わなければならなくなることも考えられるが、そのような休日の振替までも認めない趣旨ではない（就業規則に休日の振替の規定を定めることや特定期間以外の対象期間の連続労働日数が6日以内となること、特定期間においては1週間に1日の休日が確保できる範囲内であることといった要件を満たす必要がある。）。

D ✕ **根拠** 法36条5項　　　　　　　　　　　　　　教科書 Part 1 P74

設問のいわゆる36協定の特別条項については、**1か月**について**労働時間を延長**して労働させ、及び**休日**において労働させることができる時間（法36条2項4号に関して協定した時間を含め**100時間未満**の範囲内に限る。）並びに**1年**について**労働時間を延長**して労働させることができる時間（同号に関して協定した時間を含め**720時間を超えない**範囲内に限る。）を定めることができるとされている（「1年」についての720時間以下の制限は、時間外労働のみであり、休日労働は含まない。）。

E ◯ **根拠** 法37条1項、S23.11.22基発1681号　　　教科書 Part 1 P79、80

設問の通り正しい。設問の危険作業手当は通常の労働日の賃金とは関係のない臨時的なものであるが、割増賃金の算定の基礎に算入しなければならない。

問5　正解　D（ア・イ・ウ・オの四つ）　難易度 応

出題の趣旨

専門業務型裁量労働制及び企画業務型裁量労働制に関する問題です。個数問題ですので、難易度は応用としましたが、いずれも令和6年4月施行の改正点で重要なものですので、確実に押さえておきたい内容です。

解答

ア ○　根拠　法38条の3,1項、則24条の2の2,3項1号　教科書 Part 1 P85、86

　設問の通り正しい。設問のほか、当該同意をしなかった当該労働者に対して**解雇その他不利益な取扱いをしてはならない**ことや当該同意の**撤回**に関する手続についても定めなければならない。

イ ○　根拠　法38条の3,1項、則24条の2の2,2項6号、R5厚労告115号

教科書 Part 1 P85

　設問の通り正しい。いわゆるM＆Aアドバイザリー業務である。

ウ ○　根拠　法38条の4,1項、則24条の2の3,3項1号　教科書 Part 1 P86、87

　設問の通り正しい。なお、労使委員会の運営規程にも「対象労働者に適用される評価制度及びこれに対応する賃金制度の内容の使用者からの説明に関する事項」が定められていなければならない。

エ ✕　根拠　法38条の4,4項、則24条の2の5,1項　教科書 Part 1 P87

　「6か月以内ごとに1回」ではなく、「6か月以内に1回、**及びその後1年以内ごとに1回**」である。なお、報告事項（設問中の「同項第4号に規定する措置の実施状況」）は、①「対象労働者の**労働時間の状況**」、②「対象労働者の**健康及び福祉を確保するための措置の実施状況**」、③「対象労働者本人の**同意**及びその**撤回**の実施状況」である。

オ ○　根拠　則24条の2の4,1項　教科書 Part 1 P58

　設問の通り正しい。なお、使用者は、指名された委員が労使委員会の決議等に関する事務を**円滑に遂行**することができるよう**必要な配慮**を行わなければならないとされている。

出題の趣旨

妊産婦等の保護規定に関する問題です。Dに関しては、労働時間等の規定の適用が除外される法41条該当者についても時間外・休日労働の制限の規定が適用されませんので注意しましょう。

解 答

A ✕ **根拠** 法64条の2 　　　　　　　　　　　　　　　　教科書 Part 1 P105

坑内で行われるすべての業務について制限されるのは、「**妊娠中の女性及び坑内で行われる業務に従事しない旨を使用者に申し出た産後1年を経過しない女性**」である。

B ◯ **根拠** 法64条の3、女性則2条1号 　　　　　　　　　教科書 Part 1 P106

設問の通り正しい。使用者は、女性を**断続作業の場合は30キログラム以上**、**継続作業の場合は20キログラム以上**の重量物を取り扱う業務に就かせてはならない。女性労働基準規則2条1号では、次の表の左欄に掲げる年齢の区分に応じ、それぞれ同表の右欄に掲げる重量以上の重量物を取り扱う業務に女性を就かせてはならないと定めている。

年齢	重　量（単位　キログラム）	
	断続作業の場合	継続作業の場合
満16歳未満	12	8
満16歳以上満18歳未満	25	15
満18歳以上	30	20

C ◯ **根拠** 法65条3項、S61.3.20基発151号、婦発69号 　　教科書 Part 1 P103

設問の通り正しい。他の軽易な業務への転換の規定は、他に軽易な業務がない場合に**新たに軽易な業務を創設してまで与える義務はない**ものとされている。

D ◯ **根拠** 法66条2項、R元.7.12基発0712第2号・雇均発0712第2号

　　　　　　　　　　　　　　　　　　　　　　　　　　　教科書 Part 1 P103、104

設問の通り正しい。なお、法66条1項の**変形労働時間制**（フレックスタイム制を除く。）**の制限**についても**同様**である。

E ◯ **根拠** 法68条、S63.3.14基発150号、婦発47号 　　　　教科書 Part 1 P104

設問の通り正しい。なお、判例（最三小S60.7.16エヌ・ビー・シー工業事件）では、

使用者が、労働協約又は労働者との合意により、労働者が生理休暇を取得しそれが欠勤扱いとされることによって何らかの形で経済的利益を得られない結果となるような措置ないし制度を設けたときには、その内容いかんによっては生理休暇の取得が事実上抑制される場合も起こりうるが、労働基準法68条の趣旨に照らすと、このような措置ないし制度は、その趣旨、目的、労働者が失う経済的利益の程度、生理休暇の取得に対する事実上の抑止力の強弱等諸般の事情を総合して、生理休暇の取得を著しく困難とし同法が**女子労働者の保護を目的として生理休暇について特に規定を設けた趣旨を失わせるものと認められるのでない限り**、これを同条に違反するものとすることはできないというべきであるとしている。

問7　正解　D　　　　　　　　　　　　　難易度 応

出題の趣旨

Aについては、年次有給休暇の比例付与日数を覚えていないと難しいと思うかもしれませんが、算出方法を押さえておけば対応できます。また、正解肢Dは判例からの出題となりますが、付加金の性質についてしっかりと押さえておきましょう。

解答

A ✕　根拠　法39条3項、則24条の3　　　　　　　 Part 1 P92、93

「8日」ではなく、「9日」である。設問の者は、1週間の所定労働時間が30時間未満で1週間の所定労働日数が4日以下であることから、比例付与の対象者となる。雇入れの日から2年6か月継続勤務していることから、通常の労働者であれば「12日」の年次有給休暇が付与されるが、比例付与の対象となる労働者には、通常の労働者の1週間の所定労働日数として厚生労働省令で定める日数（**5.2日**）と、当該比例付与対象労働者の1週間の所定労働日数との比率によって計算された日数の年次有給休暇を与えなければならない。

$$12 \times \frac{4}{5.2} = 9.230 \cdots \text{（1未満の端数切捨て）}$$

したがって、設問の労働者には「9日」の年次有給休暇を与えなければならない。

B ✕　根拠　法89条6号　　　　　　　　　　　　　 Part 1 P110

法89条6号では「安全及び衛生に関する定めをする場合においては、これに関する事

項」と規定しており、**安全及び衛生に関する事項は相対的必要記載事項**である。

C ✕ 根拠 法91条、S26.3.31基収938号 Part 1 P111

設問の昇給停止は、法91条の減給の制裁には該当しない。

D ◯ 根拠 法114条、最二小S35.3.11細谷服装事件 Part 1 P116

設問の通り正しい。法114条の付加金の制度は、主として予告手当等に関する本条違反に対する一種の制裁たる性質を有するとともに、これによって予告手当等の**支払を確保**しようとするものであるから、本条所定の違反があっても、既に全額の支払を完了し、使用者の義務違反の状態が消滅した後においては、労働者は付加金の支払請求はできず、裁判所もその支払を命ずることができないと解するのが相当であるとされている。

E ✕ 根拠 法106条1項 Part 1 P114、115

「就業規則及び労働基準法に規定する労使協定並びに労使委員会決議」については、「要旨」ではなくその「全て」を周知させなければならない。「この法律（労働基準法）及びこれに基づく命令の要旨」と混同しないこと。なお、周知すべき労使協定については、必ずしも労使協定そのもの又は複写物でなくてもよいが、当該協定の内容を**網羅的**に周知するべきものと考えられている。

問8 正解 D 難易度 応

出題の趣旨

安全衛生管理体制に関する問題です。事例形式であることから、難易度を応用としましたが、問われている論点は基本的なものです。問題演習を通じて、実際の事例に即して判断できる力を養っておきましょう。なお、設問とは直接関係ありませんが、安全管理者については、衛生管理者のように選任すべき人数について一般的な規定は設けられていません。また、常時500人を超える労働者を使用し、かつ、一定の有害業務に常時30人以上の労働者を従事させる事業場では少なくとも1人を専任の衛生管理者としなければならないとされ、この「一定の有害業務」に設問の「著しく暑熱な場所における業務」が該当しますが、従事する労働者数が「常時30人以上」には該当しません。

解 答

A ✕ 根拠 則4条1項2号 Part 1 P134

安全管理者は、その事業場に専属の者を選任しなければならないが、**2人以上の安全管**

理者を選任する場合において、当該安全管理者の中に**労働安全コンサルタント**がいるときは、当該労働安全コンサルタントのうち**1人**については、この限りでない（専属の者でなくてもよい。）とされている。設問の場合、専属でない者は1人であり、そのものは労働安全コンサルタントであるので、法令違反ではない。

B　×　根拠　則4条1項4号

教科書 Part 1 P134

鉄鋼業の事業場では、常時**1,000人以上**の労働者を使用する場合に、安全管理者のうち少なくとも1人を専任の安全管理者としなければならない。設問の場合、常時使用する労働者数は800人であることから、法令違反ではない。

C　×　根拠　則7条1項4号

教科書 Part 1 P135

常時**500人を超え1,000人以下**の労働者を使用する事業場では、3人以上の衛生管理者を選任しなければならないとされており、設問の場合、常時使用する労働者数は800人であることから、法令違反ではない。

D　○　根拠　則7条1項3号

教科書 Part 1 P135

設問の通り正しい。鉄鋼業は**製造業**であり、第2種衛生管理者免許のみを有する者を衛生管理者として選任することはできないので法令違反である。農林畜水産業、鉱業、建設業、製造業（物の加工業を含む。）、電気業、ガス業、水道業、熱供給業、運送業、自動車整備業、機械修理業、医療業及び清掃業の事業場では、第1種衛生管理者免許若しくは衛生工学衛生管理者免許を有する者又は則10条各号に掲げる者（医師、歯科医師、労働衛生コンサルタント等）から選任しなければならない。

E　×　根拠　則13条1項3号

教科書 Part 1 P138

専属の産業医の選任を要するのは、「**常時1,000人以上**の労働者を使用する事業場」又は「**一定の有害業務**に、**常時500人以上**の労働者を従事させる事業場」であり、設問の場合はこのいずれにも該当しないことから、法令違反ではない（設問の「深夜業を含む業務」及び「著しく暑熱な場所における業務」はこの「一定の有害業務」に該当するが、どちらも従事する労働者数が「常時500人以上」には該当しない。）。

問9　正解　A　　　　　　　　　　難易度　応

出題の趣旨

令和4年の改正から段階的に施行されている新たな化学物質規制に関する問題です。B以外は令和6年4月施行分が論点となっており、同時期に施行される他の内容についても本

模試の第１回選択式及び択一式で取り扱っていますので、これらの問題演習を活用して、法改正内容を押さえおきましょう。

解 答

A ✕ 根拠 法57条１項、則33条　　　　　　　　教科書 Part 1 P165、166

法57条１項の表示対象物質の表示事項として厚生労働省令で定める事項は「表示をする者の氏名（法人にあっては、その名称）、住所及び電話番号」「注意喚起語」「安定性及び反応性」であって、「想定される用途及び当該用途における使用上の注意」は定められていない。なお、法57条の２の**通知対象物**の通知事項として厚生労働省令で定める事項に、令和６年４月から「想定される用途及び当該用途における使用上の注意」が追加されている。

B ○ 根拠 則577条の2,1項　　　　　　　　　　教科書 Part 1 P167

設問の通り正しい。なお、事業者は、リスクアセスメント対象物のうち、**一定程度のばく露に抑える**ことにより、労働者に**健康障害を生ずるおそれがない物**として厚生労働大臣が定めるもの（**濃度基準値設定物質**）を製造し、又は取り扱う業務（主として一般消費者の生活の用に供される製品に係るものを除く。）を行う屋内作業場においては、当該業務に従事する労働者がこれらの物にばく露される程度を、**厚生労働大臣が定める濃度の基準以下**としなければならないとされている。

C ○ 根拠 則577条の2,3項　　　　　　　　　　教科書 Part 1 P167

設問の通り正しい。なお、事業者は、**濃度基準値設定物質**を製造し、又は取り扱う業務に従事する労働者が、厚生労働大臣が定める**濃度の基準を超えて**リスクアセスメント対象物にばく露した**おそれ**があるときは、**速やかに**、当該労働者に対し、**医師又は歯科医師**が必要と認める項目について、医師又は歯科医師による健康診断を行わなければならないとされている。

D ○ 根拠 則12条の6,1項　　　　　　　　　　教科書 Part 1 P168

設問の通り正しい。なお、「労働安全衛生規則に定める所定の事項」とは、①「保護具の**適正な選択**に関すること」、②「労働者の保護具の**適正な使用**に関すること」及び③「保護具の**保守管理**に関すること」である。

E ○ 根拠 則34条の２の10,1項　　　　　　　　教科書 Part 1 P168

設問の通り正しい。化学物質による労働災害が発生した事業場等における化学物質管理の改善措置は、次のように規定されている（①が設問の内容である。）。

①	労働基準監督署長は、化学物質による労働災害が発生した、又はそのおそれがある事業場の事業者に対し、当該事業場において化学物質の管理が適切に行われていない疑いがあると認めるときは、当該事業場における化学物質の管理の状況について、改善すべき旨を指示することができる。
②	①の指示を受けた事業者は、遅滞なく、化学物質管理専門家（事業場の化学物質の管理の状況について必要な知識及び技能を有する者として厚生労働大臣が定めるものをいう。）から、当該事業場における化学物質の管理の状況についての確認及び当該事業場が実施し得る望ましい改善措置に関する助言を受けなければならない。
③	②の確認及び助言を求められた化学物質管理専門家は、事業者に対し、確認後速やかに、当該確認した内容及び当該事業場が実施し得る望ましい改善措置に関する助言を、書面により通知しなければならない。
④	事業者は、③の通知を受けた後、1月以内に、当該通知の内容を踏まえた改善措置を実施するための計画を作成するとともに、当該計画作成後、速やかに、当該計画に従い改善措置を実施しなければならない。
⑤	事業者は、④の計画を作成後、遅滞なく、当該計画の内容について、③の通知及び当該計画の写しを添えて、改善計画報告書により所轄労働基準監督署長に報告しなければならない。
⑥	事業者は、④の計画に基づき実施した改善措置の記録を作成し、当該記録について、③の通知及び当該計画とともにこれらを3年間保存しなければならない。

問10　正解　B　　　　　　　　　　　　　難易度 応

出題の趣旨

作業主任者の資格に係る問題です。正解肢Bは、過去の本試験でも論点となったことがあるものですので、注意しておきたい内容です。なお、「免許」と「技能講習修了」で比較すると、「免許」のほうが数が少なく、設問のA～Dのほか、「ガンマ線透過写真撮影作業主任者免許」などを押さえておくとよいでしょう。

解答

根拠　法14条、則16条1項、則別表第1　　　　　　教科書 Part 1 P140

　法14条では、「事業者は、高圧室内作業その他の労働災害を防止するための管理を必要とする作業で、政令で定めるものについては、**都道府県労働局長の免許を受けた者又は都道府県労働局長の登録を受けた者が行う技能講習を修了した者**のうちから、厚生労働省令

で定めるところにより、当該作業の区分に応じて、作業主任者を選任し、その者に当該作業に従事する労働者の指揮その他の厚生労働省令で定める事項を行わせなければならない。」と規定しており、作業の区分に応じて「免許」又は「技能講習修了」が定められている。高圧室内作業主任者は、**高圧室内作業主任者免許**を受けた者から選任しなければならないとされていることから、**B**が正解（誤り）となる。

労働者災害補償保険法（労働保険の保険料の徴収等に関する法律を含む。）

問1 正解　**C**　　　　　　　　　　　　　　　　　　難易度

出題の趣旨

心理的負荷による精神障害の認定基準からの出題です。令和5年9月1日に大きく改正されており、A、C〜Eは改正点からの出題となります。また、Bも、解答解説の2段落目（「また」以降）が改正点となりますので、しっかりと押さえておきましょう。

解答

A ✕ 根拠 R5.9.1基発0901第2号　　　　　　　　📖 Part 1 P216

「3か月」ではなく、「**6か月**」である。なお、ハラスメントやいじめのように出来事が繰り返されるものについては、繰り返される出来事を一体のものとして評価することとなるので、発病の6か月よりも前にそれが開始されている場合でも、発病前おおむね6か月の期間にも継続しているときは、開始時からのすべての行為を評価の対象とするとされている。

B ✕ 根拠 R5.9.1基発0901第2号　　　　　　　　📖 P-

　業務起因性が認められない精神障害の悪化の前に強い心理的負荷となる業務による出来事が認められても、直ちにそれが当該悪化の原因であると判断することはできないとされているが、「業務による心理的負荷評価表」の**特別な出来事**があり、その後おおむね**6か月以内**に対象疾病が**自然経過を超えて著しく悪化した**と**医学的に認められる**場合には、当該特別な出来事による心理的負荷が悪化の原因であると推認し、悪化した部分について業務起因性を認めるとされている。

　また、特別な出来事がなくとも、悪化の前に**業務による強い心理的負荷**が認められる場合には、当該業務による強い心理的負荷、本人の個体側要因（悪化前の精神障害の状況）と業務以外の心理的負荷、悪化の態様やこれに至る経緯（悪化後の症状やその程度、出来事と悪化との近接性、発病から悪化までの期間など）等を十分に検討し、業務による強い心理的負荷によって精神障害が**自然経過を超えて著しく悪化**したものと**精神医学的に判断される**ときには、悪化した部分について業務起因性を認めるとされている。

C ○ 根拠 R5.9.1基発0901第2号　　　　　　　　📖 P-

　設問の通り正しい。なお、項目19「**雇用形態や国籍、性別等**を理由に、**不利益な処遇**

等を受けた」や項目23「**同僚等**から、**暴行又はひどいいじめ・嫌がらせを受けた**」においても、性的指向・性自認に関する差別やいじめ等が含まれる。

D ✕ **根拠** R5.9.1基発0901第2号 📖教科書 P-

設問の場合の心理的負荷の強度は「**中**」と判断される。なお、「顧客や取引先、施設利用者等から、威圧的な言動などその態様や手段が社会通念に照らして許容される範囲を超える著しい迷惑行為を、**反復・継続するなどして執拗に受けた**」場合には「**強**」と判断される。

E ✕ **根拠** R5.9.1基発0901第2号 📖教科書 P-

設問の場合の心理的負荷の強度は「**中**」と判断される。なお、項目14「**感染症等の病気や事故の危険性が高い業務に従事した**」においては、「**重篤ではない感染症等**の病気や事故の危険性がある業務に従事した」場合や「感染症等の病気や事故の危険性がある業務ではあるが、**防護等の対策の負担は大きいものではなかった**」場合に「**弱**」と、「**新興感染症の感染の危険性が高い業務等に急遽従事**することとなり、防護対策も試行錯誤しながら実施する中で、施設内における感染等の**被害拡大**も生じ、**死の恐怖等**を感じつつ業務を継続した」場合に「**強**」と判断される。

問2　正解　**A**　　　　　　　　難易度 ㊤

出題の趣旨

通勤災害の認定に関する具体的な事例の問題です。通勤の経路と判断する要素の一つに「不特定多数の者の通行が予定されている」かどうかという視点があります。Bは令和4年の本試験択一式でも出題されており、同じ年の問題では、一戸建ての家に居住している労働者が、自宅の門をくぐって玄関先の石段で転倒し負傷した場合、通勤災害に当たらない（自宅の門から玄関までは不特定多数の者の通行が予定されていない）ことが出題されています。

解答

A ✕ **根拠** S51.2.17基収252号の2 Part 1 P218、219

本件雑居ビルは、共用玄関について「維持管理は入居者の負担により行われることが了解され、不特定の者の出入りは少ない」とあることから、当該ドアも入居者（会社）の建設管理下にあるものと認めることが妥当であると考えられ、したがって「**就業の場所**」と

解されることから、通勤の経路（住居と就業の場所との間の往復）途上での災害とは認められない。

B ○ **根拠** S49.4.9基収314号 教科書 Part 1 P218、219

　設問の通り正しい。本件については、労働者Bが居住するアパートの自室の外戸が住居と通勤経路の境界となり、当該アパートの階段は、**通勤の経路**と認められる。

C ○ **根拠** S52.12.23基収1027号 教科書 Part 1 P218、219

　設問の通り正しい。設問の場合の長女宅は労働者Cにとっての就業の拠点、つまり「**住居**」と認められる。また、保育所に夫婦の子を送るためにとる経路は、就業のために取らざるを得ない経路であり、「**合理的な経路**」と認められる。

D ○ **根拠** S49.11.27基収3051号 教科書 Part 1 P221、222

　設問の通り正しい。本件書店に立ち寄った行為は「**日常生活上必要な行為**であって厚生労働省令で定めるものを**やむを得ない**事由により行うための**最小限度のもの**」と認められるが、その後の写真展の見学はこれとは認められず、本件災害は通勤経路の逸脱後に生じたものであるから、通勤災害とは認められない。

E ○ **根拠** S50.6.9基収4039号 教科書 Part 1 P222

　設問の通り正しい。設問の通勤途中に発生した急性心不全は、「通勤による**負傷に起因する疾病その他通勤に起因することの明らかな疾病**」には当たらず、「**通勤に通常伴う危険が具現化したもの**」とは認められない。

問3　正解　E　　　　　　　　　　　　　　　　　難易度

出題の趣旨

Cが少し細かい内容となりますが、正解肢Eは基本事項となりますので、正解したい問題です。なお、Aは法12条の8，1項が「業務災害に関する保険給付（傷病補償年金及び介護補償給付を除く。）は、労働基準法に規定する災害補償の事由又は船員法に規定する災害補償の事由が生じた場合に、補償を受けるべき労働者若しくは遺族又は葬祭を行う者に対し、その請求に基づいて行う。」と規定していることと混同された方も多かったかもしれません。本条が「傷病補償年金及び介護補償給付を除く」としているのは、労基法や船員法には傷病補償年金及び介護補償給付に「直接」対応する災害補償がないことに加え、「傷病補償年金」は労働者の「請求」に基づいて行われるものではないからです。Aは同

趣旨の出題が過去に本試験でありましたので、念のため注意しておきましょう。

解　答

A　×　根拠　法12条の8、19条　　　　　　　　　　　　教科書 Part 1 P231、233

「療養補償給付、休業補償給付、障害補償給付、遺族補償給付及び葬祭料」に加え「**傷病補償年金**」も労働基準法に規定する災害補償の事由に関連する保険給付である。法19条では「業務上負傷し、又は疾病にかかった労働者が、当該負傷又は疾病に係る療養の開始後3年を経過した日において傷病補償年金を受けている場合又は同日後において傷病補償年金を受けることとなった場合には、労働基準法19条1項の規定の適用については、当該使用者は、それぞれ、当該3年を経過した日又は傷病補償年金を受けることとなった日において、同法81条の規定により打切補償を支払ったものとみなす。」と規定しており、傷病補償年金は、労働基準法の災害補償のひとつである「**打切補償**」に関連がある。

B　×　根拠　法47条の2　　　　　　　　　　　　　　　教科書 Part 1 P231

「**遺族補償年金、複数事業労働者遺族年金又は遺族年金の額の算定の基礎となる者**」にも、その指定する医師の診断を受けるべきことを命ずることができる。行政庁は、保険給付に関して必要があると認めるときは、保険給付を受け、又は受けようとする者（遺族補償年金、複数事業労働者遺族年金又は遺族年金の額の算定の基礎となる者を含む。）に対し、その指定する医師の診断を受けるべきことを命ずることができるとされている。

C　×　根拠　法47条　　　　　　　　　　　　　　　　　教科書 P-

行政庁は、保険給付の原因である事故を発生させた**第三者**（派遣先の事業主及び船員派遣の役務の提供を受ける者を**除く**。）に対して、労災保険法の施行に関し必要な**報告、届出、文書**その他の物件の**提出**を命ずることができるが、「**出頭**」を命ずることはできないので誤りである。なお、「**派遣先の事業主及び船員派遣の役務の提供を受ける者**」については、法46条により、労災保険法の施行に関し必要な**報告、文書の提出又は出頭**を命ずることができる。

D　×　根拠　法12条の5,2項　　　　　　　　　　　　教科書 Part 1 P263

「年金たる保険給付を受ける権利を別に法律の定めるところにより担保に供する場合は、この限りでない」という例外規定は設けられていない。

E　○　根拠　法10条　　　　　　　　　　　　　　　　教科書 Part 1 P262

設問の通り正しい。**船舶が沈没し、転覆し、滅失し、若しくは行方不明**となった際現にその船舶に乗っていた労働者若しくは船舶に乗っていてその船舶の航行中に行方不明とな

った労働者の生死が**3か月**間わからない場合又はこれらの労働者の死亡が**3か月**以内に明らかとなり、かつ、その死亡の時期がわからない場合には、**遺族補償給付、葬祭料、遺族給付及び葬祭給付**の支給に関する規定の適用については、その船舶が沈没し、転覆し、滅失し、若しくは行方不明となった**日**又は労働者が行方不明となった**日**に、当該労働者は、死亡したものと**推定する**とされている。

問4　正解　A　難易度 基

出題の趣旨

保険給付に関する問題です。正解肢Ａについては、第１予想の問４Ａの場合とよく比較をしておきましょう。

解答

A　✕　根拠　法14条１項、R3.3.18基管発0318第１号他　　　教科書 Part 1 P237

　設問の場合は、労働不能部分に対して「平均賃金の60％**未満の金額しか受けない日**」に該当することから、「賃金を受けない日」として休業補償給付が支給されるが、「**部分算定日**」の取扱いとなることから、「(10,000円－5,000円)×100分の60（**給付基礎日額から実際に支払われた賃金を控除した額の100分の60**）」と計算され、支給される休業補償給付の額は「3,000円」となる。

B　○　根拠　則13条１項５号、２項　　　教科書 P-

　設問の通り正しい。複数事業労働者の給付基礎日額は、**非災害発生事業場における平均賃金相当額もその算定対象となる**ため、平均賃金相当額に関する事項については、休業補償給付のほか、障害補償給付、遺族補償給付、葬祭料の請求に当たっても、災害が発生した事業場の事業主のほか、非災害発生事業場の事業主の証明が必要となる。

C　○　根拠　則18条の2,2項　　　教科書 Part 1 P239

　設問の通り正しい。設問の届書は、いわゆる「**傷病の状態等に関する届**」である。なお、傷病補償年金の支給決定を行うため必要があると認めるときも、当該届を提出させるものとされている。

D　○　根拠　則14条３項他　　　教科書 Part 1 P243

　設問の通り正しい。併合繰上げにより繰り上げた障害等級が第８級以下で、①「併合繰上げにより繰り上げた障害等級に応ずる障害補償給付の額」が②「各障害の該当する障害

等級に応ずる障害補償給付の額の**合算額**」を**上回る**ときは、②の額を障害補償給付の額とする。この規定の該当するのは、設問のように第9級と第13級の場合であり、併合繰上げにより第8級（給付基礎日額の503日分）となるが、第9級（給付基礎日額の391日分）と第13級（給付基礎日額の101日分）を合算すると給付基礎日額の492日分となるため、当該合算額が支給される。

E ○ 根拠 法附則58条3項 ［教科書］Part 1 P291、292

設問の通り正しい。なお、設問の場合の起算日（これを行使することができる時）は、「障害補償年金の受給権者が**死亡**した日の**翌日**」である。

問5　正解　D　　　　　　　　　　　　　　　難易度 ⑤

出題の趣旨

遺族補償給付に関する事例問題です。遺族の範囲及び順序、年金額、失権、転給、遺族補償一時金の支給要件などの諸規定について、具体的事例の中で考えても正しい解答が導けるよう、しっかりと復習しておきましょう。

解答

A ○ 根拠 法16条の2,1項、3項、16条の3,1項、別表第1、(40)法附則43条1項
［教科書］Part 1 P251 ～ 253

設問の通り正しい。設問の場合、妻は労働者の死亡の当時、その収入によって生計を維持していなかったことから遺族補償年金の遺族の範囲に属しない。したがって、子が受給権者となる。また、母は労働者の死亡の当時55歳であるから遺族の範囲には属するが、**60歳に達するまでは遺族補償年金の額の計算の基礎とはならない**。したがって、遺族補償年金の額の計算の基礎となる遺族の数は**2人**（子と父）となり、受給権者である子に対する支給額は、給付基礎日額の201日分となる。

B ○ 根拠 法16条の2,1項、3項、16条の3,3項、16条の4,1項5号、別表第1、
(40)法附則43条1項 ［教科書］Part 1 P251 ～ 255

設問の通り正しい。設問の場合、**A**の解説のとおり最初に遺族補償年金の受給権者となるのは16歳の子であるが、母が60歳に達する5年後には、当該子は18歳に達した日以後の最初の3月31日が終了したことにより既に失権しており、その後は次順位者の父が受給権者となる（**転給**）。また、母は、**A**の解説のとおり60歳に達したときに遺族補償年金

の額の計算の基礎となる。したがって、母が60歳に達した月の**翌月**から、父に支給されるべき遺族補償年金の額が改定されることとなる。

C ○ 根拠 法16条の2,1項、3項、16条の4,1項1号、5号、(40)法附則43条

教科書 Part 1 P251～255

設問の通り正しい。「労働者の死亡から3年後」であるので、最初に遺族補償年金の受給権者であった16歳の子は既に失権しており、遺族補償年金は父に転給されている。設問は当該父が死亡した場合であるので、その次順位者である母が遺族補償年金の受給権者となるが、このとき母はまだ58歳であり、60歳に達する月までの間、その支給が停止されることとなる。

解答編
第2予想
択一式

D × 根拠 法16条の2,1項、16条の3,1項、別表第1

教科書 Part 1 P251、252

遺族補償年金の額は、遺族補償年金の**受給権者**及び当該**受給権者と生計を同じくしている遺族補償年金の受給資格者**（55歳以上60歳未満で障害状態にない夫、父母、祖父母及び兄弟姉妹を除く。）の人数に応じて定められているが、労働者の死亡の当時その収入によって**生計を維持していなかった妻は、遺族補償年金の受給権者及び受給資格者のいずれにも該当せず**、その後に受給権者である遺族と生計を同じくした場合であっても、遺族補償年金の額は改定されない。

E ○ 根拠 法16条の6,1項2号、16条の7

教科書 Part 1 P256、257

設問の通り正しい。遺族補償年金の受給権者がすべて失権し、かつ、既に支給された遺族補償年金の額及び遺族補償年金前払一時金の額が給付基礎日額の1,000日分に満たないときは、給付基礎日額の1,000日分から既に支給された遺族補償年金の額及び遺族補償年金前払一時金の額を所定の方法により合計した額を控除した額の遺族補償一時金が妻に支給される。遺族補償一時金を受けることができる遺族のうち、**配偶者は生計維持要件を問われずに最先順位者**となる。

問6　正解　B　　　　　　　難易度

出題の趣旨

社会復帰促進等事業に関する問題です。Aや正解肢Bなどは少々細かい論点ですが、近年の本試験において社会復帰促進等事業に関する出題は少なくありませんので、判断できるようにしておきたい内容です。また、特別支給金については、保険給付との共通点と相違点に注意しておきましょう。

A ✕ 根拠 則26条1項　　　　　　　　　　　　教科書 Part 1 P274

　社会復帰促進等事業としての外科後処置は、**障害補償給付、複数事業労働者障害給付**若しくは**障害給付**の支給の決定を受けた者又はこれらの者に類するものとして厚生労働省労働基準局長が定める者に対して行われる。外科後処置は、傷病が**治ゆ**した後において行われる医療の給付（義肢装着のための再手術、顔面醜状の整形手術等）である。

B ◯ 根拠 則35条2項　　　　　　　　　　　　教科書 Part 1 P275

　設問の通り正しい。休業補償特別援護金は、事業場廃止等により、休業補償給付の待期期間中に、**労働基準法の規定による休業補償を受けることができない労働者**に対して、休業補償給付の**3日分相当額**を支給する制度である。

C ✕ 根拠 支給金則6条1項　　　　　　　　　　教科書 Part 1 P277

　「特別給与」は、労働基準法12条4項の**3か月を超える**期間ごとに支払われる賃金をいう（「臨時に支払われた賃金」は特別給与の額に含まれない。）。

D ✕ 根拠 支給金則13条2項　　　　　　　　　　教科書 Part 1 P280

　遺族特別年金は、遺族（補償）等年金の支給を停止すべき事由が生じたときは、その事由が生じた月の翌月からその事由が消滅した月までの間は支給しないとされているが、遺族（補償）等年金前払一時金が支給されたことにより遺族（補償）等年金の支給を停止する場合〔各月に支給されるべき遺族（補償）等年金の額の合計額が厚生労働省令で定める算定方法に従い当該遺族（補償）等年金前払一時金の額に達するまでの間支給停止する場合〕には、この限りでないとされている。なぜならば、**特別支給金には前払一時金の制度がないからである。**

E ✕ 根拠 支給金則20条　　　　　　　　　　　　教科書 Part 1 P280

　特別支給金は事業主からの**費用徴収の対象とならない**。

問7　正解　C　　　　　　　　　　　　　　　　難易度 応

出題の趣旨

二次健康診断等給付に関する問題です。正解肢Cは非常に細かい内容ですので、確実に正しいと判断できなくても構いませんが、その他の肢は誤りと判断できるようにしておきたいところです。Aについて、あくまでも二次健康診断等給付は脳・心臓疾患を「予防」す

るためのものであることに留意しておきましょう。また、Ｅについて、二次健康診断の事後措置は労働安全衛生法の規定が準用されていることを教科書で確認しておきましょう。

解 答

A ✕ 根拠 法26条１項　　　　　　　　　　　　　　　　　　　　教科書 Part 1 P258

「既に脳血管疾患又は心臓疾患の症状を**有する**と認められる」場合には、二次健康診断等給付は**行われない**。なお、一次健康診断の「厚生労働省令で定める」検査項目は、次のとおりである。

① **血圧の測定**

② **低比重リポ蛋白コレステロール（ＬＤＬコレステロール）、高比重リポ蛋白コレステロール（ＨＤＬコレステロール）又は血清トリグリセライドの量の検査（血中脂質検査）**

③ **血糖検査**

④ **腹囲の検査又はＢＭＩ**〔体重(kg)／身長(m)²〕の測定

B ✕ 根拠 法26条２項１号　　　　　　　　　　　　　　　　　　教科書 Part 1 P258

「一次健康診断ごとに１回」ではなく、「**１年度につき１回**」である。なお、特定保健指導は「**二次健康診断ごとに１回**」に限られる。

C ◯ 根拠 則18条の16,2項３号　　　　　　　　　　　　　　　　　教科書 P-

設問の通り正しい。二次健康診断の検査項目は、次のとおりとされている（**A**の解答解説に記載した一次健康診断の厚生労働省令で定める検査の項目と比較しておきたい。）。

① **空腹時の低比重リポ蛋白コレステロール（ＬＤＬコレステロール）、高比重リポ蛋白コレステロール（ＨＤＬコレステロール）及び血清トリグリセライドの量の検査**

② **空腹時の血中グルコースの量の検査**

③ **ヘモグロビンＡ１ｃ検査**（一次健康診断において当該検査を行った場合を除く。）

④ **負荷心電図検査又は胸部超音波検査**

⑤ **頸超音波検査**

⑥ **微量アルブミン尿検査**〔一次健康診断における尿中の蛋白の有無の検査において疑陽性（±）又は弱陽性（＋）の所見があると診断された場合に限る。〕

D ✕ 根拠 法26条２項２号、H13.3.30基発233号　　　　　　　　教科書 Part 1 P258

「医師又は歯科医師」ではなく、「**医師又は保健師**」、また、「栄養指導、運動指導又は生活指導のいずれか」ではなく、「**栄養指導、運動指導及び生活指導の全て**」である。

E ✕ **根拠** 法27条、則18条の18、H13.3.30基発233号 **教科書** Part 1 P192

「二次健康診断の項目に異常の所見があると診断されているか否かにかかわらず」が誤りである。二次健康診断等給付を受けた労働者から当該二次健康診断の結果を証明する書面の提出を受けた事業者（労働安全衛生法に規定する事業者をいう。）は、同法の健康診断及び二次健康診断の結果（当該健康診断の項目に**異常の所見**があると診断された労働者に係るものに**限る**。）に基づき、当該労働者の健康を保持するために必要な措置について、医師の意見を聞かなければならないとされている。なお、労働者からの当該二次健康診断の結果を証明する書面の提出は、当該**二次健康診断の実施の日**から**3か月**以内、医師の意見聴取は当該**二次健康診断の結果を証明する書面**が提出された日から**2か月**以内に行わなければならない。

問8　正解　D（ア・イ・ウ・エの四つ）　難易度

出題の趣旨

徴収法における賃金及び賃金総額への算入の可否について判断する問題です。エの私傷病休業中の手当金については、賃金と解される場合もあり、少し難しいのですが、設問の場合はあくまでも「恩恵的」に支給する見舞金に相当するものと考えれば、賃金とは認められないことが理解できるかと思います。

解　答

ア ✕ **根拠** 法2条2項、11条2項、S25.12.27基収3432号 **教科書** Part 1 P420

「その額が平均賃金の100分の60を超える場合の当該**超える**額」についても賃金とは解されず、したがって、一般保険料の算定の基礎となる賃金総額には**算入しない**。

イ ✕ **根拠** 法2条2項、11条2項、H15.10.1基徴発1001001号 **教科書** Part 1 P420

退職を事由として支払われる退職金であって、**退職時に支払われるもの**又は**事業主の都合**により**退職前に一時金**として支払われるものは、一般保険料の算定の基礎となる賃金総額に**算入しない**。なお、労働者が在職中に、退職金相当額の全部又は一部を給与や賞与に上乗せするなど前払いされる場合（いわゆる**前払退職金**）は、労働の対償としての性格が明確であり、労働者の通常の生計にあてられる経常的な収入としての意義を有することから、原則として、一般保険料の算定の基礎となる賃金総額に**算入する**。

ウ ✕ **根拠** 法2条2項、11条2項、S25.2.16基発127号 **教科書** Part 1 P420

結婚祝金、死亡弔慰金、災害見舞金など**個人的、臨時的な吉凶禍福**に対して支給されるものは、労働協約等によって事業主にその支給が義務づけられていても、**賃金としては取り扱われず、**したがって一般保険料の算定の基礎となる賃金総額には算入しない。

エ ✕ 根拠 法2条2項、11条2項、S24.6.14基災収3850号　　教科書 Part 1 P420

　設問の手当金は、一般保険料の算定の基礎となる賃金総額には算入しない。労働者が業務外の疾病又は負傷のため勤務に服することができないため、事業主から支払われる手当金は、それが労働協約等で労働者の権利として保障されている場合は、賃金と認められ、したがって一般保険料の算定の基礎となる賃金総額に算入することとなるが、単に**恩恵的**に見舞金として支給されている場合には**賃金と認められない。**

オ 〇 根拠 法2条2項、11条2項、S51.3.31労徴発12号　　教科書 Part 1 P420

　設問の通り正しい。なお、保険料額の計算がきわめて煩瑣となる場合には、事業主から労働者が支給を受けた額及びその額に対して算出される社会保険料、所得税等の額をもって一般保険料の算定の基礎賃金額とすれば足りることとされている。

解答編
第2予想
択一式

問9　正解　**C**　　　　　　　　　　難易度 **応**

出題の趣旨

労働保険料に関する問題です。賃金総額の特例については、適用がある事業それぞれの賃金総額の算出方法についても教科書で確認しておきましょう。また、Eについては、第1種特別加入保険料率及び第2種特別加入保険料率についても、それぞれどのように条文上で規定されているかを教科書で確認しておきましょう。

解　答

A ✕ 根拠 法10条2項、整備法19条1項　　　　　教科書 Part 1 P419

　法10条において政府が徴収する労働保険料として定められているものは、**一般保険料、第1種特別加入保険料、第2種特別加入保険料、第3種特別加入保険料、印紙保険料及び特例納付保険料の計6種類**である。「**特別保険料**」は、「失業保険法及び労働者災害補償保険法の一部を改正する法律及び労働保険の保険料の徴収等に関する法律の施行に伴う関係法律の整備等に関する法律（**整備法**）」に定められており、労災保険に加入する前に暫定任意適用事業において発生した業務災害、複数業務要因災害又は通勤災害に対して特例による保険給付が行われる場合に徴収されるものである。

労働者災害補償保険法（労働保険の保険料の徴収等に関する法律を含む。）● 133

B ✕ 根拠 法11条3項、則12条　　　　　　　　　　　教科書 Part 1 P421

「船きょ、船舶、岸壁、波止場、停車場又は倉庫における貨物の取扱いの事業」には、賃金総額の特例は規定されていない。賃金総額の特例が規定されているのは、労災保険に係る保険関係が成立している事業のうち次の①〜④の事業であって、賃金総額を正確に算定することが困難なものである。

① **請負**による**建設の事業**

② **立木の伐採**の事業

③ 造林の事業、木炭又は薪を生産する事業その他の**林業**の事業（立木の伐採の事業を除く。）

④ **水産動植物の採捕**又は**養殖の事業**

C ◯ 根拠 S61.6.30発労徴41号、基発383号　　　　教科書 Part 1 P422

設問の通り正しい。なお、雇用保険率は、原則として、一般の事業の雇用保険率を適用する。

D ✕ 根拠 則21条1項　　　　　　　　　　　　　　教科書 Part 1 P424

保険年度の中途に新たに第1種特別加入者となった者の特別加入保険料算定基礎額は、労災保険法施行規則別表第4に掲げる特別加入保険料算定基礎額を12で除して得た額（その額に1円未満の端数があるときは、これを**1円に切り上げる**。）に当該者が当該保険年度中に第1種特別加入者とされた期間の月数（その月数に1月未満の端数があるときは、これを**1月とする**。）を乗じて得た額とされている。

E ✕ 根拠 法14条の2,1項　　　　　　　　　　　　教科書 Part 1 P425

第3種特別加入保険料率は、海外派遣者が従事している事業と同種又は類似の労働保険徴収法の施行地内で行われている事業についての**業務災害、複数業務要因災害及び通勤災害**に係る**災害率、社会復帰促進等事業**として行う事業の種類及び内容その他の事情を考慮して厚生労働大臣の定める率と規定されている。なお、現在は**一律1000分の3**である。

問10　正解　D　　　　　　　　　　　　　　　難易度 応

出題の趣旨

メリット制に関する問題です。労働保険徴収法でも少し難解な箇所になりますが、正解肢Dの誤りは決して難しくありませんので、正解したい問題です。Aの災害度係数の計算は、少し細かい内容となりますが、これも決して難しいものではありませんので、念のた

め確認しておきましょう。

解答

A ○ 根拠 法12条3項2号、則17条1項、2項 教科書 Part 1 P441

設問の通り正しい。**20人以上100人未満の労働者を使用する事業**については、**災害度係数**（その事業の労働者の数に、その事業と同種の事業に係る労災保険率から非業務災害率（1000分の0.6）を減じた率を乗じて得た数をいう。）が**0.4以上**である場合に継続事業のメリット制の対象となり得るが、設問の事業の災害度係数は0.144〔＝60×（3/1000－0.6/1000)〕と計算されることから、継続事業のメリット制の対象とならない。

B ○ 根拠 則17条の2 教科書 Part 1 P442

設問の通り正しい。設問の疾病（特定疾病）は、事業の種類ごとに次のように定められている。

事業の種類	特定疾病
港湾貨物取扱事業 港湾荷役業	非災害性腰痛
林業・建設の事業	振動障害
建設の事業	じん肺症
建設の事業 港湾貨物取扱事業 港湾荷役業	（石綿にさらされる業務による）肺がん 中皮腫
建設の事業	騒音性難聴

これらの特定疾病に罹った者で最後に従事した事業場での従事期間が一定期間に満たないものに係る保険給付等の額については、メリット収支率の算定基礎から除かれることになる。

C ○ 根拠 法20条1項、則35条1項 教科書 Part 1 P443

設問の通り正しい。有期事業のメリット制の適用を受ける事業は、労災保険に係る保険関係が成立している建設の事業又は立木の伐採の事業であって、その規模が次の①②のいずれかに該当するものである。

① 確定保険料の額が**40万円以上**であること

② 建設の事業にあっては**請負金額**（消費税等相当額を除く。）が**1億1,000万円以上**、立木の伐採の事業にあっては**素材の生産量が1,000立方メートル以上**であること

D × 根拠 法20条1項 教科書 Part 1 P443、444

「1年」ではなく「9か月」である。有期事業のメリット制に係る収支率の算定基礎となる保険給付及び特別支給金の額については、原則として事業終了の日から3か月を経過した日前の期間を算定対象としているが、当該事業の終了後において保険給付及び特別支給金の支給が行われ、収支率が、当該3か月経過後の日以後において一定範囲を超えて変動すると認められる場合には、事業終了の日から**9か月**を経過した日前の期間を算定対象とするとされている。

E ○ 根拠 法20条3項、則36条1項 教科書 Part 1 P444

設問の通り正しい。なお、この**還付の請求がない**場合であって、事業主から徴収すべき**未納の労働保険料その他の徴収金**があるときには、所轄都道府県労働局歳入徴収官は、当該差額をこの未納の労働保険料その他の徴収金に**充当**するものとされている。

雇用保険法（労働保険の保険料の徴収等に関する法律を含む。）

問1　正解　B　　　　　　　　　　　　　　　難易度

出題の趣旨

被保険者についての問題です。いずれも行政手引からの細かい出題であり、かなり難易度が高いですが、Aは基本的な内容であり、Dは令和5年の本試験択一式で出題されていますので、CとEの誤りに気がつくことができれば消去法で正解できます。近年の本試験も行政手引からの細かい出題がみられますので、しっかりと復習しておきましょう。

解答

A　×　根拠　行政手引20351　　　　　　　　　　　　　教科書 Part 1 P311

　株式会社の取締役であって同時に会社の部長、支店長、工場長等従業員としての身分を有する者は、報酬支払等の面からみて**労働者的性格の強い者**であって、**雇用関係がある**と認められるものに限り被保険者となり得る。設問のようないわゆる使用人兼務役員であっても、雇用関係が認められる場合がある。

B　○　根拠　行政手引20351　　　　　　　　　　　　　教科書 P-

　設問の通り正しい。なお、LLPは従業員を雇用することが可能であるので、LLPに雇用されている従業員については、被保険者となり得る。

C　×　根拠　行政手引20352　　　　　　　　　　　　　教科書 P-

　一般被保険者が前事業所を無断欠勤したまま他の事業主の下に再就職したため、同時に2以上の事業主の適用事業に雇用されることとなった場合は、新たな事業主との雇用関係が主たるものであると認められるときには、後の事業主の下に雇用されるに至った日の**前日**を前の事業主との雇用関係に係る離職日として取り扱うとされている。

D　×　根拠　行政手引20352　　　　　　　　　　　　　教科書 P-

　日本の民間企業等に技能実習生（在留資格「技能実習1号イ」、「技能実習1号ロ」、「技能実習2号イ」及び「技能実習2号ロ」の活動に従事する者）として受け入れられ、**技能等の修得をする活動**を行う外国人については、受入先の事業主と**雇用関係**にあるので、被保険者となる。なお、入国当初に**雇用契約に基づかない講習**〔座学（見学を含む。）により実施され、実習実施期間の工場の生産ライン等商品を生産するための施設における機械操作教育や安全衛生教育は含まれない。〕が行われる場合には、当該**講習期間中**は受入先

の事業主と**雇用関係にないので**、被保険者とならない。

E ✕ **根拠** 行政手引20352 〔教科書〕 P-

　適用事業の事業主に雇用されつつ自営業を営む者又は他の事業主の下で委任関係に基づきその事務を処理する者（雇用関係にない法人の役員等）については、**当該適用事業の事業主の下での就業条件が被保険者となるべき要件を満たすものである場合には**、**被保険者として取り扱う**。

問2　正解　D　　　　　難易度 基

出題の趣旨

雇用保険事務についての問題です。事例形式で少し難しく感じるかもしれませんが、正解肢Dの誤りの論点は基本的なものであり、その他の肢も重要な論点ですので、判断ができなかったものについてはよく復習しておきましょう。

解答

A 〇 **根拠** 行政手引22101 〔教科書〕 Part 1 P313

　設問の通り正しい。事業所の分割又は統合が行われた場合における事業所の設置又は廃止の届出は、**従たる事業所**について行い、**主たる事業所**については、**行う必要がない**（事業所の名称や所在地等に変更がある場合は、その旨の届出を要することはもちろんである。）とされている。

B 〇 **根拠** 行政手引22101 〔教科書〕 Part 1 P313

　設問の通り正しい。**A**の解説を参照のこと。

C 〇 **根拠** 行政手引22102 〔教科書〕 Part 1 P313

　設問の通り正しい。二の事業所が一の事業所に**統合**された場合にあっては、統合前の事業所のうち主たる事業所に係る被保険者については、事務手続を要さず、従たる事業所に係る被保険者についても、当該事業所に係る雇用保険適用事業所廃止届の提出に伴い、**被保険者台帳が主たる事業所に移しかえられる**こととなるので事務手続を要しない。なお、一の事業所が二の事業所に**分割**された場合にあっては、分割された事業所のうち主たる事業所に係る被保険者については、事務手続を要さず、主たる事業所以外の事業所に係る被保険者については、分割前の事業所から新たに当該被保険者に関する事務を行うこととなった事業所に転勤したものとして雇用保険被保険者転勤届を提出させることとなる。

D ✕ **根拠** 則7条1項、行政手引20601

教科書 Part 1 P315

設問の場合の雇用保険被保険者資格喪失届の提出期限は、令和6年4月「11日」である。資格喪失届は、被保険者でなくなった事実のあった日の翌日から起算して10日以内に提出することとされているが、この場合の「被保険者でなくなった事実のあった日」は、**資格喪失日**である令和6年4月1日（**離職日の翌日**）ということになる。したがって、「令和6年4月1日」の「翌日」から起算して「10日以内」に提出を要することとなる。

E ◯ **根拠** 則7条3項

教科書 Part 1 P316

設問の通り正しい。被保険者が雇用保険被保険者**離職票**の交付を**希望しない**場合には、雇用保険被保険者資格喪失届の提出に際し雇用保険被保険者離職証明書の添付を**省略**することができるが、離職の日において**59歳以上**である被保険者については、この限りでないとされている。

問3　正解　**A**　　　　　難易度

出題の趣旨

基本手当についての問題です。Cは細部の内容となり難しいですが、その他については判断できるようにしておきましょう。正解肢Aも事例形式で少し難しく感じるかもしれませんが、自信を持って正しいと判断できるとよいでしょう。

解答

A ◯ **根拠** 法13条2項、14条3項、23条2項2号、則36条1号

教科書 Part 1 P323

設問の通り正しい。原則的な計算方法により計算された被保険者期間が12か月（受給要件の特例が適用される場合は6か月）に満たない場合は、賃金の支払の基礎となった時間数が**80時間以上**である期間についても、被保険者期間に算入することができる。また、設問の者は「解雇（自己の責めに帰すべき重大な理由によるものではない。）」により離職していることから、受給要件の特例が認められる。

B ✕ **根拠** 法23条2項1号、則35条2号

教科書 Part 1 P325

事業所において、当該事業主に雇用される被保険者（短期雇用特例被保険者及び日雇労働被保険者を除く。以下本問において同じ。）の数を**3**で**除して**得た数を超える被保険者

が離職したため離職した受給資格者は、特定受給資格者とされる（「3割」では、「3で除して得た数」を超えていない。）。

C ✕ 根拠 法23条2項1号、則35条1号、行政手引50305　　 P-

　民事再生法、会社更生法等による再建型の事業所の倒産手続の場合は、裁判所により民事再生計画や会社更生計画が決定されるまでの間に業務停止命令がなされ、**当該業務が再開されるまでの間に離職**を申し出た受給資格者は、特定受給資格者とされる。

D ✕ 根拠 法15条3項4項、行政手引51351　　📘教科書 Part 1 P330

　設問の場合には証明書による失業の認定を受けることはできない。受給資格者が、**公共職業安定所**の紹介に応じて求人者に面接するために公共職業安定所に出頭することができなかったときは、その理由を記載した証明書を提出することによって、失業の認定を受けることができる。なお、設問の場合には、**失業の認定日の変更**を申し出ることは可能である。

E ✕ 根拠 則46条1項　　📘教科書 Part 1 P328

　設問の場合、代理人に基本手当を支給することができる。なお、公共職業能力開発施設入校中の場合又は未支給の失業等給付に係る場合を除き、**代理人を出頭させて失業の認定を受けること**はできない。

問4　正解 C　　　　難易度 応

出題の趣旨

問3に続き基本手当についての問題です。正解肢Cは、定年退職者等の特例や事業を開始した場合の特例の申出期限と混同しないように注意しましょう。

解答

A ◯ 根拠 法21条　　📘教科書 Part 1 P340、341

　設問の通り正しい。職業に就いた日は待期期間に算入されないが、**疾病又は負傷のため職業に就くことができない日は待期期間に算入される**。

B ◯ 根拠 法20条の2、則31条の4,1号　　📘教科書 Part 1 P340

　設問の通り正しい。法20条の2の事業を開始した場合の受給期間の特例は、その事業を開始した日又はその事業に専念し始めた日から起算して、**30日を経過する**日が、所定の**受給期間の末日後**である場合には適用されない（設問の者の受給期間は令和6年6月

140 ●

30日までである。）。

C ✕ **根拠** 則31条3項 教科書 Part 1 P339

　妊娠、出産、育児その他厚生労働省令で定める理由により引き続き30日以上職業に就くことができない場合の受給期間の延長の申出は、当該申出に係る者がこれに該当するに至った日の翌日から、当該者に該当するに至った日の直前の基準日（受給資格に係る離職の日）の翌日から起算して**4年を経過する日**までの間（加算された受給期間が**4年に満たない場合は、当該期間の最後の日までの間**）にしなければならないとされている。なお、天災その他申出をしなかったことについてやむを得ない理由があるときは、この限りでない。

D 〇 **根拠** 法16条、17条4項1号、18条1項～3項 教科書 Part 1 P332、333

　設問の通り正しい。設問の場合、賃金日額の最低限度額（自動変更対象額、2,700円）が最低賃金日額「2,746円」を下回るため、「**2,746円**」を**最低限度額**として最低保障が行われる。また、基本手当の日額の算定にあたり賃金日額に乗じる率（給付率）は、100分の80から100分の50（受給資格に係る離職日において60歳以上65歳未満である受給資格者は100分の45）までの間で賃金日額に応じて定められているが、最低限度額の適用を受ける場合には「**100分の80**」となる。したがって2,746円×100分の80＝2,196円（1円未満の端数切り捨て）となる。

E 〇 **根拠** 法附則5条2項 教科書 Part 1 P346

　設問の通り正しい。なお、算定基礎期間が**20年以上**、受給資格に係る離職の日において**35歳以上60歳未満の者**（所定給付日数は270日又は330日）について地域延長給付が行われる場合の延長日数は**30日**が限度とされる。

| 問5 | 正解　**E** | 難易度 難 |

出題の趣旨

基本手当以外の求職者給付についての問題です。正解肢Eをはじめ細かい内容が多いですが、A・Bは過去の本試験でも問われたことがある箇所ですので、これを機に押さえておきましょう。

解答

A ✕ **根拠** 則61条1項 教科書 P-

技能習得手当及び寄宿手当は、受給資格者に対し、基本手当を支給すべき日又は傷病手当を支給すべき日に、その日の属する月の**前月の末日までの分**を支給するとされている。技能習得手当及び寄宿手当は、公共職業安定所長の指示した公共職業訓練等を受講する者が所定の要件を満たした場合に支給されることから、基本手当の支給に係る失業の認定が**1月に1回**、**直前の月**に属する各日について行われることと併せて押さえておくこと。また、この規定はあくまでも「支給日」についてものであり、傷病手当の支給対象となる日については、技能習得手当や寄宿手当は不支給（同じ日については支給しない）となることにも注意したい。

B　×　根拠　法37条1項、行政手引53003　　　教科書 P-

　産前産後の期間において傷病を併発している場合においても、**たとえその傷病がなくとも産前産後の期間であることによって通常は基本手当を受けられない**ものであるから、当該期間は、傷病手当を支給しないとされている。

C　×　根拠　法37条の4,5項、行政手引54201　　　教科書 Part 1 P352

　高年齢求職者給付金については、失業の認定日に失業の状態にあればよく、**翌日から就職したとしても返還の必要はない**。なお、設問文の前半は正しく、高年齢求職者給付金の額は、算定基礎期間に応じ、基本手当の日額の50日分又は30日分とされているが、失業の認定日から受給期限日までの日数が50日又は30日に満たないときは、当該認定日から受給期限日までの日数分となる。

D　×　根拠　法39条1項　　　教科書 Part 1 P351

　設問文の前半は正しいが、「離職の日以前1年間」に疾病、負傷その他厚生労働省令で定める理由により**引き続き30日以上賃金の支払を受けることができなかった**場合はその日数を当該期間に**加算することができる**ので誤りである。なお、特例一時金の受給期限日は離職の日の翌日から起算して6か月を経過する日とされているが、基本手当の受給期間の延長のように**受給期限日が延長されることはない**ことと混同しないように注意すること。

E　○　根拠　法43条3項　　　教科書 P-

　設問の通り正しい。なお、法43条2項では、「日雇労働被保険者が前2月の各月において18日以上同一の事業主の適用事業に雇用された場合又は同一の事業主の適用事業に継続して31日以上雇用された場合において、厚生労働省令で定めるところにより公共職業安定所長の認可を受けたときは、その者は、引き続き、日雇労働被保険者となることができる。」と規定しており、設問は、当該規定の適用を受けず一般被保険者等に切替がなさ

れた者についての取扱いである。

問6　正解　D（ウとオ）　難易度 基

出題の趣旨

雇用継続給付及び育児休業給付についての問題です。高年齢雇用継続基本給付金と高年齢再就職給付金、介護休業給付と育児休業給付での類似点や相違点に注意しながら押さえていきましょう。

解答編
第2予想
択一式

解　答

ア ○　根拠　法61条2項　 **教科書** Part 1 P376

　設問の通り正しい。なお、**高年齢再就職給付金**の「**再就職後の支給対象月**」とは、就職日の属する月から当該**就職日の翌日**から起算して**2年**（当該就職日の前日における**支給残日数が200日未満**である被保険者については、**1年**）を経過する日の属する月（その月が被保険者が65歳に達する日の属する月後であるときは、**65歳に達する日の属する月**）までの期間内にある月（その月の初日から末日まで引き続いて、被保険者であり、かつ、介護休業給付金又は育児休業給付金若しくは出生時育児休業給付金の支給を受けることができる休業をしなかった月に限る。）をいう。

イ ○　根拠　法56条の3,4項、61条の2,1項　**教科書** Part 1 P378

　設問の通り正しい。就業手当が支給されたときは、当該就業手当を支給した日数に相当する日数分の**基本手当が支給されたものとみなされる**ため、高年齢雇用継続基本給付金の支給を受けることはできないが、高年齢再就職給付金の支給を受けることはできる。

ウ ✕　根拠　則101条の16,4号　**教科書** Part 1 P508

　「介護休業開始予定日から起算して93日を経過する日まで」ではなく「介護休業開始予定日から起算して93日を経過する日から**6か月を経過する日**まで」である。

エ ○　根拠　法61条の7,6項　**教科書** Part 1 P384

　設問の通り正しい。**出生時育児休業給付金**においても**同様**である。なお、**介護休業給付金**に関しては、休業開始時賃金日額が当該休業を開始した日の前日に離職して基本手当の受給資格者となったものとみなしたときに算定されることとなる**45歳以上60歳未満の者**に係る賃金日額の上限額を超えるときは、当該上限額を休業開始時賃金日額の上限として支給額を定める。

オ ✕ 根拠 則101条の33,1項　　　　　　　　　　　　　[教科書] Part 1 P386、387

「当該休業を終了した日の翌日から起算して2か月を経過する日の属する月の末日まで」
ではなく「当該出生時育児休業給付金の支給に係る子の**出生の日**（出産予定日前に当該子
が出生した場合にあっては、当該出産予定日）から起算して**8週間を経過する日の翌日か**
ら当該日から起算して**2か月を経過する日の属する月の末日まで**」である。

問 7　正解　C　　　　　　　　　　　　　　　　　　難易度 基

出題の趣旨

雑則等についての総合問題です。正解肢Cは少し細かい内容ですが、法72条2項は過去
に本試験の択一式で問われたことのある規定であり、解答解説にある法72条1項も同様
に問われていますので、注意しておきましょう。

解答

A ✕ 根拠 令1条1項　　　　　　　　　　　　　　　[教科書] Part 1 P305

設問の事務は**都道府県知事**が行うこととされている。

B ✕ 根拠 法12条　　　　　　　　　　　　　　　　[教科書] Part 1 P388

「租税その他の公課は、**失業等給付**として支給を受けた金銭を標準として課することが
できない。」とされており、この規定は**育児休業給付**にも準用されているが、雇用保険二
事業の助成金等には準用されていない。

C ◯ 根拠 法72条2項　　　　　　　　　　　　　　[教科書] Part 1 P304

設問の通り正しい。なお、厚生労働大臣は、延長給付や給付制限の基準など**雇用保険法
の施行に関する重要事項**について決定しようとするときは、あらかじめ、**労働政策審議会**
の意見を聴かなければならないとされている。

D ✕ 根拠 法10条の3,3項　　　　　　　　　　　　[教科書] Part 1 P388

未支給の失業等給付の支給を受けるべき同順位者が2人以上あるときは、その**1人のし
た請求**は、全員のためその全額につきしたものとみなし、その**1人に対してした支給**は、
全員に対してしたものとみなすとされており、設問のように請求及び受領についての代表
者を選任することは義務づけられていない。

E ✕ 根拠 法52条3項　　　　　　　　　　　　　　[教科書] Part 1 P390

日雇労働求職者給付金の支給を受けることができる者が、偽りその他不正の行為により

求職者給付又は就職促進給付の支給を受け、又は受けようとしたときは、その支給を受け、又は受けようとした**月及びその月の翌月から3か月間**は、日雇労働求職者給付金を支給しないとされている。なお、やむを得ない理由がある場合には、日雇労働求職者給付金の全部又は一部を支給することができるとされている。

問8　正解　C　　　難易度 基

出題の趣旨

概算保険料の延納及び保険料の納期限に関する問題です。なお、本問では論点とはなっていませんが、納付額の端数処理についてもしっかりと確認しておきましょう。

解答

根拠 法18条、則27条　　　教科書 Part 1 P430、431

　設問の継続事業は「6月1日」に労災保険及び雇用保険に係る保険関係が成立しているため、概算保険料を**2回**に分けて延納することができる。なお、労働保険事務組合に労働保険事務の処理を委託していない継続事業については、納付すべき概算保険料の額が40万円（労災保険に係る保険関係又は雇用保険に係る保険関係のみが成立している事業については、20万円）以上である場合に延納することができる。

　保険年度の中途に保険関係が成立した継続事業の場合の第1回目の納期限は、**保険関係成立日の翌日から起算して50日以内**である。したがって、「7月21日」が第1回目の納期限となり、「30万円」を納付しなければならない。

問9　正解　A　　　難易度 応

出題の趣旨

特例納付保険料についての問題です。労働保険徴収法の問題では、Eのような単に条文知識を問う問題のみならず、その制度趣旨などの理解を問う問題が出題されることもあります。正解肢Aの誤りの論点は少し難しいかと思いますが、特例納付保険料は納付の「勧奨」を受けた対象事業主からの「申出」により改めて納付義務が生ずるものであることを理解しておきましょう。

A　×　根拠　法26条　　　　　　　　　　　　　　　　　　　　

　特例納付保険料の制度は、特例対象者に係る一般保険料の額（雇用保険率に応ずる部分の額に限る。）を徴収する権利の**時効を延長するものではなく**、あくまでも**納付は任意**とされている。

B　○　根拠　法26条　　　　　　　　　　　　　　　　　　　　

　設問の通り正しい。特例納付保険料は、一般保険料等とは異なり、毎年徴収するものではないため、法15条及び19条の概算・確定保険料の納付の手続きの規定は適用されず、具体的な納付方法については、法26条３項から５項までにおいて規定している。

C　○　根拠　法26条

　設問の通り正しい。特例納付保険料の納付の勧奨を受けた対象事業主は、特例納付保険料を納付する旨を、厚生労働大臣に対し、書面により申し出ることができるとされ、この申出がなされた場合には、特例納付保険料も債権として管理され、法27条及び28条に定める督促、滞納処分及び延滞金の規定の適用を受ける。

D　○　根拠　法26条、33条１項　　　　　　　　　　教科書　Part 1 P419、462

　設問の通り正しい。特例納付保険料も「労働保険料」のうちの一つであり（労災保険法 問9 A 参照）、その事務は労働保険事務組合が事業主の委託を受けて処理する労働保険事務に含まれる。

E　○　根拠　則59条　　　　　　　　　　　　　　　　　教科書　Part 1 P452

　設問の通り正しい。特例納付保険料は対象事業主が任意で納付するものであるから、国の債権管理上、その納付の申出以降に、改めて国の債権としての労働保険料である特例納付保険料の額を決定することとしている。

問10　正解　E　　　　　　　　　　　　　　　　　　難易度 基

出題の趣旨

労働保険事務組合についての問題です。正解肢Eは多少長い条文となりますが、報奨金の額については平成30年の本試験択一式でも問われており、念のためしっかりと押さえておきたい内容になります。

A ✕ **根拠** 則63条１項、78条３項 📖 **教科書** Part 1 P462

労災二元適用事業等（労災保険に係る保険関係のみが成立している二元適用事業及び一人親方等の団体）のみから労働保険事務処理の委託を受ける団体等は、当該事務所の所在地を管轄する**労働基準監督署長を経由**して提出するものとされている。

B ✕ **根拠** 法34条 📖 **教科書** Part 1 P463、464

還付金の還付についても、これを事務組合に対してすることができるものとされている。なお、これらの場合において、労働保険事務組合に対してした労働保険料の納入の告知その他の通知及び還付金の還付は、当該事業主に対してしたものとみなされる。

C ✕ **根拠** 法35条２項、３項 📖 **教科書** Part 1 P464

当該事務組合に対して滞納処分をしてもなお徴収すべき**残余**がある場合には、その残余の額を**当該事業主から徴収することができる**とされている。

D ✕ **根拠** 法33条３項、労働保険事務組合事務処理手引 📖 **教科書** Part 1 P465、466

事務組合の認可を受けた団体等について組織変更があり、①従来法人格のない団体であったものが**従来と異なる法人格のない団体若しくは法人**となった場合、又は②従来法人であったものが**法人格のない団体若しくは従来と異なる法人**となった場合であって、その後も引き続いて労働保険事務組合としての業務を行おうとするときは、旧事務組合についての**業務廃止**の届出を提出するとともに、**あらためて認可申請**をしなければならないとされている。

E 〇 **根拠** 報奨金政令２条１項他 📖 **教科書** Part 1 P466

設問の通り正しい。なお、「厚生労働省令で定める額」は次のとおりとされている。

常時５人未満の労働者を使用する事業

・二保険関係成立事業　　　　　　一事業につき12,400円

・二保険関係成立事業以外の事業　一事業につき6,200円

常時５人以上15人以下の労働者を使用する事業

・二保険関係成立事業　　　　　　一事業につき6,200円

・二保険関係成立事業以外の事業　一事業につき3,100円

　※「二保険関係成立事業」とは、二元適用事業以外の事業であって労災保険及び雇用保険に係る保険関係が成立しているものをいう。

問1　正解　A　難易度

就労条件総合調査には、毎年テーマを変えて行わる調査項目があり、今回は「退職給付（一時金・年金）の支給実態」となっています。同じテーマが調査項目となった平成25年調査の内容が、平成26年の本試験に出題されていますので、注意を要するところです。解答解説では詳細な数値を記載しましたが、まずは大まかな数値で押さえておきましょう。

解答

A　○　根拠　「令和5年就労条件総合調査（厚生労働省）」 P-

設問の通り正しい。退職給付（一時金・年金）制度がある企業割合は**74.9%**となっており、企業規模別にみると、「1,000人以上」が**90.1%**、「300～999人」が88.8%、「100～299人」が84.7%と8割を超えているが、「30～99人」では**70.1%**となっている。

B　×　根拠　「令和5年就労条件総合調査（厚生労働省）」 P-

「退職年金制度のみ」が約1割、「両制度併用」が約2割である（「**退職一時金制度のみ**」が69.0%、「**退職年金制度のみ**」が9.6%、「**両制度併用**」が21.4%）。

C　×　根拠　「令和5年就労条件総合調査（厚生労働省）」 P-

「確定拠出年金（企業型）」が最も多く、次いで「確定給付企業年金（CBPを含む）」、「厚生年金基金（上乗せ給付）」となっている（「**厚生年金基金（上乗せ給付）**」が19.3%、「**確定給付企業年金（CBPを含む）**」が44.3%、「**確定拠出年金（企業型）**」が50.3%）。

D　×　根拠　「令和5年就労条件総合調査（厚生労働省）」 P-

「会社都合」ではなく、「**早期優遇**」が最も高くなっている。

E　×　根拠　「令和5年就労条件総合調査（厚生労働省）」 P-

「大学・大学院卒（管理・事務・技術職）」が最も高いとするのは正しいが、2,000万円は超えていない（「**大学・大学院卒（管理・事務・技術職）**」**1,896万円**、「**高校卒（管理・事務・技術職）**」**1,682万円**、「**高校卒（現業職）**」1,183万円）。

出題の趣旨

第1予想と同様に派遣労働者実態調査に関する問題です。第1予想は派遣労働者を対象とした調査でしたが、こちらは事業所を対象とした調査になっています。Eについては、派遣労働者を対象とした調査（第1予想問2E）との比較をしておきましょう。

解答

A　○　根拠　「令和4年派遣労働者実態調査（厚生労働省）」　教科書 P-

　設問の通り正しい。令和4年10月1日現在の事業所について、派遣労働者が就業している割合は12.3％となっており、これを産業別にみると、「**製造業**」が23.6％と最も高く、次いで「**情報通信業**」23.1％、「**金融業，保険業**」21.0％となっている。

B　✕　根拠　「令和4年派遣労働者実態調査（厚生労働省）」　教科書 P-

　派遣労働者が就業している事業所について、派遣労働者を就業させる主な理由（複数回答3つまで）をみると、「**欠員補充等必要な人員を迅速に確保できるため**」が76.5％と最も高く、次いで「一時的・季節的な業務量の変動に対処するため」37.2％、「軽作業、補助的業務等を行うため」30.9％となっている。

C　○　根拠　「令和4年派遣労働者実態調査（厚生労働省）」　教科書 P-

　設問の通り正しい。派遣労働者が就業している事業所について、派遣労働者の待遇決定方式（複数回答）をみると、**労使協定方式**の対象となる派遣労働者を受け入れている事業所が**37.0％**、**派遣先均等・均衡方式**の対象となる派遣労働者を受け入れている事業所が**29.4％**となっており、これを派遣労働者数階級別にみると、派遣労働者を多く受け入れている事業所ほど労使協定方式をとっている派遣労働者を受け入れている割合が高くなっている。

D　○　根拠　「令和4年派遣労働者実態調査（厚生労働省）」　教科書 P-

　設問の通り正しい。派遣労働者が就業している事業所について、派遣労働者の不合理な待遇差の解消のため、派遣元から派遣料金に関する要望の有無をみると、「**要望があった**」が**38.0％**、「**要望が無かった**」が**60.0％**となっている。なお、要望があった事業所のうち、求めに応じてとった対応（複数回答）をみると、「**求めに応じて派遣料金を上げた**」が**91.4％**と大多数の事業所が派遣料金を上げている。これを派遣労働者数階級別にみると、求めに応じて派遣料金を上げた事業所の割合はいずれの規模においても**おおむね9割**

を超えている。

E ○ 根拠 「令和４年派遣労働者実態調査（厚生労働省）」 教科書 P-

　設問の通り正しい。派遣労働者が就業している事業所について、個人単位の期間制限への意見をみると、「**今のままでよい**」が**29.0％**と最も高く、「**制限は不要**」**20.9％**、「**制限は必要だが、３年より延長すべき**」**17.2％**となっている。また、派遣労働者数階級別にみると、派遣労働者を多く受け入れている事業所ほど、「今のままでよい」の割合が高くなっている。

問3　正解　C　　　　　　　　　　　　　　　　　　難易度 難

出題の趣旨

労働安全衛生調査（実態調査）に関する問題です。メンタルヘルス、長時間労働関連については、平成26年の本試験で「平成24年労働者健康状況調査（厚生労働省）」から出題されており、注意を要するところです。

解答

A ✕ 根拠 「令和４年労働安全衛生調査（実態調査）（厚生労働省）」 教科書 P-

　過去１年間（令和３年11月１日から令和４年10月31日までの期間）にメンタルヘルス不調により連続１か月以上休業した労働者又は退職した労働者がいた事業所の割合は**13.3％**となっており、２割は超えていない。なお、このうち、連続１か月以上休業した労働者がいた事業所の割合は10.6％、退職した労働者がいた事業所の割合は5.9％となっている。また、メンタルヘルス不調により連続１か月以上休業した労働者の割合は0.6％、退職した労働者の割合は0.2％となっている。

B ✕ 根拠 「令和４年労働安全衛生調査（実態調査）（厚生労働省）」 教科書 P-

　メンタルヘルス対策に取り組んでいる事業所の割合は**63.4％**となっており、６割を超えている。なお、事業所規模別でみると、**50人以上では91.1％**となる（50人〜99人の規模では87.2％、100人〜299人では96.8％、300人〜499人では98.2％、500人〜999人では99.3％、1,000人以上では99.7％）。また、メンタルヘルス対策に取り組んでいる事業所について、取組内容（複数回答）をみると、「**ストレスチェックの実施**」が63.1％と最も多く、次いで「**メンタルヘルス不調の労働者に対する必要な配慮の実施**」が53.6％となっている。

C ○ 根拠 「令和４年労働安全衛生調査（実態調査）（厚生労働省）」 📖教科書 P-

　設問の通り正しい。過去１年間（令和３年11月１日から令和４年10月31日までの期間）に一般健康診断を実施した事業所のうち所見のあった労働者がいる事業所の割合は**69.8％**となっている。なお、このうち、所見のあった労働者に講じた措置内容（複数回答）をみると、**「健康管理等について医師又は歯科医師から意見を聴いた」**が45.3％と最も多くなっている。

D × 根拠 「令和４年労働安全衛生調査（実態調査）（厚生労働省）」 📖教科書 P-

　現在の自分の仕事や職業生活でのストレスについて相談できる相手がいる労働者のうち、**実際に相談したことがある**労働者の割合は69.4％となっており、その中で**相談した相手**（複数回答）をみると、「**同僚**」が最も多く、次いで「**家族・友人**」となっている。これを、男女別にみると**男性**は「**上司**」が62.2％と最も多く、次いで「**同僚**」が60.8％、**女性**では「**同僚**」が66.4％と最も多く、次いで「**家族・友人**」が64.7％となっている。なお、現在の自分の仕事や職業生活でのストレスについて**相談できる人がいる**労働者の割合は**91.4％**となっており、ストレスを相談できる人がいる労働者について、**相談できる相手**（複数回答）をみると、「**家族・友人**」が68.4％と最も多く、次いで「**同僚**」が68.0％となっている。これを男女別にみると「家族・友人」が男性65.4％、女性72.6％、「同僚」が男性68.0％、女性67.8％となっている。「相談できる」と「実際に相談した」の違いに注意すること。

E × 根拠 「令和４年労働安全衛生調査（実態調査）（厚生労働省）」 📖教科書 P-

　過去１年間（令和３年11月１日から令和４年10月31日）に１か月間の時間外・休日労働が80時間を超えた月があった労働者の割合は、2.0％となっており、このうち、医師による面接指導の有無をみると、「該当したすべての月について医師による面接指導を受けた」労働者の割合は**21.3％**となっており、２割を超えている。

問4　正解　B　　　　　　　　　　　　　　　　　　難易度 応

出題の趣旨

集団的労使関係法・個別労働関係法の総合問題です。Ａ及び正解肢Ｂは重要判例ですので、Ａは解答解説の内容を、Ｂは問題文の内容をしっかりと押さえておきましょう。

A ✕ **根拠** 労組法14条、最三小H13.3.13都南自動車教習所事件 📖 Part 1 P478

　労働協約は、**書面に作成**され、かつ、両当事者がこれに**署名し又は記名押印**しない限り、仮に、労働組合と使用者との間に労働条件その他に関する合意が成立したとしても、これに（労働協約としての）**規範的効力を付与することはできない**と解すべきであるとするのが最高裁判所の判例である。

B 〇 **根拠** 労契法8条、9条、最二小H28.2.19山梨県民信用組合事件

📖 Part 1 P485

　設問の通り正しい。労働契約法8条では、労働者及び使用者は、その**合意**により、労働契約の内容である労働条件を変更することができるとしており、同法9条前段では、使用者は、労働者と**合意**することなく、**就業規則を変更**することにより、労働者の不利益に労働契約の内容である**労働条件を変更することはできない**としている。

C ✕ **根拠** パート・有期法8条、H30厚労告430号 📖 Part 1 P492

　「短時間・有期雇用労働者及び派遣労働者に対する不合理な待遇の禁止等に関する指針」によれば、設問のケースは、「問題とならない例」とされている。

D ✕ **根拠** 育児介護休業法5条6項1号 📖 Part 1 P505

　設問の場合の育児休業開始予定日は、当該申出に係る子の1歳到達日の翌日としなければならないが、当該申出をする労働者の配偶者が1歳から1歳6か月に達するまでの子を養育するための育児休業申出により育児休業をする場合には、当該育児休業（配偶者の育児休業）に係る**育児休業終了予定日の翌日以前の日**とすることもできる（これにより、1歳から1歳6か月に達するまでの**途中**で、育児休業を**交代**で取得することができる。）。

E ✕ **根拠** 最低賃金法9条2項、3項 📖 Part 1 P523

　「**社会福祉**」ではなく「**生活保護**」である。

問5　正解 E　　　　　　　　　　　　難易度 応

出題の趣旨

社会保険労務士法に関する問題です。特にB〜Dは細部からの出題となりますが、解答解説に記した内容も含めてこれを機に押さえておきましょう。正解肢Eの罰則は過去の本試験の選択式でも問われたことがありますので、確実に誤りと判断したい問題です。

A ○ 根拠 社労士法2条4項
教科書 Part 2 P458

設問の通り正しい。「これらの給付を担当する者のなす請求に関する事務」とは、**病院、診療所、薬局等療養の給付等の担当者**が、療養の給付の費用等を**政府その他の保険者**に対して請求する事務をいう。したがって、労災保険法13条3項、健康保険法87条等の療養費又は同法110条等の家族療養費の支給について、**労働者ないし被保険者が保険者に対して行う請求の事務**は、社会保険労務士が行い得る事務となる。

B ○ 根拠 社労士法25条の8,2項2号
教科書 P-

設問の通り正しい。社会保険労務士法人の社員は、社会保険労務士でなければならないが、社労士法25条の2（不正行為の指示等を行った場合の懲戒）又は25条の3（一般の懲戒）の規定により社会保険労務士の業務の停止の処分を受け、当該**業務の停止の期間を経過しない者**や同法25条の24,1項の規定により社会保険労務士法人が**解散又は業務の停止**を命ぜられた場合において、その**処分の日以前30日内にその社員であった者**でその処分の日から**3年**（業務の停止を命ぜられた場合にあっては、当該業務の停止の期間）を**経過しないものは、社会保険労務士法人の社員となることができない。

C ○ 根拠 社労士法25条の22の3,1項
教科書 P-

設問の通り正しい。なお、裁判所は、**職権**で、いつでも社会保険労務士法人の**監督**に必要な**検査**をすることができる。また、社会保険労務士法人の解散及び清算を監督する裁判所は、**厚生労働大臣**に対し、**意見を求め**、又は**調査を嘱託**することができ、厚生労働大臣は、社会保険労務士法人の解散及び清算を監督する裁判所に対し、**意見を述べる**ことができる。

D ○ 根拠 社労士法25条の37,2項、6項
教科書 P-

設問の通り正しい。なお、資格審査会は、**会長及び委員6名**をもって組織し、会長は、**全国社会保険労務士会連合会の会長**をもってこれに充てる。また、委員は、会長が、**厚生労働大臣の承認**を受けて、**社会保険労務士、労働又は社会保険の行政事務に従事する職員及び学識経験者**のうちから委嘱する。

E × 根拠 社労士法33条1号
教科書 Part 2 P463

帳簿の備付け及び保存の義務の違反した者は、**100万円以下の罰金**に処せられる。

出題の趣旨

国民健康保険法と船員保険法からの出題です。誤りの1つであるイについて、健康保険法73条1項では「保険医療機関及び保険薬局は療養の給付に関し、保険医及び保険薬剤師は健康保険の診療又は調剤に関し、厚生労働大臣の指導を受けなければならない。」と規定されています。また、平成30年の高齢者医療確保法の問題で、同様の論点からの出題があります。このような他の社会保険制度との共通点・相違点にも注意して学習しましょう。もう1つの誤りであるエについても、健康保険法の一般保険料率の範囲と混同しないように気をつけましょう。

解答

ア　○　根拠　国保法81条の2,1項　　　　　　　　　教科書 Part 2 P407

設問の通り正しい。

イ　×　根拠　国保法41条1項　　　　　　　　　　教科書 Part 2 P409

国民健康保険法41条1項において、「保険医療機関等は療養の給付に関し、保険医及び保険薬剤師は国民健康保険の診療又は調剤に関し、**厚生労働大臣又は都道府県知事の指導を受けなければならない。**」と規定されている。

ウ　○　根拠　国保法63の2条1項、則32条の2　　　教科書 Part 2 P411

設問の通り正しい。なお、市町村及び国民健康保険組合は、当該保険料の納期限から1年6月が経過しない場合においても、保険給付を受けることができる世帯主又は組合員が保険料を滞納している場合においては、当該保険料の滞納につき災害その他の政令で定める特別の事情があると認められる場合を除き、厚生労働省令で定めるところにより、保険給付の全部又は一部の支払を一時差し止めることができるとされている。

エ　×　根拠　船保法121条1項　　　　　　　　　　教科書 Part 2 P416

疾病保険料率は、**1000分の40**から1000分の130までの範囲内において、全国健康保険協会が決定するものとする。

オ　○　根拠　船保法142条1項　　　　　　　　　　教科書 Part 2 P416

設問の通り正しい。

出題の趣旨

高齢者医療確保法に関する問題です。正解肢Bは令和元年に出題された内容です。住所地特例に関する問題は、介護保険法でも令和元年と令和4年に出題されています。復習の際にはこれらの過去問も確認しておきましょう。

解　答

A　×　根拠　高医法48条、令2条3号　　　　　教科書 Part 2 P419

　設問の事務は**市町村**が行う。この他、保険料の徴収事務、各種申請・届出の受付等の窓口業務等も、市町村が行うものとされている。

B　○　根拠　高医法55条の2,1項　　　　　教科書 P-

　設問の通り正しい。

C　×　根拠　高医法74条3項　　　　　教科書 Part 2 P420

　設問の食事療養標準負担額の改定を義務付けられているのは、**厚生労働大臣**である。

D　×　根拠　高医法93条1項、95条　　　　　教科書 Part 2 P421

　設問文前半が誤り。国は、政令で定めるところにより、後期高齢者医療広域連合に対し、負担対象総額の**12分の3**に相当する額を負担する。

E　×　根拠　高医法108条2項、3項　　　　　教科書 Part 2 P422

　配偶者の一方にも、市町村が当該世帯に属する他方の被保険者の保険料を普通徴収の方法によって徴収しようとする場合には、**当該保険料を連帯して納付する義務が負われている**。

出題の趣旨

介護保険法に関する問題です。Aは細かい内容ですが、令和3年の改正点であり、設問文の誤っている箇所は改正前の内容となっています。余力があれば選択式対策として覚えておくとよいでしょう。Cの解説にある「市町村特例給付」の具体的な内容としては、紙おむつの支給、移送サービス、配食サービス等があります。正解肢Dも細かい内容ですが、設問文後半の内容は平成26年に出題されています。復習の際には、社労士の教科書Part

2 P427、428、430の「試験対策」もセットで覚えるようにしましょう。

解　答

A　×　**根拠**　介保法5条の2,1項　
　設問文カッコ書が誤り。介護保険法において認知症とは、「**アルツハイマー病その他の神経変性疾患、脳血管疾患その他の疾患**により日常生活に支障が生じる程度にまで認知機能が低下した状態として政令で定める状態をいう」と規定されている。

B　×　**根拠**　介保法27条5項　　　教科書 Part 2 P426
　介護認定審査会の審査及び判定の結果は、**市町村**に通知される。なお、市町村は、当該通知された介護認定審査会の審査及び判定の結果に基づき、要介護認定をしたときは、その結果を当該要介護認定に係る被保険者に通知しなければならないとされている。

C　×　**根拠**　介保法18条　　　　　教科書 Part 2 P426
　介護保険による保険給付は、介護給付と予防給付の他に、要介護状態等の軽減又は悪化の防止に資する保険給付として条例で定める「**市町村特別給付**」がある。

D　○　**根拠**　介保法79条1項、79条の2　教科書 P-
　設問の通り正しい。

E　×　**根拠**　介保法116条1項　　　教科書 Part 2 P433
　厚生労働大臣は、地域における医療及び介護の総合的な確保の促進に関する法律に規定する総合確保方針に即して、介護保険事業に係る保険給付の円滑な実施を確保するための**基本的な指針（基本指針）**を定めるものとされている。なお、市町村は、基本指針に即して、3年を1期とする当該市町村が行う介護保険事業に係る保険給付の円滑な実施に関する計画（市町村介護保険事業計画）を、都道府県は、基本指針に即して、3年を1期とする介護保険事業に係る保険給付の円滑な実施の支援に関する計画（都道府県介護保険事業支援計画）を定めるものとされている。

問9　正解　C　　　　　　　　　　　難易度 基

出題の趣旨

確定拠出年金法に関する問題です。Bについては、企業型年金と個人型年金の資産管理の相違点も確認しておきましょう。正解肢Cについては、解説文後半が令和4年の改正点になっていますので、個人型年金の拠出限度額とセットでしっかりと覚えておきましょう。

Dも令和４年の改正点です。復習の際には企業型年金加入者であった者に支給される脱退一時金の支給要件も確認しておきましょう。Eはいわゆる年金資産のポータビリティに関する内容です。

解答

A ○ 根拠 確拠法３条５項

教科書 Part 2 P444

設問の通り正しい。簡易企業型年金は、中小企業向けに、設立時に必要な書類の簡素化や制度運営の負担を少なくしたシンプルな制度設計の企業型年金である。

B ○ 根拠 確拠法７条１項、60条１項

教科書 Part 2 P444、445、447

設問の通り正しい。企業型年金の運営管理業務は、企業型年金を実施する事業主自身が行うこともできる。一方、個人型年金は、個人型年金加入者及び個人型年金運用指図者が、厚生労働省令で定めるところにより、国民年金基金連合会が選定した自己に係る運営管理業務を行う確定拠出年金運営管理機関を選択する仕組みとなっている。

C × 根拠 確拠法20条、令11条

教科書 Part 2 P446

企業型年金加入者の拠出限度額は、他制度加入者である場合は月額で**27,500円**、他制度加入者以外である場合は月額で**55,000円**とされている。なお、企業型年金加入者が個人型年金にも同時加入している場合の個人型年金の拠出限度額は、他制度加入者である場合は月額で「27,500円－企業型年金の事業主掛金額（12,000円を上限とする。）」、他制度加入者以外である場合は月額で「55,000円－企業型年金の事業主掛金額（20,000円を上限とする。）」となっている。

D ○ 根拠 確拠法附則３条１項１号

教科書 Part 2 P452

設問の通り正しい。なお、設問の要件の他に、以下の要件も満たしている必要がある。

①　企業型年金加入者でないこと。

②　個人型年金加入者になることができる者に該当しないこと。

③　国民年金法の任意加入被保険者となることができる日本国籍を有する海外居住者に該当しないこと。

④　障害給付金の受給権者でないこと。

⑤　その者の通算拠出期間が１年以上５年以下であること又は請求した日における個人別管理資産の額として政令で定めるところにより計算した額が25万円以下であること。

⑥　最後に企業型年金加入者又は個人型年金加入者の資格を喪失した日から起算して２年を経過していないこと。

E ○ 根拠 確拠法80条1項1号 　教科書 P-

設問の通り正しい。

問10 正解 A 難易度 難

出題の趣旨

厚生労働白書は過去に何度も出題されていますので、ある程度の知識は覚えておきましょう。ただし、統計データについては、労働一般常識と同様に大まかな数値と上昇傾向なのか、下降傾向なのかを押さえる程度にして、深追いし過ぎないように注意しましょう。

解答

A ✕ 根拠 「令和5年版厚生労働白書(厚生労働省)」P.256 　教科書 P-

設問文後半が誤り。高齢者世帯に関してみると、その収入の**約6割**を公的年金等が占めている。なお、直近の公的年金制度の適用状況に関しては、被保険者数は全体で6,729万人〔2021（令和3）年度末〕であり、全人口の約半数にあたる。これを国民年金の被保険者の種別ごとに見てみると、第2号被保険者等が4,535万人〔2021（令和3）年度末〕と全体の約67%を占めており、第1号被保険者が1,431万人、第3号被保険者は763万人〔2021（令和3）年度末〕となっている。また、被保険者数の増減について見てみると、第2号被保険者等は対前年比22万人増で、近年増加傾向にある一方、第1号被保険者や第3号被保険者はそれぞれ対前年比18万人、30万人減で、近年減少傾向にある。

B ○ 根拠 「令和5年版厚生労働白書(厚生労働省)」P.261 　教科書 Part 2 P481

設問の通り正しい。

C ○ 根拠 「令和5年版厚生労働白書(厚生労働省)」P.287 　教科書 P-

設問の通り正しい。

D ○ 根拠 「令和5年版厚生労働白書(厚生労働省)」P.309 　教科書 P-

設問の通り正しい。なお、白書では、「高齢者人口は2040（令和22）年をピークに増え続け、特に、2025（令和7）年までに団塊の世代が全て後期高齢者となる。後期高齢者の保険料が、後期高齢者医療制度の創設以来1.2倍の伸びに止まっているのに対し、現役世代の負担する支援金が1.7倍になっている状況を踏まえ、現役世代の負担上昇の抑制を図りつつ、負担能力に応じて、全ての世代で、増加する医療費を公平に支え合う仕組みが必要である。」としている。

設問の通り正しい。なお、白書では、設問文に続いて「あわせて介護費用も増大しており、2000（平成12）年度の約3.6兆円から、2021（令和 3 ）年度には11.3兆円となり、高齢化が更に進行する2040（令和22）年には約25.8兆円になると推計されている。また介護費用の増大に伴い、制度創設時に全国平均3,000円程度であった介護保険料は、現在、全国平均6,014円になっており、2040（令和22）年には約9,200円になると見込まれている。」としている。

健康保険法

出題の趣旨

目的、保険者等に関する問題です。Ａは細かい内容ではありますが、平成26年、平成30年、令和４年と高頻度で出題されている箇所なので確認しておきましょう。Ｂは地方厚生局長（地方厚生支局長）に委任されているケースも確認しておきましょう。正解肢Ｃは改正点です。新たに追加された「出産育児関係事務費拠出金」「流行初期医療確保拠出金」は選択式対策としても名称をしっかりと覚えておきましょう。

解答

A ○　根拠　法53条の２、則52条の２、H25.8.14事務連絡　　　教科書 Part 2 P 8

設問の通り正しい。被保険者又はその被扶養者が法人の役員である場合に、その法人の役員としての業務に起因する負傷等については、原則として、保険給付の対象外とされているが、被保険者が５人未満である適用事業所に使用される法人の役員については、当該法人における従業員が従事する業務と同一であると認められるものに限り、当該役員の業務に起因する疾病、負傷又は死亡について、健康保険の保険給付の対象となる。

B ○　根拠　法204条１項３号　　　教科書 Part 2 P 9

設問の通り正しい。なお、健康保険組合管掌健康保険について、適用事業所以外の事業所の任意適用の申請に対する厚生労働大臣の認可の権限（健康保険組合の設立を伴う場合を除く。）は、地方厚生局長等に委任されている。

C ×　根拠　法７条の2,3項　　　教科書 Part 2 P11

設問の業務は、船員保険法の規定により厚生労働大臣が行うものとされる船員保険事業に関する業務を除き、**全国健康保険協会**が行う。

D ○　根拠　令７条１項　　　教科書 Part 2 P15

設問の通り正しい。なお、理事長は、規約で定めるところにより、毎年度１回通常組合会を招集しなければならない。また、理事長は、必要があるときは、いつでも臨時組合会を招集することができる。

E ○　根拠　法26条１項１号、２項　　　教科書 Part 2 P17

設問の通り正しい。その他、健康保険組合の事業の継続の不能により厚生労働大臣の認

可を受けた場合、法29条２項の規定による厚生労働大臣の解散の命令があった場合にも解散する。なお、解散により消滅した健康保険組合の権利義務は、全国健康保険協会が承継する。

問2　正解　D　　　　　　　　　　　　　　　　　　　　難易度 基

出題の趣旨

適用事業、保険医療機関、保険医等に関する出題です。適用業種の範囲は広いので、Ａの非適用業種をしっかりと覚えて、これ以外のものが適用業種と考えると効率がよいでしょう。令和５年に出題されましたが、令和４年10月以降、弁護士・公認会計士・社労士等の士業も適用業種となっている点にも注目しておきましょう。Ｃと正解肢Ｄについて、第１回の問２の出題の趣旨にも記しましたが、地方社会保険医療協議会の諮問を行うケースと議を経るケースの違いをしっかり把握できていたか確認しましょう。

解　答

A　✕　根拠　法３条３項　　　　　　　　　　教科書 Part 2 P19、20

　旅館、料理店、飲食店等の接客娯楽業は**非適用業種**である。なお、その他の非適用業種としては、農林業、水産業、畜産業等の第１次産業の事業、理髪店、美容店、エステティックサロン等の理容・美容の事業、映画の制作又は映写、演劇、その他興行の事業、神社、寺院、教会等の宗教の事業が該当する。

B　✕　根拠　法31条１項、S30.7.25発保123号の２　　　教科書 Part 2 P20

　外国の在日大使館が法31条１項の規定に基づく任意適用の認可を厚生労働大臣に申請したときは、その外国公館が健康保険法上の事業主となり、保険料の納付、資格得喪届の提出等健康保険法の事業主としての諸義務を遵守する旨の**覚書が取り交わされることを条件**として、これを認可するものとされる。

C　✕　根拠　法65条４項１号、67条　　　　　　教科書 Part 2 P42

　設問の場合は、「地方社会保険医療協議会に諮問する」のではなく、「地方社会保険医療協議会の**議を経る**」ものとされる。

D　○　根拠　法82条２項　　　　　　　　　　教科書 Part 2 P43

　設問の通り正しい。なお、厚生労働大臣は、医師等から保険医等の登録の申請があった場合に、申請者が、保険医又は保険薬剤師に係る登録を取り消され、その取消しの日から

５年を経過しない者であるとき、保険医又は保険薬剤師として著しく不適当と認められる者であるときなど、一定の場合には、その登録を拒否することができるが、登録をしないこととするときは、地方社会保険医療協議会の議を経なければならない。

E　✕　根拠　法89条３項　教科書 Part 2 P44、45

　指定訪問看護事業者が、設問文の指定居宅サービス事業者等の指定を受けたことにより、法89条２項の規定による指定訪問看護事業者の指定を受けたものとみなされている場合において、当該指定居宅サービス事業者等の指定の失効、当該指定の取消し又は効力の停止があった場合であっても、**法89条２項の規定により受けたものとみなされた指定訪問看護事業者の指定の効力に影響を及ぼさない。**

問3　正解　E　　　　　　難易度

出題の趣旨

被保険者と被扶養者に関する問題です。Ｄは細かい論点ですが、被扶養者の国内居住要件に関する新しい通達内容です。国民年金の第３号被保険者にも関わってくる部分ですので、覚えておきたいところです。正解肢Ｅは厚生年金保険の場合と比較しておきましょう。健康保険法では、被保険者証の更新を行う必要があるので、住民基本台帳法30条の９の規定による機構保存本人確認情報の提供を受けることができる場合であっても、被保険者から事業主への氏名変更の申出は省略できません。

解答

A　✕　根拠　法３条１項１号、船保法２条２項ただし書　教科書 Part 2 P24

　船員保険の**疾病任意継続被保険者**は、健康保険の被保険者となることができる。

B　✕　根拠　法35条、S3.7.3保初480号、S5.11.6保規522号　教科書 Part 2 P28

　設問文後半が誤り。事業所調査の際に資格取得の届出もれが発見された場合には、**すべて事実上の使用関係が発生した日にさかのぼって資格取得させるべきものとされる。**

C　✕　根拠　法38条１号　教科書 Part 2 P32

　任意継続被保険者は、任意継続被保険者となった日から起算して２年を経過したときは、その**翌日**に資格を喪失する。

D　✕　根拠　法３条７項、R5.6.19保保発0619第２号　教科書 P-

　法３条７項に定める「住所」については、住民基本台帳に住民登録されているかどうか

（住民票があるかどうか）で判断し、**住民票が日本国内にある者は原則、国内居住要件を満たすものとされる**。したがって、国内居住要件の確認は、原則として、住民票が日本国内にあるかどうかを確認すればよく、**被扶養者の居住実態を確認する必要はない**。

E ○　根拠　則36条　　　　　　　　　　　　　　　　　　　　教科書 Part 2 P37

　設問の通り正しい。なお、任意継続被保険者については、個人番号、氏名又は住所を変更したときは、原則として、5日以内に、変更前及び変更後の個人番号、氏名又は住所を保険者に届け出なければならない。

問4　正解　**B**　　　　　　　　　　　　　　　　　　難易度 **応**

出題の趣旨

標準報酬に関する問題です。本問のように定時決定等については、通達からの細かい出題もありますので、教科書の参考部分や過去問を確認しておきましょう。正解肢Bのテレワークにおける交通費（実費）の取扱いは、令和4年にも出題された箇所です。テレワークが普及したこともあって今後も注目したい内容です。

解　答

A ×　根拠　法44条3項　　　　　　　　　　　　　　　　　教科書 Part 2 P47

　同時に2以上の事業所で報酬を受ける被保険者について報酬月額を算定する場合においては、**各事業所ごとに定時決定等の規定によって報酬月額相当額を算定し、当該合算額をその者の報酬月額とする**。

B ○　根拠　R5.6.27事務連絡　　　　　　　　　　　　　　 P-

　設問の通り正しい。なお、当該出社日における労働契約上の労務の提供地が事業所とされている場合には、当該労働日は事業所での勤務となっていることから、自宅から当該事業所に出社するために要した費用を事業主が負担する場合、当該費用は、原則として通勤手当として報酬等に含まれるものとされる。

C ×　根拠　法43条1項、H30.3.1保発0301第8号　　　　教科書 Part 2 P53

　2等級以上の変動がないときであっても、設問のような場合には、**随時改定が行われることがある**。

D ×　根拠　法43条1項、44条1項、H30.3.1保発0301第8号　教科書 Part 2 P54

　設問の場合には、**昇給差額分を受けた6月以降の3月間に受けた報酬の額**（昇給差額分

を除く。）を３で除して得た額を随時改定の対象とし、それが随時改定の要件に該当したときは**９月から標準報酬月額が改定される**。

E ✕ 根拠 法43条の2,2項 教科書 Part 2 P55

育児休業等終了時改定の規定によって改定された標準報酬月額は、**育児休業等終了日の翌日から起算して２月を経過した日の属する月の翌月以降の標準報酬月額**とされる。

問5 正解 C 難易度 応

出題の趣旨

保険給付に関する問題です。こちらも問４と同様に通達の細かい内容が出題されることがありますので、教科書の参考部分もしっかりと押さえておきましょう。

解 答

A ○ 根拠 法63条、S27.9.29保発56号 教科書 Part 2 P62

設問の通り正しい。なお、医師の手当を必要とする異常分娩の場合に、保険医療機関において手当を受けたときにも療養の給付の対象となる。

B ○ 根拠 法74条１項２号、３号、令34条１項 教科書 Part 2 P63

設問の通り正しい。なお、「原則として」とあるように、設問文に該当する場合であっても、以下のいずれかに該当する者については、その旨を保険者に申請することによって一部負担金の割合が100分の20となる。

① 被保険者及びその被扶養者（70歳に達する日の属する月の翌月以後である場合に該当する者に限る。）について厚生労働省令で定めるところにより算定した収入の額が520万円（当該被扶養者がいない者にあっては、383万円）に満たない者

② 被保険者〔その被扶養者（70歳に達する日の属する月の翌月以後である場合に該当する者に限る。）がいない者であってその被扶養者であった者（後期高齢者医療の被保険者等に該当するに至ったため被扶養者でなくなった者であって、後期高齢者医療の被保険者等に該当するに至った日の属する月以後５年を経過する月までの間に限り、同日以後継続して後期高齢者医療の被保険者等に該当するものをいう。）がいるものに限る。〕及びその被扶養者であった者について厚生労働省令で定めるところにより算定した収入の額が520万円に満たない者

C ✕ 根拠 法85条４項 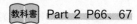教科書 Part 2 P66、67

厚生労働大臣は、食事療養標準負担額を定めた後に勘案又はしん酌すべき事項に係る事情が著しく変動したときは、**速やかに**その額を改定しなければならない。なお、この規定は、生活療養標準負担額についても設けられている。

D　○　根拠　法63条2項5号、R4.3.4保医発0304第5号　教科書 Part 2 P69

　設問の通り正しい。令和4年3月4日保医発0304第5号の通達において、「予約に基づく診察に関する事項」として、設問文の他に「予約患者については、予約診察として特別の料金を徴収するのにふさわしい診療時間（10分程度以上）の確保に努めるものとし、医師1人につき1日に診察する予約患者の数は概ね40人を限度とする。」等が示されている。

E　○　根拠　法88条1項　教科書 Part 2 P73

　設問の通り正しい。訪問看護療養費における訪問看護とは、居宅において看護師、保健師、助産師、准看護師、理学療法士、作業療法士又は言語聴覚士が行う療養上の世話又は必要な診療の補助とされており、保険医療機関等又は介護保険法に規定する介護老人保健施設若しくは同法に規定する介護医療院が行う療養上の世話又は必要な診療の補助は除かれている。

問6　正解　B（アとウ）　難易度 応

出題の趣旨

保険給付に関する問題です。ウの高額療養費の計算は確実にできるようになって欲しいところですが、計算ができたとしても、問われている内容が「支給される高額療養費の額」なのか「高額療養費算定基準額」なのかをしっかり確認しましょう。一方で、オの介護合算算定基準額は、あまり問われたことがないので注目しない箇所かもしれませんが、平成25年の選択式に解説文にある支給基準額と共に出題されたこともありますので、余裕があったら覚えておきたいところです。

解答

ア　×　根拠　法110条3項　教科書 Part 2 P74

　「家族保険外併用療養費」という保険給付はない。設問の場合は「**家族療養費**」が支給される。

イ　○　根拠　令42条1項3号　教科書 Part 2 P78

設問の通り正しい。

ウ ✕ **根拠** 令41条１項、42条１項１号 教科書 Part 2 P78

設問文の「82,430円」は高額療養費の額ではなく、**高額療養費算定基準額**である。本問における高額療養費算定基準額は以下のように算定される。

$$80,100＋(500,000－267,000)×1％＝82,430円$$

したがって、この者に支給される高額療養費の額は、一部負担金等の額150,000円（療養に要した費用の額500,000円の３割）から82,430円を差し引いた**67,570円**である。

エ ◯ **根拠** 令41条５項、42条５項 教科書 Part 2 P79

設問の通り正しい。75歳の誕生月の医療費については、健康保険制度と後期高齢者医療制度でそれぞれ高額療養費算定基準額が適用されることとなるため、設問文のような取り扱いとなる。

オ ◯ **根拠** 令43条の3,1項３号 教科書 Part 2 P82

設問の通り正しい。高額介護合算療養費は、前年の８月１日からその年の７月31日までの１年間における、健康保険の自己負担額〔健康保険の一部負担金等の額（高額療養費が支給される場合にあっては、その支給額を控除した額)〕と介護保険の自己負担額〔介護サービス利用者負担額（高額介護サービス費が支給される場合にあっては、その支給額を控除した額）及び介護予防サービス利用者負担額（高額介護予防サービス費が支給される場合にあっては、その支給額を控除した額)〕の合算額が、設問の介護合算算定基準額に支給基準額（500円）を加えた額を超えたときに支給される。

問7 　正解 　**E** 　　　　　　　　　　　　　　　　難易度

出題の趣旨

傷病手当金を中心とした保険給付に関する問題です。ＡとＢの傷病手当金の支給要件について、教科書に記載されている通達内容が把握できているか確認しておきましょう。正解肢Ｅの資格喪失後の給付について、傷病手当金・出産手当金の継続給付、出産育児一時金、及び埋葬料・埋葬費の支給要件をしっかりと把握できていたか確認しておきましょう。

解　答

A ✕ **根拠** 法99条１項、S26.5.1保文発1346号 教科書 Part 2 P84

設問の場合には、傷病手当金は**支給される**。

B ✕ **根拠** 法99条1項、S25.2.15保文発320号 教科書 Part 2 P85

設問の場合には、傷病手当金は**支給されない**。

C ✕ **根拠** 法99条1項、2項、S33.7.8保険発95号 教科書 Part 2 P91

設問の場合は、休業補償給付の額が傷病手当金の額に達しない場合に、**差額部分が傷病手当金として支給される**。

D ✕ **根拠** 法106条、114条、法附則3条6項、S48.11.7.保険発99号・庁保険発21号 教科書 Part 2 P97

設問の場合には、出産育児一時金と家族出産育児一時金のうち**いずれか一方を、請求者本人が選択する**ことになる。

E ○ **根拠** 法105条、法附則3条6項 教科書 Part 2 P98

設問の通り正しい。なお、資格喪失後の死亡に関する給付の支給を受けるために、被保険者の資格を喪失した日の前日まで引き続き1年以上被保険者であったことは要件とされていない。

問8 正解 B（アとオ） 難易度 基

出題の趣旨

日雇特例被保険者に関する問題です。イは雇用保険の日雇労働被保険者との違いに気をつけましょう。ウは一般の被保険者に対する傷病手当金との支給要件の違いに気をつけましょう。エは出産育児一時金の印紙保険料納付要件と比較しておきましょう。

解 答

ア ○ **根拠** 法168条1項1号 教科書 Part 2 P122

設問の通り正しい。なお、「標準賃金日額に平均保険料率と介護保険料率とを合算した率（介護保険第2号被保険者である日雇特例被保険者以外の日雇特例被保険者については、平均保険料率）を乗じて得た額」を労使折半で負担し、「当該額に100分の31を乗じて得た額」は事業主が負担することになる。

イ ✕ **根拠** 法169条2項 教科書 Part 2 P123、124

日雇特例被保険者を使用する事業主（日雇特例被保険者が1日において2以上の事業所に使用される場合においては、初めにその者を使用する事業主）は、**日雇特例被保険者を**

解答編 第2予想 択一式

使用する日ごとに、その者及び自己の負担すべきその日の標準賃金日額に係る保険料を納付する義務を負う。

ウ ✕ 根拠 法135条1項、H15.2.25保発025001号・庁保発1号 教科書 Part 2 P128

日雇特例被保険者に支給する傷病手当金は、**労務不能となった際に、その原因となった傷病について療養の給付等を受けていることが要件となっている。**

エ ✕ 根拠 法136条1項 教科書 Part 2 P131

設問の場合には、埋葬料は支給されない。日雇特例被保険者が死亡した場合の埋葬料の支給要件は、

① その死亡の日の属する月の前2月間に通算して26日分以上の保険料がその者について納付されているとき

② その死亡の日の属する月の前6月間に通算して78日分以上の保険料がその者について納付されているとき

③ その死亡の際その者が療養の給付若しくは保険外併用療養費、療養費又は訪問看護療養費の支給を受けていたとき

④ その死亡が療養の給付若しくは保険外併用療養費、療養費又は訪問看護療養費の支給を受けなくなった日後3月以内であったとき

のいずれかである。

オ ◯ 根拠 法145条1項 教科書 Part 2 P132

設問の通り正しい。初めて日雇特例被保険者手帳の交付を受けた日雇特例被保険者に支給する特別療養費は、当該日雇特例被保険者手帳の交付を受けた日の属する月の初日から起算して3月（月の初日に交付を受けた者については2月）を経過するまでの間において、支給される。

問9 正解 D 難易度 基

出題の趣旨

費用の負担に関する問題です。正解肢Dの月末退職時における保険料の取扱いは確実に押さえておきたい内容です。

解 答

A ✕ 根拠 法152条1項 教科書 Part 2 P100

健康保険組合に対して交付する国庫負担金は、各健康保険組合における**被保険者数を基準**として、厚生労働大臣が算定するとされており、**被扶養者数は含まれていない。**

B ×　**根拠**　法附則7条1項 Part 2 P103

　設問のような規定はない。**健康保険組合は**、法156条1項2号及び法157条2項の規定にかかわらず、**規約で定めるところにより**、介護保険第2号被保険者である被保険者以外の被保険者（介護保険第2号被保険者である被扶養者があるものに限る。これを「特定被保険者」という。）に関する保険料額を一般保険料額と介護保険料額との合算額とすることができる。

C ×　**根拠**　法161条1項、162条 Part 2 P109

　設問文後半が誤り。健康保険組合は、規約で定めるところにより、**事業主の負担すべき一般保険料額又は介護保険料額の負担の割合を増加することができる**とされており、**被保険者の負担すべき負担割合を増加させることはできない。**

D ○　**根拠**　法167条1項 Part 2 P111

　設問の通り正しい。事業主は、被保険者に対して通貨をもって報酬を支払う場合においては、被保険者の負担すべき前月の標準報酬月額に係る保険料（被保険者がその事業所に使用されなくなった場合においては、前月及びその月の標準報酬月額に係る保険料）を報酬から控除することができる。設問の場合は、退職日が11月30日であることから、被保険者の資格喪失日は12月1日となり、11月は被保険者期間として保険料徴収の対象とされる。したがって、11月25日支払いの給与から前月10月分及び当月11月分の保険料を控除することができる。

E ×　**根拠**　法180条6項 Part 2 P116、117

　設問文の「**100分の3**」は、正しくは「**100分の4**」である。

問10　正解　**B**　　難易度 **応**

出題の趣旨

通則等の問題です。正解肢Bは平成25年に出題された論点です。Eは第1回の問10イとも比較しておきましょう。

解答

A ×　**根拠**　法120条 Part 2 P135

設問文の不正受給による給付制限は、その者に支給すべき**傷病手当金又は出産手当金**の全部又は一部を支給しない旨の決定をすることができるとされており、すべての保険給付が制限の対象になっているわけではない。

B 〇 根拠 法58条１項、S32.9.2保険発123号  Part 2 P136
設問の通り正しい。

C ✕ 根拠 法53条、健康保険組合事業運営指針 Part 2 P139
保険事故とは関係がない、又は保険給付を補完・拡充するものとはいえない付加給付は認められない。したがって、**災害見舞金は付加給付として行うことはできない。**

D ✕ 根拠 療担規則９条 Part 2 P145
患者の診療録は完結の日から**５年間**の保存義務がある。

E ✕ 根拠 法218条 Part 2 P145
設問文の「その負担すべき保険料額に100分の40を乗じて得た金額」は、正しくは「その負担すべき保険料額の**２倍に相当する**金額」である。

厚生年金保険法

問1　正解　E　　　　　　　　　　　　　　難易度

出題の趣旨

適用事業所、被保険者に関する問題です。Aについて、厚生年金保険（健康保険）では、労働保険の暫定任意適用事業と異なり従業員の2分の1以上が希望をしても任意適用の認可申請をする義務は生じません。Cの解説にあるように、4分の3要件を満たさない短時間労働者であって、①から③のいずれの要件にも該当しないものは厚生年金保険（及び健康保険）の被保険者となりますが、経過措置として、その者が特定適用事業所以外の適用事業所（国又は地方公共団体の適用事業所を除く。）に使用されるときは、被保険者となりません。

解答

A　○　根拠　法6条1項、3項、4項、(24)法附則17条の2,2項　　📖 Part 2 P284

設問の通り正しい。適用事業所以外の事業所の事業主が任意適用の認可を受けようとするときは、当該事業所の事業主は、当該事業所に使用される者（法12条に規定する適用除外となる者及び特定4分の3未満短時間労働者を除く。）の2分の1以上の同意を得て、厚生労働大臣に申請しなければならない。

B　○　根拠　則29条1項　　📖 Part 2 P285

設問の通り正しい。

C　○　根拠　法12条5号イ、(24)法附則17条1項　　📖 Part 2 P288、289

設問の通り正しい。4分の3要件を満たさない短時間労働者は、次のいずれかの要件に該当した場合には適用除外となる。

①　1週間の所定労働時間が20時間未満であること。

②　報酬（最低賃金法4条3項各号に掲げる賃金に相当するものとして厚生労働省令で定めるものを除く。）について、厚生労働省令で定めるところにより、標準報酬月額の資格取得時決定の規定の例により算定した額が、88,000円未満であること。

③　学校教育法50条に規定する高等学校の生徒、同法83条に規定する大学の学生その他の厚生労働省令で定める者であること。

D　○　根拠　法14条4号、5号　　📖 Part 2 P291

設問の通り正しい。なお、70歳に達した日とは、70歳の誕生日の前日である。

E ✕ 根拠 則22条1項1号 教科書 Part 2 P294

任意単独被保険者が厚生労働大臣の認可を受けて被保険者の資格を喪失したときは、**被保険者の資格喪失の届出は不要である。**

問2 　正解　C 　　　　　　　　　　　　　　　　　難易度

出題の趣旨

被保険者及び受給権者に関する届出等に関する問題です。正解肢Cについて、問9Bの所在不明による遺族厚生年金の支給停止の「所在が1年以上明らかでないとき」と混同しないように注意しましょう。Eについては、国民年金原簿の記録事項と比較しておきましょう。

解答

A ✕ 根拠 法19条3項、4項 教科書 Part 2 P298

被保険者の資格を喪失した後、更にその資格を取得した者については、前後の被保険者期間を合算するが、この被保険者期間の計算の規定は**被保険者の種別ごとに適用する。**

B ✕ 根拠 則1条1項、2項 教科書 Part 2 P299

設問の年金事務所の選択に係る届出は、2以上の事業所に使用されるに至った日から**10日以内**に、所定の事項を記載した届書を日本年金機構に提出することによって行うものとされている。

C ○ 根拠 則40条の2,1項 教科書 Part 2 P302

設問の通り正しい。なお、厚生労働大臣は、設問の届書が提出されたときであって、必要と認めるときには、当該受給権者に対し、当該受給権者の生存の事実について確認できる書類の提出を求めることができる。

D ✕ 根拠 則38条の2,1項 教科書 Part 2 P303

設問の個人番号の変更の届書は、**速やかに**、日本年金機構に提出しなければならない。

E ✕ 根拠 法28条 教科書 Part 2 P303

保険料の納付状況は、厚生年金保険原簿に記録すべき事項に含まれていない。

出題の趣旨

標準報酬、保険料等に関する問題です。正解肢Cについて、14日以上の育児休業等を行なったかどうかが問われるのは「育児休業等を開始した日の属する月と終了する日の翌日が属する月とが同一である」場合ですので注意しましょう。Dの繰上徴収は、令和4年の本試験では大問で出題された箇所ですので、本試験までには全ての事由を覚えておきたいところです。

解 答

A ○ 根拠 法26条1項、4項  教科書 Part 2 P310

設問の通り正しい。

B ○ 根拠 則19条の5,1項 教科書 Part 2 P311

設問の通り正しい。なお、設問の届出は、特定法人の事業所の事業主にあっては、電子情報処理組織を使用して行うものとする。

C × 根拠 法81条の2,1項1号 教科書 Part 2 P390

育児休業等を開始した日の属する月とその育児休業等が終了する日の翌日が属する月とが異なる場合には、**育児休業等の日数に関わらず**、所定の申出により、その育児休業等を開始した日の属する月からその育児休業等が終了する日の翌日が属する月の前月までの月について、保険料（その育児休業等の期間が1月以下である者については、標準報酬月額に係る保険料に限る。）の徴収は行わない。したがって、設問の場合、8月分の標準報酬月額に係る保険料の徴収が免除される。

D ○ 根拠 法85条1号ハ 教科書 Part 2 P392

設問の通り正しい。保険料は、次の①～④に掲げる場合においては、納期前であっても、すべて徴収することができる。

① 納付義務者が、次のいずれかに該当する場合

イ 国税、地方税その他の公課の滞納によって、滞納処分を受けるとき。

ロ 強制執行を受けるとき。

ハ 破産手続開始の決定を受けたとき。

ニ 企業担保権の実行手続の開始があったとき。

ホ 競売の開始があったとき。

② 法人たる納付義務者が、解散をした場合

③ 被保険者の使用される事業所が、廃止された場合

④ 被保険者の使用される船舶について船舶所有者の変更があった場合、又は当該船舶が滅失し、沈没し、若しくは全く運航に堪えなくなるに至った場合

E ○ 根拠 法86条1項　　　　　　　　　　　　　　教科書 Part 2 P392、393

設問の通り正しい。なお、厚生労働大臣は、督促をしようとするときは、納付義務者に対して、督促状を発することとし、当該督促状により指定する期限は、督促状を発する日から起算して10日以上を経過した日でなければならない。

問4　正解　D（ウとオ）　　　　　　　　　　難易度 応

出題の趣旨

老齢厚生年金等に関する問題です。イは国民年金の老齢基礎年金の年金額の計算との違いに気をつけましょう。ウは問題文の「収入が年額850万円未満」「所得が年額655.5万円未満」の数字まで覚えておきましょう。オの在職老齢年金の計算は確実にできるようになっておきましょう。

解答

ア ✕ 根拠 法36条1項、2項　　　　　　　　　　教科書 Part 2 P312、313

設問文後半が誤り。年金は、その支給を停止すべき事由が生じたときは、その事由が生じた月の**翌月から**その事由が消滅した**月**までの間は、支給しない。

イ ✕ 根拠 法43条1項、(60)法附則47条2項、4項　　教科書 Part 2 P318

老齢厚生年金の報酬比例部分の額の計算においては、**第3種被保険者であった期間に係る特例が適用され**、3分の4倍又は5分の6倍された期間をもって計算される。

ウ ○ 根拠 H26.3.31年発0331第7号　　　　　　　教科書 Part 2 P319

設問の通り正しい。なお、設問文中の「厚生労働大臣の定める金額」とは、年額850万円とされている。

エ ✕ 根拠 法44条1項、4項8号　　　　　　　　　教科書 Part 2 P321

老齢厚生年金の加給年金額の加算の対象になる子について18歳に達した日以後の最初の3月31日が終了したため、当該子に係る加給年金額が加算されなくなった場合には、その後、その子が20歳に達する日前までに障害等級1級又は2級に該当する程度の障害

の状態となった場合であっても、その子に係る加給年金額が**再度加算されることはない**。

オ ○ 根拠 法46条１項、改定率改定令５条

教科書 Part 2 P322

設問の通り正しい。60歳台後半の在職老齢年金の仕組みでは、総報酬月額相当額と基本月額〔老齢厚生年金の額（加給年金額、繰下げ加算額及び経過的加算額を除く。）を12で除して得た額〕の合計額が50万円（令和６年度の支給停止調整額）を超えるときに、その超えた額の２分の１に相当する額が支給停止月額となる。これに設問の金額を当てはめると、次の通りである。

$$(360,000円＋150,000円－500,000円)×1/2＝5,000円$$

問5 正解 B 難易度 応

出題の趣旨

老齢厚生年金の年金額の改定、繰上げ、繰下げに関する問題です。Ａについて、例えば、70歳到達によって資格を喪失した場合には、70歳に達した日（資格喪失日）の属する月の翌月から改定となります。正解肢Ｂは細かい内容ではありますが、他の肢が誤りだとわかれば消去法で解けると思います。Ｃについて、支給繰上げの減額率の計算をする際の「請求日の属する月から65歳に達する日の属する月の前月まで」の繰上げ月数の計算にズレが生じないように気をつけましょう。

解答

Ａ × 根拠 法43条３項

教科書 Part 2 P323、324

老齢厚生年金のいわゆる退職改定について、資格喪失事由が「事業所等に使用されなくなったとき（退職したとき）」である場合は、「**資格を喪失した日**」ではなく、「**事業所等に使用されなくなった日（退職した日）**」から起算して１月を経過した日の属する月から、年金の額を改定する。したがって、設問の場合、令和５年**４月**から年金の額を改定する。

Ｂ ○ 根拠 法43条２項、法附則15条の２

 P-

設問の通り正しい。

Ｃ × 根拠 法附則７条の3,4項、令６条の３、(R3)令法附則６条

教科書 Part 2 P325

設問の場合における繰上げ月数は、62歳０か月から64歳11か月の36月であるため、減額率は**14.4％**（0.4％×36月）である。

D × 根拠 法44条の3,1項 教科書 Part 2 P325

特別支給の老齢厚生年金の受給権者であった者でも、老齢厚生年金の支給繰下げの申出を行うことができる。

E × 根拠 法44条の3,1項 教科書 Part 2 P325、326

設問の場合には、老齢厚生年金の支給繰下げの申出みなしは行われず、**実際に支給繰下げの申出をした月の前月までの期間に応じた繰下げ加算額が老齢厚生年金に加算され、実際に申出のあった月の翌月から支給が開始される。**

問6　正解　E　　難易度

出題の趣旨

60歳台前半の者に支給する老齢厚生年金等に関する問題です。Aについて、いわゆる障害者の特例については請求が必要ですので気をつけましょう。Bの坑内員・船員の特例は、定額部分と報酬比例部分の支給開始年齢を55歳から65歳に同時に引き上げている点に注目しておきましょう。なお、設問文にある「船員たる被保険者であった期間が15年以上」については、第3種被保険者であった期間に係る特例を適用せず、実期間で計算する点にも注意しましょう。正解肢Eの論点は平成27年と令和元年で問われています。問題文を読む際にはしっかりと保険給付の名称を確認しましょう。

解答

A × 根拠 法附則9条の3,1項 教科書 Part 2 P333

設問のいわゆる長期加入者の特例は、他の要件を満たす限り受給権者からの**請求によることなく適用される。**

B × 根拠 法附則8条の2,3項、9条の4,1項 教科書 Part 2 P334、335

設問の場合には、**63歳**から定額部分と報酬比例部分を合算した額の特別支給の老齢厚生年金を受給することができる。

C × 根拠 法附則7条の4,1項、11条の5 他 教科書 Part 2 P338

障害厚生年金と雇用保険の基本手当との間では、**支給停止の調整は行われない。**

D × 根拠 法附則7条の4,1項、11条の5 教科書 Part 2 P338

雇用保険法に基づく基本手当との調整により特別支給の老齢厚生年金が支給停止される場合は、**加給年金額についても支給停止される。**

E ○ **根拠** 法附則７条の４、７条の５、11条の５、11条の６他

教科書 Part 2 P338、339

設問の通り正しい。老齢厚生年金と雇用保険法に基づく給付の調整は、特別支給の老齢厚生年金又は繰上げ支給の老齢厚生年金と基本手当又は高年齢雇用継続給付との間で行われ、高年齢求職者給付金との間では行われない。

問7　正解　**D**　　　　　　　　　　　　難易度 **基**

出題の趣旨

障害厚生年金、障害手当金に関する問題です。Ｂについて、令和４年の問題では「障害認定日の属する月までの被保険者期間をその計算の基礎とする。」という記述で問われています。いずれの記述でも対応できるようにしておきましょう。

解答

A ○ **根拠** 法47条の3,3項　　　　　　教科書 Part 2 P344、345

設問の通り正しい。いわゆる基準傷病による障害厚生年金は、基準傷病に係る障害認定日以後65歳に達する日の前日までの間において、初めて、基準傷病による障害と他の障害とを併合して障害等級の１級又は２級に該当する程度の障害の状態に該当するに至ったとき〔基準傷病の初診日が、基準傷病以外の傷病（基準傷病以外の傷病が２以上ある場合は、基準傷病以外のすべての傷病）に係る初診日以降であるときに限る。〕に受給権が発生するが、支給開始は請求があった月の翌月からとなる。

B ○ **根拠** 法51条　　　　　　　　　　教科書 Part 2 P347

設問の通り正しい。

C ○ **根拠** 法49条２項　　　　　　　　教科書 Part 2 P347

設問の通り正しい。なお、法54条１項では「障害厚生年金は、その受給権者が当該傷病について労働基準法第77条の規定による障害補償を受ける権利を取得したときは、６年間、その支給を停止する。」と規定している。

D ✕ **根拠** 法48条１項カッコ書、52条４項、５項　　教科書 Part 2 P350

その権利を取得した当時から引き続き障害等級３級に該当する程度の障害の状態にある障害厚生年金の受給権者は、設問のその他障害との併合による改定の**請求をすることができない。**

E ○ 根拠 法56条2号 教科書 Part 2 P352

　設問の通り正しい。障害手当金は、障害の程度を定めるべき日において以下のいずれか
に該当する者には、他の要件を満たしていても支給しない。

① 　厚生年金保険法による年金たる保険給付の受給権者〔最後に障害等級に該当する程
　　度の障害の状態（以下本解説において「障害状態」という。）に該当しなくなった日
　　から起算して障害状態に該当することなく3年を経過した障害厚生年金の受給権者
　　（現に障害状態に該当しない者に限る。）を除く。〕

② 　国民年金法による年金たる給付の受給権者〔最後に障害状態に該当しなくなった日
　　から起算して障害状態に該当することなく3年を経過した障害基礎年金の受給権者
　　（現に障害状態に該当しない者に限る。）その他の政令で定める者を除く。〕

③ 　当該傷病について国家公務員災害補償法、地方公務員災害補償法若しくは同法に基
　　づく条例、公立学校の学校医、学校歯科医及び学校薬剤師の公務災害補償に関する法
　　律若しくは労働基準法77条の規定による障害補償、労働者災害補償保険法の規定に
　　よる障害補償給付、複数事業労働者障害給付若しくは障害給付又は船員保険法による
　　障害を支給事由とする給付を受ける権利を有する者

問8 　正解　C（イとエ）　　　　　　　　　　　難易度 応

出題の趣旨

遺族厚生年金に関する問題です。イは、「資格喪失日から起算して5年を経過する日前に
死亡した」ではないので注意しましょう。また、イやウのような事例問題は、簡潔なもの
でよいので、解説にある図を書いて視覚的に情報を整理してから解いた方がよいでしょ
う。エについて、短期要件に該当する場合の遺族厚生年金の額の計算と長期要件に該当す
る場合の遺族厚生年金の額の計算の違いを覚えることはもちろんですが、問題文から短期
要件又は長期要件のどちらに該当するのかも判断できるようにしておきましょう。

解答

ア ○ 根拠 法58条1項1号 教科書 Part 2 P355

　設問の通り正しい。「被保険者が死亡したとき」の「被保険者」には、「失踪の宣告を受
けた被保険者であった者であって、行方不明となった当時被保険者であったもの」も含ま
れる。なお、民法の規定により、行方不明となった者の生死が7年間明らかでなく、失踪
の宣告を受けたときは、行方不明となった日から7年が経過した日に、その者は、死亡し

たものとみなされる。

イ ✕ 根拠 法58条1項2号　　　　　　　　　　　　　　　教科書 Part 2 P355

遺族厚生年金は、被保険者であった者が、被保険者の資格を喪失した後に、被保険者であった間に初診日がある傷病により**当該初診日から起算して5年**を経過する日前に死亡した場合に、保険料納付要件を満たしていれば、一定の遺族に支給される。設問の場合、初診日から死亡日までの期間が7年程度あることからこの要件を満たしていないため、遺族厚生年金は支給されない。

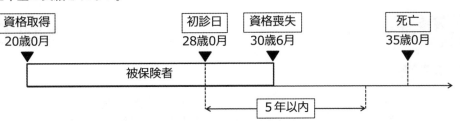

ウ ◯ 根拠 法58条1項ただし書、(60)法附則64条2項　　　教科書 Part 2 P356

設問の通り正しい。遺族厚生年金の原則の保険料納付要件を満たしていない場合であっても、令和8年4月1日前に死亡した者（死亡日において65歳未満である者に限る。）であれば、死亡日の前日において死亡日の属する月の前々月までの1年間（当該死亡日において国民年金の被保険者でなかった者については、当該死亡日の属する月の前々月以前における直近の国民年金の被保険者期間に係る月までの1年間）のうちに保険料納付済期間及び保険料免除期間以外の国民年金の被保険者期間（滞納期間）がないときは、保険料納付要件を満たすものとされる。設問の場合、死亡日の前日である令和5年7月10日において死亡日の属する月の前々月までの1年間は厚生年金保険の被保険者、つまり国民年金の第2号被保険者であるから、当該期間はすべて保険料納付済期間である。したがって当該死亡した者について保険納付要件を満たしている。

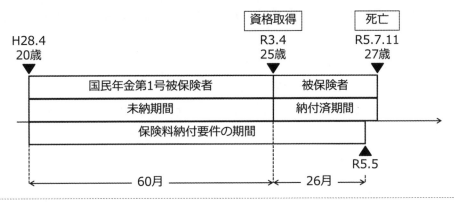

エ ✕ 根拠 法60条1項1号他　　　　　　　　　　　　　　　教科書 Part 2 P359

障害等級1級又は障害等級2級の障害厚生年金の受給権者が死亡したときは、短期要件に該当するが、この場合の遺族厚生年金の額の計算については、遺族厚生年金の額の計算の基礎となる被保険者期間の月数が300に満たないときは、これを300として計算し、また、生年月日に応じた**給付乗率の読み替えは行わない**。

オ　○　根拠　法61条1項
Part 2　P361
　設問の通り正しい。

問9　正解　B　　　　　　　　　　　　　　難易度 基

出題の趣旨

遺族厚生年金と脱退一時金に関する問題です。Eがやや細かい問題ではありますが、正解肢Bが基本事項なので、迷わずBを選んでしっかりと得点して欲しいところです。

解　答

A　×　根拠　法62条1項
Part 2　P362
　中高齢寡婦加算の額は、遺族基礎年金の額に**4分の3**を乗じて得た額（その額に50円未満の端数が生じたときは、これを切り捨て、50円以上100円未満の端数が生じたときは、これを100円に切り上げるものとする。）である。

B　○　根拠　法68条1項、2項
Part 2　P365
　設問の通り正しい。

C　×　根拠　法63条1項2号
Part 2　P366
　婚姻により消滅した遺族厚生年金の受給権が、**離婚によって復活することはない**。

D　×　根拠　法63条2項
Part 2　P366
　子の有する遺族厚生年金の受給権は、次のいずれかに該当するに至ったときに消滅する。

① 18歳に達した日以後の最初の3月31日が終了したとき。ただし、障害等級の**1級又は2級**に該当する障害の状態にあるときを除く。

② 障害等級の**1級又は2級**に該当する障害の状態にある子について、その事情がやんだとき。ただし、子が18歳に達する日以後の最初の3月31日までの間にあるときを除く。

③ 20歳に達したとき。

したがって、設問のように、**障害等級３級に該当する障害の状態にある子については、18歳に達した日以後の最初の３月31日が終了したときに受給権が消滅する。**

E ✕ 根拠 法附則29条３項、４項　　　　　　　　教科書 Part 2 P368

　設問文後半が誤り。脱退一時金の額の計算における支給率は、最終月（最後に被保険者の資格を喪失した日の属する月の前月をいう。以下本解説において同じ。）の属する年の**前年10月の保険料率**（最終月が１月から**8月**までの場合にあっては、**前々年10月の保険料率**）に２分の１を乗じて得た率に、被保険者であった期間に応じて政令で定める数を乗じて得た率とし、その率に小数点以下１位未満の端数があるときは、これを四捨五入する。

問10　正解　**E**　　　　　　　　　　　難易度 **基**

出題の趣旨

いわゆる標準報酬の分割、通則等に関する問題です。Ｂの離婚時みなし被保険者期間の取扱いは設問以外のものもしっかりと覚えておきましょう。Ｃは第１回の問10Ａとセットにして覚えましょう。Ｄは労働保険の未支給給付と異なり「３親等内の親族」も含まれている点に注意しましょう。正解肢Ｅは、法77条の「年金たる保険給付は、受給権者が、正当な理由がなくて、第96条第１項の規定による、その者の身分関係、障害の状態その他受給権の消滅、年金額の改定若しくは支給の停止に係る事項に関する書類その他の物件の提出命令に従わず、又は同項の規定によるこれらの事項に関する職員の質問に応じなかったときは、その額の全部又は一部につき、その支給を停止することができる。」と混同しないように注意しましょう。

解答

A ○ 根拠 法78条の6,4項　　　　　　　　　　教科書 Part 2 P371

　設問の通り正しい。合意分割の規定により標準報酬が改定され、又は決定されたことによって、過去に遡及して保険給付の受給権が発生、若しくは年金額が改定されるようなことはない。

B ○ 根拠 法78条の11　　　　　　　　　教科書 Part 2 P372、373

　設問の通り正しい。また、死亡した者が厚生年金保険の被保険者であったことがない者であっても、その者が離婚時みなし被保険者期間を有しており、かつ、原則として、保険

料納付済期間と保険料免除期間とを合算した期間が25年以上である場合にも、その者の一定の遺族に遺族厚生年金が支給される。

C ○ **根拠** 法78条の14,1項、(16)法附則49条  教科書 Part 2 P374

設問の通り正しい。

D ○ **根拠** 法37条1項  教科書 Part 2 P380

設問の通り正しい。なお、死亡した者が遺族厚生年金の受給権者である配偶者であったときは、その者の死亡の当時その者と生計を同じくしていた被保険者又は被保険者であった者の子であって、その者の死亡によって遺族厚生年金の支給の停止が解除されたものは、本問にある子に含まれる。

E × **根拠** 法78条1項 教科書 Part 2 P385

設問の場合は、保険給付の支払を**一時差し止めることができる**。なお、設問文の「厚生年金保険法第98条第3項の規定による届出」には、現況届等が該当する。

国民年金法

問1　正解　B（アとエ）　難易度 基

出題の趣旨

厚生労働大臣の権限の委任と被保険者に関する問題です。アは令和元年に出題された内容ですが、過去問を学習していても「地方厚生局長」の方に注目してしまうと、本問の誤っている箇所を見落としてしまうかもしれません。ウについては、日本国内に住所を有する任意加入被保険者が保険料を滞納した場合の資格喪失時期との違いに注意しましょう。エの届出に関する問題を解く際には、本問のような提出先以外にも、提出期限や、資格取得（喪失）の届出、種別変更の届出、種別確認の届出のどれに該当するのかもしっかりと把握しておきましょう。

解答

ア　×　根拠　法142条の2,1項　　教科書 Part 2 P157

　国民年金法10章に規定する厚生労働大臣の権限のうち、国民年金基金に係るものは、厚生労働省令の定めるところにより、その**一部**を地方厚生局長に委任することができるとされており、全部を委任することはできない。

イ　〇　根拠　法7条1項1号、則1条の2,1号　　教科書 Part 2 P159

　設問の通り正しい。いわゆる医療滞在ビザで来日した者に関する記述である。また、日本の国籍を有しない者であって、出入国管理及び難民認定法の規定に基づくとして法務大臣が定める活動のうち、本邦において1年を超えない期間滞在し、観光、保養その他これらに類似する活動を行うもの（いわゆるロングステイビザで来日した者）も同様の取扱いとなる。

ウ　〇　根拠　法附則5条8項4号　　教科書 Part 2 P164

　設問の通り正しい。なお、日本国内に住所を有する任意加入被保険者が保険料を滞納し、督促状の指定期限までに保険料を納付しないときは、その指定期限の翌日に資格を喪失する。

エ　×　根拠　則1条の4,1項　　教科書 Part 2 P166

　第1号被保険者の資格の取得の届出の提出先は、日本年金機構ではなく**市町村長（特別区にあっては、区長）**である。

オ　○　根拠　法附則９条の４の2,1項、２項　　　教科書 Part 2 P169

　設問の通り正しい。なお、設問文の「時効消滅不整合期間」とは、第３号被保険者としての被保険者期間（昭和61年４月から平成25年６月までの間にある保険料納付済期間に限る。）のうち、第１号被保険者としての被保険者期間として記録した事項の訂正がなされた期間（不整合期間という。）であって、当該訂正がなされたときにおいて保険料を徴収する権利が時効によって消滅している期間をいう。

問2　正解　C　　　難易度 基

出題の趣旨

費用と保険料に関する問題です。Ｂは細かい内容の出題ですが、平成26年と令和４年で出題された箇所です。Ｅの解説部分にある還付の請求みなしは令和６年１月からの改正内容ですので押さえておきましょう。ただし、正解肢Ｃが基本事項なので、こういった細かい内容がわからなかった場合でもしっかりとＣを選んで得点したいところです。

解　答

A　×　根拠　法４条の３　　　教科書 Part 2 P174

　設問の財政の現況及び見通しは、**少なくとも５年ごとに**、作成しなければならない。

B　×　根拠　(60)法附則34条１項１号　　　教科書 Part 2 P175

　付加年金の給付に要する費用及び死亡一時金の給付に要する費用〔同法52条の４，１項に定める額に相当する部分の給付に要する費用を除く（つまり、加算額8,500円に係る部分）。〕については、その**４分の１**に相当する額を国庫が負担する。

C　○　根拠　令７条　　　教科書 Part 2 P179

　設問の通り正しい。なお、最大で２年間の前納が可能である。

D　×　根拠　法92条１項　　　教科書 Part 2 P178、179

　設問の保険料等の通知にかかる事務は**厚生労働大臣**が行うこととされている。なお、厚生労働大臣は、日本年金機構に、保険料の通知に係る事務（当該通知を除く。）を行わせるものとされている。

E　×　根拠　令９条１項１号ロ　　　教科書 Part 2 P180

　未経過期間に係る前納保険料の還付は、原則として、**その者の請求に基づき**行われる。なお、還付発生の場合において、あらかじめ、当該被保険者が還付発生の場合には次に掲

げる口座のいずれかにおいて受けることを希望する旨の申出をしていたときは、還付の請求をしたものとみなす。

① 法92条の2（口座振替納付）の規定による承認に係る預金口座又は貯金口座
② 公的給付の支給等の迅速かつ確実な実施のための預貯金口座の登録等に関する法律3条1項の登録に係る同法2条6項に規定する預貯金口座（公金受取口座）

問3　正解　A　難易度 基

出題の趣旨

保険料免除等に関する問題です。Cについては、学生納付特例の所得要件は半額免除と同じである点も押さえておきましょう。Dは文章だけで考えると混乱すると思いますので、解説の図を参考にして整理しましょう。

解答

A ✕ 根拠 則75条　　　　　　　　　　　　　　　教科書 Part 2 P182

設問の法定免除の届出は、**当該事実があった日から14日以内に**、所定の事項を記載した届書を市町村長（特別区にあっては、区長）に提出しなければならない。

B ○ 根拠 法90条の2,1項2号、令6条の8　　　　　教科書 Part 2 P183、184

設問の通り正しい。

C ○ 根拠 (26)法附則14条2項1号　　　　　　　　教科書 Part 2 P185、186

設問の通り正しい。納付猶予制度の所得要件の額は、保険料全額免除と同様である。

D ○ 根拠 法94条3項、令10条1項　　　　　　　　教科書 Part 2 P187

設問の通り正しい。保険料の法定免除又は申請免除を受けた月の属する年度の翌々年度（免除を受けた月が3月であるときは、翌々年の4月）までに追納する場合には、追納すべき額に法94条3項の規定による加算は行われない。

E ○ **根拠** 法附則9条の4の7,1項1号、2項、4項　教科書 Part 2 P190

　設問の通り正しい。「特定事由」の申出とは、年金事務所や市区町村の窓口等での事務処理に誤りがあったために保険料納付や保険料免除等の各種手続ができなかった場合に、その旨を申し出るものであり、この申出が承認されると、保険料納付や保険料免除等の各種手続が可能になるものである。設問の承認を受けた場合、その申出に係る全額免除対象期間は、原則として、当該申出のあった日以後、当該特定手続に係る規定により納付することを要しないものとされた保険料に係る期間（特定全額免除期間）とみなされる。

問4　正解　C　難易度

出題の趣旨

設問のような老齢基礎年金の額を求める問題は、平成27年、平成28年、令和3年で出題されており、近年よく問われる箇所ですので、平成21年4月前と平成21年4月以降で算式が違う点も含めてしっかりと仕組みを理解しましょう。

解答

根拠　法27条ただし書、(60)法附則8条1項、(16)法附則10条1項1号、14号、15号

教科書 Part 2 P204、205

　設問の保険料半額免除期間のうち、平成16年4月から平成21年3月までの60月については3分の2を乗じ、平成21年4月から平成31年3月までの120月については4分の3を乗じて得た月数で計算される。したがって、**C**が正しい計算式となる。

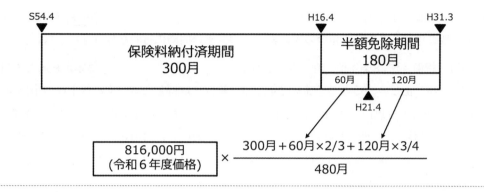

$$816,000円 \\ (令和6年度価格) × \dfrac{300月＋60月×2/3＋120月×3/4}{480月}$$

| 問5 | 正解　E | 難易度　基 |

出題の趣旨

老齢基礎年金に関する問題です。Cについて、解説の補足部分が平成27年に出題されていますので併せて確認しておきましょう。Dについて、老齢基礎年金と老齢厚生年金の支給繰下げの申出は、それぞれ単独で行える点と混同しないようにしましょう。

解　答

A　✕　根拠　(60)法附則8条5項10号　　　教科書 Part 2 P203

日本国内に住所を有していた外国人であった期間のうち、合算対象期間とされるのは、昭和36年4月1日から**昭和56年12月31日**までの期間である。日本国内に住所を有する外国人は、昭和57年1月1日から国民年金に強制加入することとなっている。

B　✕　根拠　(60)法附則15条1項　　　教科書 Part 2 P197

設問の甲には、「満額の老齢基礎年金の2分の1に相当する額」ではなく、「**振替加算額に相当する額の老齢基礎年金**」が支給される。

C　✕　根拠　(60)法附則14条、同附則16条　　　教科書 Part 2 P208

振替加算が行われている老齢基礎年金の受給権者が、配偶者と離婚した場合であっても、原則として、**振替加算は行われる**。なお、離婚時の年金分割制度の規定により、標準報酬の分割が行われた結果、振替加算が行われている老齢基礎年金の受給権者が老齢厚生年金〔その額の計算の基礎となる被保険者期間（離婚時みなし被保険者期間及び被扶養配偶者みなし被保険者期間を含む。）の月数が240以上であるものに限る。〕を受けることとなった場合は、振替加算は行われなくなる。

D ✕　根拠　法附則9条の2,2項　　　　　　　　　　　教科書 Part 2 P209

　老齢基礎年金と老齢厚生年金の支給繰上げの請求は**同時に行わなければならない**。

E ◯　根拠　法28条4項、令4条の5,1項　　　　　　　教科書 Part 2 P211

　設問の通り正しい。65歳で老齢基礎年金の受給権を取得した者の支給繰下げの申出は、昭和27年4月1日以前生まれの者を除き、最大で75歳まで可能である。また、支給繰下げによる増額率は0.7％（1000分の7）に受給権を取得した日の属する月から支給繰下げの申出をした日の属する月の前月までの月数を乗じて得た率である。したがって、最大の増額率は0.7％×120月＝84％となる。

問6　　正解　E（エとオ）　　　　　　　　　　　　　　難易度 応

出題の趣旨

障害基礎年金に関する問題です。アやオのような事例問題を通じて、支給要件や支給停止要件の暗記だけではなく、しっかりと制度を理解していくようにしましょう。なお、アについては本問よりもう少し細かい事例問題が平成28年に出題されていますので、本問を復習した後には、過去問も確認してより理解を深めていきましょう。エについては、20歳前傷病による障害基礎年金には独自の支給停止事由がありますので、本問以外の支給停止事由も教科書でしっかりと確認しておきましょう。

解答

ア ◯　根拠　法30条1項ただし書、H26.3.31厚労告191号　教科書 Part 2 P215、216

　設問の通り正しい。設問の者は、初診日において被保険者であり、また、初診日の前日において、初診日の属する月の前々月までの被保険者期間（20歳0か月から20歳4か月）はすべて学生納付特例期間であることから、原則的な保険料納付要件を満たしている。したがって、障害認定日において障害等級2級に該当する設問の者には、障害基礎年金の受給権が発生する。

イ ◯　根拠　法30条の2,4項　　　　　　　　　　　　教科書 Part 2 P217

　設問の通り正しい。

ウ ◯　根拠　法30条の3,1項　　　　　　　　　　　教科書 Part 2 P217、218

　設問の通り正しい。なお、基準傷病による障害基礎年金は、その請求があった月の翌月から支給が開始される。

エ ✕ 根拠 法36条の2,1項4号　教科書 Part 2 P225、226

　日本国内に住所を有しないときに支給停止されるのは、**法30条の4の規定による障害基礎年金（20歳前傷病による障害基礎年金）のみ**であり、それ以外の障害基礎年金は支給停止されない。

オ ✕ 根拠 法35条3項　教科書 Part 2 P226、227

　障害基礎年金の受給権は、**厚生年金保険法に規定する障害等級3級以上に該当する程度の障害の状態に該当しなくなった**日から起算して障害等級3級以上に該当する程度の障害の状態に該当することなく3年を経過し、3年を経過した日において、当該受給権者が65歳以上であるときに消滅する。設問の場合は、障害等級3級に該当しているため、障害基礎年金の受給権は消滅しない。

問7　正解　**D**　　　　　難易度

出題の趣旨

遺族基礎年金に関する問題です。問6同様に、A、B、Dの事例問題を通じて、理解を深めていきましょう。Aはいわゆる「連れ子」に関する問題です。Cは令和元年に出題されています。正解肢Dについて、解説文中②の「生計を同じくするその子の父若しくは母があるとき」の支給停止については、同①のようにカッコ書「（配偶者に対する遺族基礎年金が配偶者の申出若しくは配偶者の所在不明によりその支給を停止されているときを除く。）」が付されていない点に注意しましょう。

解　答

A ✕ 根拠 法37条の2,1項　教科書 Part 2 P233

　設問の場合、**死亡した夫甲と子丙は養子縁組をしていないため**、子丙に遺族基礎年金の受給権は発生せず、したがって妻乙にも遺族基礎年金の受給権は発生しない。

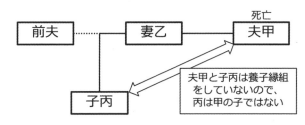

B ✕ **根拠** 法37条1項、37条の2,1項、(60)法附則20条2項

教科書 Part 2 P229、230、232

　設問の場合、**子の遺族基礎年金の受給権は発生する**。死亡した者は第1号被保険者であることから、60歳未満の者である。死亡日が令和8年4月1日前であり、死亡日の前日において、**死亡日の属する月の前々月までの1年間がすべて障害基礎年金の受給権者であることにより法定免除期間**となり、また、当該法定免除期間について、保険料を納付する旨の申出をしていないことから、当該期間に保険料未納期間もないため、特例の保険料納付要件を満たしていることになる。

C ✕ **根拠** 則40条1項、2項 教科書 P-
　設問の裁定の請求書には**連名しなければならない**。

D ◯ **根拠** 法41条2項 教科書 Part 2 P237

　設問の通り正しい。子に対する遺族基礎年金は、「①配偶者が遺族基礎年金の受給権を有するとき（配偶者に対する遺族基礎年金が配偶者の申出若しくは配偶者の所在不明によりその支給を停止されているときを除く。）」又は「②生計を同じくするその子の父若しくは母があるとき」は、その間、その支給を停止する。設問の場合には、妻の申出により遺族基礎年金の全額が支給停止されたため①の要件に該当しなくなったが、②の要件に該当しているため、子の遺族基礎年金は支給停止されたままとなる。

E ✕ **根拠** 法40条1項2号 教科書 Part 2 P238

　遺族基礎年金の受給権は、**受給権者が婚姻をしたときに消滅する**。したがって、設問の場合には、再婚した妻の遺族基礎年金の受給権は消滅するが、**これに伴って子の遺族基礎年金の受給権が消滅する**ことはない。なお、子の遺族基礎年金の受給権は消滅しないが、妻との生計同一関係が続いていれば、上記**D**の②に該当するため支給停止されることになる。

問8　正解　C　　　　　　　　　　　　　　難易度 基

出題の趣旨

国民年金の独自給付に関する問題です。Bは、解説にあるように「支給を受けたことがある」と「受給権を有したことがある」は明確に違いますので気をつけましょう。Eについては、日本国籍を有していれば、日本国外に住所を有していても任意加入することができる点と併せて見ておくとよいでしょう。

A ○ 根拠 法20条１項、47条、法附則９条の２の４　　　教科書 Part 2 P241

　設問の通り正しい。設問の併給調整によって、老齢基礎年金がその全額につき支給を停止されたときには、その間、付加年金の支給も停止される。

B ○ 根拠 法49条１項ただし書　　　教科書 Part 2 P242

　設問の通り正しい。寡婦年金は、老齢基礎年金又は障害基礎年金の支給を受けたことがある夫が死亡したときは支給されない。例えば、夫が老齢基礎年金の受給権を取得した月に死亡した場合、本来老齢基礎年金は死亡月の翌月からその支給を開始されるべきものであったことから、所定の要件を満たせば妻に寡婦年金が支給される。

C × 根拠 法52条　　　教科書 Part 2 P243

　寡婦年金も遺族基礎年金と同様に、当該夫の死亡について労働基準法の規定による遺族補償が行われるべきものであるときは、**死亡日から６年間、その支給を停止する。**

D ○ 根拠 法52条の４　　　教科書 Part 2 P246

　設問の通り正しい。

E ○ 根拠 法附則９条の３の２,1項　　　教科書 Part 2 P247

　設問の通り正しい。脱退一時金は日本国籍を有しない者であって、一定の要件を満たす者が請求したときに支給される。

問9　正解　E　　　難易度 基

解答編
第2予想
択一式

出題の趣旨

通則等に関する問題です。Aについては、譲渡等の禁止規定の例外も確認しておきましょう。Cの併給調整は本問以外のケースもしっかりと覚えましょう。Dは健康保険、厚生年金保険の不服申立てと比較しておきましょう。

解 答

A × 根拠 法25条　　　教科書 Part 2 P255

　障害基礎年金については、租税その他の公課を課することができない。

B × 根拠 法21条２項　　　教科書 Part 2 P256

　障害基礎年金を減額して改定すべき事由が生じたにもかかわらず、その事由が生じた日の属する月の翌月以降の分として減額しない額の障害基礎年金が支払われた場合における

当該障害基礎年金の当該減額すべきであった部分については、**その後に支払うべき障害基礎年金の内払とみなすことができる。**

C ✕ 根拠 法20条１項、法附則９条の２の４ 　　　　　　　教科書 Part 2 P259

老齢基礎年金と障害厚生年金は、**受給権者の年齢にかかわらず併給されない。**

D ✕ 根拠 法101条１項 　　　　　　　　　　　　　　　　　　教科書 Part 2 P262

保険料その他国民年金法の規定による徴収金に関する処分に不服がある者は、**社会保険審査官に対して審査請求**をし、その決定に不服がある者は、社会保険審査会に対して再審査請求をすることができる。

E 〇 根拠 法102条４項 　　　　　　　　　　　　　　　　　　教科書 Part 2 P263

設問の通り正しい。なお、年金給付を受ける権利は、その支給すべき事由が生じた日から５年を経過したとき、当該権利に基づき支払期月ごとに支払うものとされる年金給付の支給を受ける権利は、当該日の属する月の翌月以後に到来する当該年金給付の支給に係る支払期月の翌月の初日から５年を経過したときは、時効によって消滅する。

問10　　正解　D　　　　　　　　　　　　　　　　　　　　　難易度 基

出題の趣旨

国民年金基金と罰則に関する問題です。Ｂは被保険者期間の計算との違いに気をつけましょう。Ｃは厚生労働大臣が裁定を行うものではないことに注意しましょう。

解答

A 〇 根拠 法136条 　　　　　　　　　　　　　　　　　　　　教科書 Part 2 P268

設問の通り正しい。なお、国民年金基金は、①代議員の定数の４分の３以上の多数による代議員会の議決、②基金の事業の継続の不能、③厚生労働大臣による解散の命令により解散する。ただし、①と②の理由による解散については、厚生労働大臣の認可を受けなければならない。

B 〇 根拠 法127条４項 　　　　　　　　　　　　　　　　　　教科書 Part 2 P270

設問の通り正しい。

C 〇 根拠 法133条 　　　　　　　　　　　　　　　　　　　　教科書 Part 2 P271

設問の通り正しい。

D ✕ 根拠 法137条の５、137条の7,1項 　　　　　　　　　　　教科書 Part 2 P272

設問文の最後が誤り。国民年金基金連合会を設立するには、設立について厚生労働大臣の「承認」ではなく「**認可**」を受けなければならない。

E　○　根拠　法111条　　　　　　　　　　　　　　　　教科書 Part 2 P263

設問の通り正しい。

執筆者

小野寺　雅也（TAC社会保険労務士講座　専任講師）

榊原　拓（TAC社会保険労務士講座　専任講師）

試験に出る！　重要判例20選！

【参考文献】

菅野和夫「労働法第11版補正版」弘文堂

大内伸哉「最新重要判例200労働法第7版」弘文堂

村中孝史・荒木尚史編「労働判例百選第10版」有斐閣

最高裁判所ＨＰ

「ジュリスト2023年5月号」有斐閣

「日本労働研究雑誌2023年11月号」労働政策研究・研修機構

　本書は、令和6年3月22日現在公表されている情報に基づいて執筆しています。

　追加情報がある場合は、弊社書籍販売サイト「Cyber Book Store」の法改正情報ページでご案内いたします。

TAC出版の書籍販売サイト　Cyber Book Store

https://bookstore.tac-school.co.jp/

みんなが欲しかった！　社労士シリーズ

2024年度版　みんなが欲しかった！

社労士の直前予想模試

（2018年度版：2018年5月20日　初版　第1刷発行）

2024年4月23日　初　版　第1刷発行

編 著 者	Ｔ Ａ Ｃ 株 式 会 社	
	（社会保険労務士講座）	
発 行 者	多 　 田 　 敏 　 男	
発 行 所	ＴＡＣ株式会社　出版事業部	
	（TAC出版）	

〒101-8383
東京都千代田区神田三崎町3-2-18
電話 03（5276）9492（営業）
FAX 03（5276）9674
https://shuppan.tac-school.co.jp

組　　版	朝日メディアインターナショナル株式会社
印　　刷	株式会社　ワ　　コ　　ー
製　　本	東 京 美 術 紙 工 協 業 組 合

© TAC 2024　　　Printed in Japan

ISBN 978-4-300-10787-4
N.D.C. 364

社会保険労務士講座

2024年合格目標
社会保険労務士 直前対策

通学・通信にて順次開講中!

インプットを終えた今、弱点補強や実践力強化への悩みは人それぞれです。
そこでTACでは、直前期に必要不可欠な重要ポイントの総整理や弱点克服、実践演習などを盛り込んだ弱点克服オプションを多数開講します。直前期の限られた時間で効率的に力を伸ばし、合格を勝ち取りましょう!

ポイント整理・弱点克服で確実に合格する!

弱点克服オプション

Webフォロー標準装備!

厳選した過去問で、基本事項を総復習

過去問で総復習ゼミ
（全6回）

横のつながりで科目間の論点整理

横断セミナー
（全2回）

年金の苦手意識が一気に吹き飛ぶ!

年金補講セミナー
（全4回）

選択式の"1点"で泣かないために!

選択式セミナー
レクチャー編／統計・白書・読解編（各1回）

幅広い事例問題にも対応

計算・事例対策セミナー
（全2回）

得点力UP! 果てしなく広い範囲はこれで絞り込め!

統計・白書セミナー
（全2回）

Topic!

インターネット上で無料配信中!

社労士試験
直前対策プレセミナー

テーマ:「本試験の傾向と対策&
　　　　過去問で理解を深める勉強法」

★TACホームページ上でご覧いただけます ▶▶▶ **https://www.tac-school.co.jp/**
☞ TAC動画チャンネルをクリック!

「直前対策」「勝利の全国模試シリーズ」の詳細は、
TACホームページをご覧ください。

https://www.tac-school.co.jp/kouza_sharosi.html➡

TAC出版 書籍のご案内

TAC出版では、資格の学校TAC各講座の定評ある執筆陣による資格試験の参考書をはじめ、資格取得者の開業法や仕事術、実務書、ビジネス書、一般書などを発行しています!

TAC出版の書籍
*一部書籍は、早稲田経営出版のブランドにて刊行しております。

資格・検定試験の受験対策書籍

- ❂日商簿記検定
- ❂建設業経理士
- ❂全経簿記上級
- ❂税 理 士
- ❂公認会計士
- ❂社会保険労務士
- ❂中小企業診断士
- ❂証券アナリスト

- ❂ファイナンシャルプランナー(FP)
- ❂証券外務員
- ❂貸金業務取扱主任者
- ❂不動産鑑定士
- ❂宅地建物取引士
- ❂賃貸不動産経営管理士
- ❂マンション管理士
- ❂管理業務主任者

- ❂司法書士
- ❂行政書士
- ❂司法試験
- ❂弁理士
- ❂公務員試験(大卒程度・高卒者)
- ❂情報処理試験
- ❂介護福祉士
- ❂ケアマネジャー
- ❂電験三種　ほか

実務書・ビジネス書

- ❂会計実務、税法、税務、経理
- ❂総務、労務、人事
- ❂ビジネススキル、マナー、就職、自己啓発
- ❂資格取得者の開業法、仕事術、営業術

一般書・エンタメ書

- ❂ファッション
- ❂エッセイ、レシピ
- ❂スポーツ
- ❂旅行ガイド (おとな旅プレミアム/旅コン)

2024年度版 社労士試験対策書籍のご案内

TAC出版では、独学用、およびスクール学習の副教材として、各種対策書籍を取り揃えています。
学習の各段階に対応していますので、あなたのステップに応じて、合格に向けてご活用ください!

(刊行内容、発売月、表紙は変更になることがあります。)

みんなが欲しかった! シリーズ

わかりやすさ、学習しやすさに徹底的にこだわった、TAC出版イチオシのシリーズ。
大人気の『社労士の教科書』をはじめ、合格に必要な書籍を網羅的に取り揃えています。

基礎学習

『みんなが欲しかった!
社労士合格へのはじめの一歩』
A5判、8月 貫場 恵子 著
●初学者のための超入門テキスト!
●概要をしっかりつかむことができる入門講義で、学習効率ぐーんとアップ!
●フルカラーの巻頭特集 スタートアップ講座は必見!

『みんなが欲しかった!
社労士の教科書』
A5判、10月
●資格の学校TACが独学者・初学者専用に開発! フルカラーで圧倒的にわかりやすいテキストです。
●2冊に分解OK! セパレートBOOK形式。
●便利な赤シートつき!

『みんなが欲しかった!
社労士の問題集』
A5判、10月
●この1冊でイッキに合格レベルに! 本試験形式の択一式&選択式の過去問、予想問を必要な分だけ収載。
●『社労士の教科書』に完全準拠。

実力アップ

『みんなが欲しかった!
社労士合格のツボ 選択対策』
B6判、11月
●基本事項のマスターにも最適! 本試験のツボをおさえた選択式問題厳選333問!!
●赤シートつきでパパッと対策可能!

『みんなが欲しかった!
社労士合格のツボ 択一対策』
B6判、11月
●択一の得点アップに効く1冊! 本試験のツボをおさえた一問一答問題厳選1600問!! 基本と応用の2step式で、効率よく学習できる!

『みんなが欲しかった!
社労士全科目横断総まとめ』
B6判、12月
●各科目間の共通・類似事項をこの1冊で整理!
●赤シート対応で、まとめて覚えられるから効率的!

実践演習

『みんなが欲しかった! 社労士の
年度別過去問題集 5年分』
A5判、12月
●年度別にまとめられた5年分の過去問で知識を総仕上げ!
●問題、解説冊子は取り外しOKのセパレートタイプ!

『みんなが欲しかった!
社労士の直前予想模試』
B5判、4月
●みんなが欲しかったシリーズの総仕上げ模試!
●基本事項を中心とした模試で知識を一気に仕上げます!

書籍の正誤に関するご確認とお問合せについて

書籍の記載内容に誤りではないかと思われる箇所がございましたら、以下の手順にてご確認とお問合せをしてくださいますよう、お願い申し上げます。

なお、正誤のお問合せ以外の書籍内容に関する解説および受験指導などは、一切行っておりません。
そのようなお問合せにつきましては、お答えいたしかねますので、あらかじめご了承ください。

1 「Cyber Book Store」にて正誤表を確認する

TAC出版書籍販売サイト「Cyber Book Store」の
トップページ内「正誤表」コーナーにて、正誤をご確認ください。

CYBER TAC出版書籍販売サイト
BOOK STORE

URL：https://bookstore.tac-school.co.jp/

2 ①の正誤表がない、あるいは正誤表に該当箇所の記載がない
⇒ 下記①、②のどちらかの方法で文書にて問合せをする

★ご注意ください★

お電話でのお問合せは、お受けいたしません。
①、②のどちらの方法でも、お問合せの際には、「お名前」とともに、
「対象の書籍名（○級・第○回対策も含む）およびその版数（第○版・○○年度版など）」
「お問合せ該当箇所の頁数と行数」
「誤りと思われる記載」
「正しいとお考えになる記載とその根拠」
を明記してください。
なお、回答までに１週間前後を要する場合もございます。あらかじめご了承ください。

① ウェブページ「Cyber Book Store」内の「お問合せフォーム」より問合せをする

【お問合せフォームアドレス】

https://bookstore.tac-school.co.jp/inquiry/

② メールにより問合せをする

【メール宛先　TAC出版】

syuppan-h@tac-school.co.jp

※土日祝日はお問合せ対応をおこなっておりません。
※正誤のお問合せ対応は、該当書籍の改訂版刊行月末日までといたします。

乱丁・落丁による交換は、該当書籍の改訂版刊行月末日までといたします。なお、書籍の在庫状況等により、お受けできない場合もございます。
また、各種本試験の実施の延期、中止を理由とした本書の返品はお受けいたしません。返金もいたしかねますので、あらかじめご了承くださいますようお願い申し上げます。

（2022年7月現在）

2024年度版　みんなが欲しかった！　社労士の直前予想模試
選択式　解答用紙〔第1予想〕

※本解答用紙は、自宅学習用に本試験の解答用紙を再現したものです。採点は、本書の解答編をご覧いただき、自己採点でお願いいたします。
※本試験では、受験番号、氏名（フリガナ）が印字された解答用紙が配布されます。

コード記入欄
1.受験番号

フリガナ
2.氏名

注意事項
　この試験の採点は、電子計算機によって行いますから次の指示を守ってください。
(1)解答用紙を汚したり折り曲げたりしないこと。
(2)マークはHBの鉛筆かシャープペンシルで下記の良い例のように、ていねいにぬりつぶすこと。なお、悪い例のようにぬりつぶしが不十分な場合、ボールペン、万年筆、水性ペンなどでぬりつぶした場合は無答扱いになります。

記入例

良い例	悪い例
ぬりつぶし	うすい　はみだし　縦棒　丸
	小さい　レ点　横棒　バツ

(3)訂正するときは消しゴムで完全に消すこと。
　消し方が十分でないと無答扱いになります。
(4)1の受験番号及び2の氏名（フリガナ）を確認し、2の氏名（漢字）欄に氏名を記入すること。

＜解答欄＞

〔問1〕労働基準法及び労働安全衛生法　A B C D E　① ② ③ ④ ⑤ ⑥ ⑦ ⑧ ⑨ ⑩ ⑪ ⑫ ⑬ ⑭ ⑮ ⑯ ⑰ ⑱ ⑲ ⑳

〔問2〕労働者災害補償保険法　A B C D E　① ② ③ ④ ⑤ ⑥ ⑦ ⑧ ⑨ ⑩ ⑪ ⑫ ⑬ ⑭ ⑮ ⑯ ⑰ ⑱ ⑲ ⑳

〔問3〕雇用保険法　A B C D E　① ② ③ ④ ⑤ ⑥ ⑦ ⑧ ⑨ ⑩ ⑪ ⑫ ⑬ ⑭ ⑮ ⑯ ⑰ ⑱ ⑲ ⑳

〔問4〕労務管理その他の労働に関する一般常識　A B C D E　① ② ③ ④ ⑤ ⑥ ⑦ ⑧ ⑨ ⑩ ⑪ ⑫ ⑬ ⑭ ⑮ ⑯ ⑰ ⑱ ⑲ ⑳

〔問5〕社会保険に関する一般常識　A B C D E　① ② ③ ④ ⑤ ⑥ ⑦ ⑧ ⑨ ⑩ ⑪ ⑫ ⑬ ⑭ ⑮ ⑯ ⑰ ⑱ ⑲ ⑳

〔問6〕健康保険法　A B C D E　① ② ③ ④ ⑤ ⑥ ⑦ ⑧ ⑨ ⑩ ⑪ ⑫ ⑬ ⑭ ⑮ ⑯ ⑰ ⑱ ⑲ ⑳

〔問7〕厚生年金保険法　A B C D E　① ② ③ ④ ⑤ ⑥ ⑦ ⑧ ⑨ ⑩ ⑪ ⑫ ⑬ ⑭ ⑮ ⑯ ⑰ ⑱ ⑲ ⑳

〔問8〕国民年金法　A B C D E　① ② ③ ④

キリトリ

2024年度版　みんなが欲しかった！　社労士の直前予想模試
択一式　解答用紙〔第1予想〕

※本解答用紙は、自宅学習用に本試験の解答用紙を再現したものです。採点は、本書の解答編をご覧いただき、自己採点でお願いいたします。
※本試験では、受験番号、氏名(フリガナ)が印字された解答用紙が配布されます。

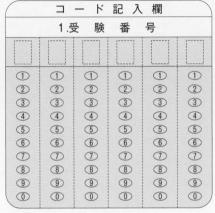

コード記入欄
1.受験番号

フリガナ

2.氏名

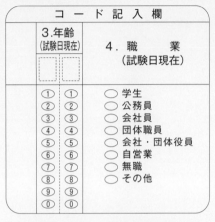

コード記入欄

3.年齢(試験日現在)	4．職業(試験日現在)

① 学生
② 公務員
③ 会社員
④ 団体職員
⑤ 会社・団体役員
⑥ 自営業
⑦ 無職
⑧ その他

※左記のコード記入欄は
合格者の属性調査のために
使用させていただきます。

注意事項
この試験の採点は、電子計算機によって行いますから次の指示を守ってください。
(1)解答用紙を汚したり折り曲げたりしないこと。
(2)マークはHBの鉛筆かシャープペンシルで下記の良い例のように、ていねいにぬりつぶすこと。なお、悪い例のようにぬりつぶしが不十分な場合、ボールペン、万年筆、水性ペンなどでぬりつぶした場合は無答扱いになります。

記入例

良い例　ぬりつぶし

悪い例　うすい　はみだし　縦棒　丸　小さい　レ点　横棒　バツ

(3)訂正するときは消しゴムで完全に消すこと。
消し方が十分でないと無答扱いになります。
(4)1の受験番号及び2の氏名(フリガナ)を確認し、2の氏名(漢字)欄に氏名を記入すること。また、3の年齢は点線のシカクの中にそれぞれ算用数字を記入するとともに下側のコード欄をマークすること。
(5)4の職業はコード欄の該当するものをマークすること。

キリトリ

＜解答欄＞

労働基準法及び労働安全衛生法

	A	B	C	D	E
問1	○	○	○	○	○
問2	○	○	○	○	○
問3	○	○	○	○	○
問4	○	○	○	○	○
問5	○	○	○	○	○

	A	B	C	D	E
問6	○	○	○	○	○
問7	○	○	○	○	○
問8	○	○	○	○	○
問9	○	○	○	○	○
問10	○	○	○	○	○

労働者災害補償保険法
(労働保険の保険料の徴収等に関する法律を含む。)

	A	B	C	D	E
問1	○	○	○	○	○
問2	○	○	○	○	○
問3	○	○	○	○	○
問4	○	○	○	○	○
問5	○	○	○	○	○

	A	B	C	D	E
問6	○	○	○	○	○
問7	○	○	○	○	○
問8	○	○	○	○	○
問9	○	○	○	○	○
問10	○	○	○	○	○

雇用保険法
(労働保険の保険料の徴収等に関する法律を含む。)

	A	B	C	D	E
問1	○	○	○	○	○
問2	○	○	○	○	○
問3	○	○	○	○	○
問4	○	○	○	○	○
問5	○	○	○	○	○

	A	B	C	D	E
問6	○	○	○	○	○
問7	○	○	○	○	○
問8	○	○	○	○	○
問9	○	○	○	○	○
問10	○	○	○	○	○

労務管理その他の労働及び社会保険に関する一般常識

	A	B	C	D	E
問1	○	○	○	○	○
問2	○	○	○	○	○
問3	○	○	○	○	○
問4	○	○	○	○	○
問5	○	○	○	○	○

	A	B	C	D	E
問6	○	○	○	○	○
問7	○	○	○	○	○
問8	○	○	○	○	○
問9	○	○	○	○	○
問10	○	○	○	○	○

健康保険法

	A	B	C	D	E
問1	○	○	○	○	○
問2	○	○	○	○	○
問3	○	○	○	○	○
問4	○	○	○	○	○
問5	○	○	○	○	○

	A	B	C	D	E
問6	○	○	○	○	○
問7	○	○	○	○	○
問8	○	○	○	○	○
問9	○	○	○	○	○
問10	○	○	○	○	○

厚生年金保険法

	A	B	C	D	E
問1	○	○	○	○	○
問2	○	○	○	○	○
問3	○	○	○	○	○
問4	○	○	○	○	○
問5	○	○	○	○	○

	A	B	C	D	E
問6	○	○	○	○	○
問7	○	○	○	○	○
問8	○	○	○	○	○
問9	○	○	○	○	○
問10	○	○	○	○	○

国民年金法

	A	B	C	D	E
問1	○	○	○	○	○
問2	○	○	○	○	○
問3	○	○	○	○	○
問4	○	○	○	○	○
問5	○	○	○	○	○

	A	B	C	D	E
問6	○	○	○	○	○
問7	○	○	○	○	○
問8	○	○	○	○	○
問9	○	○	○	○	○
問10	○	○	○	○	○

※本解答用紙は、自宅学習用に本試験の解答用紙を再現したものです。採点は、本書の解答編をご覧いただき、自己採点でお願いいたします。
※本試験では、受験番号、氏名（フリガナ）が印字された解答用紙が配布されます。

コード記入欄

1.受験番号

① ① ① ① ① ①
② ② ② ② ② ②
③ ③ ③ ③ ③ ③
④ ④ ④ ④ ④ ④
⑤ ⑤ ⑤ ⑤ ⑤ ⑤
⑥ ⑥ ⑥ ⑥ ⑥ ⑥
⑦ ⑦ ⑦ ⑦ ⑦ ⑦
⑧ ⑧ ⑧ ⑧ ⑧ ⑧
⑨ ⑨ ⑨ ⑨ ⑨ ⑨
⓪ ⓪ ⓪ ⓪ ⓪ ⓪

フリガナ

2.氏　名

注意事項

　この試験の採点は、電子計算機によって行いますから次の指示を守ってください。
(1)解答用紙を汚したり折り曲げたりしないこと。
(2)マークはHBの鉛筆かシャープペンシルで下記の良い例のように、ていねいにぬりつぶすこと。なお、悪い例のようにぬりつぶしが不十分な場合、ボールペン、万年筆、水性ペンなどでぬりつぶした場合は無答扱いになります。

記入例　良い例　　悪い例
良い例：ぬりつぶし
悪い例：うすい　はみだし　縦棒　丸　小さい　レ点　横棒　バツ

(3)訂正するときは消しゴムで完全に消すこと。
　消し方が十分でないと無答扱いになります。
(4)1の受験番号及び2の氏名（フリガナ）を確認し、2の氏名（漢字）欄に氏名を記入すること。

キリトリ

＜解答欄＞

〔問 1〕　労働基準法及び労働安全衛生法

A　① ② ③ ④ ⑤ ⑥ ⑦ ⑧ ⑨ ⑩ ⑪ ⑫ ⑬ ⑭ ⑮ ⑯ ⑰ ⑱ ⑲ ⑳
B　① ② ③ ④ ⑤ ⑥ ⑦ ⑧ ⑨ ⑩ ⑪ ⑫ ⑬ ⑭ ⑮ ⑯ ⑰ ⑱ ⑲ ⑳
C　① ② ③ ④ ⑤ ⑥ ⑦ ⑧ ⑨ ⑩ ⑪ ⑫ ⑬ ⑭ ⑮ ⑯ ⑰ ⑱ ⑲ ⑳
D　① ② ③ ④ ⑤ ⑥ ⑦ ⑧ ⑨ ⑩ ⑪ ⑫ ⑬ ⑭ ⑮ ⑯ ⑰ ⑱ ⑲ ⑳
E　① ② ③ ④ ⑤ ⑥ ⑦ ⑧ ⑨ ⑩ ⑪ ⑫ ⑬ ⑭ ⑮ ⑯ ⑰ ⑱ ⑲ ⑳

〔問 2〕　労働者災害補償保険法

A　① ② ③ ④ ⑤ ⑥ ⑦ ⑧ ⑨ ⑩ ⑪ ⑫ ⑬ ⑭ ⑮ ⑯ ⑰ ⑱ ⑲ ⑳
B　① ② ③ ④ ⑤ ⑥ ⑦ ⑧ ⑨ ⑩ ⑪ ⑫ ⑬ ⑭ ⑮ ⑯ ⑰ ⑱ ⑲ ⑳
C　① ② ③ ④ ⑤ ⑥ ⑦ ⑧ ⑨ ⑩ ⑪ ⑫ ⑬ ⑭ ⑮ ⑯ ⑰ ⑱ ⑲ ⑳
D　① ② ③ ④ ⑤ ⑥ ⑦ ⑧ ⑨ ⑩ ⑪ ⑫ ⑬ ⑭ ⑮ ⑯ ⑰ ⑱ ⑲ ⑳
E　① ② ③ ④ ⑤ ⑥ ⑦ ⑧ ⑨ ⑩ ⑪ ⑫ ⑬ ⑭ ⑮ ⑯ ⑰ ⑱ ⑲ ⑳

〔問 3〕　雇用保険法

A　① ② ③ ④ ⑤ ⑥ ⑦ ⑧ ⑨ ⑩ ⑪ ⑫ ⑬ ⑭ ⑮ ⑯ ⑰ ⑱ ⑲ ⑳
B　① ② ③ ④ ⑤ ⑥ ⑦ ⑧ ⑨ ⑩ ⑪ ⑫ ⑬ ⑭ ⑮ ⑯ ⑰ ⑱ ⑲ ⑳
C　① ② ③ ④ ⑤ ⑥ ⑦ ⑧ ⑨ ⑩ ⑪ ⑫ ⑬ ⑭ ⑮ ⑯ ⑰ ⑱ ⑲ ⑳
D　① ② ③ ④ ⑤ ⑥ ⑦ ⑧ ⑨ ⑩ ⑪ ⑫ ⑬ ⑭ ⑮ ⑯ ⑰ ⑱ ⑲ ⑳
E　① ② ③ ④ ⑤ ⑥ ⑦ ⑧ ⑨ ⑩ ⑪ ⑫ ⑬ ⑭ ⑮ ⑯ ⑰ ⑱ ⑲ ⑳

〔問 4〕　労務管理その他の労働に関する一般常識

A　① ② ③ ④ ⑤ ⑥ ⑦ ⑧ ⑨ ⑩ ⑪ ⑫ ⑬ ⑭ ⑮ ⑯ ⑰ ⑱ ⑲ ⑳
B　① ② ③ ④ ⑤ ⑥ ⑦ ⑧ ⑨ ⑩ ⑪ ⑫ ⑬ ⑭ ⑮ ⑯ ⑰ ⑱ ⑲ ⑳
C　① ② ③ ④ ⑤ ⑥ ⑦ ⑧ ⑨ ⑩ ⑪ ⑫ ⑬ ⑭ ⑮ ⑯ ⑰ ⑱ ⑲ ⑳
D　① ② ③ ④ ⑤ ⑥ ⑦ ⑧ ⑨ ⑩ ⑪ ⑫ ⑬ ⑭ ⑮ ⑯ ⑰ ⑱ ⑲ ⑳
E　① ② ③ ④ ⑤ ⑥ ⑦ ⑧ ⑨ ⑩ ⑪ ⑫ ⑬ ⑭ ⑮ ⑯ ⑰ ⑱ ⑲ ⑳

〔問 5〕　社会保険に関する一般常識

A　① ② ③ ④ ⑤ ⑥ ⑦ ⑧ ⑨ ⑩ ⑪ ⑫ ⑬ ⑭ ⑮ ⑯ ⑰ ⑱ ⑲ ⑳
B　① ② ③ ④ ⑤ ⑥ ⑦ ⑧ ⑨ ⑩ ⑪ ⑫ ⑬ ⑭ ⑮ ⑯ ⑰ ⑱ ⑲ ⑳
C　① ② ③ ④ ⑤ ⑥ ⑦ ⑧ ⑨ ⑩ ⑪ ⑫ ⑬ ⑭ ⑮ ⑯ ⑰ ⑱ ⑲ ⑳
D　① ② ③ ④ ⑤ ⑥ ⑦ ⑧ ⑨ ⑩ ⑪ ⑫ ⑬ ⑭ ⑮ ⑯ ⑰ ⑱ ⑲ ⑳
E　① ② ③ ④ ⑤ ⑥ ⑦ ⑧ ⑨ ⑩ ⑪ ⑫ ⑬ ⑭ ⑮ ⑯ ⑰ ⑱ ⑲ ⑳

〔問 6〕　健康保険法

A　① ② ③ ④ ⑤ ⑥ ⑦ ⑧ ⑨ ⑩ ⑪ ⑫ ⑬ ⑭ ⑮ ⑯ ⑰ ⑱ ⑲ ⑳
B　① ② ③ ④ ⑤ ⑥ ⑦ ⑧ ⑨ ⑩ ⑪ ⑫ ⑬ ⑭ ⑮ ⑯ ⑰ ⑱ ⑲ ⑳
C　① ② ③ ④ ⑤ ⑥ ⑦ ⑧ ⑨ ⑩ ⑪ ⑫ ⑬ ⑭ ⑮ ⑯ ⑰ ⑱ ⑲ ⑳
D　① ② ③ ④ ⑤ ⑥ ⑦ ⑧ ⑨ ⑩ ⑪ ⑫ ⑬ ⑭ ⑮ ⑯ ⑰ ⑱ ⑲ ⑳
E　① ② ③ ④ ⑤ ⑥ ⑦ ⑧ ⑨ ⑩ ⑪ ⑫ ⑬ ⑭ ⑮ ⑯ ⑰ ⑱ ⑲ ⑳

〔問 7〕　厚生年金保険法

A　① ② ③ ④
B　① ② ③ ④
C　① ② ③ ④
D　① ② ③ ④
E　① ② ③ ④

〔問 8〕　国民年金法

A　① ② ③ ④ ⑤ ⑥ ⑦ ⑧ ⑨ ⑩ ⑪ ⑫ ⑬ ⑭ ⑮ ⑯ ⑰ ⑱ ⑲ ⑳
B　① ② ③ ④ ⑤ ⑥ ⑦ ⑧ ⑨ ⑩ ⑪ ⑫ ⑬ ⑭ ⑮ ⑯ ⑰ ⑱ ⑲ ⑳
C　① ② ③ ④ ⑤ ⑥ ⑦ ⑧ ⑨ ⑩ ⑪ ⑫ ⑬ ⑭ ⑮ ⑯ ⑰ ⑱ ⑲ ⑳
D　① ② ③ ④ ⑤ ⑥ ⑦ ⑧ ⑨ ⑩ ⑪ ⑫ ⑬ ⑭ ⑮ ⑯ ⑰ ⑱ ⑲ ⑳
E　① ② ③ ④ ⑤ ⑥ ⑦ ⑧ ⑨ ⑩ ⑪ ⑫ ⑬ ⑭ ⑮ ⑯ ⑰ ⑱ ⑲ ⑳

2024年度版　みんなが欲しかった！　社労士の直前予想模試
択一式　解答用紙〔第2予想〕

※本解答用紙は、自宅学習用に本試験の解答用紙を再現したものです。採点は、本書の解答編をご覧いただき、自己採点でお願いいたします。
※本試験では、受験番号、氏名（フリガナ）が印字された解答用紙が配布されます。

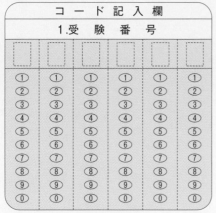

コ ー ド 記 入 欄
1.受　験　番　号

フリガナ

2.氏　名

コ ー ド 記 入 欄		
3.年齢 （試験日現在）	4．職　業 （試験日現在）	
① ①	○ 学生	
② ②	○ 公務員	
③ ③	○ 会社員	
④ ④	○ 団体職員	
⑤ ⑤	○ 会社・団体役員	
⑥ ⑥	○ 自営業	
⑦ ⑦	○ 無職	
⑧ ⑧	○ その他	
⑨ ⑨		
⓪ ⓪		

※左記のコード記入欄は
合格者の属性調査のために
使用させていただきます。

注　意　事　項
　この試験の採点は、電子計算機によって行いますから次の指示を守ってください。
(1)解答用紙を汚したり折り曲げたりしないこと。
(2)マークはHBの鉛筆かシャープペンシルで下記の良い例のように、ていねいにぬりつぶすこと。なお、悪い例のようにぬりつぶしが不十分な場合、ボールペン、万年筆、水性ペンなどでぬりつぶした場合は無答扱いになります。

記入例　良い例　ぬりつぶし　悪い例　うすい　はみだし　縦棒　丸　小さい　レ点　横棒　バツ

(3)訂正するときは消しゴムで完全に消すこと。
　消し方が十分でないと無答扱いになります。
(4)1の受験番号及び2の氏名（フリガナ）を確認し、2の氏名（漢字）欄に氏名を記入すること。また、3の年齢は点線のシカクの中にそれぞれ算用数字を記入するとともに下側のコード欄をマークすること。
(5)4の職業はコード欄の該当するものをマークすること。

キリトリ

＜解　答　欄＞

労働基準法及び労働安全衛生法

	A	B	C	D	E
問1	○	○	○	○	○
問2	○	○	○	○	○
問3	○	○	○	○	○
問4	○	○	○	○	○
問5	○	○	○	○	○

	A	B	C	D	E
問6	○	○	○	○	○
問7	○	○	○	○	○
問8	○	○	○	○	○
問9	○	○	○	○	○
問10	○	○	○	○	○

労働者災害補償保険法
（労働保険の保険料の徴収等に関する法律を含む。）

	A	B	C	D	E
問1	○	○	○	○	○
問2	○	○	○	○	○
問3	○	○	○	○	○
問4	○	○	○	○	○
問5	○	○	○	○	○

	A	B	C	D	E
問6	○	○	○	○	○
問7	○	○	○	○	○
問8	○	○	○	○	○
問9	○	○	○	○	○
問10	○	○	○	○	○

雇　用　保　険　法
（労働保険の保険料の徴収等に関する法律を含む。）

	A	B	C	D	E
問1	○	○	○	○	○
問2	○	○	○	○	○
問3	○	○	○	○	○
問4	○	○	○	○	○
問5	○	○	○	○	○

	A	B	C	D	E
問6	○	○	○	○	○
問7	○	○	○	○	○
問8	○	○	○	○	○
問9	○	○	○	○	○
問10	○	○	○	○	○

労務管理その他の労働及び社会保険に関する一般常識

	A	B	C	D	E
問1	○	○	○	○	○
問2	○	○	○	○	○
問3	○	○	○	○	○
問4	○	○	○	○	○
問5	○	○	○	○	○

	A	B	C	D	E
問6	○	○	○	○	○
問7	○	○	○	○	○
問8	○	○	○	○	○
問9	○	○	○	○	○
問10	○	○	○	○	○

健　康　保　険　法

	A	B	C	D	E
問1	○	○	○	○	○
問2	○	○	○	○	○
問3	○	○	○	○	○
問4	○	○	○	○	○
問5	○	○	○	○	○

	A	B	C	D	E
問6	○	○	○	○	○
問7	○	○	○	○	○
問8	○	○	○	○	○
問9	○	○	○	○	○
問10	○	○	○	○	○

厚　生　年　金　保　険　法

	A	B	C	D	E
問1	○	○	○	○	○
問2	○	○	○	○	○
問3	○	○	○	○	○
問4	○	○	○	○	○
問5	○	○	○	○	○

	A	B	C	D	E
問6	○	○	○	○	○
問7	○	○	○	○	○
問8	○	○	○	○	○
問9	○	○	○	○	○
問10	○	○	○	○	○

国　民　年　金　法

	A	B	C	D	E
問1	○	○	○	○	○
問2	○	○	○	○	○
問3	○	○	○	○	○
問4	○	○	○	○	○
問5	○	○	○	○	○

	A	B	C	D	E
問6	○	○	○	○	○
問7	○	○	○	○	○
問8	○	○	○	○	○
問9	○	○	○	○	○
問10	○	○	○	○	○

【問題冊子ご利用時の注意】

　「問題冊子」は、この色紙を残したまま、ていねいに抜き取り、ご利用ください。

● 抜き取り時のケガには、十分お気をつけください。
● 抜き取りの際の損傷についてのお取替えはご遠慮願います。

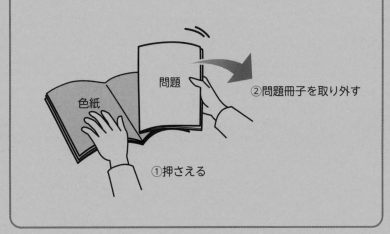

TAC出版

TAC PUBLISHING Group

第 1 予想

選 択 式 予 想 問 題

（注　　　　意）

1　各問ごとに、正解と思うものの符号を解答用紙の所定の欄に1つ表示すること。

2　この問題の解答は、令和6年4月1日に施行されている法令等によること。

3　この問題は、問1から問8までの8問であるので、確認すること。

【注意事項】

　本予想問題における出題は、根拠となる法律、政令、省令、告示、通達に、「東日本大震災に対処するための特別の財政援助及び助成に関する法律（平成23年法律第40号）」をはじめとする東日本大震災等に関連して制定、発出された特例措置及び新型コロナウイルス感染症に関して制定、発出された特別措置に係るものは含まれません。

労働基準法及び労働安全衛生法

〔問　1〕　次の文中の　　　　の部分を選択肢の中の最も適切な語句で埋め、完全な文章とせよ。

1　最高裁判所は、医師法（平成11年法律第160号による改正前のもの。以下同じ。）第16条の2第1項所定の臨床研修を行う医師が労働基準法（平成10年法律第112号による改正前のもの）第9条所定の労働者に当たるかが問題となった事件において、次のように判示した。

　「研修医は、医師国家試験に合格し、医籍に登録されて、厚生大臣（現厚生労働大臣）の免許を受けた医師であって（医師法2条、5条）、医療行為を業として行う資格を有しているものである（同法17条）ところ、同法16条の2第1項は、医師は、免許を受けた後も、2年以上大学の医学部若しくは大学附置の研究所の附属施設である病院又は厚生大臣の指定する病院において、臨床研修を行うように努めるものとすると定めている。この臨床研修は、医師の資質の向上を図ることを目的とするものであり、教育的な側面を有しているが、そのプログラムに従い、臨床研修指導医の指導の下に、研修医が医療行為等に従事することを予定している。そして、研修医がこのようにして医療行為等に従事する場合には、これらの行為等は　　A　　という側面を不可避的に有することとなるのであり、病院の開設者の　　B　　の下にこれを行ったと評価することができる限り、上記研修医は労働基準法9条所定の労働者に当たるものというべきである。」

2　労働基準法第82条では、使用者は、支払能力のあることを証明し、補償を受けるべき者の同意を得た場合においては、同法第77条又は第79条の規定による補償（障害補償又は遺族補償）に替え、平均賃金に同法別表第3（分割補償表）に定める日数を乗じて得た金額を、　　C　　年にわたり毎年補償することができることを規定している。

3 　特に危険な作業を必要とする機械等として労働安全衛生法別表第1に掲げるもので、政令で定めるもの（特定機械等）を製造しようとする者は、厚生労働省令で定めるところにより、あらかじめ、 D の許可を受けなければならない。

4 　事業者は、労働安全衛生規則第12条の5に規定するリスクアセスメント対象物のうち、一定程度のばく露に抑えることにより、労働者に E 物として厚生労働大臣が定めるものを製造し、又は取り扱う業務（主として一般消費者の生活の用に供される製品に係るものを除く。）を行う屋内作業場においては、当該業務に従事する労働者がこれらの物にばく露される程度を、厚生労働大臣が定める濃度の基準以下としなければならない。

選択肢

① 3 　　　　② 4 　　　　③ 5 　　　　④ 6

⑤ 医師としての必要な態度を修得する

⑥ 管理責任

⑦ 危険又は健康障害を生ずるおそれがない

⑧ 危険又は健康障害を生ずることがない

⑨ 教育指導　　　　　　　　　　　⑩ 健康障害を生ずるおそれがない

⑪ 健康障害を生ずることがない　　⑫ 研修医自身の技能の習得

⑬ 研修医の独立した業務の遂行　　⑭ 厚生労働省労働基準局長

⑮ 厚生労働大臣の登録を受けた者　⑯ 指揮監督

⑰ 都道府県労働局長

⑱ 病院の開設者のための労務の遂行

⑲ 報酬支払　　　　　　　　　　　⑳ 労働基準監督署長

労働者災害補償保険法

〔問　2〕　次の文中の□□□の部分を選択肢の中の最も適切な語句で埋め、完全な文章とせよ。

1　介護補償給付は、障害補償年金又は傷病補償年金を受ける権利を有する労働者が、その受ける権利を有する障害補償年金又は傷病補償年金の支給事由となる　A　であって厚生労働省令で定める程度のものにより、常時又は随時介護を要する状態にあり、かつ、　B　ときに、当該介護を受けている間（所定の期間を除く。）、　C　に対し、その請求に基づいて行う。

2　遺族補償年金を受ける権利を有する者が死亡した場合において、その死亡した者に支給すべき遺族補償年金でまだその者に支給しなかったものがあるときは、　D　は、自己の名で、その未支給の遺族補償年金の支給を請求することができる。

3　保険給付の原因である事故が第三者の行為によって生じたときは、保険給付を受けるべき者は、その事実、第三者の氏名及び住所（第三者の氏名及び住所がわからないときは、その旨）並びに被害の状況を、　E　、所轄労働基準監督署長に届け出なければならない。

─ 選択肢 ─

① 介護に要する費用を支出して介護を受けた日がある

② 業務災害

③ 厚生労働省令で定める障害等級又は傷病等級に該当する

④ 厚生労働省令で定める者　　　　　⑤ 障　害

⑥ 常時又は随時介護を受けている　　⑦ 速やかに

⑧ その者の配偶者、子、父母、孫、祖父母、兄弟姉妹又はこれらの者以外の三
　親等内の親族であって、その者の死亡の当時その者と生計を同じくしていたもの

⑨ その者の配偶者、子、父母、孫、祖父母又は兄弟姉妹であって、その者の死
　亡の当時その者と生計を同じくしていたもの

⑩ 遅滞なく

⑪ 当該遺族補償年金を受ける権利を有する他の遺族

⑫ 当該遺族補償年金を受けることができる他の遺族

⑬ 当該介護を行う親族　　　　　　　⑭ 当該介護を行う者

⑮ 当該事故の日から14日以内に　　　⑯ 当該事故の日から30日以内に

⑰ 当該負傷又は疾病が治っていない　⑱ 当該労働者

⑲ 負傷又は疾病　　　　　　　　　　⑳ 療　養

雇用保険法

〔問　3〕　次の文中の　□□□□　の部分を選択肢の中の最も適切な語句で埋め、完全な文章とせよ。

1　受給資格者は、失業の認定を受けようとするときは、　A　、管轄公共職業安定所に出頭し、雇用保険受給資格者証を添えて（当該受給資格者が雇用保険受給資格通知の交付を受けた場合にあっては、　B　を提示して）　C　を提出した上、職業の紹介を求めなければならない。ただし、雇用保険受給資格者証を添えて（当該受給資格者が雇用保険受給資格通知の交付を受けた場合にあっては、　B　を提示して）提出することができないことについて正当な理由があるときは、雇用保険受給資格者証を添えない（当該受給資格者が雇用保険受給資格通知の交付を受けた場合にあっては、　B　を提示しない）ことができる。

2　「専門実践教育訓練」とは、雇用の安定及び就職の促進を図るために必要な職業に関する教育訓練のうち　D　に資する専門的かつ実践的な教育訓練として厚生労働大臣が指定する教育訓練をいう。

3　一般被保険者であったＸは、平成26年10月１日から平成29年９月30日まで初めて専門実践教育訓練Ａを受講し、平成30年３月に専門実践教育訓練Ａに係る資格を取得し、かつ、平成30年４月１日からＹ社に一般被保険者として雇用され、教育訓練給付金として総額120万円の支給を受けた。その後Ｘは、令和３年３月31日にＹ社を離職してその翌日に一般被保険者の資格を喪失したが、３年以上の支給要件期間を満たしているため、令和３年10月１日から令和５年９月30日まで専門実践教育訓練Ｂを受講し、令和６年３月に専門実践教育訓練Ｂに係る資格を取得し、かつ、令和６年４月１日からＺ社に一般被保険者として雇用された。専門実践教育訓練Ｂの受講のために支払った費用の総額が100万円であった場合、Ｘに支給される専門実践教育訓練Ｂに係る教育訓練給付金の総額は、　E　である。

┌─ 選択肢 ───

① 　1か月以内ごとに1回

② 　48万円　　　③ 　50万円　　　④ 　70万円　　　⑤ 　72万円

⑥ 　運転免許証その他の基本手当の支給を受けようとする者が本人であることを
　　確認することができる書類

⑦ 　基本手当支給申請書　　　　　　⑧ 　求職申込書

⑨ 　個人番号カード　　　　　　　　⑩ 　雇用保険被保険者証

⑪ 　雇用保険被保険者離職証明書　　⑫ 　雇用保険被保険者離職票

⑬ 　失業認定申告書　　　　　　　　⑭ 　失業の認定日に

⑮ 　職業能力の開発及び向上　　　　⑯ 　速やかな再就職

⑰ 　早期のキャリア形成　　　　　　⑱ 　中長期的なキャリア形成

⑲ 　当該受給資格に係る離職の日の翌日から起算して1年以内に

⑳ 　離職後

└──

労務管理その他の労働に関する一般常識

〔問 4〕 次の文中の[　　　]の部分を選択肢の中の最も適切な語句で埋め、完全な文章とせよ。

　　　最高裁判所は、就業規則の変更による労働者の労働条件の不利益変更が問題となった事件において、次のように判示した。

　　　「新たな就業規則の作成又は変更によって労働者の既得の権利を奪い、労働者に不利益な労働条件を一方的に課することは、原則として許されないが、労働条件の[A]、特にその統一的かつ画一的な決定を建前とする就業規則の性質からいって、当該規則条項が[B]的なものである限り、個々の労働者において、これに同意しないことを理由として、その適用を拒むことは許されない。そして、右にいう当該規則条項が[B]的なものであるとは、当該就業規則の作成又は変更が、その[C]性及び内容の両面からみて、それによって労働者が被ることになる不利益の程度を考慮しても、なお当該労使関係における当該条項の法的[D]性を是認することができるだけの[B]性を有するものであることをいい、特に、賃金、退職金など労働者にとって重要な権利、労働条件に関し実質的な不利益を及ぼす就業規則の作成又は変更については、当該条項が、そのような不利益を労働者に法的に受忍させることを許容することができるだけの高度の[C]性に基づいた[B]的な内容のものである場合において、その効力を生ずるものというべきである。右の[B]性の有無は、具体的には、就業規則の変更によって労働者が被る不利益の程度、使用者側の変更の[C]性の内容・程度、変更後の就業規則の内容自体の相当性、代償措置その他関連する他の労働条件の改善状況、労働組合等との[E]の経緯、他の労働組合又は他の従業員の対応、同種事項に関する我が国社会における一般的状況等を総合考慮して判断すべきである。」

┌─ 選択肢 ────────────────────────────────────┐

① 安　全　　　② 安　定　　　③ 蓋　然　　　④ 規　範

⑤ 協　約　　　⑥ 計　画　　　⑦ 現　実　　　⑧ 交　渉

⑨ 拘　束　　　⑩ 合　意　　　⑪ 合　理　　　⑫ 債務的効力

⑬ 集合的処理　　　　　　　　⑭ 妥　当　　　⑮ 適　合

⑯ 適切な明示　　　　　　　　⑰ 必　要　　　⑱ 紛　争

⑲ 本　質　　　　　　　　　　⑳ 労使対等決定

└───┘

社会保険に関する一般常識

〔問　5〕　次の文中の　　　　の部分を選択肢の中の最も適切な語句で埋め、完全な
文章とせよ。

1　介護保険法第115条の45では、「第1号介護予防支援事業」とは、居宅
要支援被保険者等（指定介護予防支援又は特例介護予防サービス計画費に
係る介護予防支援を受けている者を除く。）の介護予防を目的として、厚
生労働省令で定める基準に従って、その心身の状況、その置かれている環
境その他の状況に応じて、その選択に基づき、第1号訪問事業、第1号通
所事業又は第1号生活支援事業その他の適切な事業が　　A　　に提供され
るよう必要な援助を行う事業をいう。

2　児童手当法第4条第1項第2号では、「父母指定者」とは、日本国内に
住所を有しない父母等がその生計を維持している支給要件児童と同居し、
これを　　B　　し、かつ、これと生計を同じくする者（当該支給要件児童
と同居することが困難であると認められる場合にあっては、当該支給要件
児童を　　B　　し、かつ、これと生計を同じくする者とする。）のうち、
当該支給要件児童の生計を維持している父母等が指定する者であって、日
本国内に住所を有するもの（当該支給要件児童の父母等を除く。）をいう。

3　確定拠出年金法第23条第1項によると、企業型年金加入者等に係る運
用関連業務を行う　　C　　（運用関連業務を行う事業主を含む。）は、政
令で定めるところにより、対象運用方法を、企業型年金加入者等による適
切な運用の方法の選択に資するための上限として政令で定める数以下で、
かつ、原則として3以上で選定し、企業型年金規約で定めるところによ
り、企業型年金加入者等に提示しなければならないとされており、当該政
令で定める数は、　　D　　と定められている。

4　確定拠出年金法第28条では、企業型年金の給付は　　E　　とすると規
定している。

┌─ 選択肢 ───┐

① 20 　　　　② 25 　　　　③ 30 　　　　④ 35

⑤ 確実かつ効果的 　　　　　　⑥ 確実かつ効率的

⑦ 確定拠出年金運営管理機関 　　⑧ 確定拠出年金運用管理機関

⑨ 確定拠出年金記録管理機関 　　⑩ 確定拠出年金資産管理機関

⑪ 監　護 　　　　　　　　　　⑫ 看　護

⑬ 包括的かつ効果的 　　　　　　⑭ 包括的かつ効率的

⑮ 保　護 　　　　　　　　　　⑯ 養　育

⑰ 老齢給付金及び死亡一時金 　　⑱ 老齢給付金及び脱退一時金

⑲ 老齢給付金、障害給付金及び遺族給付金

⑳ 老齢給付金、障害給付金及び死亡一時金

└───┘

健康保険法

〔問　6〕　次の文中の　　　　の部分を選択肢の中の最も適切な語句で埋め、完全な文章とせよ。

1　入院時食事療養費の額は、当該食事療養につき食事療養に要する平均的な費用の額を勘案して厚生労働大臣が定める基準により算定した費用の額（その額が現に当該食事療養に要した費用の額を超えるときは、当該現に食事療養に要した費用の額）から、　A　における食費の状況及び特定介護保険施設等（介護保険法第51条の3第1項に規定する特定介護保険施設等をいう。）における食事の提供に要する平均的な費用の額を勘案して厚生労働大臣が定める額（所得の状況その他の事情をしん酌して厚生労働省令で定める者については、別に定める額。以下「食事療養標準負担額」という。）を控除した額とする。

厚生労働大臣が告示で定める食事療養標準負担額は、低所得者以外の者については、以下の額となっている。なお、1日の食事療養標準負担額は、3食に相当する額を限度とする。

(1)　下記(2)以外の者については、1食につき　B　円

(2)　児童福祉法に規定する指定小児慢性特定疾病医療支援を受ける同法に規定する小児慢性特定疾病児童等である者又は難病の患者に対する医療等に関する法律に規定する指定特定医療を受ける指定難病の患者については、1食につき　C　円

2　全国健康保険協会が管掌する健康保険の被保険者に関する　D　は、1000分の30から1000の130までの範囲内において、支部被保険者（各支部の都道府県に所在する適用事業所に使用される被保険者及び当該都道府県の区域内に住所又は居所を有する任意継続被保険者をいう。）を単位として全国健康保険協会が決定するものとする。

3 　E　に関する処分の取消しの訴えは、当該処分についての審査請求に対する社会保険審査官の決定を経た後でなければ、提起することができない。

選択肢

① 0 　　　　② 100 　　　　③ 130 　　　　④ 160

⑤ 210 　　　⑥ 260 　　　　⑦ 420 　　　　⑧ 460

⑨ 一般保険料率 　　　　　　⑩ 介護保険料率

⑪ 基本保険料率 　　　　　　⑫ 特定保険料率

⑬ 被保険者の資格、標準報酬又は保険給付

⑭ 被保険者の資格、標準報酬又は保険料等の賦課若しくは徴収

⑮ 被保険者の資格、保険給付又は保険料等の賦課若しくは徴収

⑯ 標準的な家計 　　　　　　⑰ 標準的な世帯

⑱ 標準報酬、保険料等の賦課若しくは徴収又は保険給付

⑲ 平均的な家計 　　　　　　⑳ 平均的な世帯収入

厚生年金保険法

〔問　7〕　次の文中の□□□の部分を選択肢の中の最も適切な語句で埋め、完全な文章とせよ。

1　配偶者に係る加給年金額が加算された老齢厚生年金については、当該加給年金額の対象となっている配偶者が、老齢厚生年金（その年金額の計算の基礎となる被保険者期間の月数が　A　以上であるものに限る。）の支給を受けることができるときは、その間、当該加給年金額に相当する部分の支給を停止する。

2　厚生年金保険法第59条の2の規定によると、船舶が沈没し、転覆し、滅失し、若しくは行方不明となった際現にその船舶に乗っていた被保険者若しくは被保険者であった者若しくは船舶に乗っていてその船舶の航行中に行方不明となった被保険者若しくは被保険者であった者の生死が　B　間わからない場合又はこれらの者の死亡が　B　以内に明らかとなり、かつ、その死亡の時期がわからない場合には、遺族厚生年金の支給に関する規定の適用については、その船舶が沈没し、転覆し、滅失し、若しくは行方不明となった日又はその者が行方不明となった日に、その者は、死亡したものと　C　とされている。

3　厚生年金保険法第73条では、「被保険者又は被保険者であった者が、　D　、障害又はその直接の原因となった事故を生ぜしめたときは、当該障害を支給事由とする障害厚生年金又は障害手当金　E　。」と規定している。

―― 選択肢 ――

① 1　月　　　　② 2　月　　　　③ 3　月　　　　④ 6　月

⑤ 240　　　　　⑥ 300　　　　　⑦ 360　　　　　⑧ 480

⑨ 故意に　　　　　　　　　　　⑩ 故意又は重大な過失により

⑪ 故意の犯罪行為又は重大な過失により

⑫ 推定する　　　　　　　　　　⑬ 推定することができる

⑭ 闘争、泥酔又は著しい不行跡により

⑮ の一部を行なわないことができる

⑯ の全部又は一部を行なわない

⑰ の全部又は一部を行なわないことができる

⑱ は、支給しない　　　　　　　⑲ みなす

⑳ みなすことができる

国民年金法

〔問 8〕 次の文中の◻️◻️◻️の部分を選択肢の中の最も適切な語句で埋め、完全な文章とせよ。

1 国民年金法第14条の2では、「被保険者又は被保険者であった者は、国民年金原簿に記録された自己に係る特定国民年金原簿記録（被保険者の資格の取得及び喪失、種別の変更、保険料の納付状況その他厚生労働省令で定める事項の内容をいう。以下この項において同じ。）が事実でない、又は国民年金原簿に自己に係る特定国民年金原簿記録が記録されていないと◻️ A ◻️するときは、厚生労働省令で定めるところにより、厚生労働大臣に対し、国民年金原簿の訂正の請求をすることができる。」と規定されている。

2 被保険者（国民年金法第88条の2に規定する産前産後期間の保険料免除及び同法第90条の2第1項から第3項に規定する保険料の一部免除を受ける被保険者を除く。）が生活保護法による生活扶助その他の援助であって厚生労働省令で定めるものを受けるに至ったときは、その該当するに至った日の属する◻️ B ◻️からこれに該当しなくなる日の属する◻️ C ◻️までの期間に係る保険料は、既に納付されたものを除き、納付することを要しないものとされる。

3 国民年金法第98条では、「保険料その他この法律の規定による徴収金の先取特権の順位は、◻️ D ◻️とする。」と規定されている。

4 国民年金法第52条の3第1項では、「死亡一時金を受けることができる遺族は、原則として、死亡した者の◻️ E ◻️ものとする。」と規定されている。

選択肢

A	① 懐　疑　　②　考　量　　③　思　料　　④　推　定	
B	①　月	②　月の2年1月前
	③　月の前月	④　月の翌月
C	①　月	②　月の前月
	③　月の翌月	④　月の翌々月
D	①　国税及び地方税に次ぐもの ②　国税及び地方税と同順位 ③　国税に次ぎ、地方税と同順位 ④　国税に次ぎ、地方税に劣後するもの	
E	①　配偶者、子、父母、孫、祖父母又は兄弟姉妹であって、その者の死亡の当時その者と生計を同じくしていた ②　配偶者、子、父母、孫、祖父母又は兄弟姉妹であって、その者の死亡の当時その者によって生計を維持していた ③　配偶者、子、父母、孫、祖父母、兄弟姉妹又は3親等内の親族であって、その者の死亡の当時その者と生計を同じくしていた ④　配偶者、子、父母、孫、祖父母、兄弟姉妹又は3親等内の親族であって、その者の死亡の当時その者によって生計を維持していた	

【問題冊子ご利用時の注意】

　「問題冊子」は、この**色紙を残したまま**、ていねいに**抜き取り**、ご利用ください。

- 抜き取り時のケガには、十分お気をつけください。
- 抜き取りの際の損傷についてのお取替えはご遠慮願います。

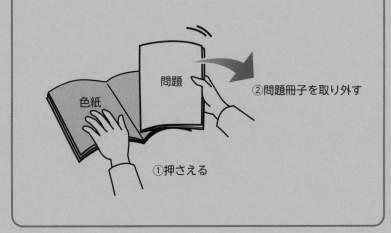

第 1 予 想

択 一 式 予 想 問 題

（注　　　意）

1　各問ごとに、正解と思うものの符号を解答用紙の所定の欄に1つ表示すること。

2　「労働者災害補償保険法」及び「雇用保険法」の問1から問7までは労働者災害補償保険法及び雇用保険法、問8から問10までは労働保険の保険料の徴収等に関する法律の問題であること。

3　計算を要する問題があるときは、この問題用紙の余白を計算用紙として差し支えないこと。

4　この問題の解答は、令和6年4月1日に施行されている法令等によること。

5　この問題用紙は、60頁あるので確認すること。

【注意事項】

　本予想問題における出題は、根拠となる法律、政令、省令、告示、通達に、「東日本大震災に対処するための特別の財政援助及び助成に関する法律（平成23年法律第40号）」をはじめとする東日本大震災等に関連して制定、発出された特例措置及び新型コロナウイルス感染症に関して制定、発出された特別措置に係るものは含まれません。

【法令等略記凡例】

　問題文中においては、下表左欄の法令名等を右欄に示す略称により記載しています。

法令等名称	法令等略記
労働者派遣事業の適正な運営の確保及び派遣労働者の保護等に関する法律	労働者派遣法
育児休業、介護休業等育児又は家族介護を行う労働者の福祉に関する法律	育児介護休業法
労働者災害補償保険法	労災保険法
労働保険の保険料の徴収等に関する法律	労働保険徴収法
労働施策の総合的な推進並びに労働者の雇用の安定及び職業生活の充実等に関する法律	労働施策総合推進法
高齢者の医療の確保に関する法律	高齢者医療確保法

労働基準法及び労働安全衛生法

〔問　1〕　次の記述のうち、正しいものはどれか。

A　労働基準法第2条第2項では、労働者及び使用者は、労働協約、就業規則及び労働契約を遵守し、誠実に各々その義務を履行しなければならないことを規定しており、本条違反については、使用者にのみ罰則が適用される。

B　労働基準法第3条では、使用者は、労働者の国籍、信条又は社会的身分を理由として、賃金、労働時間その他の労働条件について、差別的取扱いをしてはならないことを規定しており、この「その他の労働条件」には、災害補償、安全衛生、寄宿舎等に関する条件が含まれるが、解雇についてはこれに含まれない。

C　労働基準法第4条では、使用者は、労働者が女性であることを理由として、賃金について、男性と差別的取扱いをしてはならないことを規定しており、この「差別的取扱い」には、女性の賃金について有利に取り扱うことも含まれる。

D　労働基準法第6条では、何人も、法律に基いて許される場合の外、業として他人の就業に介入して利益を得てはならないことを規定しており、この「法律に基いて許される場合」の法律には、労働者派遣法が該当する。

E　労働基準法第7条では、使用者は、労働者が労働時間中に、選挙権その他公民としての権利を行使し、又は公の職務を執行するために必要な時間を請求した場合においては、拒んではならないことを規定しており、そのために労働しなかった時間についても、使用者には賃金支払義務が生じる。

〔問　2〕　次の記述のうち、誤っているものはどれか。

A　労働基準法第15条により労働契約の締結に際し明示すべき労働条件のうち、「就業の場所及び従事すべき業務に関する事項」については、その変更が見込まれる場合であっても、雇入れ直後の就業の場所及び従事すべき業務を明示すれば足りる。

B　派遣元の使用者は、労働者派遣法における労働基準法の適用に関する特例により自己が労働基準法に基づく義務を負わない労働時間、休憩、休日等を含めて、労働基準法第15条による労働条件の明示をする必要がある。

C　労働者及び使用者が労働基準法第14条に規定する契約期間の上限を超える労働契約を締結した場合であっても、罰則が適用されるのは使用者のみである。

D　期間の定めのある労働契約を締結している労働者が、業務上負傷し、又は疾病にかかり療養のために休業している期間中にその労働契約が終了する場合、他に契約期間満了後引き続き雇用関係が更新されたと認められる事実がない限り、その期間満了とともに終了する。

E　使用者が、解雇の予告と同時に労働者に休業を命じ、予告期間中は労働基準法第26条に規定する休業手当を支払う場合、その労働契約は予告期間の満了をもって終了する。

〔問　3〕　次のアからオの記述のうち、正しいものの組合せは後記AからEまでのうちどれか。

ア　労働協約、就業規則、労働契約等によってあらかじめ支給条件が明確である場合の退職手当は、労働基準法第11条の賃金であり、同法第24条第2項の「臨時の賃金等」に当たる。

イ　年俸制で毎月払い部分と賞与部分を合計してあらかじめ年俸額が確定している場合の賞与部分は、平均賃金の算定の基礎から除外しなければならない。

ウ　平均賃金の算定期間中に育児介護休業法第16条の５に規定する介護休暇を取得した期間があっても、その日数及びその期間中の賃金は、平均賃金の算定期間及びその算定の基礎となる賃金の総額から控除されない。

エ　いわゆる一昼夜交代制は、労働時間の延長ではなく２日間の所定労働時間を継続して勤務するものであるから、１日の所定労働時間に対して１時間以上の休憩を与えるべきものと解釈して２時間以上の休憩を労働時間の途中に与えなければならない。

オ　事業の種類にかかわらず監督又は管理の地位にある者については、労働基準法第４章（労働時間等）、第６章（年少者）及び第６章の２（妊産婦等）で定める労働時間、休憩、休日及び深夜の割増賃金に関する規定の適用が除外される。

A（アとイ）　　　　B（アとウ）　　　　C（イとエ）

D（ウとオ）　　　　E（エとオ）

〔問　4〕　次の記述のうち、誤っているものはどれか。

A　１か月単位の変形労働時間制は、労働者の過半数で組織する労働組合がある場合においてはその労働組合、労働者の過半数で組織する労働組合がない場合においては労働者の過半数を代表する者との書面による協定（以下単に「協定」という。）により、又は就業規則その他これに準ずるものによる所定の定めが必要であるが、この「その他これに準ずるもの」は、労働基準法第89条の規定によって就業規則を作成する義務のない使用者にのみ適用がある。

B　フレックスタイム制に係る協定は、その清算期間が１か月を超える場合に限り、行政官庁への届出を要する。

C　労働基準法に規定する協定等に係る労働者の過半数を代表する者は、①「同法第41条第2号に規定する監督又は管理の地位にある者でないこと」、②「法に規定する協定等をする者を選出することを明らかにして実施される投票、挙手等の方法による手続により選出された者であって、使用者の意向に基づき選出されたものでないこと」のいずれにも該当する者とされているが、①に該当する者がいない事業場にあっては、一定の協定等については、②に該当する者とされている。

D　変形労働時間制により所定労働時間が10時間とされている日において、労働基準法第36条第1項の協定に基づき坑内労働その他厚生労働省令で定める健康上特に有害な業務について労働時間を延長して労働させる場合、その日の当該業務に係る労働は最長で12時間が限度となる。

E　1週間の所定労働日が月曜日から土曜日まで（法定休日は日曜日）、1日の所定労働時間が午前10時から午後5時までの実働6時間（1時間休憩）の事業場において、土曜日の労働時間の延長が翌日の日曜日の午前2時まで及んだ場合、午前0時から午前2時までの労働は土曜日の労働時間の延長であるから、休日割増賃金の対象とならない。

〔問　5〕　次の記述のうち、正しいものはどれか。

A　紹介予定派遣により派遣されていた派遣労働者が、引き続いて派遣先に雇用された場合、年次有給休暇の規定の適用においては、当該派遣就業していた期間を派遣先に係る継続勤務として取り扱わなければならない。

B　年次有給休暇の規定の適用において、労働者の責に帰すべき事由によるとはいえない不就労日についてはすべて、出勤率の算定の基礎となる全労働日から除かなければならない。

C　令和5年4月1日に雇い入れられた労働者甲（1週間の所定労働日数は5日、1日の所定労働時間は3時間）と、同じく令和5年4月1日に雇い入れられた労働者乙（1週間の所定労働日数は4日、1日の所定労働時間は8時間）が、それぞれ、令和5年9月30日まで継続勤務し全労働日の8割以上出勤した場合、翌日には両者に同じ日数の年次有給休暇が発生する。

D　いわゆる年次有給休暇の計画的付与について、前年度から繰り越された休暇日数が3日、当該年度に新たに発生した休暇日数が14日の労働者については、当該年度に新たに発生した14日分の権利のうち9日分に限り計画的付与の対象とすることができる。

E　労働基準法第39条第7項の規定による使用者の時季指定は義務であり、労働者が自ら時季指定して年5日以上の有給休暇を取得した場合や計画的付与により年5日以上の有給休暇を取得した場合であっても、別途使用者による時季指定を行わなければならない。

〔問　6〕　次の記述のうち、誤っているものはどれか。

A　使用者は、満18歳に満たない者を労働基準法第61条に定める深夜の時間帯において使用してはならないが、交替制によって使用する満16歳以上の男性については、行政官庁の許可を受けることなく、同条に定める深夜の時間帯において使用することができる。

B　1か月単位の変形労働時間制、1年単位の変形労働時間制及び1週間単位の非定型的変形労働時間制は、満18歳に満たない者については、これを適用しないとされているが、フレックスタイム制は、満18歳に満たない者についても適用される。

C　使用者は、満18才に満たない者に、運転中の機械若しくは動力伝導装置の危険な部分の掃除、注油、検査若しくは修繕をさせ、運転中の機械若しくは動力伝導装置にベルト若しくはロープの取付け若しくは取りはずしをさせ、動力によるクレーンの運転をさせ、その他厚生労働省令で定める危険な業務に就かせ、又は厚生労働省令で定める重量物を取り扱う業務に就かせてはならない。

D　使用者は、労働基準法第56条第2項の規定によって使用する児童については、同法第57条第1項のその年齢を証明する戸籍証明書に加え、修学に差し支えないことを証明する学校長の証明書及び親権者又は後見人の同意書を事業場に備え付けなければならない。

E　労働基準法第33条第1項及び第3項の規定は満18歳に満たない者にも適用されるため、災害等又は公務のために臨時の必要がある場合には、同法の規定に基づき労働時間を延長し、休日に労働させることができる。

〔問　7〕　次の記述のうち、正しいものはどれか。

A　就業規則の作成義務がある事業場において、始業及び終業の時刻を労働者の決定に委ねるフレックスタイム制により労働者を労働させる場合においては、その就業規則に始業及び終業の時刻を定める必要はない。

B　就業規則の作成義務がある事業場において、制裁の定めについては、その種類及び程度に関する事項を必ず就業規則に記載しなければならず、制裁の定めがない場合には、その旨を記載しなければならない。

C　使用者は、厚生労働省令で定める危険な事業又は衛生上有害な事業の附属寄宿舎を設置し、移転し、又は変更しようとする場合においては、その使用する労働者数にかかわらず、労働基準法第96条の規定に基づいて発する厚生労働省令で定める危害防止等に関する基準に従い定めた計画を、工事着手14日前までに、行政官庁に届け出なければならない。

D　労働基準法第114条に基づく付加金の請求は、その違反のあったときから2年以内にしなければならない。

E 労働基準法に違反する行為をした者が、当該事業の労働者に関する事項について、事業主のために行為した代理人、使用人その他の従業者である場合においては、事業主も行為者として懲役刑又は罰金刑を課する。

〔問 8〕 次の記述のうち、誤っているものはどれか。

A 総括安全衛生管理者は、当該事業場においてその事業の実施を統括管理する者から選任しなければならないが、この「事業の実施を統括管理する者」とは、工場長、作業所長等名称の如何を問わず、当該事業場における事業の実施について実質的に統括管理する権限及び責任を有する者をいう。

B 常時50人以上の労働者を使用する各種商品小売業の事業場では、安全管理者を選任しなければならない。

C 衛生管理者には、総括安全衛生管理者の業務（一定のものを除く。）のうち衛生に係る技術的事項を管理させなければならないが、この「衛生に係る技術的事項」とは、必ずしも衛生に関する専門技術的事項に限る趣旨ではなく、総括安全衛生管理者が統括管理すべき業務のうち衛生に関する具体的事項をいうものと解されている。

D 事業者は、産業医が辞任したとき又は産業医を解任したときは、遅滞なく、その旨及びその理由を衛生委員会又は安全衛生委員会に報告しなければならない。

E 事業者は、労働安全衛生規則第12条の5第1項の化学物質管理者を選任したときは、その選任すべき事由が発生した日から14日以内に、所定の様式による報告書を、当該事業場の所在地を管轄する労働基準監督署長に提出しなければならない。

〔問 9〕 次の記述のうち、正しいものはどれか。

A 雇入れ時の安全衛生教育（労働安全衛生法第59条第1項に規定する安全衛生教育をいう。以下同じ。）の実施対象となる労働者は、常時使用する労働者に限られる。

B　雇入れ時の安全衛生教育の教育事項（労働安全衛生規則第35条第1項に規定する教育事項をいう。以下同じ。）のうち、その全部又は一部に関し十分な知識及び技能を有していると認められる労働者については、当該事項についての教育を省略することができる。

C　労働安全衛生法施行令第2条第3号の「その他の業種」に属する事業場の労働者については、雇入れ時の安全衛生教育の教育事項のうち、その一部の事項についての教育を省略することができる。

D　派遣労働者に対する雇入れ時の安全衛生教育の実施義務は、派遣元事業者及び派遣先事業者の双方に課せられている。

E　雇入れ時の安全衛生教育にあてるべき時間は、法令上規定されていないことから、その教育に要した時間については、当然には事業者の負担すべきものではなく、労使協議して定めるものであるとされている。

〔問　10〕　次の記述のうち、誤っているものはどれか。

A　事業者は、労働安全衛生規則第48条の歯科医師による健康診断（定期のものに限る。）を行ったときは、遅滞なく、有害な業務に係る歯科健康診断結果報告書を所轄労働基準監督署長に提出しなければならない。

B　事業者は、労働安全衛生法第66条第1項から第4項まで若しくは第5項ただし書又は第66条の2の規定による健康診断の結果（当該健康診断の項目に異常の所見があると診断された労働者に係るものに限る。）に基づき、当該労働者の健康を保持するために必要な措置について、医師又は歯科医師の意見を聴き、その意見を健康診断個人票に記載しなければならない。

C　労働安全衛生法第66条の8及び第66条の8の2の面接指導を実施するために行う同法第66条の8の3の規定による労働時間の把握は、労働基準法第41条各号の規定により労働時間等に関する規定の適用が除外される労働者についても行わなければならない。

D　労働安全衛生法第66条の10第１項に規定する心理的な負担の程度を把握するための検査（以下「検査」という。）を受ける労働者について解雇、昇進又は異動に関して直接の権限を持つ監督的地位にある者は、検査の実施の事務に従事してはならない。

E　事業者は、検査を受けた労働者の同意を得て、当該検査を行った医師等から当該労働者の検査の結果の提供を受けた場合には、当該検査の結果に基づき、当該検査の結果を健康診断個人票に記載しなければならない。

労働者災害補償保険法

(労働保険の保険料の徴収等に関する法律を含む。)

〔問　1〕　次の記述のうち、正しいものはどれか。

A　派遣労働者に係る業務災害の認定に当たっては、派遣労働者が派遣元事業と派遣先事業との間の労働者派遣契約に基づき派遣先事業主の支配下にある場合のみ、一般に業務遂行性があるものとして取り扱われる。

B　業務上の疾病は、労働基準法施行規則別表第1の2各号のいずれかに該当する疾病に限られる。

C　通勤とは、労働者が、就業に関し、所定の移動を、合理的な経路及び方法により行うことをいい、業務の性質を有するものを含むものとする。

D　労働者が、通勤に係る移動の経路を逸脱し、又はその移動を中断した場合であっても、当該逸脱又は中断が、日常生活上必要な行為であって厚生労働省令で定めるものをやむを得ない事由により行うための最小限度のものであるときは、当該逸脱又は中断の間及びその後の移動も、通勤とする。

E　複数業務要因災害による疾病は、労働基準法施行規則別表第1の2第8号及び第9号に掲げる疾病に限られる。

〔問　2〕　次の記述のうち、正しいものはどれか。

A　給付基礎日額は、労働基準法第12条の平均賃金に相当する額とし、この場合において、同条第1項の平均賃金を算定すべき事由の発生した日（以下「算定事由発生日」という。）は、負傷、疾病又は死亡の原因である事故が発生した日とする。

B　給付基礎日額の算定期間中に業務外の事由による負傷又は疾病の療養のために休業した期間があっても、その休業期間中の日数や賃金は算定基礎から除かれない。

C　算定事由発生日の属する年度の翌々年度の7月以前の分として支給する
　　　年金たる保険給付の額の算定の基礎として用いる給付基礎日額について
　　　は、年齢階層別の最低限度額及び最高限度額の規定の適用はない。

　　D　障害補償一時金若しくは遺族補償一時金、複数事業労働者障害一時金若
　　　しくは複数事業労働者遺族一時金又は障害一時金若しくは遺族一時金の額
　　　の算定の基礎として用いる給付基礎日額には、休業補償給付、複数事業労
　　　働者休業給付又は休業給付の額の算定の基礎として用いる給付基礎日額の
　　　スライド改定の規定が準用される。

　　E　複数事業労働者の業務上の事由、複数事業労働者の2以上の事業の業務
　　　を要因とする事由又は複数事業労働者の通勤による負傷、疾病、障害又は
　　　死亡により、当該複数事業労働者、その遺族その他厚生労働省令で定める
　　　者に対して保険給付を行う場合における給付基礎日額は、労災保険法第8
　　　条第1項及び第2項に定めるところにより当該複数事業労働者を使用する
　　　事業ごとに算定した給付基礎日額に相当する額を合算した額を基礎とし
　　　て、厚生労働省令で定めるところによって政府が算定する額とする。

〔問　3〕　次のアからオの記述のうち、誤っているものの組合せは後記AからEまで
　　のうちどれか。

　　ア　療養の給付は、労災保険法第29条第1項の社会復帰促進等事業として
　　　設置された病院若しくは診療所又は健康保険法第63条第3項第1号の厚
　　　生労働大臣が指定する病院若しくは診療所、薬局若しくは訪問看護事業者
　　　において行う。

　　イ　政府は、療養の給付をすることが困難な場合又は労働者が療養の給付を
　　　受けないことについてやむを得ないものと認める場合には、療養の給付に
　　　代えて、療養の費用を支給することができる。

　　ウ　疾病における治ゆとは、症状が安定し、疾病が固定した状態にあるもの
　　　をいうから、急性症状が消退し慢性症状は持続しても医療効果を期待し得
　　　ない状態となった場合等であって、その結果として残された神経症状等は
　　　療養補償給付の対象とならない。

エ　療養補償給付たる療養の給付の請求書に記載すべき事項のうち「負傷又は発病の年月日」「災害の原因及び発生状況」については、事業主（労災保険法第7条第1項第1号又は第2号に規定する負傷、疾病、障害又は死亡が発生した事業場以外の事業場の事業主を除く。）の証明を受けなければならない。

オ　政府は、療養給付を受ける労働者から、その都度、200円を超えない範囲内で厚生労働省令で定める額を一部負担金として徴収する。

A（アとイとウ）　　　　B（アとイとオ）　　　　C（アとウとエ）

D（イとエとオ）　　　　E（ウとエとオ）

〔問　4〕　次の記述のうち、正しいものはどれか。

A　平均賃金及び給付基礎日額が10,000円である複数事業労働者ではない労働者が、業務上の傷病による療養のため所定労働時間の全部について労働不能である日に、時間を単位とする年次有給休暇を取得し、当該休暇の賃金として事業主から6,000円の支払を受けた場合、その日の休業補償給付の額は、2,400円となる。

B　通勤災害に関する保険給付である休業給付に係る待期の3日間について、事業主は、労働基準法の規定による休業補償の義務を負わない。

C　障害等級認定基準によれば、同一の業務災害により、せき柱に運動障害を残し（第8級の2）、かつ、一下肢を4センチメートル短縮した（第10級の7）場合には、併合して重い方の障害の該当する等級により、併合第8級とする。

D　障害補償一時金を受けた者の当該障害の程度が自然的経過により増進し、新たに障害等級第7級以上に該当するに至った場合には、政府は、新たに該当するに至った障害等級に応ずる障害補償年金を支給するものとし、その額は、新たに該当するに至った障害等級に応ずる障害補償年金の額から既に支給された障害補償一時金の額を25で除して得た額を差し引いた額とする。

E　障害補償年金前払一時金の請求は、障害補償年金の請求と同時に行わな
ければならないが、障害補償年金の支給の決定の通知のあった日の翌日か
ら起算して2年を経過する日までの間は、当該障害補償年金を請求した後
においても障害補償年金前払一時金を請求することができる。

〔問　5〕　次の記述のうち、誤っているものはどれか。

A　遺族補償給付等に係る労働者の死亡の当時その収入によって生計を維持
していたことの認定は、当該労働者との同居の事実の有無、当該労働者以
外の扶養義務者の有無その他必要な事項を基礎として厚生労働省労働基準
局長が定める基準によって行う。

B　遺族補償年金を受ける権利を有する者の所在が1年以上明らかでない場
合には、当該遺族補償年金は、同順位者があるときは同順位者の、同順位
者がないときは次順位者の申請によって、その所在が明らかでない間、そ
の支給を停止する。

C　遺族補償一時金の支給を受けることができる遺族として、労働者の死亡
の当時その収入によって生計を維持していた妹の甲と労働者の死亡の当時
その収入によって生計を維持していなかった祖母の乙がある場合、遺族補
償一時金の受給権者となるのは甲である。

D　遺族補償年金を受けることができる遺族を故意に死亡させた者は、遺族
補償一時金を受けることができる遺族としない。

E　葬祭料の額は、315,000円に給付基礎日額（算定事由発生日の属する年
度の翌々年度の8月以後に当該葬祭料を支給すべき事由が生じた場合にあ
っては、当該葬祭料を遺族補償一時金とみなして労災保険法第8条の4の
規定を適用したときに得られる給付基礎日額に相当する額。以下同じ。）
の30日分を加えた額（その額が給付基礎日額の60日分に満たない場合に
は、給付基礎日額の60日分）とする。

〔問　6〕　次の記述のうち、誤っているものはどれか。なお、設問の特別加入者は複数事業労働者ではないものとする。

A　特別加入者に対して二次健康診断等給付が行われることはない。

B　いわゆる中小事業主等の特別加入は、それらの者全体を包括して行わなければならないが、病気療養中、高齢等の事情により実態として事業に従事していないと認められる場合は、包括加入の対象から除くことができる。

C　いわゆる中小事業主等の特別加入者の給付基礎日額は、当該事業に使用される労働者の賃金の額その他の事情を考慮して厚生労働大臣が定める額とする。

D　いわゆる一人親方等の特別加入者のうち、医薬品の配置販売の事業を労働者を使用しないで行うことを常態とする者及びその者が行う事業に従事する者については、通勤災害に関する保険給付は行われない。

E　いわゆる海外派遣者の特別加入者の業務災害の原因である事故が、派遣先の事業の事業主の故意又は重大な過失によって生じたものであっても、当該事故に係る保険給付については制限されない。

〔問　7〕　次の記述のうち、正しいものはどれか。

A　行政庁は、保険給付に関して必要があると認めるときは、保険給付を受け、又は受けようとする者（遺族補償年金、複数事業労働者遺族年金又は遺族年金の額の算定の基礎となる者を含む。）の診療を担当した医師その他の者に対して、その行った診療に関する事項について、報告若しくは診療録、帳簿書類その他の物件の提示を命じ、又は当該職員に、これらの物件を検査させることができる。

B　年金たる保険給付を受ける権利を有する者が死亡したためその支給を受ける権利が消滅したにもかかわらず、その死亡の日の属する月の翌月以後の分として当該年金たる保険給付の過誤払が行われた場合において、当該過誤払による返還金に係る債権（以下「返還金債権」という。）に係る債務の弁済をすべき者に支払うべき保険給付があるときは、当該過誤払が行われた保険給付は、返還金債権に係る債務の弁済をすべき者に支払うべき保険給付の内払とみなすことができる。

C　労働者が、故意の犯罪行為により、又は故意に負傷、疾病、障害若しくは死亡又はその直接の原因となった事故を生じさせたときは、政府は、保険給付を行わない。

D　政府は、社会復帰促進等事業の全部又は一部を独立行政法人労働者健康安全機構に行わせるものとする。

E　国庫は、予算の範囲内において、労働者災害補償保険事業に要する費用の一部を負担する。

〔問　8〕　次の記述のうち、誤っているものはどれか。

A　林業は、二元適用事業である。

B　労災保険暫定任意適用事業に該当する事業が、使用労働者数の増加により、労災保険の適用事業に該当するに至ったときは、その該当するに至った日に、当該事業について労災保険に係る保険関係が成立する。

C　労災保険暫定任意適用事業の事業主が、労災保険に任意加入の申請をしようとする場合に提出する申請書には、労働者の同意を得たことを証明することができる書類を添える必要はない。

D　労災保険に係る保険関係が成立している労災保険暫定任意適用事業の事業主が当該事業を廃止した場合には、当該保険関係の消滅の申請及び認可を経ることなく、その廃止の翌日に、当該保険関係は消滅する。

E　労災保険に係る保険関係が成立している労災保険暫定任意適用事業の事業主は、当該事業に使用される労働者の過半数の同意を得ることにより、いつでも、当該保険関係を消滅させることができる。

〔問　9〕　次の記述のうち、正しいものはどれか。

A　労働保険徴収法第7条の有期事業の一括が行われるための地理的制限として、それぞれの事業が、労働保険料の納付の事務を取り扱う一の事務所の所在地を管轄する都道府県労働局の管轄区域又はこれと隣接する都道府県労働局の管轄区域内で行われることが規定されている。

B　労働保険徴収法第7条の規定により一括された個々の有期事業のうち、事業規模の変更により有期事業の一括の要件を満たさなくなった事業については、新たに独立の有期事業として扱い、保険関係成立の届出を要する。

C　労働保険徴収法第8条第1項の請負事業の一括が行われる事業規模は、概算保険料額相当額が160万円以上であり、かつ、立木の伐採の事業にあっては、素材の見込生産量が1,000立方メートル以上であること、建設の事業にあっては、請負金額（消費税等相当額を除く。）が1億8,000万円以上であることとされている。

D　労働保険徴収法第8条第2項の下請負人をその請負に係る事業の事業主とする認可を受けようとする元請負人及び下請負人は、天災、不可抗力、事業開始前に請負方式の特殊性から下請負契約が成立しない等のやむを得ない理由がある場合を除き、当該事業を開始する日の10日前までに所定の事項を記載した申請書を所轄都道府県労働局長に提出しなければならない。

E　労働保険徴収法第9条の継続事業の一括は、一元適用事業にあっては、労災保険及び雇用保険の両保険に係る保険関係が成立しているものでなければ、その対象とならない。

〔問　10〕　次の記述のうち、誤っているものはどれか。

A　継続事業における増加概算保険料申告書（労働保険事務組合に労働保険事務の処理が委託されている事業に係るものを除く。）の提出は、労働保険徴収法施行規則第24条第3項にいう特定法人にあっては、電子情報処理組織を使用して行うものとする。ただし、電気通信回線の故障、災害その他の理由により電子情報処理組織を使用することが困難であると認められる場合で、かつ、電子情報処理組織を使用しないで当該申告書の提出を行うことができると認められる場合は、この限りでない。

B　認定決定された確定保険料及びこれに対する追徴金を納付せず、これらについて督促が行われ、延滞金が徴収される場合、当該延滞金は認定決定された確定保険料の額についてのみ計算される。

C　既に納付した概算保険料の額が確定保険料の額に足りないときの不足額については、口座振替による納付をすることができない。

D　確定保険料の認定決定の処分に不服がある場合には、厚生労働大臣に対し審査請求をすることができるほか、直ちに処分取消しの訴えを提起することができる。

E　雇用保険暫定任意適用事業の事業主が、当該事業に使用される労働者が労働保険徴収法附則第2条第1項の規定による雇用保険に係る保険関係の成立を希望したことを理由として、労働者に対して解雇その他不利益な取扱いをした場合には、6か月以下の懲役又は30万円以下の罰金に処せられる。

雇用保険法

（労働保険の保険料の徴収等に関する法律を含む。）

〔問　1〕　次の記述のうち、正しいものはどれか。

A　船員であって、政令で定める漁船に乗り組むために雇用される者は、1年を通じて船員として適用事業に雇用される場合であっても、被保険者とならない。

B　季節的に雇用される者であって、4か月を超える期間を定めて雇用されるものであっても、1週間の所定労働時間が30時間に満たない場合には、日雇労働被保険者に該当する場合を除き、被保険者とならない。

C　適用事業に雇用されて主として家事以外の労働に従事することを本務とする者であっても、家事に使用される場合には家事使用人であるから、被保険者とならない。

D　求職者給付及び就職促進給付の内容を上回る退職金制度のある適用事業に雇用される者は、被保険者とならない。

E　適用事業に雇用される労働者が、事業主の命により日本国の領域外にある他の事業主の事業に出向し、雇用された場合は、被保険者とならない。

〔問　2〕　次のアからオの記述のうち、誤っているものの組合せは後記AからEまでのうちどれか。なお、ウ～オについては、特例高年齢被保険者の特例等については考慮しないものとする。

ア　事業主は、事業所を設置したときは、所定の事項を記載した届書に登記事項証明書、賃金台帳、労働者名簿等を添えてその設置の日の翌日から起算して10日以内に、事業所の所在地を管轄する公共職業安定所の長に提出しなければならない。

イ　事業主は、雇用保険法施行規則第145条第1項の代理人を選任したときは、所定の事項を記載して署名又は記名押印した届書を、当該代理人の選任に係る事業所の所在地を管轄する公共職業安定所の長に提出するとともに、当該代理人が使用すべき認印の印影を届け出なければならない。

ウ　事業主は、雇用保険法第7条の規定により、その雇用する労働者が当該事業主の行う適用事業に係る被保険者となったことについて、当該事実のあった日の翌日から起算して10日以内に、雇用保険被保険者資格取得届をその事業所の所在地を管轄する公共職業安定所の長に提出しなければならない。

エ　雇用保険法第8条の規定による被保険者となったこと又は被保険者でなくなったことの確認の請求は、文書又は口頭で行うものとする。

オ　日雇労働者は、雇用保険法第43条第1項第4号の認可を受けようとするときは、管轄公共職業安定所に出頭し、日雇労働被保険者任意加入申請書に、原則として住民票の写し又は住民票記載事項証明書を添えてその者の住所又は居所を管轄する公共職業安定所の長に提出しなければならない。

A（アとイ）　　　　B（アとエ）　　　　C（イとウ）

D（ウとオ）　　　　E（エとオ）

〔問　3〕　次の記述のうち、正しいものはどれか。

A　一般被保険者であった者が、離職の日まで業務外の事由による傷病のため休職し引き続き3年間賃金を受けていなかった場合、雇用保険法第13条第1項にいう「離職の日以前2年間」は、2年間にその3年間を加算した期間となる。

B　令和5年4月1日に就職して一般被保険者の資格を取得した者が、令和5年9月15日に離職し、同年4月1日から4月15日までの間において賃金支払基礎日数が11日であった場合、同期間は2分の1か月の被保険者期間として計算される。

C　被保険者期間の計算において、当該被保険者が育児休業給付の支給を受けたことがある場合の当該給付金の支給に係る休業期間は、その計算の基礎となる被保険者であった期間に含まれない。

D　雇用保険法第22条第2項の厚生労働省令で定める理由により就職が困難な者については、正当な理由がなく自己の都合により退職した場合であっても、同法第33条第1項の給付制限を受けない。

E　失業の認定は、求職の申込みを受けた公共職業安定所において、受給資格者が雇用保険法第21条の規定による待期の期間を満了した日から起算して4週間に1回ずつ直前の28日の各日について行うものとする。

〔問　4〕　次の記述のうち、誤っているものはいくつあるか。

ア　雇用保険法第24条に規定する訓練延長給付は、同条に規定する公共職業訓練等を受けるために待期している者に対しても、当該待期している期間のうちの当該公共職業訓練等を受け始める日の前日までの引き続く90日間の期間内の失業している日について行われる。

イ　雇用保険法第22条第2項の厚生労働省令で定める理由により就職が困難な者は、同法第24条の2に規定する個別延長給付を受けることはできない。

ウ　雇用保険法第25条に規定する広域延長給付を受けることができる者が厚生労働大臣の指定する地域に住所又は居所を変更した場合には、引き続き当該措置に基づき基本手当を支給することができる。

エ　雇用保険法第27条に規定する全国延長給付は、すべての受給資格者を対象として行われる。

オ　雇用保険法第33条第1項にいう正当な理由により離職した受給資格者は、同法附則第5条に規定する地域延長給付の対象とならない。

A 一つ

B 二つ

C 三つ

D 四つ

E 五つ

〔問 5〕 次の記述のうち、正しいものはどれか。

A 技能習得手当のうち受講手当については、受給資格者が公共職業安定所長の指示した所定の公共職業訓練等を受け終わる日までの各日について、500円が支給される。

B 傷病手当の支給に係る雇用保険法第37条第1項の認定を受けた受給資格者が、当該認定を受けた日について、労働基準法第76条の規定による休業補償の支給を受けることができる場合には、傷病手当は、支給しないが、当該休業補償の額が雇用保険法第37条第3項の規定により算定された額より少ないときは、その差額に相当する額が傷病手当として支給される。

C 特例高年齢被保険者が、特例の申出に係る適用事業のうち1の適用事業について介護休業をしたときは、当該休業した適用事業において支払われた賃金のみを基礎として介護休業給付金の休業開始時賃金日額を算定する。

D 正当な理由がなく自己の都合により退職した特例受給資格者が、当該特例受給資格に基づく特例一時金の支給を受ける前に公共職業安定所長の指示した所定の公共職業訓練等を受ける場合には、その者を受給資格者とみなして求職者給付が支給され、雇用保険法第33条の給付制限も解除される。

E 日雇労働求職者給付金のいわゆる特例給付について、失業の認定日ごとに支給される日数は24日分が限度となる。

〔問　6〕　次の記述のうち、誤っているものはどれか。

A　就業手当及び再就職手当は、受給資格者以外には支給されない。

B　常用就職支度手当の支給に係る就職は、公共職業安定所又は職業紹介事業者等の紹介によるものでなければならない。

C　訪問事業所の事業主から求職活動費が支給される場合にあっては、その支給額が雇用保険法施行規則第97条及び第98条の規定によって計算した額に満たないときは、その差額に相当する額が広域求職活動費として支給される。

D　受給資格者等が公共職業安定所の職業指導により再就職の促進を図るために必要な職業に関する教育訓練を受け、当該教育訓練を修了した場合であっても、雇用保険法第33条第1項の給付制限期間中に当該教育訓練を開始した場合には、短期訓練受講費は支給されない。

E　高年齢受給資格者が求職活動関係役務利用費の支給を受けようとする場合の求職活動支援費（求職活動関係役務利用費）支給申請書の提出は、当該求職活動関係役務利用費の支給に係る保育等サービスを利用をした日の翌日から起算して4か月以内に行うものとする。

〔問　7〕　次の記述のうち、正しいものはどれか。

A　雇用保険被保険者離職票を提出した者に労働の意思及び能力が認められないことをもって、公共職業安定所長が受給資格なしと決定したことに対しては、雇用保険法第69条第1項の審査請求をすることはできない。

B　教育訓練給付金支給要件照会票を提出した者に、その受講開始予定日における支給要件期間の要件を満たさないことを回答したことに対しては、雇用保険法第69条第1項の審査請求をすることはできない。

C　雇用保険法第69条第1項の審査請求をしている者は、審査請求をした日の翌日から起算して2か月を経過しても審査請求についての決定がないときは、雇用保険審査官が審査請求を棄却したものとみなすことができる。

D　雇用保険法第9条の規定による確認に関する処分が確定したときであっても、当該処分についての不服を当該処分に基づく失業等給付等に関する処分についての不服の理由とすることができる。

E　雇用保険法第69条第1項に規定する処分の取消しの訴えは、当該処分についての再審査請求に対する労働保険審査会の裁決を経た後でなければ、提起することができない。

〔問　8〕　次の記述のうち、正しいものはどれか。

A　令和6年3月31日に終了した有期事業に係る確定保険料の申告及び納付期限は、同年5月21日である。

B　既に納付した概算保険料の額が確定保険料の額に足りない場合の不足額について、その額が40万円（労災保険に係る保険関係又は雇用保険に係る保険関係のみが成立している事業については、20万円）以上のもの又は当該事業に係る労働保険事務の処理が労働保険事務組合に委託されているものについては、延納の申請を行うことができる。

C　既に納付した概算保険料の額が確定保険料の額を超える場合には、確定保険料申告書を提出する際に所定の事項を記載した請求書を提出することによりその超える額（以下「超過額」という。）の還付を受けることができるが、確定保険料について労働保険徴収法第19条第4項の規定による認定決定の通知を受けたときには、この還付の請求をすることができない。

D　超過額について還付の請求がない場合には、所轄都道府県労働局収入官吏は、当該超過額を次の保険年度の概算保険料若しくは未納の労働保険料その他労働保険徴収法の規定による徴収金又は未納の一般拠出金等の徴収金に充当するものとする。

E　労働保険徴収法第21条の追徴金を徴収しようとする場合には、所轄都道府県労働局歳入徴収官は、その通知を発する日から起算して30日を経過した日をその納期限として定め、納入告知書により、事業主に、当該追徴金の額及び納期限を通知しなければならない。

〔問　9〕　次の記述のうち、誤っているものはどれか。

A　事業主その他正当な権限を有する者を除いては、何人も消印を受けない雇用保険印紙を所持してはならないとされ、これに違反した場合には、6か月以下の懲役又30万円以下の罰金に処せられる。

B　雇用保険印紙購入通帳は、その交付の日の属する保険年度に限り、その効力を有する。

C　事業主は、日雇労働被保険者を使用しなくなった場合においては、雇用保険印紙購入通帳に、あらかじめ所轄公共職業安定所長の確認を受け、雇用保険印紙を販売する日本郵便株式会社の営業所にこれを提出し、その保有する雇用保険印紙の買戻しを申し出ることができる。

D　印紙保険料納付計器を設置した事業主は、所定の事項を記載した報告書によって、毎月における印紙保険料納付計器の使用状況を翌月末日までに、当該印紙保険料納付計器を設置した事業場の所在地を管轄する公共職業安定所長を経由して、納付計器に係る都道府県労働局歳入徴収官に報告しなければならない。

E　事業主が印紙保険料の納付を怠った理由が、日雇労働被保険者が事業主の督促にもかかわらず日雇労働被保険者手帳を提出することを拒んだことによって雇用保険印紙を貼付できなかったことによる場合には、労働保険徴収法第25条第2項の追徴金の徴収対象とならない。

〔問　10〕　次の記述のうち、正しいものはどれか。

A　労働保険事務組合（以下「事務組合」という。）に労働保険事務の処理を委託できる事業主は、事務組合として認可を受けた団体の構成員又は当該認可を受けた連合団体を構成する団体の構成員たる事業主に限られる。

B　事務組合に労働保険事務の処理を委託することができる事業主は、原則として、事務組合の主たる事務所が所在する都道府県に主たる事務所を持つ事業主に限られる。

C　常時300人（金融業若しくは保険業、不動産業又は小売業を主たる事業とする事業主については50人、卸売業又はサービス業を主たる事業とする事業主については100人）を超える数の労働者を使用する事業主については、事務組合に労働保険事務の処理を委託することができない。

D　雇用保険の被保険者資格の取得及び喪失の届出、被保険者の転入及び転出その他雇用保険の被保険者に関する届出等の事務は、事業主が事務組合に委託することのできる労働保険事務に含まれない。

E　法人でない団体が事務組合としての認可を受けることはできない。

労務管理その他の労働及び社会保険に関する一般常識

〔問　1〕　次の記述のうち、正しいものはどれか。なお、本問は、「令和5年就労条件総合調査（厚生労働省）」を参照しており、当該調査による用語及び統計等を利用している。

　　A　主な週休制の形態を企業規模計でみると、完全週休2日制を採用している企業割合は5割を超えている。

　　B　労働者1人平均の年次有給休暇の取得率を企業規模別でみると、すべての企業規模で6割を超えている。

　　C　年次有給休暇の計画的付与制度の有無を企業規模計でみると、計画的付与制度がある企業割合は5割を超えており、これを計画的付与日数階級別にみると、「5～6日」が最も高くなっている。

　　D　みなし労働時間制を採用している企業割合は、1割に達していない。

　　E　勤務間インターバル制度の導入状況を企業規模計でみると、「導入を予定又は検討している」が最も多く、8割を超えている。

〔問　2〕　次の記述のうち、誤っているものはどれか。なお、本問は、「令和4年派遣労働者実態調査（派遣労働者調査）（厚生労働省）」を参照しており、当該調査による用語及び統計等を利用している。

　　A　派遣労働者について年齢階級別にみると、「45～49歳」と「50～54歳」が最も高く、次いで「35～39歳」となっている。

　　B　派遣労働者について、これまで派遣労働者として働いてきた通算期間をみると、「10年以上」が最も高く、派遣労働者として働いてきた通算期間が3年以上の割合は6割以上を占めている。

　　C　派遣労働者について、現在行っている派遣業務（複数回答）をみると、「一般事務」が最も高く、次いで「物の製造」となっている。

D　派遣労働者について、現在の派遣元との労働契約の期間をみると、「2か月を超え3か月以下」が最も高く、次いで「3か月を超え6か月以下」となっている。

E　派遣労働者について、個人単位の期間制限（同一の組織単位における派遣就業期間の制限・3年）についての意見をみると、「制限は不要」が最も高く、次いで「今のままでよい」、「わからない」の順となっている。

〔問　3〕　次の記述のうち、正しいものはどれか。なお、本問は、「令和4年労使間の交渉等に関する実態調査（厚生労働省）」を参照しており、当該調査による用語及び統計等を利用している。

A　労働組合と使用者（又は使用者団体）の間で締結される労働協約の締結状況をみると、労働協約を「締結している」労働組合は9割に達していない。

B　過去3年間（令和元年7月1日から令和4年6月30日の期間。以下同じ。）において、「何らかの労使間の交渉があった」事項をみると、「賃金・退職給付に関する事項」、「労働時間・休日・休暇に関する事項」、「経営に関する事項」の3つが6割を超えている。

C　過去3年間において、使用者側との間で行われた団体交渉の状況をみると、「団体交渉を行った」労働組合は全体の約4分の3となっている。

D　過去3年間において、労働組合と使用者との間で発生した労働争議の状況をみると、「労働争議があった」労働組合は1割程度となっている。

E　使用者側との労使関係の維持についての認識をみると、「安定的（「安定的に維持されている」と「おおむね安定的に維持されている」の合計）」と認識している労働組合は約9割となっている。

〔問　4〕　次の記述のうち、誤っているものはどれか。

A　厚生労働大臣は、職場における優越的な関係を背景とした言動に起因する問題に関して事業主の講ずべき措置等の規定に違反している事業主に対し、労働施策総合推進法第33条第1項による勧告をした場合において、その勧告を受けた者がこれに従わなかったときは、その旨を公表することができる。

B　期間の定めのある労働契約（当該労働契約の期間の満了後に当該労働契約を更新する場合があるものに限る。以下「有期労働契約」という。）に係る職業紹介において、書面の交付の方法等により明示しなければならない労働条件のうち、「有期労働契約を更新する場合の基準に関する事項」には、労働契約法第18条第1項に規定する通算契約期間又は有期労働契約の更新回数に上限の定めがある場合の当該上限が含まれる。

C　労働者派遣事業の許可を受けた者（派遣元事業主）は、その雇用する派遣労働者の求めに応じ、当該派遣労働者の職業生活の設計に関し、相談の機会の確保その他の援助を行うよう努めなければならない。

D　事業主は、再就職援助対象高年齢者等のうち5人以上の者が解雇（自己の責めに帰すべき理由によるものを除く。）その他の厚生労働省令で定める理由により離職する場合には、あらかじめ、厚生労働省令で定めるところにより、その旨を公共職業安定所長に届け出なければならない。

E　障害者雇用率は、労働者（労働の意思及び能力を有するにもかかわらず、安定した職業に就くことができない状態にある者を含む。）の総数に対する対象障害者である労働者（労働の意思及び能力を有するにもかかわらず、安定した職業に就くことができない状態にある対象障害者を含む。）の総数の割合を基準として設定するものとし、少なくとも5年ごとに、当該割合の推移を勘案して政令で定める。

〔問　5〕　社会保険労務士法に関する次の記述のうち、誤っているものはどれか。

A　特定社会保険労務士が、個別労働関係紛争に関する民間紛争解決手続であって、個別労働関係紛争の民間紛争解決手続の業務を公正かつ適確に行うことができると認められる団体として厚生労働大臣が指定するものが行うものについて、紛争の当事者を代理する場合、その紛争の目的の価額が120万円を超えるときは、弁護士との共同受任が必要となる。

B　税理士法第48条第1項の規定により2年以内の税理士業務の停止処分を受けるべきであったことについて決定を受けた者で、同項後段の規定により明らかにされた税理士業務の停止をすべき期間を経過しないものは、社会保険労務士の登録を受けることができない。

C　社会保険労務士会又は全国社会保険労務士会連合会は、社会保険労務士会の会員について、社会保険労務士法第25条の2及び第25条の3に規定する行為又は事実があると認めたときは、厚生労働大臣に対し、当該会員の氏名及び事業所の所在地並びにその行為又は事実を通知しなければならない。

D　社会保険労務士法人は、社会保険労務士法第2条の2第1項の規定により社会保険労務士が処理することができる事務を当該社会保険労務士法人の社員等に行わせる事務の委託を受けることができ、この場合において、当該社会保険労務士法人は、委託者に、当該社会保険労務士法人の社員等のうちからその補佐人を選任させなければならない。

E　社会保険労務士会は、所属の社会保険労務士又は社会保険労務士法人が社会保険労務士法若しくは同法に基づく命令又は労働社会保険諸法令に違反するおそれがあると認めるときは、会則の定めるところにより、当該社会保険労務士又は社会保険労務士法人に対して必要な措置を講ずべきことを命ずることができる。

〔問　6〕　国民健康保険法に関する次の記述のうち、誤っているものはどれか。なお本問における「市町村」には特別区を含むものとする。また、「都道府県等が行う国民健康保険」とは、都道府県が当該都道府県内の市町村とともに行う国民健康保険をいう。

A　国は、国民健康保険事業の運営が健全に行われるよう必要な各般の措置を講ずるとともに、国民健康保険法第1条に規定する目的の達成に資するため、保健、医療及び福祉に関する施策その他の関連施策を積極的に推進するものとする。

B　都道府県等が行う国民健康保険の被保険者は、都道府県の区域内に住所を有しなくなった日の翌日又は国民健康保険法第6条各号（第9号及び第10号を除く。）に規定される適用除外の要件に該当するに至った日の翌日から、その資格を喪失する。ただし、都道府県の区域内に住所を有しなくなった日に他の都道府県の区域内に住所を有するに至ったときは、その日から、その資格を喪失する。

C　市町村及び国民健康保険組合は、条例又は規約の定めるところにより、傷病手当金の支給を行うことができる。

D　都道府県は、都道府県等が行う国民健康保険の財政の安定化を図り、及び当該都道府県内の市町村の財政の状況その他の事情に応じた財政の調整を行うため、政令で定めるところにより、一般会計から、算定対象額の100分の32に相当する額を当該都道府県の国民健康保険に関する特別会計に繰り入れなければならない。

E　保険料その他国民健康保険法の規定による徴収金を徴収し、又はその還付を受ける権利及び保険給付を受ける権利は、これらを行使することができる時から2年を経過したときは、時効によって消滅する。

〔問　7〕　船員保険法に関する次の記述のうち、正しいものはどれか。

A　船員保険事業に関して船舶所有者及び被保険者（その意見を代表する者を含む。）の意見を聴き、当該事業の円滑な運営を図るため、全国健康保険協会に船員保険審議会を置く。

B　船員保険法における「疾病任意継続被保険者」とは、原則として、船舶所有者に使用されなくなったため、被保険者（独立行政法人等職員被保険者を除く。）の資格を喪失した者であって、喪失の日の前日まで継続して1月以上被保険者（一定の者を除く。）であったもののうち、健康保険法による全国健康保険協会に申し出て、継続して被保険者になった者をいう。

C　被保険者又は被保険者であった者の給付対象傷病に関して、自宅以外の場所における療養に必要な宿泊及び食事の支給を受けた場合は、当該宿泊及び食事について算定した費用の額を基準として、療養費が支給される。

D　遺族年金を受けることができる遺族の範囲は、被保険者又は被保険者であった者の配偶者（婚姻の届出をしていないが、事実上婚姻関係と同様の事情にあった者を含む。）、子、父母、孫及び祖父母であって、被保険者又は被保険者であった者の死亡の当時その収入によって生計を維持していたものである。なお、年齢に関する要件など所定の要件は満たしているものとする。

E　一般保険料率は、疾病保険料率と災害保健福祉保険料率とを合計して得た率とする。ただし、後期高齢者医療の被保険者等である被保険者及び独立行政法人等職員被保険者にあっては、一般保険料率は、災害保健福祉保険料率のみとする。

〔問　8〕　高齢者の医療の確保に関する法律に関する次の記述のうち、正しいものはどれか。なお本問における「市町村」には特別区を含むものとする。

A　地方公共団体は、加入者の高齢期における健康の保持のために必要な事業を積極的に推進するよう努めるとともに、高齢者医療制度の運営が健全かつ円滑に実施されるよう協力しなければならない。

B　厚生労働大臣は、特定健康診査及び特定保健指導の適切かつ有効な実施を図るため、特定健康診査等基本指針を定めるものとし、当該基本指針を定め、又はこれを変更したときは、遅滞なく、これを公表するものとする。

C　後期高齢者医療広域連合は、各保険者（国民健康保険法の定めるところにより都道府県が当該都道府県内の市町村とともに行う国民健康保険にあっては、都道府県。以下本肢において同じ。）に係る加入者の数に占める前期高齢者である加入者の数の割合に係る負担の不均衡を調整するため、政令で定めるところにより、保険者に対して、前期高齢者交付金を交付する。

D　市町村は、被保険者の疾病又は負傷に関しては、療養の給付を行う。ただし、当該被保険者が被保険者資格証明書の交付を受けている間は、この限りでない。

E　老齢基礎年金の年間の給付額が18万円以上である場合、後期高齢者医療制度の被保険者が支払う保険料は、年金からの特別徴収の方法によらなければならず、口座振替の方法により保険料を納付することは一切できない。

〔問　9〕　介護保険法に関する次の記述のうち、誤っているものはどれか。なお本問における「市町村」には特別区を含むものとする。

A　国及び地方公共団体は、介護保険事業の運営が健全かつ円滑に行われるよう保健医療サービス及び福祉サービスを提供する体制の確保に関する施策その他の必要な各般の措置を講じなければならない。

B　介護保険法において、第2号被保険者とは、市町村の区域内に住所を有する40歳以上65歳未満の医療保険加入者をいう。

C　市町村は、要介護認定の申請があったときは、当該申請に係る被保険者の主治の医師に対し、当該被保険者の身体上又は精神上の障害の原因である疾病又は負傷の状況等につき意見を求めるものとする。ただし、当該被保険者に係る主治の医師がないときその他当該意見を求めることが困難なときは、市町村は、当該被保険者に対して、その指定する医師又は当該職員で医師であるものの診断を受けるべきことを命ずることができる。

D　居宅介護福祉用具購入費は、厚生労働省令で定めるところにより、市町村が必要と認める場合に限り、支給するものとされており、その額は、一定以上の所得がある場合を除き、現に当該特定福祉用具の購入に要した費用の額の100分の90に相当する額とされている。

E　市町村は、被保険者（当該市町村が行う介護保険の住所地特例適用被保険者を除き、当該市町村の区域内に所在する住所地特例対象施設に入所等をしている住所地特例適用被保険者を含む。）の要介護状態等となることの予防又は要介護状態等の軽減若しくは悪化の防止及び地域における自立した日常生活の支援のための施策を総合的かつ一体的に行うため、厚生労働省令で定める基準に従って、地域支援事業として、介護予防・日常生活支援総合事業を行う。

〔問　10〕　確定給付企業年金法に関する次の記述のうち、誤っているものはどれか。

A　確定給付企業年金法第1条では、「この法律は、少子高齢化の進展、産業構造の変化等の社会経済情勢の変化にかんがみ、事業主が従業員と給付の内容を約し、高齢期において従業員がその内容に基づいた給付を受けることができるようにするため、確定給付企業年金について必要な事項を定め、国民の高齢期における所得の確保に係る自主的な努力を支援し、もって公的年金の給付と相まって国民の生活の安定と福祉の向上に寄与することを目的とする。」と規定している。

B　確定給付企業年金法における「厚生年金保険の被保険者」は、厚生年金保険法に規定する第1号厚生年金被保険者及び第4号厚生年金被保険者に限られている。

C　年金給付の支給期間及び支払期月は、政令で定める基準に従い規約で定めるところによるものとされているが、終身又は5年以上にわたり、毎年2回以上定期的に支給するものでなければならないとされている。

D　老齢給付金の受給権は、老齢給付金の受給権者が死亡したとき又は老齢給付金の支給期間が終了したときの他、老齢給付金の全部を一時金として支給されたときに消滅する。

E　加入者は、政令で定める基準に従い規約で定めるところにより、掛金の一部を負担することができるが、加入者が負担する掛金の額が当該加入者に係る掛金の額の2分の1を超えないことが、当該基準の一つとされている。

健康保険法

〔問 1〕 健康保険法に関する次の記述のうち、誤っているものはどれか。

A 健康保険（日雇特例被保険者の保険を除く。）の保険者は、全国健康保険協会及び健康保険組合とし、日雇特例被保険者の保険の保険者は、全国健康保険協会とする。

B 一般の被保険者は、同時に2以上の事業所に使用される場合において、保険者が2以上あるときは、その被保険者の保険を管掌する保険者を選択しなければならない。

C 全国健康保険協会は、都道府県ごとの実情に応じた業務の適正な運営に資するため、支部ごとに評議会を設け、当該支部における業務の実施について、評議会の意見を聴くものとする。

D 健康保険組合は、毎事業年度末において、当該事業年度及びその直前の2事業年度内において行った保険給付に要した費用の額（被保険者又はその被扶養者が健康保険法第63条第3項第3号に掲げる健康保険組合が開設した病院若しくは診療所又は薬局から受けた療養に係る保険給付に要した費用の額及び出産育児交付金の額を除く。）の1事業年度当たりの平均額の12分の3（当分の間12分の2）に相当する額と当該事業年度及びその直前の2事業年度内において行った前期高齢者納付金等、後期高齢者支援金等及び日雇拠出金、介護納付金並びに流行初期医療確保拠出金等の納付に要した費用の額（前期高齢者交付金がある場合には、これを控除した額）の1事業年度当たりの平均額の12分の1に相当する額とを合算した額に達するまでは、当該事業年度の剰余金の額を準備金として積み立てなければならない。

E 健康保険法第25条第1項では、「健康保険組合がその設立事業所を増加させ、又は減少させようとするときは、その増加又は減少に係る適用事業所に使用される被保険者の2分の1以上の同意を得なければならない。」と規定している。

〔問　2〕　健康保険法に関する次の記述のうち、誤っているものはどれか。

A　適用業種である事業の事業所であって、常時5人以上の従業員（適用除外の規定によって被保険者とすることができない者であって、当該事業所に常時使用される者を含める。）を使用する個人の事業所は適用事業所とされる。

B　適用事業所以外の事業所の事業主は、厚生労働大臣の認可を受けて、当該事業所を適用事業所とすることができる。当該認可を受けようとするときは、当該事業所の事業主は、当該事業所に使用される者（被保険者となるべき者に限る。）の2分の1以上の同意を得て、厚生労働大臣に申請しなければならない。

C　適用事業所の事業主は、廃止、休止その他の事情により適用事業所に該当しなくなったときは、健康保険法施行規則第22条の任意適用事業所の取消しの規定により申請する場合を除き、当該事実があった日から5日以内に、所定の事項を記載した届書を厚生労働大臣又は健康保険組合に提出しなければならない。

D　保険医個人が開設する診療所で、病床を有しないものは、保険医療機関の指定を受けた日から、その指定の効力を失う日の6月前までに、別段の申出がないときは、保険医療機関の指定の申出があったものとみなされる。

E　保険医療機関において健康保険の診療に従事する医師若しくは歯科医師又は保険薬局において健康保険の調剤に従事する薬剤師は、厚生労働大臣の登録を受けた医師若しくは歯科医師又は薬剤師でなければならない。

〔問　3〕　健康保険法に関する次の記述のうち、正しいものはどれか。

A　個人の事業所の事業主であっても、当該事業場が適用事業所であり、その従業員と同一の業務に従事している場合には、被保険者となることができる。

B　臨時的事業の事業所に6月未満使用される予定の者が、業務の都合により、継続して6月を超えて使用されるに至ったときは、6月を超えた日から一般の被保険者となることができる。

C　2以上の適用事業所の事業主が同一であって、当該事業主が厚生労働大臣の承認を受けて、当該2以上の事業所を1の適用事業所としている場合には、都道府県の異なる2以上の事業所の間で被保険者が転勤したとしても、被保険者資格の得喪は生じない。

D　被保険者資格喪失日の前日まで継続して2月以上被保険者（日雇特例被保険者、任意継続被保険者又は共済組合の組合員である被保険者を除く。）であった者が、任意適用事業所の取消しにより資格を喪失した場合は、任意継続被保険者となることができる。

E　被保険者と同一の世帯に属しておらず、年間収入が100万円である被保険者の母（62歳）は、被保険者から援助を受けている場合は、原則として、その援助額が50万円未満であれば被扶養者に該当する。なお、当該母は被扶養者の国内居住等の要件を満たしているものとする。

〔問　4〕　健康保険法に関する次の記述のうち、誤っているものはどれか。

A　報酬又は賞与の全部又は一部が、通貨以外のもので支払われる場合においては、その価額は、その地方の時価によって、厚生労働大臣が定める。ただし、健康保険組合は、規約で別段の定めをすることができる。

B　被保険者資格を取得した者の報酬が、日、時間、出来高又は請負によって定められる場合には、被保険者の資格を取得した月前1月間に当該事業所で、同様の業務に従事し、かつ、同様の報酬を受ける者が受けた報酬の額を平均した額をその者の報酬月額として、標準報酬月額を決定する。

C　4月に被保険者資格を取得した者の定時決定について、4月、5月、6月に受けた報酬の支払基礎となった日数がそれぞれ17日、21日、20日であった場合は、5月と6月に受けた報酬の総額を2で除して得た額を報酬月額として、標準報酬月額を決定する。

D　業務の繁忙によって超過勤務手当が増えたことにより、報酬月額が標準報酬月額等級において2等級以上の差が生じたとしても、随時改定は行われない。

E　産前産後休業を終了した際の標準報酬月額の改定が7月に行われた場合には、その後随時改定、育児休業等を終了した際の標準報酬月額の改定又は産前産後休業を終了した際の標準報酬月額の改定を受けない限り、翌年の8月までの各月の標準報酬月額とする。

〔問　5〕　健康保険法に関する次の記述のうち、正しいものはどれか。

A　自宅療養中の被保険者が、保険医療機関の看護師から療養に伴う世話その他の看護を受けたときは、訪問看護療養費が支給される。

B　保険者は、震災、風水害、火災その他これらに類する災害により、住宅、家財又はその他の財産について著しい損害を受けた被保険者であって、保険医療機関又は保険薬局に一部負担金を支払うことが困難であると認められるものに対し、一部負担金の減額の措置、一部負担金の支払いの免除の措置又は保険医療機関又は保険薬局に対する支払いに代えて、一部負担金を直接に徴収することとし、その徴収の猶予の措置を採ることができる。

C　自己負担割合が3割である被保険者が保険医療機関で保険診療と選定療養を併せて受け、その療養に要した費用が、保険診療が20万円、選定療養が10万円であったときは、保険外併用療養費の額は21万円である。

D　輸血に係る血液料金について、生血による輸血の場合には療養の給付、保存血による輸血の場合には療養費の支給対象となる。

E　移送費は、緊急性が認められれば、私費による自由診療を受ける場合であっても支給の対象とされる。

〔問　6〕　健康保険法に関する次の記述のうち、誤っているものはどれか。

A　被保険者の被扶養者が指定訪問看護事業者から指定訪問看護を受けたときは、被保険者に対し、その指定訪問看護に要した費用について、家族訪問看護療養費を支給する。

B　同一の月に同一の保険医療機関において内科及び歯科をそれぞれ通院で受診したときは、高額療養費の算定上、別個の病院で受けた療養とみなされる。

C　夫婦がともに被保険者である場合であっても、高額療養費の算定における世帯合算は行われる。

D　70歳以上の被保険者が人工腎臓を実施する慢性腎不全に係る療養を受けている場合、高額療養費算定基準額は、当該被保険者の所得にかかわらず、10,000円である。

E　高額介護合算療養費は、一部負担金等の額（高額療養費が支給される場合にあっては、当該支給額に相当する額を控除して得た額）並びに介護保険法による介護サービス利用者負担額（高額介護サービス費が支給される場合にあっては、当該支給額を控除して得た額）及び同法による介護予防サービス利用者負担額（高額介護予防サービス費が支給される場合にあっては、当該支給額を控除して得た額）の合計額が著しく高額であるときに支給される。

〔問　7〕　健康保険法に関する次の記述のうち、正しいものはどれか。なお、本問における傷病手当金は、一般の被保険者に支給されるものとする。

A　傷病手当金の支給要件に係る療養は、保険給付として受ける療養に限られるため、自宅での療養や病後の静養については支給されない。

B　傷病手当金の支給要件として、その労務に服することができなくなった日から起算して、通算して3日間の待期期間を要する。

C　疾病にかかり、又は負傷した場合において報酬の全部又は一部を受けることができる者に対しては、これを受けることができる期間は、当該報酬の額の多寡によらず傷病手当金を支給しない。

D　傷病手当金の支給要件に該当すると認められる者であっても、その者が介護休業期間中であれば傷病手当金は支給されない。

E　傷病手当金の支給期間は、同一の疾病又は負傷及びこれにより発した疾病に関しては、その支給を始めた日から通算して1年6月間とする。

〔問　8〕　健康保険法に関する次の記述のうち、正しいものはどれか。

A　一般の被保険者に支給する出産手当金の額は、原則として、1日につき、出産手当金の支給を始める日の属する月以前の直近の継続した12月間の各月の標準報酬月額（被保険者が現に属する保険者等により定められたものに限る。）を平均した額の30分の1に相当する額（その額に、5円未満の端数があるときは、これを切り捨て、5円以上10円未満の端数があるときは、これを10円に切り上げるものとする。）の4分の3に相当する金額（その金額に、50銭未満の端数があるときは、これを切り捨て、50銭以上1円未満の端数があるときは、これを1円に切り上げるものとする。）とする。

B　令和5年4月1日以降に、被保険者が産科医療補償制度に加入する医療機関等で医学的管理の下、在胎週数22週以降に双子を出産した場合、出産育児一時金として、50万円が支給される。

C　被保険者が死亡した場合であって、埋葬料の支給を受けるべき者がない場合においては、埋葬を行った者に対し、5万円を支給する。

D　引き続き1年以上被保険者（任意継続被保険者、特例退職被保険者又は共済組合の組合員である被保険者は除く。）であった者が傷病により労務不能となり、当該労務不能となった日から3日目に退職した場合には、資格喪失後の継続給付としての傷病手当金の支給を受けることはできない。

E　資格喪失後の出産育児一時金を受けるためには、資格を喪失した日後6月以内に出産したことを要するが、出産予定日が資格喪失後6月以内であれば、実際の出産日が資格喪失後6月経過後であっても支給される。

〔問　9〕　健康保険法に関する次の記述のうち、誤っているものはどれか。

A　国庫は、全国健康保険協会が管掌する健康保険事業の執行に要する費用のうち、主要な保険給付の支給に要する費用（療養の給付については、一部負担金に相当する額を控除する。）の額（一定の額を除く。）、前期高齢者納付金の納付に要する費用の額に所定の割合を乗じて得た額並びに流行初期医療確保拠出金の納付に要する費用の額の合算額（前期高齢者交付金がある場合には、当該合算額から当該前期高齢者交付金の額を基準として政令で定める額を控除した額）に、1000分の100から1000分の200までの範囲内において政令で定める割合を乗じて得た額を補助する。

B　出産育児一時金及び家族出産育児一時金の支給に要する費用（健康保険法第101条の政令で定める金額に係る部分に限る。）の一部については、政令で定めるところにより、高齢者の医療の確保に関する法律第124条の4第1項の規定により社会保険診療報酬支払基金が保険者に対して交付する出産育児交付金をもって充てる。

C　保険者等（被保険者が全国健康保険協会が管掌する健康保険の被保険者である場合にあっては厚生労働大臣、被保険者が健康保険組合が管掌する健康保険の被保険者である場合にあっては当該健康保険組合をいう。）は、健康保険事業に要する費用に充てるため、保険料を徴収する。全国健康保険協会が管掌する健康保険の任意継続被保険者に関する保険料は、全国健康保険協会が徴収する。

D　被保険者の資格を喪失した日の属する月において、被保険者の資格を喪失する前に支払われた賞与は、保険料賦課の対象とはされないが、標準賞与額として決定され、年度における標準賞与額の累計額に算入される。

E　全国健康保険協会は、2年ごとに、翌事業年度以降の5年間についての全国健康保険協会が管掌する健康保険の被保険者数及び総報酬額の見通し並びに保険給付に要する費用の額、保険料の額（各事業年度において財政の均衡を保つことができる保険料率の水準を含む。）その他の健康保険事業の収支の見通しを作成し、公表するものとする。

〔問 10〕 健康保険法に関する次のアからオの記述のうち、誤っているものの組合せは、後記AからEまでのうちどれか。

ア 健康保険法第116条では、「被保険者又は被保険者であった者が、自己の故意の犯罪行為により、又は故意に給付事由を生じさせたときは、当該給付事由に係る保険給付は、行わない。」と規定しているため、被保険者が道路交通法規違反である制限速度超過により起こした事故により死亡した場合には、埋葬料は支給されない。

イ 保険者は、保険医療機関若しくは保険薬局又は指定訪問看護事業者が偽りその他不正の行為によって療養の給付に関する費用の支払を受けたときは、当該保険医療機関若しくは保険薬局又は指定訪問看護事業者に対し、その支払った額につき返還させるほか、その返還させる額に100分の40を乗じて得た額を支払わせることができる。

ウ 被保険者に係る療養の給付又は入院時食事療養費、入院時生活療養費、保険外併用療養費、療養費、訪問看護療養費、家族療養費若しくは家族訪問看護療養費の支給は、同一の疾病又は負傷については、介護保険法の規定によりこれらに相当する給付を受けることができる場合であっても行われる。

エ 保険者は、被保険者等の療養のために必要な費用に係る資金若しくは用具の貸付けその他の被保険者等の療養若しくは療養環境の向上又は被保険者等の出産のために必要な費用に係る資金の貸付けその他の被保険者等の福祉の増進のために必要な事業を行うことができる。

オ 高額療養費を受ける権利は、診療月の翌月の１日（診療費の自己負担分を診療月の翌月以降に支払ったときは、支払った日の翌日）から起算して２年を経過したときは、時効によって消滅する。

A （アとイ）　　　　B （アとウ）　　　　C （イとエ）
D （ウとオ）　　　　E （エとオ）

厚生年金保険法

〔問　1〕　厚生年金保険法に関する次の記述のうち、正しいものはどれか。

A　初めて適用事業所となった事業所の事業主（第1号厚生年金被保険者に係るものに限り、船舶所有者を除く。）は、当該事実があった日から10日以内に、所定の届書を日本年金機構に提出しなければならない。

B　船舶所有者（第1号厚生年金被保険者に係るものに限る。）は、その氏名に変更があったときは、速やかに、所定の届書を日本年金機構に提出しなければならない。

C　2か月以内の期間を定めて臨時に使用される者（船舶所有者に使用される船員を除く。）であって、当該定めた期間を超えて使用されることが見込まれないものは、被保険者とならないが、その者が、当該定めた期間を超えて引き続き使用されるに至ったときは、使用された当初から被保険者となる。

D　特定適用事業所とは、事業主が同一である1又は2以上の適用事業所（国又は地方公共団体の適用事業所を除く。以下本問において同じ。）であって、当該1又は2以上の適用事業所に使用される労働者の総数が常時100人を超えるものの各適用事業所のことである。

E　特定適用事業所に該当しなくなった適用事業所に使用される特定4分の3未満短時間労働者は、事業主が実施機関に所定の申出をしない限り、被保険者の資格を喪失する。

〔問　2〕　厚生年金保険法に関する次の記述のうち、誤っているものはどれか。

   A　第1号厚生年金被保険者に係る適用事業所の事業主は、被保険者が70歳に達し、引き続き当該適用事業所に使用されることにより70歳以上の使用される者の要件に該当する場合であって、その者の標準報酬月額に相当する額が70歳以上の使用される者の要件に該当するに至った日の前日における標準報酬月額と同額である場合は、70歳以上被用者の要件該当の届出及び70歳到達時の被保険者の資格喪失の届出の提出は不要となる。

   B　適用事業所に使用される70歳以上の者であって、老齢厚生年金、国民年金法による老齢基礎年金その他の老齢又は退職を支給事由とする年金たる給付であって政令で定める給付の受給権を有しないもの（厚生年金保険法第12条各号に該当する者を除く。）は、その者の事業主の同意を得た上で、厚生労働大臣の認可を受けて、高齢任意加入被保険者となることができる。

   C　昭和61年4月1日から平成3年3月31日までの第3種被保険者であった期間につき厚生年金保険の被保険者期間を計算する場合には、実期間に5分の6を乗じて得た期間をもって厚生年金保険の被保険者期間とする。

   D　厚生労働大臣は、毎月、住民基本台帳法第30条の9の規定による老齢厚生年金（厚生労働大臣が支給するものに限る。以下本問において同じ。）の受給権者に係る機構保存本人確認情報の提供を受け、必要な事項について確認を行うものとする。

   E　老齢厚生年金の受給権者が死亡したときは、戸籍法の規定による死亡の届出義務者は、10日以内に、その旨を厚生労働大臣に届け出なければならない。ただし、厚生労働大臣が住民基本台帳法第30条の9の規定により当該受給権者に係る機構保存本人確認情報の提供を受けることができる受給権者の死亡について、当該受給権者の死亡の日から7日以内に当該受給権者に係る戸籍法の規定による死亡の届出をした場合は、当該死亡の届出は不要となる。

〔問　3〕　厚生年金保険法に関する次の記述のうち、誤っているものはどれか。

A　厚生年金保険の標準報酬月額は、第1級の88,000円から第32級の650,000円までの等級区分となっている。

B　第1号厚生年金被保険者が厚生年金保険法第6条第1項第3号に規定する船舶に使用され、かつ、同時に事業所に使用される場合においては、船舶所有者以外の事業主は保険料を負担せず、保険料を納付する義務を負わないものとし、船舶所有者が当該被保険者に係る保険料の半額を負担し、当該保険料及び当該被保険者の負担する保険料を納付する義務を負うものとする。

C　適用事業所に使用される第1号厚生年金被保険者について、ある月に、200万円の賞与が支給された。この場合、当該月の標準賞与額は150万円となる。

D　厚生労働大臣は、第1号厚生年金被保険者に係る納付義務者から、預金又は貯金の払出しとその払い出した金銭による保険料の納付をその預金口座又は貯金口座のある金融機関に委託して行うことを希望する旨の申出があった場合には、その納付が確実と認められれば、その申出を承認することができる。

E　厚生労働大臣は、納入の告知をした第1号厚生年金被保険者に係る保険料額が当該納付義務者が納付すべき保険料額をこえていることを知ったとき、又は納付した第1号厚生年金被保険者に係る保険料額が当該納付義務者が納付すべき保険料額をこえていることを知ったときは、そのこえている部分に関する納入の告知又は納付を、その納入の告知又は納付の日の翌日から6か月以内の期日に納付されるべき保険料について納期を繰り上げてしたものとみなすことができる。

〔問　4〕　厚生年金保険法に関する次の記述のうち、正しいものはどれか。

A　厚生年金保険法第33条では、「保険給付を受ける権利は、その権利を有する者の請求に基づいて、厚生労働大臣が裁定する。」と規定している。

B　65歳以上の者に老齢厚生年金が支給されるためには、老齢基礎年金の受給資格期間を満たし、かつ、1年以上の被保険者期間を有している必要がある。

C　昭和21年4月2日以後に生まれた者に支給する老齢厚生年金について、平成15年4月以後の被保険者であった期間に係る老齢厚生年金の額は、原則として、当該被保険者であった期間の平均標準報酬月額の1000分の5.481に相当する額に被保険者期間の月数を乗じて得た額とする。

D　被保険者である老齢厚生年金の受給権者は、その権利を取得した当時、加給年金額の対象となる配偶者がいたが、当該老齢厚生年金の額の計算の基礎となる被保険者期間の月数が240未満であったため、加給年金額が加算されなかった。その後、厚生年金保険法第43条第2項に規定する在職定時改定により、当該老齢厚生年金の額の計算の基礎となる被保険者期間の月数が240以上となり、当該240以上となるに至った当時、加給年金額の対象となる配偶者がいた場合には、当該老齢厚生年金に加給年金額が加算される。

E　老齢厚生年金の加給年金額の対象となっている配偶者（昭和34年4月2日生まれとする。）が65歳に達したときは、当該老齢厚生年金に加給年金額が加算されなくなり、当該配偶者が65歳に達した日の属する月から、老齢厚生年金の額を改定する。

〔問　5〕　厚生年金保険法に関する次の記述のうち、正しいものはどれか。

A　65歳以上の老齢厚生年金の受給権者で被保険者でなかった者が適用事業所に使用され被保険者となった場合、60歳台後半の在職老齢年金の仕組みによる支給停止は、被保険者の資格を取得した月から行われる。

B　60歳台後半の在職老齢年金の仕組みによる支給停止額を計算する際に用いる基本月額とは、老齢厚生年金の額（その者に繰下げ加算額が加算されていればその額を含む。）を12で除して得た額のことをいう。

C　65歳以上の老齢厚生年金の受給権者が、毎年基準日である９月１日において被保険者である場合の当該老齢厚生年金の額は、基準日の属する月以前の被保険者であった期間をその計算の基礎とするものとし、基準日の属する月の翌月から、年金の額を改定する。

D　老齢厚生年金の支給繰上げの請求は、国民年金の任意加入被保険者であってもすることができる。

E　障害厚生年金の受給権者が65歳に達して老齢厚生年金の受給権を取得し、その受給権を取得した日から起算して１年を経過した日前に当該老齢厚生年金を請求していなかったとしても、その者は、当該老齢厚生年金の支給繰下げの申出をすることができない。

〔問　６〕　厚生年金保険法に関する次の記述のうち、正しいものはどれか。

A　第１号厚生年金被保険者期間のみを有する昭和38年11月１日生まれの女性であって、特別支給の老齢厚生年金の受給要件を満たすものに係る、当該老齢厚生年金の支給開始年齢は64歳である。

B　特別支給の老齢厚生年金について、厚生年金保険法附則第９条の３に規定するいわゆる長期加入者の特例の適用に当たっては、「被保険者でないこと」が要件とされているが、同法附則第９条の２に規定するいわゆる障害者の特例の適用に当たっては、「被保険者でないこと」は要件とされていない。

C　老齢厚生年金と雇用保険法に基づく給付との調整は、65歳未満の者に支給する繰上げ支給の老齢厚生年金と基本手当又は高年齢雇用継続給付との間では行われない。

D　雇用保険法に基づく基本手当と特別支給の老齢厚生年金との調整については、当該老齢厚生年金の受給権者が、管轄公共職業安定所に出頭し、求職の申込みをしたときに、当該求職の申込みがあった月の翌月から当該老齢厚生年金の支給が停止されるが、基本手当の支給を受けた日とみなされる日及びこれに準ずる日として政令で定める日が１日もない月の分については、支給停止の調整は行われない。

E　60歳台前半の在職老齢年金の仕組みによりその一部の支給停止が行われている特別支給の老齢厚生年金の受給権を有している者が、雇用保険法に基づく高年齢雇用継続給付を受給した場合、当該高年齢雇用継続給付の受給期間中は、当該特別支給の老齢厚生年金については、在職老齢年金の仕組みによる支給停止に加えて、最大で当該受給権者に係る標準報酬月額の15％相当額が支給停止される。

〔問　7〕　厚生年金保険法に関する次のアからオの記述のうち、正しいものの組合せは、後記AからEまでのうちどれか。

　　ア　障害厚生年金の支給要件における障害認定日とは、初診日から起算して1年6月を経過した日又はその傷病が治った日（その症状が固定し治療の効果が期待できない状態に至った日を含む。）のうちいずれか遅い方の日である。

　　イ　いわゆる事後重症の障害厚生年金について、初診日において被保険者であった者であって障害認定日に障害等級に該当しなかったものが、障害認定日後65歳に達する日の前日までの間に当該傷病により障害等級3級に該当する程度の障害の状態となり、初診日の前日において保険料納付要件を満たしている場合であっても、その者が繰上げ支給の老齢厚生年金の受給権者である場合には、当該障害厚生年金の支給を請求することはできない。

　　ウ　いわゆる基準傷病による障害厚生年金が支給されるためには、基準傷病に係る初診日において被保険者であるだけでなく、基準傷病以外の傷病（基準傷病以外の傷病が2以上ある場合は、基準傷病以外のすべての傷病）に係る初診日においても被保険者である必要がある。

　　エ　障害等級2級に該当する程度の障害の状態にある障害厚生年金の受給権者が、その権利を取得した日の翌日以後に、その者によって生計を維持する65歳未満の配偶者を有するに至ったことにより加給年金額を加算することとなったときは、当該配偶者を有するに至った日の属する月の翌月から、障害厚生年金の額を改定する。

厚生年金保険法 ● 48

オ　障害手当金は、疾病にかかり、又は負傷し、その傷病に係る初診日において被保険者であった者が、当該初診日から起算して3年を経過した日又はその期間内における傷病の治った日において、その傷病により政令で定める程度の障害の状態にある場合に、その者に支給する。なお、当該傷病に係る初診日の前日において、保険料納付要件を満たしているものとする。

A（アとイ）　　　　B（アとウ）　　　　C（イとエ）

D（ウとオ）　　　　E（エとオ）

〔問　8〕　厚生年金保険法に関する次の記述のうち、誤っているものはどれか。

A　20歳から継続して適用事業所に使用されていた被保険者が、被保険者である32歳の時に死亡した。この場合、死亡した者によって生計を維持していた一定の遺族に遺族厚生年金が支給される。

B　遺族厚生年金を受けることができる遺族は、被保険者又は被保険者であった者の配偶者、子、父母、孫又は祖父母であって、被保険者又は被保険者であった者の死亡の当時その者によって生計を維持したものであるが、配偶者、父母及び祖父母については、さらに55歳以上であることを要件としている。

C　被保険者又は被保険者であった者の死亡の当時胎児であった子が出生したときは、厚生年金保険法第59条第1項に規定する遺族厚生年金を受けることができる遺族の範囲の適用については、将来に向かって、その子は、被保険者又は被保険者であった者の死亡の当時その者によって生計を維持していた子とみなされる。

D　遺族厚生年金の額は、原則として、死亡した被保険者又は被保険者であった者の被保険者期間を基礎として厚生年金保険法第43条第1項の規定の例により計算された老齢厚生年金の額の4分の3に相当する額とされる。

E　昭和34年４月２日生まれの遺族厚生年金の受給権者が65歳に達し、老齢厚生年金の受給権を取得した場合、当該遺族厚生年金の額は、当該老齢厚生年金の額（加給年金額が加算されている場合は、その額を除く。）に相当する部分の支給が停止される。

〔問　9〕　厚生年金保険法に関する次の記述のうち、正しいものはどれか。

A　被保険者であった41歳の夫が死亡し、その死亡の当時、当該夫によって生計を維持されていた39歳の妻と15歳の子が遺族基礎年金と遺族厚生年金の受給権を取得した。その後、当該子について、18歳に達する日以後の最初の３月31日が終了し、障害等級の１級又は２級に該当する障害の状態にもなかったことから、妻の有する遺族基礎年金の受給権並びに子の有する遺族基礎年金及び遺族厚生年金の受給権が消滅した。このとき、当該妻に対する遺族厚生年金について中高齢寡婦加算額に相当する部分の支給停止は解除される。なお、当該妻と子は、夫が死亡した日以降も生計を同じくしているものとする。

B　中高齢寡婦加算額が加算された遺族厚生年金の受給権者である妻が65歳に達したときは、中高齢寡婦加算額は加算されなくなるが、当該妻が昭和41年４月１日以前に生まれた者であるときは、新たに、経過的寡婦加算額が加算される。

C　被保険者又は被保険者であった者の死亡の当時、その者によって生計を維持されていた者が配偶者のみであり、その配偶者が遺族基礎年金の受給権を取得しないときは、その配偶者に支給される遺族厚生年金の額に遺族基礎年金の額に相当する額が加算される。

D　子の有する遺族厚生年金の受給権は、その子が叔父の養子（届出をしていないが、事実上養子縁組関係と同様の事情にある者を含む。）となったときは消滅しない。

E　脱退一時金は、最後に厚生年金保険の被保険者の資格を喪失した日（同日において日本国内に住所を有していた者にあっては、同日後初めて、日本国内に住所を有しなくなった日）から起算して２年を経過しているときは、その支給を請求することができない。

〔問　10〕　厚生年金保険法に関する次の記述のうち、誤っているものはどれか。

A　いわゆる合意分割の規定による標準報酬の改定又は請求は、平成19年４月１日以後に離婚等をした場合に行うことができるが、当該請求の対象となる対象期間には平成19年４月１日前の婚姻等をしていた期間も含まれる。

B　厚生年金保険法第78条の14に規定する特定被保険者が、特定期間の全部をその額の計算の基礎とする障害厚生年金の受給権者であった場合には、当該特定被保険者の被扶養配偶者は、いわゆる３号分割の規定による標準報酬の改定及び決定の請求をすることができない。

C　２以上の種別の被保険者であった期間を有する者に支給する特別支給の老齢厚生年金について、いわゆる長期加入者の特例の要件である「被保険者期間が44年以上であること。」の判定にあたっては、２以上の種別の被保険者であった期間に係る被保険者期間を合算せず、各号の厚生年金被保険者期間ごとに行う。

D　２以上の種別の被保険者であった期間を有する者に係る老齢厚生年金の額の計算においては、その者の２以上の被保険者の種別に係る被保険者期間ごとに算定する。

E　厚生年金保険法第38条の２に規定する受給権者の申出による年金たる保険給付の支給停止については、いつでもその申出を撤回することができ、支給停止の申出を行ったときにさかのぼってその支給を受けることができる。

国民年金法

〔問　1〕　国民年金法に関する次の記述のうち、正しいものはどれか。

　　A　国民年金法第1条では、「この法律は、国民の老齢、障害又は死亡について必要な給付を行い、国民の生活の安定と福祉の向上に寄与することを目的とする。」と規定している。

　　B　被保険者の資格として、第1号被保険者については、20歳以上60歳未満の年齢要件を満たす必要があるのに対し、第2号被保険者及び第3号被保険者については、原則として、年齢要件を満たす必要はない。

　　C　第2号被保険者の被扶養配偶者であって、外国に赴任する当該第2号被保険者に同行することにより、日本国内に住所を有しなくなるときは、第3号被保険者となることはできない。

　　D　日本国籍を有する者であって、日本国内に住所を有しない20歳以上60歳未満の者は、厚生労働大臣に申し出て、任意加入被保険者となることができるが、日本国籍を有する者であって、日本国内に住所を有しない60歳以上65歳未満の者は、任意加入被保険者となることはできない。

　　E　平成16年1月1日生まれの者が、20歳に達し、第1号被保険者となった場合、令和5年12月から被保険者期間に算入される。

〔問　2〕　国民年金法に関する次の記述のうち、正しいものはどれか。

　　A　保険料4分の3免除期間に係る老齢基礎年金の給付に要する費用については、480から保険料納付済期間、保険料4分の1免除期間及び保険料半額免除期間を合算した月数を控除して得た月数を限度として、その5分の4を国庫が負担することとなる。

　　B　国民年金法第94条の2によると、厚生年金保険の実施者たる政府及び実施機関たる共済組合等は、毎年度、基礎年金の給付に要する費用に充てるため、基礎年金拠出金を負担するものとされている。

C　保険料の額は、17,000円に保険料改定率を乗じて得た額（その額に50銭未満の端数が生じたときは、これを切り捨て、50銭以上1円未満の端数が生じたときは、これを1円に切り上げるものとする。）とする。

D　第1号被保険者は、毎月の保険料を翌月末日までに納付しなければならず、任意加入被保険者は、毎月の保険料をその月の10日（初めて納付すべき保険料については、市町村長（特別区の区長を含む。）が指定する日）までに納付しなければならない。

E　国民年金法第109条に規定される「国民年金事務組合」とは、同種の事業又は業務に従事する被保険者を構成員とする団体その他これに類する団体で政令で定めるものであって、厚生労働大臣がこれらの団体からの申請に基づき、保険料滞納事実の有無の確認等、一定の業務を適正かつ確実に行うことができると認められるものとして指定するものをいう。

〔問　3〕　国民年金法に関する次の記述のうち、誤っているものはどれか。

A　第1号被保険者は、原則として、出産の予定日の属する月の前月（多胎妊娠の場合においては、3月前）から出産の予定日の属する月の翌々月までの期間に係る保険料は、納付することを要しない。

B　単身者である第1号被保険者について、その前年の所得（1月から6月までの月分の保険料については前々年の所得とする。）が88万円以下であれば、申請により保険料4分の3免除を受けることができる。

C　前年の所得（1月から3月までの月分の保険料については、前々年の所得。以下本肢において同じ。）がその者の扶養親族等の有無及び数に応じ一定額以下の学生である第1号被保険者については、国民年金法第90条の3の規定による学生納付特例の適用を受けることができるが、当該第1号被保険者の配偶者の前年の所得が一定額を超えている場合には、学生納付特例の適用を受けることができない。

D　独立行政法人農業者年金基金法に基づく農業者年金の被保険者のうち付加保険料を納付することができる者は、その者の希望の有無にかかわらず、すべて農業者年金の被保険者となったときに、付加保険料を納付する者となる。

E　保険料の滞納について厚生労働大臣が督促した場合、原則として、徴収金額に、納期限の翌日から徴収金完納又は財産差押の日の前日までの日数につき年14.6％（納期限の翌日から３月を経過する日までの期間については、年7.3％）の延滞金を徴収するが、当該徴収金額が500円未満であるときは、延滞金は徴収しない。

〔問　4〕　国民年金法に関する次のアからオの記述のうち、誤っているものの組み合わせは、後記AからEまでのうちどれか。

ア　年金給付は、毎年２月、４月、６月、８月、10月及び12月の６期に、それぞれの前月までの分を支払う。ただし、前支払期月に支払うべきであった年金又は権利が消滅した場合若しくは年金の支給を停止した場合におけるその期の年金は、その支払期月でない月であっても、支払うものとする。

イ　国民年金法第５条第１項において、同法第88条の２の規定による産前産後の保険料免除期間は保険料納付済期間とされる。

ウ　国民年金の保険料納付済期間とされた厚生年金保険の第３種被保険者（坑内員又は船員）期間について、老齢基礎年金の額を計算する場合には、その期間を３分の４倍又は５分の６倍せず、実期間をもって計算する。

エ　国会議員であった期間（60歳以上であった期間を除く。）のうち、厚生年金保険の被保険者でなかった昭和36年４月１日から平成３年３月31日までの期間は、合算対象期間に算入される。

オ　学生納付特例の期間については、当該期間の月数（480から保険料納付済期間の月数、保険料４分の１免除期間の月数、保険料半額免除期間の月数、保険料４分の３免除期間の月数及び保険料全額免除期間の月数を合算した月数を控除して得た月数を限度とする。）の２分の１に相当する月数が老齢基礎年金の年金額に反映される。

A（アとイ）　　　　B（アとウ）　　　　C（イとエ）

D（ウとオ）　　　　E（エとオ）

〔問　5〕　国民年金法に関する次の記述のうち、正しいものはどれか。

A　老齢基礎年金に振替加算が行われるのは、大正15年４月２日から昭和41年４月１日までの間に生まれた妻のみである。

B　振替加算の額は、224,700円に改定率を乗じて得た額（その額に50円未満の端数が生じたときは、これを切り捨て、50円以上100円未満の端数が生じたときは、これを100円に切り上げるものとする。）である。

C　老齢基礎年金の支給繰上げに係る減額率は、令和４年４月１日以降に60歳に到達した者については、1000分の４に当該老齢基礎年金の支給の繰上げを請求した日の属する月から65歳に達する日の属する月の前月までの月数を乗じて得た率である。

D　老齢基礎年金の支給繰下げの申出をした場合の振替加算については、振替加算も繰下げて支給され、その額も繰下げにより増額される。

E　65歳に到達し老齢基礎年金の受給権を取得した者が、81歳のときに当該老齢基礎年金を請求し、かつ、当該請求の際に支給繰下げの申出をしないときは、当該請求をした日の５年前の日に支給繰下げの申出があったものとみなされる。なお、当該請求をした日までに、他の年金たる給付の受給権を取得していないものとする。

〔問　6〕　国民年金法に関する次の記述のうち、誤っているものはどれか。

A　精神の障害であっても、障害基礎年金の対象となる場合がある。

B　被保険者であった者が63歳のときに傷病に係る初診日がある場合において、当該初診日に、日本国内に住所を有していないときには、当該傷病による障害について障害基礎年金が支給されることはない。なお、当該傷病以外に傷病は有していないものとする。

C　旧国民年金法による障害年金（障害福祉年金を除く。以下同じ。）の受給権を有する者に、別の傷病による障害基礎年金の受給権が発生した場合、前後の障害の併合を行い、旧国民年金法による障害年金と併合された障害基礎年金のどちらかを選択することになる。

D　障害等級1級に該当する障害基礎年金の受給権者によって生計を維持しているその者の4歳の子がいる場合、当該障害基礎年金の額に、224,700円に改定率を乗じて得た額（その額に50円未満の端数が生じたときは、これを切り捨て、50円以上100円未満の端数が生じたときは、これを100円に切り上げるものとする。）の100分の125に相当する額が加算される。

E　厚生労働大臣は、障害基礎年金の受給権者について、その障害の程度を診査し、その程度が従前の障害等級以外の障害等級に該当すると認めるときは、障害基礎年金の額を改定することができる。

〔問　7〕　国民年金法に関する次の記述のうち、正しいものはどれか。

A　保険料納付済期間と保険料免除期間とを合算した期間を25年以上有する被保険者が死亡したが、その者が遺族基礎年金の保険料納付要件を満たしていなかった場合には、その者の死亡当時、その者によって生計を維持されていた13歳の子がいても、当該子は遺族基礎年金の受給権を取得しない。

B　令和4年12月に死亡した第1号被保険者の男性には、婚姻の届出をしていないが、事実上婚姻関係と同様の事情にある40歳の女性との間に7歳の子がいた。当該男性が死亡時に当該女性及び当該子を生計維持し、かつ、遺族基礎年金の保険料納付要件を満たしていた場合、当該女性は、当該子と生計を同じくしていたとしても遺族基礎年金の受給権者になることはない。

C　遺族基礎年金の受給権者が３人の子である場合、それぞれの子に支給される遺族基礎年金の額は、780,900円に改定率を乗じて得た額に、224,700円に改定率を乗じて得た額の２倍の額を加算した金額を３で除して得た額となる。

D　遺族基礎年金は、当該被保険者又は被保険者であった者の死亡について、労働基準法の規定による遺族補償が行われるべきものであるときは、死亡日から６年間、その支給を停止する。

E　離縁によって、死亡した被保険者又は被保険者であった者の子でなくなったときであっても、当該子の有する遺族基礎年金の受給権は消滅しない。

〔問　8〕　国民年金法に関する次の記述のうち、正しいものはどれか。

A　付加保険料に係る保険料納付済期間を240か月有する者が、65歳で老齢基礎年金の受給権を取得したときには、年額96,000円の付加年金が支給される。

B　所定の要件を満たした第１号被保険者の夫が死亡し、妻が遺族基礎年金の受給権者となった場合には、当該妻に寡婦年金が支給されることはない。

C　死亡日の前日における付加保険料に係る保険料納付済期間が３年以上である者の遺族に支給される死亡一時金の額には、当該付加保険料に係る保険料納付済期間の月数の区分に応じて8,500円から85,000円の範囲で定められた金額が加算される。

D　死亡した者の死亡日においてその者の死亡により遺族基礎年金を受けることができる者であって、当該死亡日の属する月に当該遺族基礎年金の受給権が消滅した場合には、所定の要件を満たしていれば、死亡一時金が支給される。

E　脱退一時金の額は、基準月（請求の日の属する月の前月までの第１号被保険者としての被保険者期間に係る保険料納付済期間、保険料４分の１免除期間、保険料半額免除期間又は保険料４分の３免除期間のうち請求の日の前日までに当該期間の各月の保険料として納付された保険料に係る月及び産前産後期間の保険料免除の規定により納付することを要しないものとされた保険料に係る月のうち直近の月をいう。）の属する年度における保険料の額に２分の１を乗じて得た額に保険料納付済期間等の月数の区分に応じて６から36の範囲で定められた数を乗じて得た額とする。

〔問　９〕　国民年金法に関する次のアからオの記述のうち、正しいものの組み合わせは、後記ＡからＥまでのうちどれか。

　　ア　年金額の改定は、受給権者が68歳に達する年度よりも前の年度では、原則として、名目手取り賃金変動率を基準として行い、また受給権者が68歳に達する年度以後の年度では、原則として、物価変動率（物価変動率が名目手取り賃金変動率を上回るときは、名目手取り賃金変動率）を基準として行う。

　　イ　年金たる給付を受ける権利を裁定する場合又は年金たる給付の額を改定する場合において、年金たる給付の額に50銭未満の端数が生じたときは、これを切り捨て、50銭以上１円未満の端数が生じたときは、これを１円に切り上げるものとする。

　　ウ　老齢基礎年金の受給権者の死亡に係る未支給の年金を受けるべき同順位者が２人以上あるときは、未支給の年金の額は、当該同順位者の数で除して得た額をそれぞれ未支給の年金を受けるべき同順位者に支給する。

　　エ　同一人に対して、国家公務員共済組合が支給する障害厚生年金の支給を停止して老齢基礎年金を支給すべき場合に、その支給すべき事由が生じた日の属する月の翌月以降の分として当該障害厚生年金が支払われたときは、その支払われた障害厚生年金は当該老齢基礎年金の内払とみなすことができる。

オ　障害基礎年金の受給権者が、故意若しくは重大な過失により、又は正当な理由がなくて療養に関する指示に従わないことにより、その障害の程度を増進させ、又はその回復を妨げたときは、国民年金法第34条第1項の規定による改定を行わず、又はその者の障害の程度が現に該当する障害等級以下の障害等級に該当するものとして、同項の規定による改定を行うことができる。

A（アとイ）　　　　B（アとエ）　　　　C（イとウ）

D（エとオ）　　　　E（ウとオ）

〔問　10〕　国民年金法に関する次の記述のうち、誤っているものはどれか。

A　脱退一時金に関する処分に不服がある者は、社会保険審査会に対して審査請求をすることができる。

B　国民年金基金は、政令で定めるところにより、厚生労働大臣の認可を受けて、その業務（加入員又は加入員であった者に年金又は一時金の支給を行うために必要となるその者に関する情報の収集、整理又は分析を含む。）の一部を信託会社、信託業務を営む金融機関、生命保険会社、農業協同組合連合会若しくは共済水産業協同組合連合会又は金融商品取引業者に委託することができる。

C　地域型国民年金基金は、1,000人以上の加入員がなければ設立することができない。

D　国民年金基金は、厚生労働大臣の認可を受けて、他の国民年金基金と吸収合併をするためには、吸収合併契約を締結しなければならず、当該吸収合併契約について、代議員会において代議員の定数の3分の2以上の多数により議決しなければならない。

E　国民年金基金は、中途脱退者及び解散基金加入員に係る年金及び一時金の支給を共同して行うため、国民年金基金連合会を設立することができるが、当該中途脱退者とは、国民年金基金連合会の会員である国民年金基金の加入員の資格を喪失した者（当該加入員の資格を喪失した日において当該国民年金基金が支給する年金の受給権を有する者を除く。）であって、政令の定めるところにより計算したその者の当該国民年金基金の加入員期間が15年に満たないものをいう。

【問題冊子ご利用時の注意】

　「問題冊子」は、この**色紙**を残したまま、ていねいに**抜き取り**、ご利用ください。

●抜き取り時のケガには、十分お気をつけください。
●抜き取りの際の損傷についてのお取替えはご遠慮願います。

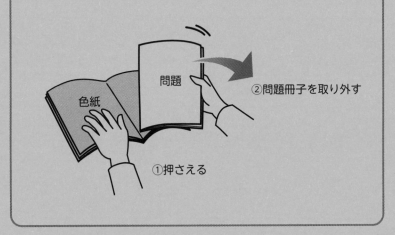

TAC出版
TAC PUBLISHING Group

第 2 予想

選 択 式 予 想 問 題

【注意事項】

　本予想問題における出題は、根拠となる法律、政令、省令、告示、通達に、「東日本大震災に対処するための特別の財政援助及び助成に関する法律（平成23年法律第40号）」をはじめとする東日本大震災等に関連して制定、発出された特例措置及び新型コロナウイルス感染症に関連して制定、発出された特別措置に係るものは含まれません。

【法令等略記凡例】

　問題文中においては、下表左欄の法令名等を右欄に示す略称により記載しています。

法令等名称	法令等略記
労働者災害補償保険法	労災保険法

労働基準法及び労働安全衛生法

〔問　1〕　次の文中の □□□□ の部分を選択肢の中の最も適切な語句で埋め、完全な文章とせよ。

1　最高裁判所は、勤務割による勤務予定日についての年次有給休暇の時季指定に対する使用者の時季変更権の行使が問題となった事件において、次のように判示した。

「勤務割における勤務予定日につき年次休暇の時季指定がされた場合に、使用者としての通常の配慮をすれば代替勤務者を確保して勤務割を変更することが客観的に可能な状況にあつたか否かについては、当該事業場において、年次休暇の時季指定に伴う勤務割の変更が、どのような方法により、どの程度行われていたか、年次休暇の時季指定に対し使用者が従前どのような対応の仕方をしてきたか、当該労働者の作業の内容、性質、欠務補充要員の作業の繁閑などからみて、他の者による代替勤務が可能であつたか、また、当該年次休暇の時季指定が、　A　時期にされたものであるか、更には、当該事業場において週休制がどのように運用されてきたかなどの諸点を考慮して判断されるべきである。右の諸点に照らし、使用者が通常の配慮をしたとしても代替勤務者を確保して勤務割を変更することが客観的に可能な状況になかつたと判断しうる場合には、使用者において　B　何らかの具体的行為をしなかつたとしても、そのことにより、使用者がした時季変更権の行使が違法となることはないものと解するのが相当である。」

2　1日当たりの日給が10,000円、平均賃金は9,000円である日給制の労働者が、使用者の責に帰すべき事由により半日休業し、当該日について5,000円の賃金が支払われた場合、使用者が支払うべき休業手当の金額は　C　。

3　事業者は、テールゲートリフター（労働安全衛生規則第151条の2第7号の貨物自動車の荷台の後部に設置された動力により駆動されるリフトをいう。）の操作の業務（当該貨物自動車に荷を積む作業又は当該貨物自動車から荷を卸す作業を伴うものに限る。）を行う労働者に対し、労働安全衛生法第59条第3項に規定する当該業務に関する安全又は衛生のための特別の教育を行わなければならず、当該教育の受講者、科目等の記録を作成して、これを　　D　　間保存しておかなければならない。

4　労働安全衛生規則第561条の2では、「事業者は、幅が　　E　　以上の箇所において足場を使用するときは、本足場を使用しなければならない。ただし、つり足場を使用するとき、又は障害物の存在その他の足場を使用する場所の状況により本足場を使用することが困難なときは、この限りでない。」と規定している。

選択肢

①　1メートル　　②　2メートル　　③　3メートル　　④　5メートル
⑤　2　年　　　　⑥　3　年　　　　⑦　5　年　　　　⑧　7　年
⑨　400円以上となる　　　　　　⑩　1,000円以上となる
⑪　2,400円以上となる　　　　　⑫　休暇の必要性を判断するための
⑬　業務の遂行に当たり必要な配置人員に十分な余裕がある
⑭　使用者が代替勤務者を確保しうるだけの時間的余裕のある
⑮　事業の正常な運営が妨げられることを回避するための
⑯　他の一般職員が週休日を変更せずに管理者側で対応することができる
⑰　代替勤務者が確保できないことを立証する
⑱　代替勤務者を確保するための配慮をしたとみうる
⑲　当該事業場における労使間交渉の経緯を踏まえた適切な
⑳　発生しない

労働者災害補償保険法

〔問　2〕　次の文中の 　　　　 の部分を選択肢の中の最も適切な語句で埋め、完全な文章とせよ。

1　傷病補償年金は、業務上負傷し、又は疾病にかかった労働者が、当該負傷又は疾病に係る 　A　 後1年6か月を経過した日において次の各号のいずれにも該当するとき、又は同日後次の各号のいずれにも該当することとなったときに、その状態が継続している間、当該労働者に対して支給する。

　　⑴　当該負傷又は疾病が治っていないこと。

　　⑵　当該負傷又は疾病による障害の程度が厚生労働省令で定める傷病等級に該当すること。

2　上記1⑵の傷病等級について、その基本的な考え方は、おおむね障害等級の第1級から第3級との均衡を考慮して定められており、 　B　 であれば第3級とされている。ただし、傷病等級の場合には、まだ治っていない傷病による障害であるので、治療のいかんによっては、その障害の状態がなお変動する可能性も大きく、治った後症状の固定ないし安定した障害を分類した障害等級とは性格を異にする。このような障害等級の特殊性と傷病等級が長期に支給される年金給付の主要な支給要件であることを考慮して、その障害の程度は、 　C　 以上の期間にわたって存する障害の状態により認定することとされている。

3　「労災保険法に基づく保険給付は、その制度の趣旨目的に従い、特定の損害について必要額を塡補するために支給されるものであり、遺族補償年金は、労働者の死亡による遺族の 　D　 を塡補することを目的とするものであって、その塡補の対象とする損害は、被害者の死亡による逸失利益等の消極損害と同性質であり、かつ、 　E　 性があるものと解される。他方、損害の元本に対する遅延損害金に係る債権は、飽くまでも債務者の履行遅滞を理由とする損害賠償債権であるから、遅延損害金を債務者に支

払わせることとしている目的は、遺族補償年金の目的とは明らかに異なるものであって、遺族補償年金による塡補の対象となる損害が、遅延損害金と同性質であるということも、　E　性があるということもできない。（中略）以上によれば、被害者が不法行為によって死亡した場合において、その損害賠償請求権を取得した相続人が遺族補償年金の支給を受け、又は支給を受けることが確定したときは、制度の予定するところと異なってその支給が著しく遅滞するなどの特段の事情のない限り、その塡補の対象となる損害は不法行為の時に塡補されたものと法的に評価して損益相殺的な調整をすることが公平の見地からみて相当であるというべきである。」とするのが最高裁判所の判例である。

┌─ 選択肢 ─
① １　年　　　② １年６か月　　　③ ３　年　　　④ ６か月
⑤ 移　転　　　⑥ 休業の開始　　　⑦ 初診日
⑧ 常時介護を要する状態　　　⑨ 常態として労働不能
⑩ 随時介護を要する状態　　　⑪ 精神的苦痛
⑫ 相互補完　　　⑬ 葬祭費用
⑭ 特に軽易な労務以外の労務に服することができない状態
⑮ 独　立　　　⑯ 発症日
⑰ 非財産的損害　　　⑱ 被扶養利益の喪失
⑲ 並　立　　　⑳ 療養の開始

雇用保険法

〔問　3〕　次の文中の□□□の部分を選択肢の中の最も適切な語句で埋め、完全な文章とせよ。

1　雇用保険法第15条第3項では、「公共職業訓練等」を「国、都道府県及び市町村並びに独立行政法人高齢・障害・求職者雇用支援機構が設置する公共職業能力開発施設の行う職業訓練（職業能力開発総合大学校の行うものを含む。）、職業訓練の実施等による特定求職者の就職の支援に関する法律第4条第2項に規定する　A　（厚生労働省令で定めるものを除く。）その他法令の規定に基づき失業者に対して　B　を容易にさせ、又は就職に必要な知識及び技能を習得させるために行われる訓練又は講習であつて、政令で定めるもの」と定義している。

2　雇用保険法第49条第1項では、「厚生労働大臣は、平均定期給与額（第18条第1項の平均定期給与額をいう。以下この項において同じ。）が、平成6年9月の平均定期給与額（この項の規定により日雇労働求職者給付金の日額等が変更されたときは直近の当該変更の基礎となつた平均定期給与額）の100分の120を超え、又は100分の　C　を下るに至つた場合において、その状態が継続すると認めるときは、その平均定期給与額の上昇し、又は低下した比率を基準として、日雇労働求職者給付金の日額等を変更しなければならない。」と規定している。

3　離職の日以前2年間に、業務外の負傷により賃金を受けずに20日欠勤し、復職後15日で再び同一の理由で賃金を受けずに100日欠勤した後に離職した場合、基本手当の受給資格に係る離職理由が特定理由離職者又は特定受給資格者に係るものに該当しないとき、算定対象期間は2年に　D　日を加えた期間となる。

4　みなし賃金日額が19,000円である高年齢雇用継続基本給付金の支給対象者に対して支給対象月に事業主から支払われた賃金の額が340,000円であった場合、当該支給対象月に支給される高年齢雇用継続基本給付金の額

は　　E　　円である。なお、当該支給対象月に非行、疾病その他の厚生労働省令で定める理由により支払を受けることができなかった賃金はないものとし、雇用保険法第61条第1項第2号の支給限度額は370,452円とする。

┌─ 選択肢 ─────────────────────────────────┐

① 20　　　　② 76　　　　③ 80　　　　④ 83

⑤ 90　　　　⑥ 100　　　⑦ 120　　　⑧ 135

⑨ 20,458　　⑩ 30,452　　⑪ 51,000　　⑫ 87,500

⑬ 技能検定の受験　　　　　⑭ 技能講習

⑮ 求職活動　　　　　　　　⑯ 教育訓練

⑰ 再就職　　　　　　　　　⑱ 作業環境に適応すること

⑲ 職業講習　　　　　　　　⑳ 認定職業訓練

└──────────────────────────────────────┘

労務管理その他の労働に関する一般常識

〔問　4〕　次の文中の □□□ の部分を選択肢の中の最も適切な語句で埋め、完全な文章とせよ。なお、本問の「2」は令和5年版厚生労働白書を参照している。

1　最高裁判所は、自動車教習所の教習指導員の業務に従事する無期契約労働者と定年退職後に再雇用され同業務に従事する有期契約労働者との間で基本給の金額が異なるという労働条件の相違の一部が労働契約法第20条（平成30年法律第71号による改正前のもの）にいう不合理と認められるかが問題となった事件において、次のように判示した。なお、平成30年法律第71号による改正前の労働契約法第20条では「有期労働契約を締結している労働者の労働契約の内容である労働条件が、期間の定めがあることにより同一の使用者と期間の定めのない労働契約を締結している労働者の労働契約の内容である労働条件と相違する場合においては、当該労働条件の相違は、労働者の業務の内容及び当該業務に伴う責任の程度（以下この条において「職務の内容」という。）、当該職務の内容及び配置の変更の範囲その他の事情を考慮して、不合理と認められるものであってはならない。」と規定していた。

「労働契約法20条は、有期労働契約を締結している労働者と無期労働契約を締結している労働者の労働条件の格差が問題となっていたこと等を踏まえ、有期労働契約を締結している労働者の □A□ を図るため、その労働条件につき、期間の定めがあることにより不合理なものとすることを禁止したものであり、両者の間の労働条件の相違が基本給や賞与の支給に係るものであったとしても、それが同条にいう不合理と認められるものに当たる場合はあり得るものと考えられる。もっとも、その判断に当たっては、他の労働条件の相違と同様に、当該使用者における基本給及び賞与の □B□ やこれらを支給することとされた □C□ を踏まえて同条所定の諸事情を考慮することにより、当該労働条件の相違が不合理と評価するこ

とができるものであるか否かを検討すべきものである。」

2　我が国における障害者施策については、「障害者基本法」（昭和45年法律第84号）、同法に基づく障害者基本計画等に沿って、障害者の自立及び社会参加の支援等のための施策の総合的かつ計画的な推進がなされているところであり、その基本的な考え方は、全ての国民が、障害の有無によって分け隔てられることなく、相互に人格と個性を尊重し合いながら　D　する社会を実現することである。このような考え方の下、障害者の雇用施策については、「障害者の雇用の促進等に関する法律」（昭和35年法律第123号。以下「法」という。）に基づき、職業を通じた社会参加を進めていくことができるよう、各般の施策を推進してきた。（中略）2022（令和4）年の法改正では、雇用の質の向上の推進や多様な就労ニーズへの対応を図る観点から、事業主の責務として、障害者の職業能力の開発及び向上に関する措置を行うことの明確化、特に短い時間（週所定労働時間　E　）で働く重度の身体・知的障害者及び精神障害者の実雇用率における算定、雇入れやその雇用継続を図るために必要な一連の雇用管理に関する相談援助の支援や加齢に伴い職場への適応が困難となった障害者への雇用継続の支援に関する助成措置の新設等が盛り込まれ、2023（令和5）年4月以降、順次施行されている。

問題編
第2予想
選択式

選択肢

① 10時間以上20時間未満　　② 20時間未満

③ 20時間以上30時間未満　　④ 30時間未満

⑤ 一切の差別的取扱いの禁止　⑥ 活　躍　　⑦ 共　助

⑧ 共　生　　⑨ 金　額　　⑩ 形　態　　⑪ 公正な処遇

⑫ 時　期　　⑬ 生活及び雇用の安定　　⑭ 性　質

⑮ 体　系　　⑯ 発　展　　⑰ 頻　度　　⑱ 法　令

⑲ 無期労働契約への転換の促進　　⑳ 目　的

社会保険に関する一般常識

〔問　5〕　次の文中の□□□の部分を選択肢の中の最も適切な語句で埋め、完全な文章とせよ。なお、本問の「3」は、令和5年版厚生労働白書を参照している。

1　介護保険法第7条第2項では、「要支援状態」とは、身体上若しくは精神上の障害があるために入浴、排せつ、食事等の日常生活における　A　について、厚生労働省令で定める期間にわたり継続して常時介護を要する状態の　B　に特に資する支援を要すると見込まれ、又は身体上若しくは精神上の障害があるために厚生労働省令で定める期間にわたり継続して日常生活を営むのに支障があると見込まれる状態であって、支援の必要の程度に応じて定める要支援状態区分のいずれかに該当するものと規定している。

2　確定給付企業年金法第73条第1項によると、事業主（基金型企業年金を実施する場合にあっては、企業年金基金）は、厚生労働省令で定めるところにより、その確定給付企業年金に係る　C　について、加入者に周知させなければならないとされている。

3　国民健康保険制度の財政運営の安定化や、平成30年度国民健康保険改革による「財政運営の都道府県単位化」の趣旨の更なる深化を図る観点から、保険料水準の統一に向けた取組や医療費適正化の推進に資する取組を進めることが重要である。こうしたことを踏まえ、令和6年度から、都道府県内の国民健康保険運営の統一的な方針である都道府県国民健康保険運営方針について、その対象期間を、　D　や医療計画等との整合性を図る観点から、「　E　」とし、「医療費の適正化の取組に関する事項」と「市町村が担う事務の広域的及び効率的な運営の推進に関する事項」を必須記載事項とすることとしている。

① 維持若しくは軽減

② 維持若しくは改善

③ 医療費適正化計画

④ おおむね2年

⑤ おおむね3年

⑥ おおむね5年

⑦ おおむね6年

⑧ 基本的な動作の一部

⑨ 基本的な動作の全部若しくは一部

⑩ 規約の要旨

⑪ 業務の概況

⑫ 軽減若しくは悪化の防止

⑬ 軽減若しくは予防

⑭ 広域計画

⑮ 国民健康保険事業計画

⑯ 財政の現況

⑰ 最低限必要な動作の一部

⑱ 最低限必要な動作の全部又は一部

⑲ 制度の概要

⑳ 特定健康診査等実施計画

健康保険法

〔問　6〕　次の文中の□□□□の部分を選択肢の中の最も適切な語句で埋め、完全な文章とせよ。

1　保険者は、療養の給付若しくは入院時食事療養費、入院時生活療養費若しくは保険外併用療養費の支給（以下、本問において「療養の給付等」という。）を行うことが困難であると認めるとき、又は被保険者が保険医療機関等以外の病院、診療所、薬局その他の者から診療、薬剤の支給若しくは手当を受けた場合において、保険者が　A　と認めるときは、療養の給付等に代えて、療養費を支給することができる。

2　任意継続被保険者は、将来の一定期間の保険料を前納することができる。この場合において前納すべき額は、当該期間の各月の保険料の額から政令で定める額を控除した額と規定されており、当該政令で定める額は、前納に係る期間の各月の保険料の合計額から、その期間の各月の保険料の額を　B　の利率による複利現価法によって前納に係る期間の最初の月から当該各月までのそれぞれの期間に応じて割り引いた額の合計額（この額に1円未満の端数がある場合において、その端数金額が50銭未満であるときは、これを切り捨て、その端数金額が50銭以上であるときは、これを1円として計算する。）を控除した額とされる。前納された保険料については、前納に係る期間の　C　したときに、それぞれその月の保険料が納付されたものとみなす。

3　保険者は、高齢者の医療の確保に関する法律第20条の規定による特定健康診査及び同法第24条の規定による特定保健指導（以下、本問において「特定健康診査等」という。）を行うものとするほか、特定健康診査等以外の事業であって、健康教育、健康相談及び健康診査並びに健康管理及び疾病の予防に係る被保険者及びその被扶養者（以下、本問において「被保険者等」という。）の自助努力についての支援その他の被保険者等の　D　ために必要な事業を　E　。

選択肢

① 行うように努めなければならない　　② 行わなければならない

③ 各月が経過　　④ 各月の10日が到来

⑤ 各月の初日が到来　　⑥ 各月の末日が到来

⑦ 健康が損なわれない　　⑧ 健康障害の防止の

⑨ 健康の確保の　　⑩ 健康の保持増進の

⑪ 実施しなければならない　　⑫ 推進しなければならない

⑬ 正当な理由があるもの　　⑭ 相当の理由があるもの

⑮ 年3分　　⑯ 年4分

⑰ 年5分　　⑱ 年6分

⑲ 必要がある　　⑳ やむを得ないもの

厚生年金保険法

〔問　7〕　次の文中の　　　　　の部分を選択肢の中の最も適切な語句で埋め、完全な文章とせよ。

1　厚生労働大臣は、住民基本台帳法第30条の9の規定による障害厚生年金（厚生労働大臣が支給するものに限る。以下同じ。）の受給権者に係る機構保存本人確認情報の提供を受けることができない場合には、当該受給権者に対し、所定の事項を記載し、かつ、自ら署名した届書を毎年指定日（　A　　。以下同じ。）までに提出することを求めることができる。

2　障害厚生年金の受給権者（当該障害厚生年金の額の全部につき支給が停止されている者を除く。）であって、その障害の程度の診査が必要であると認めて厚生労働大臣が指定したものは、厚生労働大臣が指定した年において、指定日までに、指定日前　B　　以内に作成されたその障害の現状に関する医師又は歯科医師の診断書を日本年金機構に提出しなければならない。

3　厚生年金保険法第2条の2では、「この法律による年金たる保険給付の額は、　C　　、賃金その他の諸事情に著しい変動が生じた場合には、変動後の諸事情に応ずるため、速やかに改定の措置が講ぜられなければならない。」と規定している。

4　第1号厚生年金被保険者に係る保険料率は、原則として、平成16年10月分から毎年　D　　％ずつ引き上げられ、平成29年9月分以後は、　E　　％で固定されるようになった。

選択肢

A	① 受給権者の誕生日の属する月の末日			
	② 6月30日			
	③ 9月30日			
	④ 10月31日			
B	① 1 月	② 2 月	③ 3 月	④ 6 月
C	① 厚生年金保険事業の財政	② 国民の雇用情勢		
	③ 国民の生活水準	④ 物 価		
D	① 0.248	② 0.354	③ 0.548	④ 0.712
E	① 14.1	② 16.4	③ 18.3	④ 20.2

国民年金法

〔問　8〕　次の文中の□□□の部分を選択肢の中の最も適切な語句で埋め、完全な文章とせよ。

1　国民年金法第94条第1項によると、被保険者又は被保険者であった者（老齢基礎年金の受給権者を除く。）は、厚生労働大臣の　A　を受け、法定免除、保険料申請免除又は学生納付特例の規定により納付することを要しないものとされた保険料及び納付猶予の特例の規定によりその一部の額につき納付することを要しないものとされた保険料（　A　の日の属する　B　以内の期間に係るものに限る。）の全部又は一部につき追納をすることができるものとされている。

2　国民年金法第27条の4第1項によると、調整期間における改定率の改定については、名目手取り賃金変動率に、調整率（　C　）に当該年度の前年度の特別調整率を乗じて得た率を乗じて得た率（　D　）を基準とする。

3　国民年金法第129条第3項によると、国民年金基金が支給する一時金は、少なくとも、当該国民年金基金の加入員又は加入員であった者が死亡した場合において、その遺族が　E　を受けたときには、その遺族に支給されるものでなければならないとされている。

┌─ 選択肢 ─────────────────────────────────┐

① 遺族基礎年金　　　　　　② 遺族基礎年金又は死亡一時金

③ 寡婦年金又は死亡一時金　④ 許　可

⑤ 死亡一時金　　　　　　　⑥ 承　認

⑦ 月以前10年　　　　　　　⑧ 月以前5年

⑨ 月前5年　　　　　　　　⑩ 月前10年

⑪ 当該率が1を上回るときは、1

⑫ 当該率が1を上回るときは、物価変動率

⑬ 当該率が1を上回るときは、名目手取り賃金変動率

⑭ 当該率が1を下回るときは、1

⑮ 当該率が1を下回るときは、物価変動率

⑯ 当該率が1を下回るときは、名目手取り賃金変動率

⑰ 認　可　　　　　　　　　⑱ 認　定

⑲ 名目手取り賃金変動率が1を上回るときは、1

⑳ 名目手取り賃金変動率が1を下回るときは、調整率

└──────────────────────────────────────┘

【問題冊子ご利用時の注意】

　「問題冊子」は、この**色紙**を残したまま、ていねいに**抜き取り**、ご利用ください。

- 抜き取り時のケガには、十分お気をつけください。
- 抜き取りの際の損傷についてのお取替えはご遠慮願います。

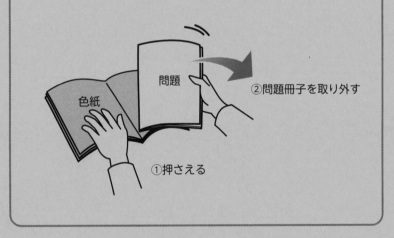

②問題冊子を取り外す

①押さえる

TAC出版
TAC PUBLISHING Group

第 2 予 想

択 一 式 予 想 問 題

（注　　　　意）

1　各問ごとに、正解と思うものの符号を解答用紙の所定の欄に1つ表示すること。

2　「労働者災害補償保険法」及び「雇用保険法」の問1から問7までは労働者災害補償保険法及び雇用保険法、問8から問10までは労働保険の保険料の徴収等に関する法律の問題であること。

3　計算を要する問題があるときは、この問題用紙の余白を計算用紙として差し支えないこと。

4　この問題の解答は、令和6年4月1日に施行されている法令等によること。

5　この問題用紙は、64頁あるので確認すること。

【注意事項】

　本予想問題における出題は、根拠となる法律、政令、省令、告示、通達に、「東日本大震災に対処するための特別の財政援助及び助成に関する法律（平成23年法律第40号）」をはじめとする東日本大震災等に関連して制定、発出された特例措置及び新型コロナウイルス感染症に関して制定、発出された特別措置に係るものは含まれません。

【法令等略記凡例】

　問題文中においては、下表左欄の法令名等を右欄に示す略称により記載しています。

法令等名称	法令等略記
労働者派遣事業の適正な運営の確保及び派遣労働者の保護等に関する法律	労働者派遣法
労働者災害補償保険法	労災保険法
労働保険の保険料の徴収等に関する法律	労働保険徴収法
短時間労働者及び有期雇用労働者の雇用管理の改善等に関する法律	パートタイム・有期雇用労働法

労働基準法及び労働安全衛生法

〔問　1〕　次の記述のうち、誤っているものはどれか。

A　労働基準法第1条第1項にいう「人たるに値する生活」とは、憲法第25条第1項の「健康で文化的」な生活を内容とするものであるが、具体的には、一般の社会通念によって決まるものであり、そのなかには労働者本人のみでなく、その標準家族をも含めて考えるべきものといわれている。

B　労働基準法第5条で禁止する「労働者の意に反して労働を強制」するとは、不当な手段を用いることによって、使用者が労働者の意識ある意思を抑圧し、その自由な発現を妨げ、労働すべく強要することをいい、詐欺の手段が用いられても、それは、必ずしもそれ自体としては本条に該当しない。

C　個人家庭における家事を事業として請け負う者に雇われて、その指揮命令の下に当該家事を行う者は、労働基準法の適用が除外される「家事使用人」には該当しない。

D　新聞配達店において、配達部数に応じて配達人に報酬を与えている場合、新聞配達店と配達人との関係は単なる請負関係であって、労働関係はなく、労働基準法上の労働者であるとみることはない。

E　国、地方公共団体又は行政執行法人が労働者派遣を受けた場合には、当該国、地方公共団体又は行政執行法人に対して労働者派遣法第44条の特例による労働基準法の適用がある。

〔問　2〕　次の記述のうち、正しいものはどれか。

A　使用者が労働基準法第15条第1項前段の規定により労働者に対して明示しなければならない労働条件のうち、「労働契約の期間に関する事項」については、期間の定めのある労働契約（以下「有期労働契約」という。）の締結の場合に限り明示しなければならない。

B　満60歳以上で社会保険労務士の資格を有する者が、ある事業場で３年の期間を定めた労働契約を締結して社会保険労務士の資格に係る業務以外の業務に就いていた場合、その者は、民法第628条の規定にかかわらず、労働基準法附則第137条の規定に基づき、当該労働契約の期間の初日から１年を経過した日以後においては、その使用者に申し出ることにより、いつでも退職することができる。

C　労働契約の締結に当たり、債務不履行によって使用者が損害を被った場合はその実損害額に応じて賠償を請求する旨の約定をしても、賠償予定の禁止を定める労働基準法第16条に抵触するものではない。

D　使用者は、あらかじめ第三者と謀り、労働者の就業を妨げることを目的として、労働基準法第22条第１項及び第２項の退職証明書に秘密の記号を記入することは、労働者の国籍、信条、社会的身分若しくは労働組合運動に関する事項に限定して禁止されている。

E　使用者は、有期労働契約の締結後、当該有期労働契約の変更又は更新に際して、通算契約期間（労働契約法第18条第１項に規定する通算契約期間をいう。）又は有期労働契約の更新回数について、上限を定め、又はこれを引き下げようとするときは、あらかじめ、その理由を労働者に説明するよう努めなければならない。

〔問　３〕　次の記述のうち、誤っているものはどれか。

A　労働基準法第24条第１項の全額払の原則は、労働者の賃金債権に対しては、使用者は、使用者が労働者に対して有する債権をもって相殺することを許されないとの趣旨を包含するものと解するのが相当であり、このことは、その債権が不法行為を原因としたものであっても変りはないとするのが最高裁判所の判例である。

B　適正な賃金の額を支払うための手段たる相殺は、労働基準法第24条第1項但書によって除外される場合にあたらなくても、過払のあった時期と賃金の清算調整の実を失わない程度に合理的に接着した時期においてされたものであれば、労働者の経済生活の安定をおびやかすおそれがないので、同項の禁止するところではないと解するのが相当であるとするのが最高裁判所の判例である。

C　労働基準法第24条第1項の全額払の原則は、使用者が労働者に対して有する債権をもって労働者の賃金債権と相殺することを禁止する趣旨をも包含するものであるが、労働者がその自由な意思に基づき右相殺に同意した場合においては、右同意が労働者の自由な意思に基づいてされたものであると認めるに足りる合理的な理由が客観的に存在するときは、右同意を得てした相殺は右規定に違反するものとはいえないものと解するのが相当であるとするのが最高裁判所の判例である。

D　会社が営業担当社員に対し退職後の同業他社への就職をある程度の期間制限することをもって直ちに社員の職業の自由等を不当に拘束するものとは認められず、したがって、会社がその退職金規則において、右制限に反して同業他社に就職した退職社員に支給すべき退職金につき、その点を考慮して、支給額を一般の自己都合による退職の場合の半額と定めることも、本件退職金が功労報償的な性格を併せ有することにかんがみれば、合理性のない措置であるとすることはできないとするのが最高裁判所の判例である。

E　労働者が退職に際しみずから賃金に該当する退職金債権を放棄する旨の意思表示をした場合に、労働基準法第24条第1項の全額払の原則が右意思表示の効力を否定する趣旨のものであるとまで解することはできないとするのが最高裁判所の判例である。

〔問　4〕　次の記述のうち、正しいものはどれか。

A　労働者が使用者の実施する教育に参加することについて、就業規則上の制裁等の不利益取扱による出席の強制がなく自由参加のものであっても、労働時間と解される。

B　常時使用する労働者数が10人未満の商業の事業場において、清算期間を1か月超3か月以内とするフレックスタイム制を採用した場合、その清算期間として定められた期間を平均した1週間当たりの労働時間の上限は44時間となる。

C　通常の業務の繁閑を理由として休日振替が通常行われるような事業場であっても、1年単位の変形労働時間制を採用することができる。

D　労働基準法第36条第1項のいわゆる36協定において、当該事業場における通常予見することのできない業務量の大幅な増加等に伴い臨時的に限度時間を超えて労働させる必要がある場合には、1か月について労働時間を延長して労働させ、及び休日において労働させることができる時間（同条第2項第4号に関して協定した時間を含め100時間未満の範囲内に限る。）並びに1年について労働時間を延長して労働させ、及び休日において労働させることができる時間（同号に関して協定した時間を含め720時間を超えない範囲内に限る。）を定めることができる。

E　ある作業中に、やむを得ない事情により特殊な危険作業に従事する場合、その日は危険作業手当を支給することとされている事業場において、当該危険作業が労働基準法第32条及び第40条の労働時間外に及ぶときは、当該危険作業手当を割増賃金の算定の基礎となる賃金に算入しなければならない。

〔問　5〕　次の記述のうち、正しいものはいくつあるか。

ア　労働基準法第38条の3第1項の専門業務型裁量労働制に係る労使協定には、同項の規定により労働者を同項第1号に掲げる対象業務に就かせたときは同項第2号に掲げる時間労働したものとみなすことについて当該労働者の同意を得なければならないことを定めなければならない。

イ　労働基準法第38条の３第１項の専門業務型裁量労働制に係る対象業務には、銀行又は証券会社における顧客の合併及び買収に関する調査又は分析及びこれに基づく合併及び買収に関する考案及び助言の業務が含まれる。

ウ　労働基準法第38条の４第１項の企画業務型裁量労働制に係る労使委員会の決議事項には、使用者は、労働基準法施行規則第24条の２の３第３項第１号にいう対象労働者に適用される評価制度及びこれに対応する賃金制度を変更する場合にあっては、労使委員会に対し、当該変更の内容について説明を行うことが含まれる。

エ　労働基準法第38条の４第１項の企画業務型裁量労働制に係る労使委員会の決議の届出をした使用者は、同項に規定する決議の有効期間の始期から起算して６か月以内ごとに１回、定期に、所轄労働基準監督署長に、同項第４号に規定する措置の実施状況を報告しなければならない。

オ　労使委員会の委員の指名は、労働基準法第41条第２号に規定する監督又は管理の地位にある者以外の者について行わなければならず、また、使用者の意向に基づくものであってはならない。

A　一つ

B　二つ

C　三つ

D　四つ

E　五つ

〔問　6〕　次の記述のうち、誤っているものはどれか。

A　使用者は、妊娠中の女性及び産後１年を経過しない女性については、その者の申出にかかわらず、坑内で行われるすべての業務に就かせてはならない。

B　使用者は、女性を、20キログラム以上の重量物を取り扱う継続作業の業務に就かせてはならない。

C　使用者は、妊娠中の女性が請求した場合においては、他の軽易な業務に転換させなければならないが、女性が転換すべき業務を指定せず、かつ、客観的にみても他に転換すべき軽易な業務がないため、当該女性がやむを得ず休業する場合、労働基準法第26条の休業手当の問題は生じない。

D　使用者は、妊娠中の女性及び産後1年を経過しない女性が請求した場合においては、労働基準法第33条第1項及び第3項並びに第36条第1項の規定にかかわらず、時間外労働をさせてはならず、又は休日に労働させてはならないが、同法第41条の2に規定する高度プロフェッショナル制度により労働する対象労働者については、本規定は適用されない。

E　労働基準法第68条の規定による生理休暇中の賃金は、労働契約、労働協約又は就業規則で定めるところによって、支給しても支給しなくても差し支えない。

〔問　7〕　次の記述のうち、正しいものはどれか。

A　1週間の所定労働時間が28時間、1週間の所定労働日数が4日である労働者であって、雇入れの日から2年6か月継続勤務したもの（その直前の1年間に全労働日の8割以上出勤している。）に対して、その後1年間に新たに与えなければならない年次有給休暇の日数は8日である。

B　「安全及び衛生に関する事項」は、就業規則のいわゆる絶対的必要記載事項である。

C　就業規則中に、懲戒処分を受けた場合には昇給させないという昇給の欠格事項を定めることは、労働基準法第91条の減給の制裁に該当し、本条の制限を超える減給を行うことは違法となる。

D 労働基準法第114条の付加金支払義務は、使用者が予告手当等を支払わない場合に、当然に発生するものではなく、労働者の請求により裁判所がその支払を命ずることによって、初めて発生するものと解すべきであるから、使用者に同法第20条の違反があっても、既に予告手当に相当する金額の支払を完了し使用者の義務違反の状況が消滅した後においては、労働者は付加金請求の申立をすることができないものと解すべきであるとするのが最高裁判所の判例である。

E 使用者は、就業規則及び労働基準法に規定する労使協定並びに労使委員会決議の要旨を、常時各作業場の見やすい場所へ掲示し、又は備え付けること、書面を交付することその他の厚生労働省令で定める方法によって、労働者に周知させなければならない。

〔問 8〕 ある鉄鋼業の事業場（製鉄所）において、労働者数及び有害業務等従事状況並びに安全管理者、衛生管理者及び産業医の選任状況は次の①～④のとおりである。この事業場の安全管理者、衛生管理者及び産業医の選任についての法令違反の状況に関するAからEまでの記述のうち、正しいものはどれか。

①労働者数及び有害業務等従事状況

常時使用する労働者数は800人であり、このうち深夜業を含む業務に常時300人が、著しく暑熱な場所における業務に常時20人が従事している。

②安全管理者の選任状況

選任している安全管理者は3人であり、このうち1人は、この事業場に専属でない労働安全コンサルタントである。他の2人は、この事業場に専属の者であるが、専任の安全管理者ではない。

③衛生管理者の選任状況

選任している衛生管理者は3人であり、いずれもこの事業場に専属の者であるが、専任の衛生管理者ではない。このうち1人は、第2種衛生管理者免許のみを有しており、他の2人は第1種衛生管理者免許を有している。

④産業医の選任状況

　選任している産業医は1人であり、専属の産業医ではない。

A　安全管理者として選任している労働安全コンサルタントがこの事業場に専属でないことが法令違反である。

B　専任の安全管理者が1人もいないことが法令違反である。

C　選任している衛生管理者の数が少ないことが法令違反である。

D　第2種衛生管理者免許のみを有している者を衛生管理者として選任していることが法令違反である。

E　選任している産業医がこの事業場に専属でないことが法令違反である。

〔問　9〕　次の記述のうち、誤っているものはどれか。なお、本問の「リスクアセスメント」とは、労働安全衛生法第57条の3第1項の危険性又は有害性等の調査（主として一般消費者の生活の用に供される製品に係るものを除く。）のことであり、「リスクアセスメント対象物」とは、リスクアセスメントをしなければならない労働安全衛生法施行令第18条各号に掲げる物及び労働安全衛生法第57条の2第1項に規定する通知対象物のことである。

A　労働安全衛生法第57条の規定による表示の表示事項には、当該表示対象物質の「名称」「人体に及ぼす作用」「貯蔵又は取扱い上の注意」「当該物を取り扱う労働者に注意を喚起するための標章で厚生労働大臣が定めるもの」のほか、厚生労働省令で定める事項として「想定される用途及び当該用途における使用上の注意」等が定められている。

B　事業者は、リスクアセスメント対象物を製造し、又は取り扱う事業場において、リスクアセスメントの結果等に基づき、労働者の健康障害を防止するため、代替物の使用、発散源を密閉する設備、局所排気装置又は全体換気装置の設置及び稼働、作業の方法の改善、有効な呼吸用保護具を使用させること等必要な措置を講ずることにより、リスクアセスメント対象物に労働者がばく露される程度を最小限度にしなければならない。

C　事業者は、リスクアセスメント対象物を製造し、又は取り扱う業務に常
時従事する労働者に対し、労働安全衛生法第66条の規定による健康診断
のほか、リスクアセスメント対象物に係るリスクアセスメントの結果に基
づき、関係労働者の意見を聴き、必要があると認めるときは、医師又は歯
科医師が必要と認める項目について、医師又は歯科医師による健康診断を
行わなければならない。

D　化学物質管理者を選任した事業者は、リスクアセスメントの結果に基づ
く措置として、労働者に保護具を使用させるときは、保護具着用管理責任
者を選任し、労働安全衛生規則に定める所定の事項を管理させなければな
らない。

E　労働基準監督署長は、化学物質による労働災害が発生した、又はそのお
それがある事業場の事業者に対し、当該事業場において化学物質の管理が
適切に行われていない疑いがあると認めるときは、当該事業場における化
学物質の管理の状況について改善すべき旨を指示することができる。

〔問　10〕　次の記述のうち、誤っているものはどれか。

A　エックス線作業主任者は、エックス線作業主任者免許を受けた者から選
任しなければならない。

B　高圧室内作業主任者は、高圧室内作業主任者技能講習を修了した者から
選任しなければならない。

C　ガス溶接作業主任者は、ガス溶接作業主任者免許を受けた者から選任し
なければならない。

D　林業架線作業主任者は、林業架線作業主任者免許を受けた者から選任し
なければならない。

E　石綿作業主任者は、石綿作業主任者技能講習を修了した者から選任しな
ければならない。

労働者災害補償保険法
（労働保険の保険料の徴収等に関する法律を含む。）

〔問　1〕　心理的負荷による精神障害の認定基準（令和5年9月1日付け基発0901
　　　　　第2号）に関する次の記述のうち、正しいものはどれか。

　　　A　業務による心理的負荷の評価期間は発病前おおむね3か月であるが、当
　　　　　該期間における心理的負荷を的確に評価するため、出来事の起点が発病の
　　　　　3か月より前であっても、その出来事（出来事後の状況）が継続している
　　　　　場合にあっては、発病前おおむね3か月の間における状況や対応について
　　　　　評価の対象とする。

　　　B　業務起因性が認められない精神障害をすでに発病している者について
　　　　　は、その精神障害の悪化の前に強い心理的負荷となる業務による出来事が
　　　　　認められたとしても、それが当該悪化の原因であると判断されることはな
　　　　　い。

　　　C　「業務による心理的負荷評価表」に掲げられている特別な出来事以外の
　　　　　出来事の項目22「パワーハラスメント（上司等から、身体的攻撃、精神
　　　　　的攻撃等のパワーハラスメントを受けた）」に関して、この「精神的攻撃
　　　　　等」には、性的指向・性自認に関する精神的攻撃等が含まれる。

　　　D　「業務による心理的負荷評価表」によれば、顧客や取引先、施設利用者
　　　　　等から、威圧的な言動などその態様や手段が社会通念に照らして許容され
　　　　　る範囲を超える著しい迷惑行為を受けた場合には、行為が反復・継続して
　　　　　いなくても、心理的負荷の強度は「強」と判断される。

　　　E　「業務による心理的負荷評価表」によれば、感染症等の病気や事故の危
　　　　　険性が高い業務に従事し、防護等対策も一定の負担を伴うものであった
　　　　　が、確立した対策を実施すること等により職員のリスクは低減されていた
　　　　　場合の心理的負荷の強度は「弱」と判断される。

〔問　2〕　次の記述のうち、誤っているものはどれか。

A　労働者Aは、時間外労働を終え、帰宅するために勤務先が入居する雑居ビルを出ようとした際に、共用玄関（維持管理は入居者の負担により行われることが了解され、不特定の者の出入りは少ない。）のドア（全面透明ガラス）が開いているものと錯覚して当該ドアに前額部をぶつけ負傷した。本件は通勤災害である。

B　労働者Bは、出勤するため、アパート2階の自室（住居）を出て当該アパートの外階段を降りるとき、靴のかかとが階段に引っ掛かり転倒して負傷した。本件は通勤災害である。

C　労働者Cは、長女の出産に際し、その家族（長女の夫と夫婦の子）の世話をするために事故当日の約2週間前から長女宅に泊まり込んでいた。事故当日、労働者Cは出勤の途上で夫婦の子を保育所に送り、その後速やかに勤務先へ向かおうとしたが、保育所の前で足を滑らせ転倒し、負傷した。本件は通勤災害である。

D　労働者Dは、勤務先から自動二輪車で帰宅途中に通常の通勤経路から約50メートル離れた書店に立ち寄り（約3分、なお、当該経路上に、他に書店はない。）、その後、同書店より約50メートル離れた信用組合のロビーで行われていた写真展を20分ほど見学してから通常の通勤経路に戻り、その途上で対向車と衝突し、負傷した。本件は通勤災害ではない。

E　労働者Eは、事故当日いつもの起床時刻より遅れたため、朝食もとらずに通常より5分遅れて住居を出て、急いで最寄り駅に向かったが、その最寄り駅の階段で倒れ、急性心不全により死亡していることが確認された。本件は通勤災害ではない。

〔問　3〕　次の記述のうち、正しいものはどれか。

A　労働基準法に規定する災害補償の事由に関連する保険給付は、療養補償給付、休業補償給付、障害補償給付、遺族補償給付及び葬祭料に限られる。

B　行政庁は、保険給付に関して必要があると認めるときは、保険給付を受け、又は受けようとする者に対し、その指定する医師の診断を受けるべきことを命ずることができるが、遺族補償年金、複数事業労働者遺族年金又は遺族年金の額の算定の基礎となる者には、これを命ずることができない。

C　行政庁は、保険給付の原因である事故を発生させた第三者（派遣先の事業主及び船員派遣の役務の提供を受ける者を除く。）に対して、労災保険法の施行に関し必要な報告、届出、文書その他の物件の提出又は出頭を命ずることができる。

D　保険給付を受ける権利は、譲り渡し、担保に供し、又は差し押さえることができないが、年金たる保険給付を受ける権利を別に法律の定めるところにより担保に供する場合は、この限りでない。

E　船舶が行方不明となった際現にその船舶に乗っていた労働者の生死が3か月間わからない場合には、遺族補償給付、葬祭料、遺族給付及び葬祭給付の支給に関する規定の適用については、その船舶が行方不明となった日に、当該労働者は、死亡したものと推定する。

〔問　4〕　次の記述のうち、誤っているものはどれか。

A　平均賃金及び給付基礎日額が10,000円である複数事業労働者ではない労働者が、業務上の傷病による療養のため所定労働時間の全部について労働不能である日に、時間を単位とする年次有給休暇を取得し、当該休暇の賃金として事業主から5,000円の支払を受けた場合、その日の休業補償給付の額は、6,000円となる。

B　休業補償給付の請求書に記載する平均賃金に関する事項には、複数事業労働者にあっては、非災害発生事業場（当該業務災害に係る負傷、疾病、障害又は死亡が発生した事業場以外の事業場をいう。）の事業主の証明を受けなければならない。

C　所轄労働基準監督署長は、業務上の事由により負傷し、又は疾病にかかった労働者の当該負傷又は疾病が療養の開始後1年6か月を経過した日において治っていないときは、同日以後1か月以内に、当該労働者から所定の事項を記載した届書を提出させるものとする。

D　障害等級認定基準によれば、同一の業務災害により右手の母指の亡失（第9級）及び左手の母指の指骨の一部欠損（第13級）が存する場合には、等級を繰り上げて第8級となるが、この場合の障害補償一時金の額は、給付基礎日額の492日分となる。

E　障害補償年金差額一時金の支給を受ける権利は、これを行使することができる時から5年を経過したときは、時効によって消滅する。

〔問　5〕　ある労働者が業務上の事由により死亡した。当該労働者の遺族には、その死亡の当時、その収入によって生計を維持していなかった別居中の妻（38歳）と、その収入によって生計を維持していた父（61歳）、母（55歳）、子（16歳）がおり、また、妻以外の遺族（父母及び子）は生計を同じくしている。なお、上記の遺族の年齢は労働者の死亡の当時のものであり、また、いずれの遺族も障害の状態にはない。この場合において、労働者の死亡を支給事由とする遺族補償給付に関する次の記述のうち、誤っているものはどれか。なお、各設問においては、設問文の内容のほかは、これらの遺族の生死、身分関係、障害の状態、生計同一関係には変更がないものとする。

A　最初に遺族補償年金の受給権者となるのは子であり、その支給額は、給付基礎日額の201日分である。

B　母が60歳に達した場合には、父に支給されるべき遺族補償年金の額は、その翌月分から改定される。

C　労働者の死亡から3年後に父が死亡した場合には、母に支給されるべき遺族補償年金は、所定の期間、その支給が停止される。

D　別居中の妻が他の遺族と生計を同じくするようになった場合には、受給権者に支給されるべき遺族補償年金の額は、その翌月分から改定される。

E　遺族補償年金の受給権者がすべて失権した場合に、妻に遺族補償一時金が支給されることがある。

〔問　6〕　次の記述のうち、正しいものはどれか。

A　社会復帰促進等事業としての外科後処置は、傷病補償年金、複数事業労働者傷病年金若しくは傷病年金の支給の決定を受けた者又はこれらの者に類するものとして厚生労働省労働基準局長が定める者に対して行われる。

B　休業補償特別援護金の支給額は、休業補償給付の3日分に相当する額とする。

C　特別支給金の算定の基礎となる算定基礎年額は、負傷又は発病の日以前1年間（雇入後1年に満たない者については、雇入後の期間）に当該労働者に対して支払われた特別給与（労働基準法第12条第4項の臨時に支払われた賃金及び3か月を超える期間ごとに支払われる賃金をいう。）の総額とする。

D　遺族補償年金前払一時金が支給されたことにより遺族補償年金の支給が停止されている場合には、同一の事由による遺族特別年金の支給も停止する。

E　政府は、事業主が故意又は重大な過失により生じさせた業務災害の原因である事故について保険給付及び特別支給金の支給を行ったときは、労災保険法第31条第1項の規定に基づきその保険給付及び特別支給金に要した費用に相当する金額の全部又は一部を事業主から徴収することができる。

〔問　7〕　次の記述のうち、正しいものはどれか。

A　二次健康診断等給付は、一次健康診断において、血圧検査、血液検査その他業務上の事由による脳血管疾患及び心臓疾患の発生にかかわる身体の状態に関する検査であって、厚生労働省令で定めるもののいずれの項目にも異常の所見があると診断され、かつ、既に脳血管疾患又は心臓疾患の症状を有すると認められる労働者に対し、その請求に基づいて行う。

B　二次健康診断とは、脳血管及び心臓の状態を把握するために必要な検査（労災保険法第26条第1項の厚生労働省令で定める検査を除く。）であって厚生労働省令で定めるものを行う医師による健康診断であり、一次健康診断ごとに1回に限られる。

C　二次健康診断の検査項目には、ヘモグロビンA1c検査が含まれる（一次健康診断において当該検査を行った場合を除く。）。

D　特定保健指導は、二次健康診断の結果に基づき、医師又は歯科医師による面接によって、栄養指導、運動指導又は生活指導のいずれかが行われる。

E　二次健康診断等給付を受けた労働者から当該二次健康診断の結果を証明する書面の提出を受けた事業者（労働安全衛生法第2条第3号に規定する事業者をいう。）は、二次健康診断の項目に異常の所見があると診断されているか否かにかかわらず、当該労働者の健康を保持するために必要な措置について、医師の意見を聞かなければならない。

〔問　8〕　次のアからオの記述のうち、誤っているものはいくつあるか。

ア　労働基準法第76条の規定に基づく休業補償は賃金ではないが、その額が平均賃金の100分の60を超える場合の当該超える額は、一般保険料の算定の基礎となる賃金総額に算入する。

イ　退職を事由として支払われる退職金であっても、事業主の都合により退職前に一時金として支払われるものは、一般保険料の算定の基礎となる賃金総額に算入する。

ウ　結婚祝金、死亡弔慰金、災害見舞金など個人的、臨時的な吉凶禍福に対して支給されるものであっても、労働協約等によって事業主にその支給が義務づけられている場合には、一般保険料の算定の基礎となる賃金総額に算入する。

エ　労働者が業務外の疾病又は負傷のため長期にわたり欠勤する場合において、使用者が恩恵的に支給する手当金は、一般保険料の算定の基礎となる賃金総額に算入する。

オ　事業主が社会保険料、所得税等の労働者負担分を労働協約等の定めによって義務づけられて負担した場合のその負担額に相当する額は、一般保険料の算定の基礎となる賃金総額に算入する。

A　一つ

B　二つ

C　三つ

D　四つ

E　五つ

〔問　9〕　次の記述のうち、正しいものはどれか。

A　労働保険徴収法第10条において政府が徴収する労働保険料として定められているものは、一般保険料、第1種特別加入保険料、第2種特別加入保険料、第3種特別加入保険料、印紙保険料、特例納付保険料及び特別保険料の計7種類である。

B　労災保険に係る保険関係が成立している事業のうち船きょ、船舶、岸壁、波止場、停車場又は倉庫における貨物の取扱いの事業であって、賃金総額を正確に算定することが困難なものについては、これらの事業の労働者につき労働基準法第12条第8項の規定に基づき厚生労働大臣が定める平均賃金に相当する額に、それぞれの労働者の使用期間の総日数を乗じて得た額の合算額を賃金総額とする。

C　派遣労働者に係る労災保険率は、派遣先での作業実態に基づき労災保険率適用事業細目表により事業の種類を決定し、派遣先での作業実態が数種にわたる場合には、主たる作業実態に基づき事業の種類を決定し、これに応ずる労災保険率を適用する。

D　保険年度の中途に新たに第1種特別加入者となった者の特別加入保険料算定基礎額は、労災保険法施行規則別表第4に掲げる特別加入保険料算定基礎額を12で除して得た額（その額に1円未満の端数があるときは、これを切り捨てる。）に当該者が当該保険年度中に第1種特別加入者とされた期間の月数（その月数に1月未満の端数があるときは、これを切り捨てる。）を乗じて得た額とする。

E　第3種特別加入保険料率は、海外派遣者が従事している事業と同種又は類似の労働保険徴収法の施行地内で行われている事業についての労災保険率と同一の率から労災保険法の適用を受けるすべての事業の過去3年間の二次健康診断等給付に要した費用の額を考慮して厚生労働大臣の定める率を減じた率とする。

〔問　10〕　次の記述のうち、誤っているものはどれか。

A　労働保険徴収法施行規則第17条第1項に基づき算出した使用労働者数が60人の小売業（同則別表第1の労災保険率は1000分の3）については、継続事業のメリット制の対象とならない。

B　メリット収支率の算定基礎となる保険給付等の額には、特定の業務に長期間従事することにより発症する一定の疾病にかかった者に係る保険給付等の額は含まれないが、この疾病には港湾貨物取扱事業における非災害性腰痛が含まれる。

C　労災保険に係る保険関係が成立している建設の事業であって、確定保険料の額が40万円に満たない単独の有期事業であっても、請負金額（消費税等相当額を除く。）が1億1,000万円以上であれば、有期事業のメリット制の対象となり得る。

D　有期事業のメリット制に係る収支率の算定基礎となる保険給付等の額については、原則として事業終了の日から3か月を経過した日前の期間を算定対象としているが、当該事業の終了後において保険給付等の支給が行われ、収支率が、当該3か月経過後の日以後において一定範囲を超えて変動すると認められる場合には、事業終了の日から1年を経過した日前の期間を算定対象とする。

E　有期事業のメリット制の適用により確定保険料の額を引き下げた場合、所轄都道府県労働局歳入徴収官は、当該引き下げた額について事業主に通知し、事業主が、申告納付に係る確定保険料額と当該引き下げられた額との差額について、当該通知を受けた日の翌日から起算して10日以内に還付の請求をしたときは、所轄都道府県労働局資金前渡官吏は、当該差額を還付する。

雇用保険法

（労働保険の保険料の徴収等に関する法律を含む。）

〔問　1〕　次の記述のうち、正しいものはどれか。なお、「一般被保険者」とは、高年齢被保険者、短期雇用特例被保険者及び日雇労働被保険者以外の被保険者のことである。

A　株式会社の取締役については、同時に会社の部長、支店長、工場長等従業員としての身分を有していても、雇用関係があると認められることはないので、被保険者としない。

B　有限責任事業組合契約に関する法律に規定されている有限責任事業組合（ＬＬＰ）の組合員は、被保険者としない。

C　一般被保険者が前事業所を無断欠勤したまま他の事業主の下に再就職したため、同時に2以上の事業主の適用事業に雇用されることとなった場合は、新たな事業主との雇用関係が主たるものであると認められるときには、後の事業主の下に雇用されるに至った日を前の事業主との雇用関係に係る離職日として取り扱う。

D　日本の民間企業等に技能実習生（在留資格「技能実習1号イ」、「技能実習1号ロ」、「技能実習2号イ」及び「技能実習2号ロ」の活動に従事する者）として受け入れられ、技能等の修得をする活動を行う外国人については、被保険者とされることはない。

E　適用事業の事業主に雇用されつつ自営業を営む者又は他の事業主の下で委任関係に基づきその事務を処理する者（雇用関係にない法人の役員等）については、被保険者としない。

〔問　2〕　X株式会社のY事業所とZ事業所（ともに雇用保険の適用事業所である。）は、令和6年4月1日付で統合し、Y事業所は存続、Z事業所は廃止されることとなった。Z事業所には甲、乙、丙の3人の一般被保険者がおり、甲と乙はY事業所へ転勤することとなったが、丙は令和6年3月31日をもって退職することとなった。この場合の雇用保険事務に関する次の記述のうち、誤っているものはどれか。

問題編
第2予想
択一式

A　Z事業所については、雇用保険適用事業所廃止届の提出を要する。

B　Y事業所については、名称や所在地等に変更がある場合を除き、雇用保険事業主事業所各種変更届の提出を要しない。

C　一般被保険者である甲と乙については、雇用保険被保険者転勤届の提出を要しない。

D　丙についての雇用保険被保険者資格喪失届の提出期限は、令和6年4月10日である。

E　丙の年齢が令和6年3月31日において59歳であった場合、雇用保険被保険者資格喪失届の提出に際しては必ず雇用保険被保険者離職証明書を添えなければならない。

〔問　3〕　次の記述のうち、正しいものはどれか。

A　令和5年4月1日に就職して一般被保険者の資格を取得した者が、令和5年9月30日に解雇（自己の責めに帰すべき重大な理由によるものではない。）により離職した。同年5月1日から9月30日までの各期間については、それぞれ賃金支払基礎日数が11日以上あり被保険者期間は5か月と計算されたが、同年4月1日から4月30日までの期間については、賃金支払基礎日数が11日未満であった場合、同期間の賃金の支払の基礎となった時間数が80時間以上あれば、この者は、基本手当の受給資格を取得する。

B　事業所において、当該事業主に雇用される被保険者（短期雇用特例被保険者及び日雇労働被保険者を除く。）の数の3割が離職したため離職した受給資格者は、特定受給資格者とされる。

C　事業所について、民事再生計画が決定されるまでの間に裁判所により業務停止命令がなされ、当該業務が再開された後に離職を申し出た受給資格者は、特定受給資格者とされる。

D　受給資格者が、民間の職業紹介事業者の紹介に応じて求人者に面接するために公共職業安定所に出頭することができなかったときは、その理由を記載した証明書を提出することによって、失業の認定を受けることができる。

E　口座振込受給資格者以外の受給資格者が疾病、負傷、就職その他やむを得ない理由によって、基本手当を支給すべき日に管轄公共職業安定所に出頭することができない場合であっても、当該受給資格者に支給されるべき基本手当をその代理人に支給することはできない。

〔問　4〕　次の記述のうち、誤っているものはどれか。

A　令和6年4月1日に求職の申込みをした受給資格者が、同年4月4日から5日は職業に就き、4月6日から疾病により職業に就くことができなくなった。この場合、雇用保険法第21条にいう待期の期間は4月9日に満了する。

B　令和5年6月30日に離職した35歳の受給資格者が、令和6年6月3日に事業を開始した場合、雇用保険法第20条の2の規定による受給期間の特例の適用を受けることはできない。なお、この者は妊娠、出産、育児その他厚生労働省令で定める理由により引き続き30日以上職業に就くことができない場合の受給期間の延長の申出は行っていないものとする。

C　妊娠、出産、育児その他厚生労働省令で定める理由により引き続き30日以上職業に就くことができない場合の受給期間の延長の申出は、当該申出に係る者がこれに該当するに至った日の翌日から起算して2か月以内にしなければならない。

D　雇用保険法第17条第1項の規定により算定した賃金日額が2,600円の受給資格者について、同法第18条第1項、第2項の規定による賃金日額の最低限度額（自動変更対象額）は2,700円、同法同条第3項の規定による最低賃金日額が2,746円である場合、この者の基本手当の日額は2,196円である。

E　算定基礎期間が10年以上20年未満、受給資格に係る離職の日において45歳以上60歳未満の特定受給資格者（所定給付日数は270日）について雇用保険法附則第5条の地域延長給付が行われる場合、延長日数は60日が限度とされる。

〔問　5〕　次の記述のうち、正しいものはどれか。

A　技能習得手当及び寄宿手当は、受給資格者に対し、基本手当を支給すべき日又は傷病手当を支給すべき日に、その前日までの分を支給する。

B　出産は、通常は疾病又は負傷には該当するものではないから、出産予定日以前6週間前の日から出産日後8週間後の日までの期間は、傷病手当は支給されないが、当該期間において傷病を併発している場合には、他の要件を満たす限り支給される。

C　令和5年3月31日に離職し、高年齢受給資格を取得した者の当該高年齢受給資格に係る失業の認定が令和6年3月4日に行われた場合、支給される高年齢求職者給付金の額は、基本手当の日額の28日分であるが、令和6年3月5日以降同年同月31日までの間に就職した日がある場合には、その日数分を返還しなければならない。

D　特例一時金は、短期雇用特例被保険者が失業した場合において、離職の日以前1年間に、雇用保険法第14条の規定による被保険者期間が通算して6か月以上であったときに支給されるが、この「離職の日以前1年間」には、当該期間に疾病、負傷その他厚生労働省令で定める理由により引き続き30日以上賃金の支払を受けることができなかった場合でもその日数を加算することはできない。

E　前2月の各月において18日以上同一の事業主の適用事業に雇用された日雇労働被保険者又は同一の事業主の適用事業に継続して31日以上雇用された日雇労働被保険者が雇用保険法第43条第2項の認可を受けなかったため、日雇労働被保険者とされなくなった最初の月に離職し、失業した場合には、その失業した月の間における日雇労働求職者給付金の支給については、その者を日雇労働被保険者とみなす。

〔問　6〕　次のアからオの記述のうち、誤っているものの組合せは後記AからEまでのうちどれか。なお、本問の「被保険者」には短期雇用特例被保険者及び日雇労働被保険者を含まないものとする。

ア　高年齢雇用継続基本給付金の「支給対象月」とは、被保険者が60歳に達した日の属する月から65歳に達する日の属する月までの期間内にある月（その月の初日から末日まで引き続いて、被保険者であり、かつ、介護休業給付金又は育児休業給付金若しくは出生時育児休業給付金の支給を受けることができる休業をしなかった月に限る。）をいう。

イ　受給資格者が当該受給資格に基づく基本手当の支給を受けたことがなくても、就業手当の支給を受けたことがあれば、高年齢雇用継続基本給付金の支給を受けることはできないが、高年齢再就職給付金の支給を受けることはできる。

ウ　介護休業給付金に関し、期間を定めて雇用される者については、介護休業開始予定日から起算して93日を経過する日までに、その労働契約（契約が更新される場合にあっては、更新後のもの）が満了することが明らかでない者であることが要件とされる。

エ　育児休業給付金に関し、休業開始時賃金日額が当該休業を開始した日の前日に離職して基本手当の受給資格者となったものとみなしたときに算定されることとなる30歳以上45歳未満の者に係る賃金日額の上限額を超えるときは、当該上限額を休業開始時賃金日額の上限として支給額を定める。

オ　出生時育児休業給付金の支給を受けようとする被保険者は、育児休業給付受給資格確認票・出生時育児休業給付金支給申請書の提出を、当該休業を終了した日の翌日から起算して2か月を経過する日の属する月の末日までに行わなければならない。

A　（アとイ）　　　　　B　（アとエ）　　　　　C　（イとウ）

D　（ウとオ）　　　　　E　（エとオ）

〔問　7〕　次の記述のうち、正しいものはどれか。

A　能力開発事業のうち、職業能力開発促進法第11条第1項に規定する計画に基づく職業訓練を行う事業主及び職業訓練の推進のための活動を行う同法第13条に規定する事業主等（中央職業能力開発協会を除く。）に対する助成の事業の実施に関する事務は、都道府県労働局長が行うこととする。

B　租税その他の公課は、雇用安定事業の助成金として支給を受けた金銭を標準として課することができない。

C　労働政策審議会は、厚生労働大臣の諮問に応ずるほか、必要に応じ、雇用保険事業の運営に関し、関係行政庁に建議し、又はその報告を求めることができる。

D　未支給の失業等給付を受ける権利を有する者が2人以上あるときは、これらの者は、そのうち1人を、その請求及び受領についての代表者に選任しなければならない。ただし、世帯を異にする等やむをえない事情のため代表者を選任することができないときは、この限りでない。

E　日雇労働求職者給付金の支給を受けることができる者が、偽りその他不正の行為により求職者給付又は就職促進給付の支給を受け、又は受けようとしたときは、その支給を受け、又は受けようとした月及びその後2か月間は、日雇労働求職者給付金を支給しない。

〔問　8〕　6月1日に労災保険及び雇用保険に係る保険関係が成立した継続事業（当該年度に納付すべき概算保険料の額は60万円とする。）についての次の記述のうち、正しいものはどれか。なお、保険料の納付に関する期限は、日曜日、国民の祝日に関する法律に規定する休日その他一般の休日又は土曜日に当たらないものとする。

A　当該事業の事業主は、概算保険料の納付について延納の申請をすることができず、7月20日までに60万円を納付しなければならない。

B　当該事業の事業主は、概算保険料の納付について延納の申請をすることができず、7月21日までに60万円を納付しなければならない。

C　当該事業の事業主は、概算保険料の納付について延納の申請をすることができ、7月21日までに30万円を納付しなければならない。

D　当該事業の事業主は、概算保険料の納付について延納の申請をすることができ、7月20日までに20万円を納付しなければならない。

E　当該事業の事業主は、概算保険料の納付について延納の申請をすることができ、7月21日までに20万円を納付しなければならない。

〔問　9〕　次の記述のうち、誤っているものはどれか。

A　特例納付保険料の制度は、雇用保険法第22条第5項に規定する者（以下「特例対象者」という。）を雇用していた事業主から当該特例対象者に係る一般保険料の額（雇用保険率に応ずる部分の額に限る。）を徴収する権利の時効を延長するものである。

B　特例納付保険料には、労働保険徴収法第15条及び第19条に定める概算及び確定保険料の納付手続きの規定は適用されない。

C　特例納付保険料の対象事業主からその納付の申出がなされた場合には、特例納付保険料も債権と管理され、労働保険徴収法第27条及び第28条に定める督促、滞納処分及び延滞金の規定の適用を受ける。

D　特例納付保険料の対象事業主が労働保険事務組合の構成員となっている場合、その事務は労働保険徴収法第33条第1項に定める労働保険事務に含まれることとなる。

E　所轄都道府県労働局歳入徴収官は、特例納付保険料を徴収しようとする場合には、通知を発する日から起算して30日を経過した日をその納期限と定め、事業主に、特例納付保険料の額及び納期限を通知しなければならない。

〔問　10〕　次の記述のうち、正しいものはどれか。

　　A　労働保険事務組合（以下「事務組合」という。）の認可に係る申請書は、当該認可を受けようとする団体等の主たる事務所の所在地を管轄する都道府県労働局長に提出するが、当該事務所の所在地を管轄する公共職業安定所長を経由することとされ、当該事務所の所在地を管轄する労働基準監督署長を経由することはできない。

　　B　政府は、事務組合に労働保険事務の処理を委託した事業主に対してすべき労働保険関係法令の規定による労働保険料の納入の告知その他の通知については、これを事務組合に対してすることができるが、還付金の還付については、直接事業主に対して行わなければならない。

　　C　労働保険関係法令の規定により政府が追徴金又は延滞金を徴収する場合において、その徴収について事務組合の責めに帰すべき理由があるときは、その限度で、事務組合は、政府に対して当該徴収金の納付の責めに任ずるものとし、当該事務組合に対して滞納処分をしてもなお徴収すべき残余があっても、その残余の額を当該事業主から徴収することはできない。

　　D　事務組合は、労働保険事務の処理の業務を廃止しようとするときは、60日前までに、その旨を届け出なければならないが、従来法人格のない団体であったものが従来と異なる法人格の団体となった場合であって、その後も引き続いて事務組合として業務を行おうとするときは、この限りでない。

E　労働保険料に係る報奨金の額は、事務組合ごとに、1,000万円又は常時15人以下の労働者を使用する事業の事業主の委託を受けて納付した前年度の労働保険料（督促を受けて納付した労働保険料を除く。）の額（その額が確定保険料の額を超えるときは、当該確定保険料の額）に100分の2を乗じて得た額に厚生労働省令で定める額を加えた額のいずれか低い額以内とする。

労務管理その他の労働及び社会保険に関する一般常識

〔問　1〕　次の記述のうち、正しいものはどれか。なお、本問は、「令和5年就労条件総合調査（厚生労働省）」を参照しており、当該調査による用語及び統計等を利用している。

　　A　退職給付（一時金・年金）制度の有無を企業規模別でみると、退職給付制度がある企業割合は100人以上規模では8割を超えているが、30～99人規模では約7割となっている。

　　B　退職給付制度がある企業について、制度の形態別の企業割合をみると「退職一時金制度のみ」が約7割、「両制度併用」が約1割、「退職年金制度のみ」が約2割となっている。

　　C　退職年金制度がある企業について、支払準備形態（複数回答）別の企業割合をみると、「厚生年金基金（上乗せ給付）」が最も多く、次いで「確定給付企業年金（CBPを含む）」、「確定拠出年金（企業型）」となっている。

　　D　退職給付（一時金・年金）制度がある勤続20年以上かつ45歳以上の退職者がいた企業について、令和4年1年間における勤続20年以上かつ45歳以上の退職者に対し支給した又は支給額が確定した退職者1人平均退職給付額（以下、「退職給付額」という。）を退職事由別（定年、自己都合、会社都合、早期優遇）にみると、どの学歴においても「会社都合」が最も高くなっている。

　　E　退職事由のうち「定年」退職者の退職給付額を学歴別にみると、「大学・大学院卒（管理・事務・技術職）」が最も高く、2,000万円を超えている。

〔問　2〕　次の記述のうち、誤っているものはどれか。なお、本問は、「令和4年派遣労働者実態調査（事業所調査）（厚生労働省）」を参照しており、当該調査による用語及び統計等を利用している。

A　派遣労働者が就業している事業所の割合を産業別にみると、「製造業」が最も高く、次いで「情報通信業」となっている。

B　派遣労働者が就業している事業所について、派遣労働者を就業させる主な理由（複数回答3つまで）をみると、「一時的・季節的な業務量の変動に対処するため」が最も高く、次いで「欠員補充等必要な人員を迅速に確保できるため」、「軽作業、補助的業務等を行うため」となっている。

C　派遣労働者が就業している事業所について、派遣労働者の待遇決定方式（複数回答）をみると、労使協定方式の対象となる派遣労働者を受け入れている事業所のほうが、派遣先均等・均衡方式の対象となる派遣労働者を受け入れている事業所よりも高く、これを派遣労働者数階級別にみると、派遣労働者を多く受け入れている事業所ほど労使協定方式をとっている派遣労働者を受け入れている割合が高くなっている。

D　派遣労働者が就業している事業所について、派遣労働者の不合理な待遇差の解消のため、派遣元から派遣料金に関する要望の有無をみると、「要望があった」よりも「要望が無かった」の方が多い。

E　派遣労働者が就業している事業所について、個人単位の期間制限（同一の組織単位における派遣就業期間の制限・3年）への意見をみると、「今のままでよい」が最も高い。

〔問　3〕　次の記述のうち、正しいものはどれか。なお、本問は、「令和4年労働安全衛生調査（実態調査）（厚生労働省）」を参照しており、当該調査による用語及び統計等を利用している。

A　過去1年間（令和3年11月1日から令和4年10月31日までの期間）にメンタルヘルス不調により連続1か月以上休業した労働者又は退職した労働者がいた事業所の割合は2割を超えている。

B　メンタルヘルス対策に取り組んでいる事業所の割合は6割に達していない。

C　過去1年間（令和3年11月1日から令和4年10月31日までの期間）に一般健康診断を実施した事業所のうち所見のあった労働者がいる事業所の割合は7割近くとなっている。

D　現在の自分の仕事や職業生活でのストレスについて相談できる相手がいる労働者のうち、実際に相談したことがある労働者の割合は7割近くとなっており、その中で相談した相手（複数回答）をみると、「家族・友人」が最も多く、次いで「同僚」となっている。

E　過去1年間（令和3年11月1日から令和4年10月31日）に1か月間の時間外・休日労働が80時間を超えた月があった労働者のうち、医師による面接指導の有無をみると、「該当したすべての月について医師による面接指導を受けた」労働者の割合は1割に満たない。

〔問　4〕　次の記述のうち、正しいものはどれか。

A　労働組合と使用者との間に新賃金体系の下でベースアップを行う旨の合意があったものの、使用者が労働組合に対してベースアップ分の支給を拒む理由として労働組合法14条所定の書面が作成されなかったことを主張することは、信義に反して許されず、協定書が作成され両当事者が署名し又は記名押印した場合と同視すべきであって、ベースアップを行う旨の合意は労働協約として成立し、規範的効力を具備していると解するのが相当であるとするのが最高裁判所の判例である。

B　労働契約の内容である労働条件は、労働者と使用者との個別の合意によって変更することができるものであり、このことは、就業規則に定められている労働条件を労働者の不利益に変更する場合であっても、その合意に際して就業規則の変更が必要とされることを除き、異なるものではないと解されるとするのが最高裁判所の判例である。

C　A社においては、通常の労働者であるXについては、全国一律の基本給の体系を適用し、転勤があることから、地域の物価等を勘案した地域手当を支給している一方で、有期雇用労働者であるYと短時間労働者であるZについては、それぞれの地域で採用し、それぞれの地域で基本給を設定していることから、その中で地域の物価が基本給に盛り込まれているという理由で地域手当を支給していないことは、パートタイム・有期雇用労働法に照らして許されない。

D　1歳から1歳6か月に達するまでの子を養育するための育児休業申出は、育児休業開始予定日及び育児休業終了予定日を明らかにしてしなければならないが、この育児休業開始予定日は、当該申出に係る子の1歳到達日の翌日でなければならない。

E　地域別最低賃金は、地域における労働者の生計費及び賃金並びに通常の事業の賃金支払能力を考慮して定められなければならず、労働者の生計費を考慮するに当たっては、労働者が健康で文化的な最低限度の生活を営むことができるよう、社会福祉に係る施策との整合性に配慮するものとする。

〔問　5〕　社会保険労務士法に関する次の記述のうち、誤っているものはどれか。

A　労働社会保険諸法令に基づく療養の給付及びこれに相当する給付の費用についてこれらの給付を担当する者のなす請求に関する事務は、社会保険労務士の行う事務に含まれないが、労災保険法第13条第3項の療養の費用の請求に関する事務等は、社会保険労務士が行い得る事務となる。

B　社会保険労務士法第25条の24第1項の規定により社会保険労務士法人が解散又は業務の停止を命ぜられた場合において、その処分の日以前30日内にその社員であった者でその処分の日から3年（業務の停止を命ぜられた場合にあっては、当該業務の停止の期間）を経過しないものは、社会保険労務士法人の社員となることができない。

C　社会保険労務士法人の解散及び清算は、裁判所の監督に属する。

D　全国社会保険労務士会連合会の請求により、社会保険労務士の登録の拒否及び登録の取消しについて必要な審査を行う資格審査会の委員の任期は、2年とする。ただし、欠員を生じた場合の補欠の委員の任期は、前任者の残任期間とする。

E　社会保険労務士法第19条（帳簿の備付け及び保存）の規定に違反した開業社会保険労務士（社会保険労務士法人において準用する場合を含む。）は、30万円以下の罰金に処せられる。

〔問　6〕　社会保険制度に関する次の記述のうち、誤っているものの組み合わせは、後記AからEまでのうちどれか。

ア　国民健康保険法において、都道府県は、国民健康保険の財政の安定化を図るため財政安定化基金を設け、一定の事業に必要な費用に充てるものとされている。

イ　国民健康保険法において、保険医療機関等（健康保険法第63条第3項第1号に規定する保険医療機関又は保険薬局をいう。）は療養の給付に関し、保険医及び保険薬剤師は国民健康保険の診療又は調剤に関し、厚生労働大臣の指導を受けなければならないとされており、都道府県知事から指導を受けることはない。

ウ　国民健康保険法において、市町村（特別区を含む。）及び国民健康保険組合は、保険給付を受けることができる世帯主又は組合員が保険料を滞納しており、かつ、当該保険料の納期限から1年6月が経過するまでの間に当該保険料を納付しない場合においては、当該保険料の滞納につき災害その他の政令で定める特別の事情があると認められる場合を除き、厚生労働省令で定めるところにより、保険給付の全部又は一部の支払を一時差し止めるものとされている。

エ　船員保険法における疾病保険料率は1000分の30から1000分の130までの範囲内において、全国健康保険協会が決定するものとされている。

オ　船員保険法において、行方不明手当金を受ける権利はこれを行使することができる時から2年を経過したときは、時効によって消滅する。

A （アとエ）　　　B （アとオ）　　　C （イとウ）

D （イとエ）　　　E （ウとオ）

〔問　7〕　高齢者の医療の確保に関する法律に関する次の記述のうち、正しいものは
どれか。なお本問における「市町村」には特別区を含むものとする。

A　被保険者証の交付の申請の受付及び当該被保険者証の引渡しに関する事
務は、後期高齢者医療広域連合が行う。

B　A県A市に居住していた国民健康保険の被保険者が、B県B市の病院に
入院し、住民票を異動させたが、住所地特例の適用を受けることにより入
院前のA県A市が保険者となり、引き続きA県A市の国民健康保険の被保
険者となっている。その者が入院中に国民健康保険の被保険者から後期高
齢者医療制度の被保険者となった場合は、入院前のA県の後期高齢者医療
広域連合が行う後期高齢者医療の被保険者となる。

C　後期高齢者医療広域連合は、食事療養標準負担額を定めた後に勘案又は
しん酌すべき事項に係る事情が著しく変動したときは、速やかにその額を
改定しなければならない。

D　国は、政令で定めるところにより、後期高齢者医療広域連合に対し、負
担対象総額の12分の4に相当する額を負担する。また、国は、後期高齢
者医療の財政を調整するため、政令で定めるところにより、後期高齢者医
療広域連合に対して、負担対象総額の見込額の総額の12分の1に相当す
る調整交付金を交付する。

E　世帯主は、市町村が当該世帯に属する被保険者の保険料を普通徴収の方
法によって徴収しようとする場合において、当該保険料を連帯して納付す
る義務を負うとされているが、配偶者の一方には、当該義務は課せられて
いない。

〔問　8〕　介護保険法に関する次の記述のうち、正しいものはどれか。なお本問における「市町村」には特別区を含むものとする。

A　介護保険法第5条の2第1項では、「国及び地方公共団体は、認知症（脳血管疾患、アルツハイマー病その他の要因に基づく脳の器質的な変化により日常生活に支障が生じる程度にまで記憶機能及びその他の認知機能が低下した状態として政令で定める状態をいう。）に対する国民の関心及び理解を深め、認知症である者への支援が適切に行われるよう、認知症に関する知識の普及及び啓発に努めなければならない。」と規定している。

B　介護認定審査会は、市町村から要介護認定に係る審査及び判定を求められたときは、厚生労働大臣が定める基準に従い審査及び判定を行い、その結果を、要介護認定の申請を行った被保険者に通知するものとされている。

C　介護保険による保険給付は、被保険者の要介護状態に関する保険給付である「介護給付」及び被保険者の要支援状態に関する保険給付である「予防給付」の2つである。

D　指定居宅介護支援事業者の指定は、厚生労働省令で定めるところにより、居宅介護支援事業を行う者の申請により、居宅介護支援事業を行う事業所ごとに、市町村長が行うものとされており、また、当該指定は6年ごとにその更新を受けなければ、その期間の経過によって効力を失うとされている。

E　厚生労働大臣は、地域における医療及び介護の総合的な確保の促進に関する法律に規定する総合確保方針に即して、介護保険事業に係る保険給付の円滑な実施を確保するための基本的な計画（全国介護保険事業計画）を定めるものとする。

〔問　9〕　確定拠出年金法に関する次の記述のうち、誤っているものはどれか。

A　確定拠出年金法における「簡易企業型年金」とは、実施事業所に使用される全ての第1号等厚生年金被保険者（厚生労働省令で定める者を除く。）が実施する企業型年金の企業型年金加入者の資格を有すること、実施する企業型年金の企業型年金加入者の資格を有する者の数が300以下であること、その他厚生労働省令で定める要件に適合する企業型年金をいう。

B　企業型年金を実施する事業主は、政令で定めるところにより、運営管理業務の全部又は一部を確定拠出年金運営管理機関に委託することができるとされており、個人型年金を実施する国民年金基金連合会は、政令で定めるところにより、運営管理業務を確定拠出年金運営管理機関に委託しなければならないとされている。

C　企業型年金加入者の拠出限度額は、他制度加入者である場合は月額で23,000円、他制度加入者以外である場合は月額で68,000円とされている。

D　個人型年金に加入していた者は、所定の要件を満たせば脱退一時金の支給を請求することができるが、60歳未満であることが要件の1つとされている。

E　乙企業型年金の企業型年金加入者又は企業型年金加入者であった者（当該企業型年金に個人別管理資産がある者に限る。）が甲企業型年金の企業型年金加入者の資格を取得した場合において、甲企業型年金の企業型記録関連運営管理機関等に対し、その個人別管理資産の移換を申し出たときは、乙企業型年金の資産管理機関は、当該申出をした者の個人別管理資産を甲企業型年金の資産管理機関に移換するものとする。

〔問　10〕　次の記述のうち、誤っているものはどれか。なお、本問は、「令和5年版厚生労働白書（厚生労働省）」を参照している。

A　公的年金制度の給付の状況としては、全人口の約3割にあたる4,023万人（2021（令和3）年度末）が公的年金の受給権を有している。高齢者世帯に関してみれば、その収入の約8割を公的年金等が占めるなど、年金給付が国民の老後生活の基本を支えるものとしての役割を担っている。

B　年金を受給しながら生活をしている高齢者や障害者等の中で、年金を含めても所得が低い方を支援するため、月額5,000円を基準とし、年金に上乗せして支給する年金生活者支援給付金制度が、2019（令和元）年10月より施行されており、2023（令和5）年度の年金生活者支援給付金の支給基準額は、月額5,140円とされている。

C　高齢化の進行に関して、全国で見ると、65歳以上人口は2040（令和22）年を超えるまで、75歳以上人口は2050（令和32）年を超えるまで増加が続くが、例えば、要介護認定率や1人当たり介護給付費が急増する85歳以上人口は2025（令和7）年まで75歳以上人口を上回る勢いで増加し、2035（令和17）年頃まで一貫して増加する。また、外来患者数は2025（令和7）年頃、入院患者数は2040（令和22）年頃、在宅患者数は2040（令和22）年以降に最も多くなる。

D　後期高齢者の保険料は、所得にかかわらず低所得の方も負担する定額部分（均等割）と所得に応じて負担する定率部分（所得割）により賦課する仕組みであるが、2024（令和6）年度からの新たな負担に関しては、①均等割と所得割の比率を見直すことで、約6割の方（年金収入153万円相当以下の者）については、制度改正に伴う負担の増加が生じないようにするとともに、②約12％の方（年金収入211万円相当以下の者）についても、2024（令和6）年度は制度改正に伴う負担の増加が生じないようにすることとしている。

E　介護保険制度は着実に社会に定着してきており、介護サービスの利用者は2000（平成12）年4月の149万人から2022（令和4）年4月には517万人と約3.5倍になっている。

健康保険法

〔問　1〕　健康保険法に関する次の記述のうち、誤っているものはどれか。

A　被保険者の数が5人未満である適用事業所に使用される法人の役員としての業務に起因する疾病、負傷又は死亡については、当該役員の業務内容が当該法人における従業員が従事する業務と同一であると認められない場合には保険給付は行われない。

B　全国健康保険協会管掌健康保険について、適用事業所以外の事業所の任意適用の申請に対する厚生労働大臣の認可の権限に係る事務は、日本年金機構に行わせるものとされる。

C　船員保険法の規定による船員保険事業に関する業務並びに高齢者の医療の確保に関する法律の規定による前期高齢者納付金及び前期高齢者関係事務費拠出金並びに同法の規定による後期高齢者支援金、後期高齢者関係事務費拠出金及び出産育児関係事務費拠出金、介護保険法の規定による納付金並びに感染症の予防及び感染症の患者に対する医療に関する法律の規定による流行初期医療確保拠出金及び流行初期医療確保関係事務費拠出金の納付に関する業務は、厚生労働大臣が行う。

D　健康保険組合の組合会は、理事長が招集するが、組合会議員の定数の3分の1以上の者が会議に付議すべき事項及び招集の理由を記載した書面を理事長に提出して組合会の招集を請求したときは、理事長は、その請求のあった日から20日以内に組合会を招集しなければならない。

E　健康保険組合は、組合会議員の定数の4分の3以上の多数により議決した場合には、厚生労働大臣の認可を受けることにより解散する。

〔問　2〕　健康保険法に関する次の記述のうち、正しいものはどれか。

A　旅館、料理店、飲食店等の接客娯楽業は、健康保険法第3条第3項に規定する適用業種に該当する。

B　外国の在日大使館が健康保険法第31条第1項の規定に基づく任意適用の認可を厚生労働大臣に申請したときは、条件を問わず、これを認可しなければならず、その使用する日本人並びに派遣国官吏又は武官でない外国人（当該派遣国の健康保険に相当する保障を受ける者を除く。）に健康保険法を適用して被保険者として取り扱われる。

C　厚生労働大臣は、病院又は病床を有する診療所について保険医療機関の指定の申請があった場合において、当該病院又は診療所の医師、歯科医師、看護師その他の従業者の人員が、厚生労働大臣が定める基準により算定した員数を満たしていないときは、地方社会保険医療協議会に諮問した上で、その申請に係る病床の全部又は一部を除いて、その指定を行うことができる。

D　厚生労働大臣は、保険医若しくは保険薬剤師に係る登録を取り消そうとするときは、政令で定めるところにより、地方社会保険医療協議会に諮問するものとされる。

E　指定訪問看護事業者が、介護保険法の規定による指定居宅サービス事業者に係る指定、同法の規定による指定地域密着型サービス事業者又は同法の規定による指定介護予防サービス事業者に係る指定（以下本問において「指定居宅サービス事業者等の指定」という。）を受けたことにより、健康保険法第89条第2項の規定による指定訪問看護事業者の指定を受けたものとみなされている場合において、当該指定居宅サービス事業者等の指定の失効、当該指定の取消し又は効力の停止があった場合には、指定訪問看護事業者の指定の取消しがあったものとみなされる。

〔問　3〕　健康保険法に関する次の記述のうち、正しいものはどれか。
　　A　船員保険の被保険者及び疾病任意継続被保険者は、健康保険の被保険者となることはできない。

B　一般の被保険者は、適用事業所に使用されるに至った日から、その資格を取得するが、適用事業所に使用されるに至った日とは、事実上の使用関係の発生した日であり、事業所調査の際に資格取得の届出もれが発見された場合には、調査の日を資格取得日とする。

C　任意継続被保険者は、任意継続被保険者となった日から起算して2年を経過したときは、その日に資格を喪失する。

D　健康保険法第3条第7項における、被扶養者の国内居住要件（日本国内に住所を有するもの）を満たすためには、原則として、住民票が日本国内にあるかどうかを確認するだけでは足りず、被扶養者の居住実態を確認する必要がある。

E　一般の被保険者は、その氏名を変更したときは、速やかに、変更後の氏名を事業主に申し出るとともに、被保険者証を事業主に提出しなければならない。

〔問　4〕　健康保険法に関する次の記述のうち、正しいものはどれか。

A　同時に2以上の事業所で報酬を受ける被保険者について報酬月額を算定する場合においては、各事業所の報酬額を合算し、当該合算額に定時決定等の規定を適用して算定する。

B　在宅勤務・テレワークを導入しており、被保険者が業務命令により一時的に出社する際には交通費（実費）を事業主が負担している適用事業所において、当該出社日における労働契約上の労務の提供地が自宅である場合には、当該費用は原則として実費弁償と認められ、健康保険法第3条第5項及び第6項に規定される報酬又は賞与には含めないものとされる。

C　随時改定の要件として、3月間の報酬の平均額と従前の標準報酬月額の基礎となった報酬月額に2等級以上の差が生ずる必要があるので、例えば、標準報酬月額等級第1級を標準報酬月額等級第2級にするような改定は行われない。

D　月給制の被保険者について、4月に行うべき昇給が、事業主の都合により6月に行われ、4月に遡った昇給差額が6月に支払われた場合は、本来昇給を行うべきであった4月以降の3月間に受けた報酬の額を3で除して得た額を随時改定の対象とし、それが随時改定の要件に該当したときは7月から標準報酬月額が改定される。

E　育児休業等終了時改定の規定によって改定された標準報酬月額は、育児休業等終了日から起算して2月を経過した日の属する月の翌月以降の標準報酬月額とされる。

〔問　5〕　健康保険法に関する次の記述のうち、誤っているものはどれか。

A　医師の認定による人工妊娠中絶術を受けたときは、療養の給付の対象となるが、単に経済的な理由によるものの場合は、療養の給付の対象とならない。

B　保険医療機関又は保険薬局から療養の給付を受ける者が負担する一部負担金の割合については、70歳に達する日の属する月の翌月以後である場合は、療養に要する費用の額の100分の20であるが、療養の給付を受ける月の標準報酬月額が28万円以上であるときは、原則として、療養に要する費用の額の100分の30となる。

C　厚生労働大臣は、食事療養標準負担額を定めた後に勘案又はしん酌すべき事項に係る事情が著しく変動したときは、その著しく変動した年度の翌年度までに、その額を改定しなければならない。

D　予約診察について保険外併用療養費に係る特別料金を徴収するに当たっては、それぞれの患者が予約した時刻に診療を適切に受けられるような体制が確保されていることが必要であり、予約時間から一定時間（30分程度）以上患者を待たせた場合は、予約料の徴収は認められないとされている。

E　被保険者が、介護保険法に規定する介護医療院から居宅における療養上の世話等又は必要な診療の補助を受けた場合には、訪問看護療養費は支給されない。

〔問　6〕　健康保険法に関する次のアからオの記述のうち、誤っているものの組み合わせは、後記AからEまでのうちどれか。

ア　被扶養者が保険医療機関において、評価療養、患者申出療養又は選定療養を受けたときは、その療養に要した費用について、被保険者に対して家族保険外併用療養費が支給される。

イ　70歳未満で標準報酬月額が53万円以上83万円未満の被保険者に係る高額療養費算定基準額は、高額療養費多数回該当の場合、93,000円とされている。

ウ　35歳で標準報酬月額が28万円の被保険者が、同一の病院で同一の月に受けた療養に要した費用の額が500,000円であった。この者には、82,430円の高額療養費が支給される。なお、高額療養費多数回該当には当たらないものとする。

エ　標準報酬月額が26万円である74歳の被保険者が、月の途中（その月の2日から末日まで）で75歳に達し、後期高齢者医療制度の被保険者となったことにより健康保険の被保険者の資格を喪失したとき、当該月における外来療養に係る個人単位の健康保険の高額療養費算定基準額については、18,000円に2分の1を乗じて得た額である9,000円となる。

オ　標準報酬月額が53万円以上83万円未満である70歳未満の被保険者について、高額介護合算療養費に係る介護合算算定基準額は1,410,000円である。

A（アとイ）　　　　B（アとウ）　　　　C（イとエ）
D（ウとオ）　　　　E（エとオ）

〔問　7〕　健康保険法に関する次の記述のうち、正しいものはどれか。

A　被保険者の資格を取得する前に初診日がある療養のために労務に服することができずに休職した場合には、傷病手当金は支給されない。

B　労働安全衛生法の規定によって伝染の恐れがある保菌者に対し事業主が休業を命じた場合には、その症状から労務不能と認められないときであっても、傷病手当金は支給するものとされる。

C　労災保険法に基づく休業補償給付を受給している健康保険の被保険者が、さらに業務外の事由による傷病によって労務不能の状態になった場合は、傷病手当金が全額支給される。

D　引き続き1年以上被保険者（任意継続被保険者、特例退職被保険者又は共済組合の組合員である被保険者を除く。）であった者で、現在は夫の被扶養者である者が、資格喪失後6月以内に出産した場合のように、資格喪失後の出産育児一時金と家族出産育児一時金の支給要件をいずれも満たしている場合には、被扶養者であることが優先され家族出産育児一時金が支給される。

E　引き続き6月被保険者（任意継続被保険者、特例退職被保険者又は共済組合の組合員である被保険者を除く。）であった者が、被保険者の資格を喪失した日後3月以内に死亡したときは、被保険者であった者により生計を維持していた者であって、埋葬を行うものは、その被保険者の最後の保険者から埋葬料の支給を受けることができる。

〔問　8〕　健康保険法に関する次のアからオの記述のうち、正しいものの組み合わせは、後記AからEまでのうちどれか。

ア　日雇特例被保険者の賃金部分に係る保険料額は、標準賃金日額に平均保険料率と介護保険料率とを合算した率（介護保険第2号被保険者である日雇特例被保険者以外の日雇特例被保険者については、平均保険料率）を乗じて得た額と、当該額に100分の31を乗じて得た額との合算額である。

イ　日雇特例被保険者を使用する事業主（日雇特例被保険者が1日において2以上の事業所に使用される場合においては、初めにその者を使用する事業主）は、日雇特例被保険者に賃金を支払う都度、その者及び自己の負担すべきその日の標準賃金日額に係る保険料を納付する義務を負う。

ウ　日雇特例被保険者に支給する傷病手当金は、労務不能となった際にその原因となった傷病について療養の給付等を受けずに、自宅静養しているような場合にも支給される。

健康保険法 ● 42

エ　日雇特例被保険者が死亡し、その者の保険料納付状況について、その死亡の日の属する月の前2月間に通算して13日分、死亡の日の属する月の前4月間に通算して28日分、死亡の日の属する月の前6月間に通算して60日分の保険料が納付されていた。このとき、当該日雇特例被保険者により生計を維持していた者であって、埋葬を行うものに対して埋葬料が支給される。なお、当該日雇特例被保険者について、その死亡の際に療養の給付若しくは保険外併用療養費、療養費又は訪問看護療養費の支給は受けておらず、また、その死亡日は療養の給付若しくは保険外併用療養費、療養費又は訪問看護療養費の支給を受けなくなった日後3月以内にはないものとする。

オ　日雇特例被保険者が11月1日に初めて日雇特例被保険者手帳の交付を受けた場合は、12月31日まで特別療養費の支給を受けることができる。

A（アとイ）　　　　B（アとオ）　　　　C（イとウ）

D（ウとエ）　　　　E（エとオ）

〔問　9〕　健康保険法に関する次の記述のうち、正しいものはどれか。

A　健康保険組合に対して交付する国庫負担金は、各健康保険組合における被保険者及び被扶養者の数を基準として、厚生労働大臣が算定する。

B　厚生労働大臣は、適用事業所の事業主から申請があった場合には、当該適用事業所に使用される被保険者であって、介護保険第2号被保険者以外の被保険者（介護保険第2号被保険者である被扶養者があるものに限る。）に関する保険料額を一般保険料額と介護保険料額との合算額とすることができる。

C　被保険者及び被保険者を使用する事業主は、それぞれ保険料額の2分の1を負担するものとされるが、健康保険組合は、規約で定めるところにより、事業主又は被保険者の負担すべき一般保険料額又は介護保険料額の負担の割合を増加することができる。

D　勤務していた適用事業所を11月30日で退職し、被保険者の資格を喪失した者について、その者の給与支払方法が月給制であり、毎月末日締め、当月25日払いの場合、事業主は、11月25日支払いの給与（11月1日から11月30日までの期間に係るもの）から10月分及び11月分の保険料を控除することができる。

E　市町村は、健康保険法第180条第4項の規定による処分の請求を受けたときは、市町村税の例によってこれを処分することができる。この場合においては、保険者は、徴収金の100分の3に相当する額を当該市町村に交付しなければならない。

〔問　10〕　健康保険法に関する次の記述のうち、正しいものはどれか。

A　保険者は、偽りその他不正の行為により保険給付を受け、又は受けようとした者に対して、6月以内の期間を定め、その者に支給すべき保険給付の全部又は一部を支給しない旨の決定をすることができる。ただし、偽りその他不正の行為があった日から1年を経過したときは、この限りでない。

B　健康保険法第58条第1項では「偽りその他不正の行為によって保険給付を受けた者があるときは、保険者は、その者からその給付の価額の全部又は一部を徴収することができる。」と規定されているが、「全部又は一部」とは、偽りその他の不正行為により受けた分が、その一部であることが考えられるので、全部又は一部としたのであって、偽りその他の不正行為によって受けた分はすべてという趣旨である。

C　健康保険組合は、規約で定めるところにより、健康保険法で定める保険給付に併せて、付加給付として災害見舞金の支給を行うことができる。

D　保険医療機関は、療養の給付の担当に関する帳簿（患者の診療録を含む。）及び書類その他の記録をその完結の日から3年間保存しなければならない。

E　健康保険組合の設立を命ぜられた事業主が、正当な理由がなくて厚生労働大臣が指定する期日までに設立の認可を申請しなかったときは、その手続の遅延した期間、その負担すべき保険料額に100分の40を乗じて得た金額以下の過料に処する。

厚生年金保険法

〔問　1〕　厚生年金保険法に関する次の記述のうち、誤っているものはどれか。

A　常時６人の従業員（いずれも70歳未満とする。）を使用する個人経営の理髪店の事業主が、任意適用事業所の認可を受けようとするときは、当該従業員のうち３人以上の同意を得て、厚生労働大臣に申請しなければならない。なお、当該事業所には、厚生年金保険法第12条に規定する適用除外となる者又は特定４分の３未満短時間労働者に該当する者はいないものとする。

B　適用事業所の事業主（第１号厚生年金被保険者に係るものに限り、船舶所有者を除く。以下本肢において同じ。）は、厚生年金保険法の規定に基づいて事業主がしなければならない事項につき、代理人をして処理させようとするときは、あらかじめ、文書でその旨を日本年金機構に届け出なければならない。

C　特定適用事業所に使用される者であって、その１週間の所定労働時間が同一の事業所に使用される通常の労働者の１週間の所定労働時間の４分の３未満であるものは、その１週間の所定労働時間が15時間である場合は、被保険者とならない。

D　適用事業所に使用される70歳未満の被保険者は、厚生年金保険法第12条の規定に該当するに至り適用除外となったときはその翌日に、70歳に達したときはその日に被保険者の資格を喪失する。

E　任意単独被保険者が厚生労働大臣の認可を受けて被保険者の資格を喪失したときは、当該任意単独被保険者を使用していた事業主は、当該認可があった日から５日以内に、厚生年金保険被保険者資格喪失届・70歳以上被用者不該当届又は当該届書に記載すべき事項を記録した光ディスクを日本年金機構に提出しなければならない。

〔問　2〕　厚生年金保険法に関する次の記述のうち、正しいものはどれか。

A　被保険者の資格を喪失した後、更にその資格を取得した者については、被保険者の種別（第1号厚生年金被保険者、第2号厚生年金被保険者、第3号厚生年金被保険者又は第4号厚生年金被保険者のいずれかであるかの区別をいう。）に変更があったとしても、前後の被保険者期間を合算する。

B　第1号厚生年金被保険者は、同時に2以上の事業所に使用されるに至ったとき（当該2以上の事業所に係る日本年金機構の業務が2以上の年金事務所に分掌されている場合に限る。）は、その者に係る日本年金機構の業務を分掌する年金事務所を選択し、2以上の事業所に使用されるに至った日から5日以内に、所定の事項を記載した届書を日本年金機構に提出しなければならない。

C　老齢厚生年金（厚生労働大臣が支給するものに限る。）の受給権者の属する世帯の世帯主その他その世帯に属する者は、当該受給権者の所在が1月以上明らかでないときは、速やかに、所定の事項を記載した届書を日本年金機構に提出しなければならない。

D　老齢厚生年金（厚生労働大臣が支給するものに限る。）の受給権者は、その個人番号を変更したときは、10日以内に、所定の事項を記載した届書を、日本年金機構に提出しなければならない。

E　実施機関は、被保険者に関する原簿を備え、これに被保険者の氏名、資格の取得及び喪失の年月日、保険料の納付状況、標準報酬（標準報酬月額及び標準賞与額をいう。）、基礎年金番号（国民年金法第14条に規定する基礎年金番号をいう。）その他主務省令で定める事項を記録しなければならない。

〔問　3〕　厚生年金保険法に関する次の記述のうち、誤っているものはどれか。

A　厚生年金保険法第26条第1項に規定する3歳に満たない子を養育する被保険者等の標準報酬月額の特例についての実施機関に対する申出は、第1号厚生年金被保険者又は第4号厚生年金被保険者はその使用される事業所の事業主を経由して行い、第2号厚生年金被保険者又は第3号厚生年金被保険者は事業主を経由せずに行う。

B　適用事業所の事業主は、産前産後休業期間中の保険料の徴収の特例が適用されている第1号厚生年金被保険者（船員被保険者を除く。）に対して、当該休業期間中に賞与を支払ったときであっても、賞与を支払った日から5日以内に、厚生年金保険被保険者賞与支払届・70歳以上被用者賞与支払届又は当該届書に記載すべき事項を記録した光ディスクを日本年金機構に提出しなければならない。

C　令和5年8月27日から同年9月5日までの10日間、育児休業等をしていた被保険者に対しては、育児休業期間中の保険料の徴収の特例は適用されない。

D　第1号厚生年金被保険者に係る保険料は、納付義務者が破産手続開始の決定を受けたときは、納期前であってもすべて徴収することができる。

E　第1号厚生年金被保険者に係る保険料その他厚生年金保険法の規定による徴収金を滞納する者があるときは、厚生年金保険法第85条に基づいて保険料を繰り上げて徴収するときを除き、厚生労働大臣は、期限を指定して、これを督促しなければならない。

〔問　4〕　厚生年金保険法に関する次のアからオの記述のうち、正しいものの組み合わせは、後記AからEまでのうちどれか。

ア　年金の支給は、年金を支給すべき事由が生じた月の翌月から始め、権利が消滅した月で終わるものとする。また、年金は、その支給を停止すべき事由が生じたときは、その事由が生じた月からその事由が消滅した月の前月までの間は、支給しない。

イ　老齢厚生年金の報酬比例部分の額の計算において、その受給権者が平成3年4月1日前の第3種被保険者であった期間を有する場合であっても、当該被保険者であった期間に係る特例は適用されず、3分の4又は5分の6を乗じない実期間をもって計算される。

ウ　老齢厚生年金の加給年金額対象者の生計維持関係の認定に係る収入に関する認定に当たっては、定年退職等の事情により近い将来（おおむね5年以内）に収入が年額850万円未満又は所得が年額655.5万円未満になると認められる者は、厚生労働大臣の定める金額以上の収入を将来にわたって有すると認められる者以外のものとする。

エ　老齢厚生年金の加給年金額の加算の対象となっていた子について18歳に達した日以後の最初の3月31日が終了したため、当該子に係る加給年金額が加算されなくなった。その後、当該子が19歳の時に障害等級2級に該当する程度の障害の状態となったときは、その子に係る加給年金額が再度加算される。

オ　令和6年4月において、総報酬月額相当額が360,000円である67歳の被保険者（第1号厚生年金被保険者期間のみを有し、前月以前の月に属する日から引き続き当該被保険者の資格を有する者とする。）が、基本月額が150,000円の老齢厚生年金を受給することができる場合、在職老齢年金の仕組みにより月額5,000円の老齢厚生年金が支給停止される。

A（アとイ）　　　　B（アとエ）　　　　C（イとウ）

D（ウとオ）　　　　E（エとオ）

〔問　5〕　厚生年金保険法に関する次の記述のうち、正しいものはどれか。

A　被保険者である老齢厚生年金の受給権者が令和5年3月31日に退職し同年4月1日に被保険者の資格を喪失した。その後、被保険者となることなくして被保険者の資格を喪失した日から起算して1月を経過した場合、その被保険者の資格を喪失した月前における被保険者であった期間を老齢厚生年金の額の計算の基礎とするものとし、令和5年5月から年金の額を改定する。

B 繰上げ支給による老齢厚生年金の受給権者については、65歳に達するまで、厚生年金保険法第43条第2項に規定する在職定時改定は行われない。

C 昭和40年4月1日生まれの男性（第3種被保険者及び特定警察職員等であった期間は有しない。）が62歳に達した月において老齢厚生年金の支給繰上げを請求した場合、その者に支給する老齢厚生年金の額の計算に用いる減額率は、14%となる。

問題編
第2予想
択一式

D 特別支給の老齢厚生年金の受給権者であった者については、老齢厚生年金の支給繰下げの申出を行うことができない。

E 65歳到達時に老齢厚生年金の受給権が発生していた者（昭和27年4月2日以降生まれのものとする。）が、72歳の時に老齢厚生年金の請求及び支給繰下げの申出をした場合には、当該請求した日の5年前の日に支給繰下げの申出があったものとみなされる。なお、この者は、老齢基礎年金及び老齢厚生年金以外の年金たる給付の受給権者となったことがないものとする。

〔問 6〕 厚生年金保険法に関する次の記述のうち、正しいものはどれか。

A 特別支給の老齢厚生年金の受給権者（昭和40年7月2日生まれの女性とする。）が、その権利を取得した当時、被保険者でなく、かつ、その者の被保険者期間が44年以上あるときは、老齢厚生年金の額の計算に係る特例の適用を請求することにより、64歳から定額部分と報酬比例部分を合算した額の特別支給の老齢厚生年金が支給される。なお、当該受給権者は第1号厚生年金被保険者期間（坑内員たる被保険者期間であった期間及び船員たる被保険者であった期間を除く。）のみを有する者とする。

B 船員たる被保険者であった期間が15年以上ある者（昭和39年4月1日生まれとする。）が、64歳に達したときは、その者に定額部分と報酬比例部分の額を合算した額の特別支給の老齢厚生年金が支給される。

C　60歳台前半において、障害等級１級又は２級の障害厚生年金の受給権者が雇用保険法の規定による求職の申込みをし、基本手当の支給を受けることができるときであっても、障害厚生年金の支給は停止されないが、障害等級３級の障害厚生年金の受給権者が雇用保険法の規定による求職の申込みをし、基本手当を受けることができるときは、障害厚生年金の支給は停止される。

D　加給年金額が加算された特別支給の老齢厚生年金が、雇用保険法に基づく基本手当との調整により支給停止される場合であっても、加給年金額については支給停止されない。

E　老齢厚生年金の受給権者が、雇用保険法に基づく高年齢求職者給付金の支給を受けた場合であっても、当該老齢厚生年金の支給が停止されることはない。

〔問　7〕　厚生年金保険法に関する次の記述のうち、誤っているものはどれか。

A　厚生年金保険法第47条の３第１項に規定するいわゆる基準傷病による障害厚生年金は、当該障害厚生年金の請求があった月の翌月から支給を始める。

B　障害厚生年金の額については、当該障害厚生年金の支給事由となった障害に係る障害認定日の属する月後における被保険者であった期間は、その計算の基礎としない。

C　障害等級２級の障害厚生年金の受給権者が更に障害等級２級の障害厚生年金の受給権を取得した場合において、新たに取得した障害厚生年金が労働基準法第77条の規定による障害補償を受ける権利を取得したことにより、その支給を停止すべきものであるときは、その停止すべき期間、その者に対して従前の障害厚生年金を支給する。

D　障害等級３級の障害厚生年金を受給している者（その権利を取得した当時から引き続き障害等級１級又は２級に該当したことはなかったものとする。）が、その後、新たな傷病を負った。当該傷病に係る初診日において被保険者であり、かつ、当該初診日の前日において保険料納付要件を満たしていた場合であって、当該傷病により障害（障害等級の１級又は２級に該当しない程度のものに限る。以下本肢において「その他障害」という。）の状態にあり、かつ、当該傷病に係る障害認定日以後65歳に達する日の前日までの間において、当該障害厚生年金の支給事由となった障害とその他障害とを併合した障害の程度が当該障害厚生年金の支給事由となった障害の程度より増進したときは、実施機関に対し障害厚生年金の額の改定を請求することができる。

E　障害手当金は、障害の程度を定めるべき日において、最後に障害等級に該当する程度の障害の状態（以下、本肢において「障害状態」という。）に該当しなくなった日から起算して障害状態に該当することなく３年を経過した障害基礎年金の受給権者（現に障害状態に該当しない者に限る。）である場合であっても、他の要件を満たす限り支給される。

〔問　8〕　厚生年金保険法に関する次のアからオの記述のうち、誤っているものの組み合わせは、後記AからEまでのうちどれか。

ア　保険料納付要件を満たしている被保険者が行方不明となり、その後失踪の宣告を受けた場合、当該失踪者によって生計を維持していた一定の遺族に遺族厚生年金が支給される。

イ　平成15年４月２日生まれの者が、20歳０か月から適用事業所に使用され初めて被保険者となった。その後、28歳０か月の時に初診日がある傷病を負い、30歳６か月で退職し被保険者の資格を喪失し、被保険者となることなく35歳０か月の時に当該傷病により死亡した。この場合、その死亡した者によって生計を維持していた一定の遺族に遺族厚生年金が支給される。なお、当該死亡した者は保険料納付要件を満たしているものとし、障害等級１級又は２級の障害厚生年金の受給権者でないものとする。

ウ　平成 8 年 4 月 2 日生まれの被保険者が令和 5 年 7 月11日に死亡した。この者は平成28年 4 月 1 日の20歳に達したときに国民年金の第 1 号被保険者の資格を取得したが、国民年金の第 1 号被保険者であった期間は国民年金の保険料をすべて滞納していた。その後、令和 3 年 4 月 1 日に就職して厚生年金保険の被保険者の資格を取得し、以後死亡日まで継続して被保険者であった。この場合、死亡した者によって生計を維持していた一定の遺族に遺族厚生年金が支給される。

エ　障害等級 1 級の障害厚生年金の受給権者（厚生年金保険法第58条第 1 項第 4 号に規定するいわゆる長期要件には該当しないものとする。）が死亡したことにより支給される遺族厚生年金の額の計算については、遺族厚生年金の額の計算の基礎となる被保険者期間の月数が300に満たないときは、これを300として計算し、また当該死亡した者が昭和21年 4 月 1 日以前に生まれた者であるときは、生年月日に応じた給付乗率の読み替えを行う。

オ　配偶者以外の者に遺族厚生年金を支給する場合において、受給権者の数に増減を生じたときは、増減を生じた月の翌月から、年金の額を改定する。

A　（アとイ）　　　　B　（アとオ）　　　　C　（イとエ）

D　（ウとエ）　　　　E　（ウとオ）

〔問　9 〕　厚生年金保険法に関する次の記述のうち、正しいものはどれか。

A　被保険者である夫の死亡により、遺族厚生年金の受給権者となった妻が、その権利を取得した当時60歳であった場合は、中高齢寡婦加算として、国民年金法第38条に規定する遺族基礎年金の額に 3 分の 2 を乗じて得た額（その額に50円未満の端数が生じたときは、これを切り捨て、50円以上100円未満の端数が生じたときは、これを100円に切り上げるものとする。）が加算される。

B　配偶者以外の者に対する遺族厚生年金の受給権者が2人以上である場合において、受給権者のうち1人以上の者の所在が1年以上明らかでないときは、その者に対する遺族厚生年金は、他の受給権者の申請によって、その所在が明らかでなくなったときにさかのぼって、その支給を停止する。また、これにより当該遺族厚生年金の支給を停止された者は、いつでも、その支給の停止の解除を申請することができる。

C　遺族厚生年金の受給権者である夫が婚姻をしたときは、当該遺族厚生年金の受給権が消滅するが、その後離婚をしたときは再度受給権が発生する。

D　障害の状態にない子が15歳のときに遺族厚生年金の受給権を取得し、その後17歳の時に障害等級3級に該当する障害の状態になった場合は、20歳に達したときに当該遺族厚生年金の受給権が消滅する。なお、20歳に達するまで引き続き障害等級3級に該当する障害の状態にあったものとする。

E　脱退一時金の額は、被保険者であった期間に応じて、その期間の平均標準報酬額（被保険者期間の計算の基礎となる各月の標準報酬月額と標準賞与額の総額を、当該被保険者期間の月数で除して得た額をいう。）に支給率を乗じて得た額とし、当該支給率は、最終月（最後に被保険者の資格を喪失した日の属する月の前月をいう。以下本肢において同じ。）の属する年の前年8月の保険料率（最終月が1月から6月までの場合にあっては、前々年8月の保険料率）に2分の1を乗じて得た率に、被保険者であった期間に応じて政令で定める数を乗じて得た率とし、その率に小数点以下1位未満の端数があるときは、これを四捨五入する。

〔問　10〕　厚生年金保険法に関する次の記述のうち、誤っているものはどれか。

A　いわゆる合意分割により改定され、又は決定された標準報酬は、当該合意分割に係る標準報酬改定請求のあった日から将来に向かってのみその効力を有する。

B　死亡した者が厚生年金保険の被保険者であったことがない者であって
　　も、その者が離婚時みなし被保険者期間を有することにより老齢厚生年金
　　の受給権者（原則として、保険料納付済期間と保険料免除期間とを合算し
　　た期間が25年以上あるものに限る。）である場合には、その者の一定の遺
　　族に遺族厚生年金が支給される。

C　いわゆる３号分割の対象となる特定期間とは、特定被保険者が被保険者
　　であった期間であり、かつ、その被扶養配偶者が当該特定被保険者の配偶
　　者として国民年金の第３号被保険者であった期間をいい、平成20年４月
　　１日前の期間を含まない。

D　保険給付の受給権者が死亡した場合において、その死亡した者に支給す
　　べき保険給付でまだその者に支給しなかったものがあるときは、その者の
　　配偶者、子、父母、孫、祖父母、兄弟姉妹又はこれらの者以外の３親等内
　　の親族であって、その者の死亡の当時その者と生計を同じくしていたもの
　　は、自己の名で、その未支給の保険給付の支給を請求することができる。

E　第１号厚生年金被保険者期間に基づく保険給付の受給権者が、正当な理
　　由なく厚生年金保険法第98条第３項の規定による届出をせず又は書類そ
　　の他の物件を提出しないときは、保険給付の全部又は一部の支給を停止す
　　ることができる。

国民年金法

〔問　1〕　国民年金法に関する次のアからオの記述のうち、誤っているものの組み合わせは、後記AからEまでのうちどれか。

ア　国民年金法第10章「国民年基金及び国民年金基金連合会」に規定する厚生労働大臣の権限のうち、国民年金基金に係るものは、厚生労働省令の定めるところにより、その全部又は一部を地方厚生局長に委任することができる。

イ　日本の国籍を有しない者であって、出入国管理及び難民認定法に基づく活動として法務大臣が定める活動のうち、本邦に相当期間滞在して、病院若しくは診療所に入院し疾病若しくは傷害について医療を受ける活動又は当該入院の前後に当該疾病若しくは傷害について継続して医療を受ける活動を行うもの及びこれらの活動を行う者の日常生活上の世話をする活動を行うものは、日本国内に住所を有する20歳以上60歳未満の者であっても第1号被保険者とならない。

ウ　海外に居住する20歳以上65歳未満の日本国籍を有する任意加入被保険者が保険料を滞納し、その後、保険料を納付することなく2年間が経過したときは、その翌日に、被保険者資格を喪失する。

エ　20歳に達したことにより第1号被保険者の資格を取得する場合であって、厚生労働大臣が住民基本台帳法第30条の9の規定により当該第1号被保険者に係る機構保存本人確認情報の提供を受けることにより20歳に達した事実を確認できないときは、当該事実があった日から14日以内に、資格の取得の届出を日本年金機構に提出しなければならない。

オ　被保険者又は被保険者であった者が、第3号被保険者としての被保険者期間の特例による時効消滅不整合期間について、厚生労働大臣に届出を行ったときは、当該届出に係る時効消滅不整合期間については、当該届出が行われた日以後、国民年金法第90条の3第1項に規定する学生納付特例期間とみなされる。

A （アとイ）　　　　B （アとエ）　　　　C （イとウ）

D （ウとオ）　　　　E （エとオ）

〔問　2〕　国民年金法に関する次の記述のうち、正しいものはどれか。

　　　A　政府は、毎年、保険料及び国庫負担の額並びに国民年金法による給付に
　　　　要する費用の額その他の国民年金事業の財政に係る収支についてその現況
　　　　及び財政均衡期間における見通しを作成しなければならない。

　　　B　国庫は、当分の間、毎年度、国民年金事業に要する費用に充てるため、
　　　　当該年度における国民年金法による付加年金の給付に要する費用及び同法
　　　　による死亡一時金の給付に要する費用（同法第52条の4第1項に定める
　　　　額に相当する部分の給付に要する費用を除く。）の総額の3分の1に相当
　　　　する額を負担する。

　　　C　保険料の前納は、厚生労働大臣が定める期間につき、6か月又は年を単
　　　　位として、行うものとされているが、厚生労働大臣が定める期間のすべて
　　　　の保険料（既に前納されたものを除く。）をまとめて前納する場合におい
　　　　ては、6か月又は年を単位として行うことを要しない。

　　　D　市町村長（特別区にあっては、区長）は、毎年度、第1号被保険者に対
　　　　し、各年度の各月に係る保険料について、保険料の額、納期限その他厚生
　　　　労働省令で定める事項を通知するものとする。

　　　E　第1号被保険者が保険料を前納した後、前納に係る期間の経過前におい
　　　　て、第3号被保険者となった場合は、原則として、第3号被保険者の種別
　　　　変更の届出が日本年金機構に提出されたときに、前納した保険料のうち未
　　　　経過期間に係る保険料が還付される。

〔問　3〕　国民年金法に関する次の記述のうち、誤っているものはどれか。

A　第1号被保険者は、保険料の法定免除の要件に該当するに至ったときは、速やかに、所定の事項を記載した届書を市町村長（特別区にあっては、区長）に提出しなければならない。ただし、厚生労働大臣が保険料の法定免除の要件に該当するに至ったことを確認したときは、この限りでない。

B　地方税法に定める障害者、寡婦その他の同法の規定による市町村民税が課されない者として政令で定める者であって、当該保険料を納付することを要しないものとすべき月の属する年の前年の所得が135万円以下である者（連帯納付義務者はいないものとする。）から保険料4分の3免除の申請があったときは、厚生労働大臣は、その指定する期間（保険料4分の1免除、保険料半額免除、保険料全額免除の適用を受ける期間及び学生等である期間若しくは学生等であった期間を除く。）に係る保険料につき、既に納付されたものを除き、その4分の3を納付することを要しないものとすることができる。

C　単身者である45歳の第1号被保険者について、令和5年の所得が67万円以下であれば、令和6年7月から令和7年6月まで保険料の納付猶予制度の適用を受けることができる。

D　第1号被保険者が令和4年3月分の保険料の全額免除を受け、これを令和6年4月に追納するときには、追納すべき額に国民年金法第94条第3項の規定による加算は行われない。

E　特定事由（国民年金法その他の政令で定める法令の規定に基づいて行われるべき事務の処理が行われなかったこと又はその処理が著しく不当であったことをいう。）により、保険料全額免除の申請ができなくなったときは、厚生労働大臣にその旨の申出をすることができ、厚生労働大臣は、当該申出に理由があると認めるときは、その申出を承認するものとする。

〔問　4〕　国民年金の被保険者期間に係る保険料納付状況が以下のとおりである者（昭和34年4月12日生まれ）が、65歳から老齢基礎年金を受給する場合の年金額（令和6年度）の計算式として、正しいものはどれか。なお、本問において振替加算を考慮する必要はない。

【国民年金の被保険者期間に係る保険料納付状況】

・昭和54年4月～平成16年3月（300月）…保険料納付済期間

・平成16年4月～平成31年3月（180月）…保険料半額免除期間

・保険料半額免除期間に係る追納はしなかった。

A　816,000円×（300月＋180×3/4）÷480

B　816,000円×（300月＋180×2/3）÷480

C　816,000円×（300月＋60×2/3＋120×3/4）÷480

D　816,000円×（300月＋60×3/4＋120×2/3）÷480

E　816,000円×（300月＋60×1/2＋120×2/3）÷480

〔問　5〕　国民年金法に関する次の記述のうち、正しいものはどれか。

A　昭和36年5月1日以後、国籍法の規定により日本国籍を取得した者（20歳に達した日の翌日から65歳に達した日の前日までの間に日本国籍を取得した者に限る。）その他政令で定める者の日本国内に住所を有していた期間のうち、昭和36年4月1日から昭和61年3月31日までの期間は合算対象期間となる。

B　日本国籍を有する甲（昭和36年4月2日生まれの女性）は、20歳から60歳まで海外に居住し、その期間はすべて合算対象期間であった。また、60歳以降も国民年金に任意加入していなかった。その後、甲が61歳のときに、厚生年金保険の被保険者期間の月数を240か月以上有する乙（昭和33年4月2日生まれの男性）と婚姻し、65歳まで継続して乙に生計を維持され、乙の老齢厚生年金の加給年金額の対象者となっていた場合、甲が65歳になると老齢基礎年金の受給要件に該当するものとみなされ、満額の老齢基礎年金の2分の1に相当する額が支給される。

C 振替加算が行われている老齢基礎年金の受給権者が、配偶者と離婚した場合には、振替加算は行われなくなる。

D 老齢基礎年金及び老齢厚生年金の両方について支給繰上げの請求をすることができるものは、老齢基礎年金又は老齢厚生年金のいずれか一方のみの支給繰上げの請求をすることができる。

E 65歳のときに老齢基礎年金の受給権を取得した者（昭和27年4月2日以降に生まれた者に限る。）が、老齢基礎年金の支給繰下げの申出をしたとき、当該支給繰下げによる老齢基礎年金の額の計算に係る増額率は、最大で84％である。

〔問 6〕 国民年金法に関する次のアからオの記述のうち、誤っているものの組み合わせは、後記AからEまでのうちどれか。

ア 平成15年1月生まれの大学生が20歳に達し第1号被保険者の資格を取得し、学生納付特例の申請を行い、翌年3月までその適用を受けることとなった。その後、20歳6か月のときが初診日である疾病にかかり、22歳0か月のときを障害認定日として、障害等級2級の障害状態となった場合、この者に障害基礎年金の受給権が発生する。なお、この者は障害認定日まで大学を中退していないものとする。

イ 障害基礎年金と同一の支給事由に基づく障害等級3級の障害厚生年金の受給権者が、その後障害状態が悪化し障害等級2級に該当したことから、65歳に達する日の前日までに障害厚生年金の額の改定請求を行い、その額が改定された場合には、いわゆる事後重症による障害基礎年金の請求があったものとみなして、障害基礎年金の受給権が発生する。

ウ いわゆる基準傷病による障害基礎年金は、65歳に達する日の前日までに基準障害と他の障害とを併合して障害等級に該当する程度の障害の状態に該当するに至ったときは、その障害の状態に該当している限り、その請求を65歳に達した日以後に行うこともできる。

エ すべての障害基礎年金は、日本国内に住所を有しないときは、その支給が停止される。

オ　障害等級2級の障害基礎年金を受給している者が、64歳のときに厚生年金保険法に規定する障害等級3級に該当する程度に軽減しその支給が停止された。その後、障害等級3級に該当する状態のまま3年を経過したときには、障害基礎年金の受給権は消滅する。

A（アとイ）　　　　　B（アとウ）　　　　C（イとエ）

D（ウとオ）　　　　　E（エとオ）

〔問　7〕　国民年金法に関する次の記述のうち、正しいものはどれか。

A　第1号被保険者である夫甲、甲を再婚相手とする第1号被保険者である妻乙、乙と乙の前夫との間の実子丙（甲と養子縁組をしていないものとする。）が生計を同じくしている世帯で、甲が死亡した。このとき、甲について、当該死亡日の前日において保険料納付要件を満たしており、乙及び丙が死亡した甲によって生計を維持されていれば、乙と丙に遺族基礎年金の受給権が発生する。なお、甲の死亡当時において、丙は18歳に達する日以後の最初の3月31日が終了していないものとする。

B　令和元年6月から障害等級1級の障害基礎年金を継続して受給している第1号被保険者が、令和4年5月に死亡した。その者の死亡の当時、その者に生計を維持されていた7歳の子がいた場合、その子に遺族基礎年金の受給権は発生しない。なお、死亡した者は国民年金法第89条第2項の規定による保険料を納付する旨の申出をしていないものとする。

C　被保険者又は被保険者であった者の死亡の当時胎児であった子が出生したことにより、被保険者又は被保険者であった者の妻及び子が遺族基礎年金の受給権を取得した場合においては、当該遺族基礎年金の裁定の請求書には妻の名前のみを記載すれば足りるとされている。

D　第1号被保険者である夫、配偶者である妻及び当該夫婦の実子が生計を
同じくしている世帯で、夫が死亡し、妻及び子に遺族基礎年金の受給権が
発生し、妻に支給されることとなった。このとき、妻の申出により遺族基
礎年金の全額が支給停止された場合であっても、子に対する遺族基礎年金
は支給停止されたままとなる。

E　被保険者又は被保険者であった者の妻及び子が遺族基礎年金の受給権を
取得した場合であって、当該妻が再婚した場合には、妻と子の遺族基礎年
金の受給権はいずれも消滅する。

〔問　8〕　国民年金法に関する次の記述のうち、誤っているものはどれか。

A　老齢基礎年金と付加年金の受給権を有する者が遺族基礎年金の受給権を
取得し、遺族基礎年金を受給することを選択したときは、付加年金は、遺
族基礎年金を受給する間、その支給が停止される。

B　老齢基礎年金の受給権を取得したが、その支給を受けたことがない夫が
死亡したときには、一定の要件を満たしていれば、死亡した夫との婚姻関
係が10年以上継続していた65歳未満の妻に対して、寡婦年金が支給され
る。

C　寡婦年金は、夫の死亡について労働基準法の規定による遺族補償が行わ
れるべきものであるときであっても、支給停止されない。

D　死亡一時金の額は、死亡日の属する月の前月までの第1号被保険者とし
ての被保険者期間に係る死亡日の前日における保険料納付済期間の月数、
保険料4分の1免除期間の月数の4分の3に相当する月数、保険料半額免
除期間の月数の2分の1に相当する月数及び保険料4分の3免除期間の月
数の4分の1に相当する月数を合算した月数に応じて、12万円から32万
円の範囲で定められた金額である。

E　第1号被保険者としての被保険者期間に係る保険料納付済期間を6か月
以上有する日本国籍を有する者が、日本国内に住所を有しなくなったこと
により第1号被保険者の資格を喪失した場合であっても、脱退一時金の請
求をすることはできない。

〔問　9〕　国民年金法に関する次の記述のうち、正しいものはどれか。

A　租税その他の公課は、給付として支給を受けた金銭を標準として、課することができない。ただし、老齢基礎年金、障害基礎年金及び付加年金については、この限りでない。

B　障害等級1級の障害基礎年金を受給していた者の障害状態が障害等級2級に軽減したため、当該障害基礎年金を減額改定すべきところ、その事由が生じた月の翌月以降の分として障害等級1級の障害基礎年金の額が支給された場合には、その後に支払うべき障害基礎年金の内払とみなすことはできない。

C　65歳に達し老齢基礎年金と老齢厚生年金の支給を受けている厚生年金保険の被保険者が、67歳のときに障害厚生年金の受給権を取得した場合には、老齢基礎年金と障害厚生年金の併給か、老齢基礎年金と老齢厚生年金の併給かを選択することができる。

D　保険料その他徴収金に関する処分は、社会保険審査会に対して審査請求をすることができる。

E　保険料その他国民年金法の規定による徴収金を徴収し、又はその還付を受ける権利及び死亡一時金を受ける権利は、これらを行使することができる時から2年を経過したときは、時効によって消滅する。

〔問　10〕　国民年金法に関する次の記述のうち、誤っているものはどれか。

A　国民年金基金が解散したときは、当該国民年金基金の加入員であった者に係る年金及び一時金の支給に関する義務を免れる。ただし、解散した日までに支給すべきであった年金又は一時金でまだ支給していないものの支給に関する義務については、この限りでない。

B　国民年金基金の加入員の資格を取得した月にその資格を喪失した者は、その資格を取得した日にさかのぼって、加入員でなかったものとみなされる。

C　国民年金基金が支給する年金及び一時金を受ける権利は、その権利を有する者の請求に基づいて、国民年金基金が裁定する。

D　国民年金基金連合会を設立するには、その会員となろうとする2以上の基金が発起人とならなければならず、当該発起人は、創立総会の終了後遅滞なく、規約その他必要な事項を記載した書面を厚生労働大臣に提出して、設立の承認を受けなければならない。

E　偽りその他不正な手段により給付を受けた者は、3年以下の懲役又は100万円以下の罰金に処する。

別冊5

【暗記 BOOK ご利用時の注意】

　「暗記BOOK」は、この色紙を残したまま、ていねいに抜き取り、ご利用ください。

●抜き取り時のケガには、十分お気をつけください。
●抜き取りの際の損傷についてのお取替えはご遠慮願います。

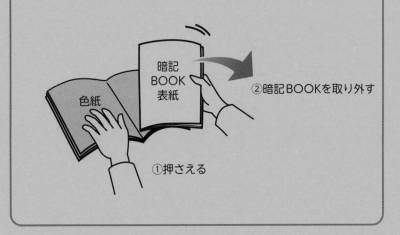

色紙

暗記
BOOK
表紙

②暗記BOOKを取り外す

①押さえる

TAC出版
TAC PUBLISHING Group

最後はコレだけ
暗記BOOK

これでファイナルチェックも
完璧！

CONTENTS

1. 労働契約法制及び労働時間法制の見直しに係る改正総まとめ

2. 最後にココだけ暗記ポイント

　厚生労働大臣の諮問機関である労働政策審議会労働条件分科会では、無期転換ルールに関する見直しと多様な正社員の雇用ルールの明確化等について、また、今後の労働時間法制の在り方に関して検討を行い、その結果を取りまとめた「今後の労働契約法制及び労働時間法制の在り方について（報告）」を公表しました。本報告を踏まえ、労働基準法施行規則等の一部を改正する省令等が**令和6年4月1日**から施行されています。本稿では、これらの主たる内容について解説していきます。

1　労働条件明示事項の追加

　労働基準法15条1項前段の規定に基づき、労働契約の**締結に際し**明示しなければならない労働条件に、「**通算契約期間又は有期労働契約の更新回数の上限**」並びに「**就業の場所及び従事すべき業務の変更の範囲**」が追加されました。改正後の明示事項は以下のとおりです。

（労基則5条1項）

絶対的明示事項	①	労働契約の期間に関する事項
	②	期間の定めのある労働契約（以下「有期労働契約」という。）であって当該労働契約の期間の満了後に当該労働契約を更新する場合があるものの締結の場合は、有期労働契約を更新する場合の基準に関する事項（**通算契約期間又は有期労働契約の更新回数に上限の定めがある場合には当該上限を含む。**）
	③	就業の場所及び従事すべき業務に関する事項（**就業の場所及び従事すべき業務の変更の範囲を含む。**）
	④	始業及び終業の時刻、所定労働時間を超える労働の有無、休憩時間、休日、休暇並びに労働者を2組以上に分けて就業させる場合における就業時転換に関する事項
	⑤	賃金（退職手当及び下記**ⓑ**に規定する賃金を除く。以下⑤において同じ。）の決定、計算及び支払の方法、賃金の締切り及び支払の時期並びに昇給に関する事項
	⑥	退職に関する事項（解雇の事由を含む。）
相対的明示事項	ⓐ	退職手当の定めが適用される労働者の範囲、退職手当の決定、計算及び支払の方法並びに退職手当の支払の時期に関する事項
	ⓑ	臨時に支払われる賃金（退職手当を除く。）、賞与その他これに準ずるもの並びに最低賃金額に関する事項

相対的明示事項	ⓒ	労働者に負担させるべき食費、作業用品その他に関する事項
	ⓓ	安全及び衛生に関する事項
	ⓔ	職業訓練に関する事項
	ⓕ	災害補償及び業務外の傷病扶助に関する事項
	ⓖ	表彰及び制裁に関する事項
	ⓗ	休職に関する事項

注）「**通算契約期間**」とは、同一の使用者との間で締結された２以上の有期労働契約（契約期間の始期の到来前のものを除く。以下この注において同じ。）の契約期間を通算した期間をいう。労働契約法18条１項では、通算契約期間が**５年を超える**労働者が、当該使用者に対し、現に締結している有期労働契約の契約期間が満了する日までの間に、当該満了する日の翌日から労務が提供される**期間の定めのない労働契約の締結の申込み**をしたときは、使用者は当該申込みを承諾したものとみなす、いわゆる**無期転換申込権**を規定している。

　また、その契約期間内に**無期転換申込権が発生する有期労働契約の締結**の場合においては、「**無期転換申込みに関する事項**」及び「**無期転換後の労働条件**」も明示しなければならないものとされました。　　　　　　　　　　　　　　　　　　　　　（労基則５条５項）

注）「**無期転換後の労働条件**」とは、無期転換申込みに係る期間の定めのない労働契約の内容である労働条件のうち前記表中の「①及び③から⑥までに掲げる事項（②を除く**絶対的明示事項**）」並びに「ⓐからⓗまでに掲げる事項（**相対的明示事項**）」である。ただし、「ⓐからⓗまでに掲げる事項（**相対的明示事項**）」については、使用者がこれらに関する**定めをしない**場合においては、この限りでない。

　なお、「**無期転換申込みに関する事項**」並びに「**無期転換後の労働条件のうち①及び③から⑥までに掲げる事項（昇給に関する事項を除く。）**」については、**書面の交付等の方法**により明示しなければなりません。　　　　　　　　　　　　　　（労基則５条６項）

2 雇止めに関する基準の改正

　「有期労働契約の締結、更新及び雇止めに関する基準」の題名が「**有期労働契約の締結、更新、雇止め等に関する基準**」に改められ、新たに下記表の**①**と**⑥**の内容が追加となりました。　　　　　　　　　　　　　　　　　　　　　　　　　　　（令和５年厚労告114号）

①	使用者は、有期労働契約の**締結後**、当該有期労働契約の**変更**又は**更新**に際して、**通算契約期間又は有期労働契約の更新回数**について、上限**を定め**、又はこれを**引き下げ**ようとするときは、あらかじめ、その理由を労働者に**説明**しなければならない。

②	使用者は、有期労働契約（当該契約を３回以上更新し、又は雇入れの日から起算して１年を超えて継続勤務している者に係るものに限り、あらかじめ当該契約を更新しない旨明示されているものを除く。下記④において同じ。）を更新しないこととしようとする場合には、少なくとも当該契約の期間の満了する日の30日前までに、その予告をしなければならない。
③	②の場合において、使用者は、労働者が更新しないこととする理由について証明書を請求したときは、遅滞なくこれを交付しなければならない。
④	有期労働契約が更新されなかった場合において、使用者は、労働者が更新しなかった理由について証明書を請求したときは、遅滞なくこれを交付しなければならない。
⑤	使用者は、有期労働契約（当該契約を１回以上更新し、かつ、雇入れの日から起算して１年を超えて継続勤務している者に係るものに限る。）を更新しようとする場合においては、当該契約の実態及び当該労働者の希望に応じて、契約期間をできる限り長くするよう努めなければならない。
⑥	使用者は、労働基準法15条１項の規定により、労働者に対して労働基準法施行規則５条５項に規定する事項（「**無期転換申込みに関する事項**」及び「**無期転換後の労働条件**」）を**明示**する場合においては、当該事項に関する定めをするに当たって労働契約法３条２項の規定の趣旨を踏まえて**就業の実態に応じて均衡を考慮した事項**について、当該労働者に**説明するよう努めなければならない**。

注）労働契約法３条２項では、「**労働契約は、労働者及び使用者が、就業の実態に応じて、均衡を考慮しつつ締結し、又は変更すべきものとする。**」と規定している。

3 専門業務型裁量労働制の改正

　専門業務型裁量労働制に係る**労使協定**の協定事項に、「対象労働者の本人**同意**を得ること」、「同意をしなかった当該労働者に対して**解雇その他不利益な取扱いをしてはならないこと**」及び「**同意の撤回の手続を定めること**」並びに「本人**同意**及びその**撤回**に関する**労働者ごとの記録を協定の有効期間中及び当該有効期間の満了後５年間（当分の間、3年間）保存**すること」が追加されました。改正後の協定事項は以下のとおりです。

（労基法38条の3,1項、則24条の２の2,3項、則附則71条）

①	業務の性質上その遂行の方法を大幅に当該業務に従事する労働者の裁量にゆだねる必要があるため、当該業務の遂行の手段及び時間配分の決定等に関し使用者が具体的な指示をすることが困難なものとして厚生労働省令で定める業務のうち、労働者に就かせることとする業務（以下 **3** において「対象業務」という。）
②	対象業務に従事する労働者の労働時間として算定される時間
③	対象業務の遂行の手段及び時間配分の決定等に関し、当該対象業務に従事する労働者に対し使用者が具体的な指示をしないこと。

④	対象業務に従事する労働者の労働時間の状況に応じた当該労働者の健康及び福祉を確保するための措置を当該協定で定めるところにより使用者が講ずること。
⑤	対象業務に従事する労働者からの苦情の処理に関する措置を当該協定で定めるところにより使用者が講ずること。
⑥	①から⑤までに掲げるもののほか、厚生労働省令で定める事項 　ⓐ　使用者は、専門業務型裁量労働制により労働者を①に掲げる業務に就かせたときは②に掲げる時間労働したものとみなすことについて**当該労働者の同意を得なければならないこと**及び当該**同意をしなかった**当該労働者に対して**解雇その他不利益な取扱いをしてはならない**こと。 　ⓑ　ⓐの**同意の撤回**に関する手続 　ⓒ　労使協定（労働協約による場合を除き、労使委員会の決議及び労働時間等設定改善委員会の決議を含む。）の有効期間の定め 　ⓓ　使用者は、次のⓘからⓗまでに掲げる事項に関する労働者ごとの記録をⓒの有効期間中及び当該有効期間の満了後5年間（当分の間、3年間）保存すること。 　　ⓘ　④に規定する労働者の労働時間の状況並びに当該労働者の健康及び福祉を確保するための措置の**実施状況** 　　ⓡ　⑤に規定する労働者からの苦情の処理に関する措置の**実施状況** 　　ⓗ　ⓐの**同意及びその撤回**

　なお、**使用者の義務**として、労使協定でその記録を保存することとされた事項（前記表⑥ⓓのⓘからⓗまでに掲げる事項）に関する**労働者ごとの記録を作成**し、協定の有効期間中及びその満了後5年間（当分の間、**3年間**）保存しなければならないことが併せて規定されています。　　　　　　　　　　　　　　　　（労基則24条の2の2の2、則附則71条）

　また、①の対象業務に、「**銀行**又は**証券会社**における**顧客**の**合併**及び**買収**に関する**調査**又は**分析**及びこれに基づく合併及び買収に関する**考案**及び**助言**の業務」（いわゆる**M＆A**アドバイザリー業務）が追加されました。　　　　　　　　　　　（令和5年厚労告115号）

4　企画業務型裁量労働制の改正

（1）労使委員会決議事項の追加

　企画業務型裁量労働制に係る**労使委員会**の**決議**事項に、対象労働者の「**同意の撤回の手続を定めること**」、「使用者は、対象労働者に適用される**評価制度**及びこれに対応する**賃金制度**を変更する場合にあっては、労使委員会に対し、当該変更の内容について**説明を行うこと**」及び「本人**同意の撤回**に関する**労働者ごとの記録**を決議の有効期間中及び当該有効期間の満了後5年間（当分の間、**3年間**）保存すること」が追加されました。なお、企画

業務型裁量労働制においては、本人同意を得ること、同意をしなかった場合の不利益取扱いの禁止及び本人同意に関する労働者ごとの記録の保存については、改正前からすでに労使委員会の決議事項として定められています。改正後の決議事項は以下のとおりです。

（労基法38条の4,1項1号、則24条の2の3,3項、則附則71条）

①	事業の運営に関する事項についての企画、立案、調査及び分析の業務であって、当該業務の性質上これを適切に遂行するにはその遂行の方法を大幅に労働者の裁量に委ねる必要があるため、当該業務の遂行の手段及び時間配分の決定等に関し使用者が具体的な指示をしないこととする業務（以下 **4** において「対象業務」という。）
②	対象業務を適切に遂行するための知識、経験等を有する労働者であって、当該対象業務に就かせたときは当該決議で定める時間労働したものとみなされることとなるものの範囲
③	対象業務に従事する②に掲げる労働者の範囲に属する労働者（以下 **4** において「対象労働者」という。）の労働時間として算定される時間
④	対象業務に従事する対象労働者の労働時間の状況に応じた当該労働者の健康及び福祉を確保するための措置を当該決議で定めるところにより使用者が講ずること。
⑤	対象業務に従事する対象労働者からの苦情の処理に関する措置を当該決議で定めるところにより使用者が講ずること。
⑥	使用者は、対象労働者を対象業務に就かせたときは③に掲げる時間労働したものとみなすことについて当該労働者の同意を得なければならないこと及び当該同意をしなかった当該労働者に対して解雇その他不利益な取扱いをしてはならないこと。
⑦	①から⑥までに掲げるもののほか、厚生労働省令で定める事項 ⓐ 対象労働者の⑥の**同意の撤回**に関する手続 ⓑ 使用者は、**対象労働者に適用される評価制度**及びこれに対応する**賃金制度**を変更する場合にあっては、**労使委員会**に対し、当該**変更の内容**について**説明**を行うこと。 ⓒ 労使委員会の決議の有効期間の定め ⓓ 使用者は、次に掲げる事項に関する労働者ごとの記録をⓒの有効期間中及び当該有効期間の満了後5年間（当分の間、3年間）保存すること。 ㋑ ④に規定する労働者の労働時間の状況並びに当該労働者の健康及び福祉を確保するための措置の**実施状況** ㋺ ⑤に規定する労働者からの苦情の処理に関する措置の**実施状況** ㋩ ⑥の同意**及びその撤回**

　なお、**使用者の義務**として、労使委員会の決議でその記録を保存することとされた事項（上記⑦ⓓの㋑から㋩までに掲げる事項）に関する**労働者ごとの記録**を作成し、決議の有効期間中及びその満了後5年間（当分の間、**3年間**）保存しなければならないことが併せ

て規定されています。 （労基則24条の2の3の2、則附則71条）

(2) 労使委員会の委員の指名等

　労働基準法38条の4，2項1号の規定による労使委員会の委員の指名は、労働基準法41条2号に規定する監督又は管理の地位にある者（**管理監督者**）**以外**の者について行わなければならないこととされていますが、加えて**使用者の意向に基づくものであってはならない**いこととされました。 （労基則24条の2の4,1項）

注）労働基準法38条の4，2項1号では、労使委員会の委員の**半数**については、当該事業場に、**労働者の過半数で組織する労働組合**がある場合においてはその労働組合、労働者の過半数で組織する労働組合がない場合においては**労働者の過半数を代表する者**に厚生労働省令で定めるところにより**任期を定めて指名**されていることを規定している。

　また、使用者は、指名された委員が**労使委員会の決議等に関する事務**を円滑に遂行することができるよう**必要な配慮を行わなければならない**ことが規定されました。

（労基則24条の2の4,7項）

(3) 労使委員会の運営規程に定めるべき事項

　労使委員会の運営規程に定める事項に以下の②から④までが追加されました。

（労基則24条の2の4,4項）

①	労使委員会の招集、定足数及び議事に関する事項
②	**対象労働者**に適用される**評価制度**及びこれに対応する**賃金制度**の内容の**使用者からの説明**に関する事項
③	**制度の趣旨**に沿った**適正な運用の確保**に関する事項
④	**開催頻度**を**6か月以内ごとに1回**とすること。
⑤	上記のほか、労使委員会の運営について必要な事項

(4) 定期報告に係る改正

　労働基準法38条の4，4項の規定による**報告**は、決議の有効期間の始期から起算して**6か月以内に1回**、及びその後**1年以内ごとに1回**、所定の様式により、**所轄労働基準監督署長**にしなければならないこととされました（起算日が「決議が行われた日」から「決議の有効期間の始期」に変更されたほか、「6か月以内に1回、及びその後1年以内ごとに1回」を「6か月以内ごとに1回」に読み替える暫定措置が廃止されました。）。

（労基則24条の2の5,1項、改正前則附則66条の2）

また、報告事項に以下の**③**が追加になりました。　　　　　　　（則24条の2の5,2項）

①	対象労働者の労働時間の状況
②	対象労働者の健康及び福祉を確保するための措置の実施状況
③	**対象労働者の本人同意及びその撤回の実施状況**

5　その他の改正

（1）高度プロフェッショナル制度

　企画業務型裁量労働制に係る労使委員会の規定は、労働基準法41条の2,1項に規定するいわゆる**高度プロフェッショナル制度に係る労使委員会に準用**されますが、前記**4**（3）にかかわらず、高度プロフェッショナル制度に係る労使委員会の運営規程に定めるべき事項は、前記**4**（3）の表中**①**と**⑤**のみになります。　　　（労基則34条の2の3）

　なお、高度プロフェッショナル制度に係る労働基準法41条の2,2項の規定による報告は、**決議の有効期間の始期**から起算して6か月以内ごとに、所定の様式により、所轄労働基準監督署長にしなければならないこととされました（企画業務型裁量労働制と同様に、起算日が「決議が行われた日」から「決議の有効期間の始期」に変更されました。）。

　　　　　　　　　　　　　　　　　　　　　　　　　　　（労基則34条の2の2,1項）

（2）労働時間等設定改善委員会等

　労働時間等の設定の改善に関する特別措置法に規定する労働時間等設定改善委員会の労働者側委員についても、使用者は、同法7条の規定により指名された委員が同条の**決議等に関する事務を円滑に遂行することができるよう必要な配慮を行わなければならない**ものとされました（労働時間等設定改善企業委員会においても同様）。なお、委員の指名は使用者の意向に基づくものであってはならないことは、改正前から既に規定されています。

　　　　　　　　　　　　　　　（労働時間等設定改善則1条1項2号、3条3項、4条）

2. 最後にココだけ暗記ポイント

労働基準法

解雇予告の適用除外

教科書 Part 1 P32

解雇予告の適用除外者	解雇予告が必要となる場合
日日雇い入れられる者	1か月を超えて引き続き使用されるに至った場合
2か月以内の期間を定めて使用される者	所定の期間を超えて引き続き使用されるに至った場合
季節的業務に4か月以内の期間を定めて使用される者	
試の使用期間中の者	14日を超えて引き続き使用されるに至った場合

平均賃金

・算定法（原則）

教科書 Part 1 P46

$$平均賃金 = \frac{算定事由発生日（以）前（直前の賃金締切日以前）3か月間の賃金の総額 - Aの賃金 - Bの期間中の賃金}{同上3か月間の総日数 - Bの期間中の日数}$$

A	B
①臨時に支払われた賃金 ②3か月を超える期間ごとに支払われる賃金 ③労働協約等に別段の定めのない現物給与	①業務上の傷病による療養の休業期間 ②産前産後の休業期間 ③使用者の帰責事由による休業期間 ④育児・介護休業期間 ⑤試の使用期間

割増賃金

・割増率

教科書 Part 1 P77

割増賃金の対象となる労働		割増率
時間外労働	時間外：月60時間以下	25%以上
	時間外：月60時間超え	50%以上
休日労働		35%以上
深夜業		25%以上
時間外労働＋深夜業	時間外：月60時間以下	50%以上
	時間外：月60時間超え	75%以上
休日労働＋深夜業		60%以上

注1）法定休日に8時間を超えて労働したからといっても、それは時間外労働ではなく、あくまで休日労働なので、深夜業に該当しない限り、35%以上のままである。

注2）1日の所定労働時間が8時間で、土曜と日曜が所定休日となっている事業場において、土曜にのみ「休日出勤」した場合は、1週間の法定労働時間（40時間）を超えるものの、1週間に1日の法定休日は確保されているので、時間外労働となり、割増率は、25%以上で足りる。

・割増賃金の基礎となる賃金に算入しないもの

教科書 Part 1 P79

①	**家族手当**（ただし、家族数に関係なく一律に支給されるものは算入）
②	**通勤手当**（ただし、通勤手当のうち一定額が最低額として距離にかかわらず支給される場合の当該一定額は算入）
③	**別居手当**
④	**子女教育手当**
⑤	**住宅手当**（ただし、住宅に要する費用にかかわらず一律に定額で支給されるものや住宅に要する費用以外の費用に応じて算定されるものは算入）
⑥	**臨時**に支払われた賃金
⑦	**1か月**を超える期間ごとに支払われる賃金

年次有給休暇

・**8割以上の出勤率**

 教科書 Part 1 P90

【全労働日の算出式】

雇入れの日から **6か月間**（算定期間） の総暦日数	−	① 所定休日 ② **労働者の責に帰すべき事由によるとはいえない不就労日**であって、当事者間の衡平等の観点から出勤日数に算入するのが相当でないもの 《例》 ・不可抗力による休業日 ・使用者側に起因する経営、管理上の障害による休業日 ・正当な同盟罷業その他正当な争議行為により労務の提供が全くされなかった日 ③ **代替休暇**を取得し、終日出勤しなかった日

【出勤日の算出式（①～⑥の休業日は出勤したものとみなす）】

労働日のうちの 出勤した日 （休日出勤日は含めない）	＋	① **業務上負傷**し又は**疾病**にかかり療養のために休業した期間 ② **育児休業**期間 ③ **介護休業**期間 ④ **産前産後の休業**期間 ⑤ **年次有給休暇取得日** ⑥ **労働者の責に帰すべき事由によるとはいえない不就労日**であって、上記「全労働日の算出式」のうち②に該当しないもの

・**法定付与日数**

教科書 Part 1 P92

勤続年数	0.5年	1.5年	2.5年	3.5年	4.5年	5.5年	6.5年以上
付与日数	**10日**	11日	12日	**14日**	16日	18日	**20日**

労働安全衛生法

選任規模のまとめ

教科書 Part 1 P150、151

・全産業の安全衛生管理体制

業種の区分	人数

業種の区分	10人	50人	100人	300人	1,000人
林業 鉱業 建設業 運送業 清掃業		安全衛生推進者	安全管理者 衛生管理者 産業医		総括安全衛生管理者 安全管理者 衛生管理者 産業医
製造業 電気業、ガス業 熱供給業、水道業 通信業 自動車整備業 機械修理業		安全衛生推進者	安全管理者 衛生管理者 産業医		総括安全衛生管理者 安全管理者 衛生管理者 産業医
各種商品卸売業 家具・建具・じゅう器等卸売業 各種商品小売業 家具・建具・じゅう器小売業 燃料小売業 旅館業、ゴルフ場業		安全衛生推進者	安全管理者 衛生管理者 産業医		総括安全衛生管理者 安全管理者 衛生管理者 産業医
その他の業種		衛生推進者	衛生管理者 産業医		総括安全衛生管理者 衛生管理者 産業医

	10人	50人	100人	300人	1,000人

・請負による建設業・造船業の安全衛生管理体制

業種の区分		人　数		
		20人	30人	50人
建設	ずい道等の建設の仕事 一定の橋梁の建設の仕事 圧気工法による作業を行う仕事			統括安全衛生責任者 元方安全衛生管理者
	主要構造部が鉄骨造又は鉄骨鉄筋コンクリート造の建築物の建設の仕事		店社安全衛生管理者	
	その他の建設業			
造船				統括安全衛生責任者

20人　　　30人　　　50人

※　統括安全衛生責任者が選任された場合において、統括安全衛生責任者を選任すべき事業者以外の請負人でその仕事を自ら行うものは、安全衛生責任者を選任しなければならない。

安全管理者等の要件となる一定の学歴・実務経験等のまとめ

教科書 Part 1 P151

安全管理者	安全衛生推進者	元方安全衛生管理者	店社安全衛生管理者
大学又は高等専門学校			
理科系統正規課程		理科系統正規課程	
2年以上産業安全の実務	1年以上安全衛生 （衛生推進者は衛生） の実務	3年以上建設工事の施工における安全衛生の実務	3年以上建設工事の施工における安全衛生の実務
高等学校又は中等教育学校			
理科系統正規学科		理科系統正規学科	
4年以上産業安全の実務	3年以上安全衛生 （衛生推進者は衛生） の実務	5年以上建設工事の施工における安全衛生の実務	5年以上建設工事の施工における安全衛生の実務
上記以外の学歴（実務経験のみ）			
	5年以上安全衛生 （衛生推進者は衛生） の実務		8年以上建設工事の施工における安全衛生の実務
＋ 厚生労働大臣の定める研修			

検査及び検査証の交付等のまとめ

教科書 Part 1 P161

特定機械等		都道府県労働局長	登録製造時等検査機関	労働基準監督署長		
		製造時等検査	製造時等検査	落成検査	変更検査	使用再開検査
移動式	移動式ボイラー	△	(交)	×	(裏)	(裏)
	移動式第一種圧力容器	△	(交)	×	(裏)	(裏)
	移動式クレーン	(交)	×	×	(裏)	(裏)
	ゴンドラ	(交)	×	×	(裏)	(裏)
移動式以外	ボイラー（移動式を除く。）	△	○	(交)	(裏)	(裏)
	第一種圧力容器（移動式を除く。）	△	○	(交)	(裏)	(裏)
	クレーン（移動式を除く。）	×	×	(交)	(裏)	(裏)
	デリック	×	×	(交)	(裏)	(裏)
	エレベーター	×	×	(交)	(裏)	(裏)
	建設用リフト	×	×	(交)	(交)	×

※　上記の表の「○」は検査、「交」は検査証の交付、「裏」は検査証の裏書を表している。
※　上記の表の「△」は、登録製造時等検査機関が製造時等検査を実施することが困難となったとき等に、都道府県労働局長が検査又は検査証の交付を行うことを表している。

健康診断等の流れのまとめ

教科書 Part 1 P192

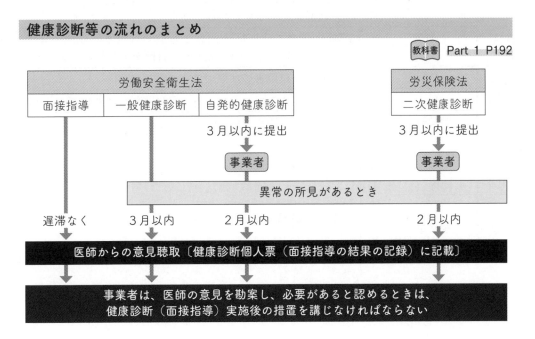

最後はコレだけ暗記BOOK ● 13

労働者災害補償保険法

障害（補償）等給付の併合繰上げ

教科書 Part 1 P243

①	第13級以上に該当する身体障害が2以上あるときは、重い方の障害等級を1級繰り上げる
②	第8級以上に該当する身体障害が2以上あるときは、重い方の障害等級を2級繰り上げる
③	第5級以上に該当する身体障害が2以上あるときは、重い方の障害等級を3級繰り上げる

注）併合繰上げにより障害等級が決定された場合は、その障害等級に応ずる額が支給されるのが原則であるが、「第9級と第13級」の身体障害がある場合のみ、繰り上げた障害等級による額（第8級となりその額は給付基礎日額の503日分）が、各障害等級に応ずる障害（補償）等給付の額の合算額（第9級の391日分と第13級の101日分を合算して492日分）を上回るので、支給額は、この合算額（同492日分）とされる。

遺族（補償）等年金の受給資格者及び受給権者

教科書 Part 1 P252

順位	遺族		労働者の死亡の当時の要件
①	配偶者	妻	労働者の収入によって生計を維持していたこと　60歳以上又は厚生労働省令で定める障害の状態（以下「障害の状態」という）にあること
		夫	
②	子		18歳に達する日以後最初の3月31日（以下「18歳の年度末」という）までの間にあるか又は障害の状態にあること
③	父母		60歳以上又は障害の状態にあること
④	孫		18歳の年度末までの間にあるか又は障害の状態にあること
⑤	祖父母		60歳以上又は障害の状態にあること
⑥	兄弟姉妹		18歳の年度末までの間にあるか又は60歳以上又は障害の状態にあること
⑦	夫		55歳以上60歳未満の者で障害の状態にないものであること
⑧	父母		
⑨	祖父母		
⑩	兄弟姉妹		

遺族（補償）等一時金の受給権者

教科書 Part 1 P257

順位	遺　族
①	配偶者
②	労働者の死亡の当時その収入によって**生計を維持**していた**子、父母、孫及び祖父母**
③	労働者の死亡の当時その収入によって**生計を維持**していなかった**子、父母、孫及び祖父母**
④	兄弟姉妹

障害（補償）等年金差額一時金の受給権者

教科書 Part 1 P247

順位	遺　族
①	労働者の死亡の当時その者と**生計を同じく**していた**配偶者、子、父母、孫、祖父母及び兄弟姉妹**
②	上記①に該当しない**配偶者、子、父母、孫、祖父母及び兄弟姉妹**

中小事業主の特別加入の範囲

教科書 Part 1 P282

事業の種類	使用労働者数
金融業、保険業、不動産業、小売業	常時**50人以下**
卸売業、サービス業	常時**100人以下**
上記以外の事業	常時**300人以下**

労審法による不服申立て

教科書 Part 1 P290

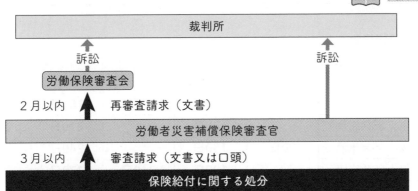

時効の起算日

教科書 Part 1 P292

保険給付	期間	起算日
療養（補償）等給付の療養の給付	なし	（現物給付であるため）
療養（補償）等給付の療養の費用の支給	2年	療養に要する費用を支払った日の翌日
休業（補償）等給付		**労働不能の日**ごとにその翌日
葬祭料等（葬祭給付）		死亡した日の翌日
介護（補償）等給付		介護を受けた月の**翌月の初日**
障害（補償）等年金前払一時金		傷病が治った日の翌日
遺族（補償）等年金前払一時金		死亡した日の翌日
二次健康診断等給付		労働者が一次健康診断の結果を**了知し得る日**の翌日
障害（補償）等給付	5年	傷病が治った日の翌日
障害（補償）等年金差額一時金		障害（補償）等年金の受給権者が死亡した日の翌日
遺族（補償）等給付		死亡した日の翌日
傷病（補償）等年金	**なし**	（請求行為を伴わないため）

雇用保険法

基本手当の所定給付日数

教科書 Part 1 P335、336

・**一般の受給資格者**

算定基礎期間	10年未満	10年以上20年未満	20年以上
全年齢	**90日**	**120日**	**150日**

・**特定受給資格者**

年齢＼算定基礎期間	1年未満	1年以上5年未満	5年以上10年未満	10年以上20年未満	20年以上
30歳未満	90日	**90日**	**120日**	**180日**	―
30歳以上35歳未満		**120日**	**180日**	**210日**	**240日**
35歳以上45歳未満		**150日**		**240日**	**270日**
45歳以上60歳未満		**180日**	**240日**	**270日**	**330日**
60歳以上65歳未満		**150日**	**180日**	**210日**	**240日**

・就職困難者

年齢＼算定基礎期間	1年未満	1年以上
45歳未満	150日	300日
45歳以上65歳未満		360日

延長給付の優先順位

教科書 Part 1 P346

個別延長給付
地域延長給付 　➡　 広域延長給付 　➡　 全国延長給付 　➡　 訓練延長給付

労審法による不服申立て

教科書 Part 1 P397

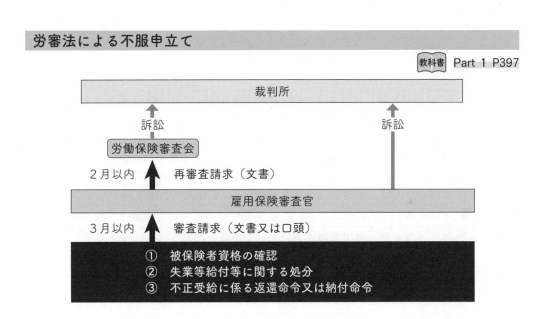

労働保険の保険料の徴収等に関する法律

二元適用事業

教科書 Part 1 P408

①	**都道府県及び市町村**の行う事業
②	都道府県に準ずるもの及び市町村に準ずるものの行う事業
③	港湾労働法に規定する**港湾運送の行為**を行う事業
④	**農林、畜産、養蚕又は水産**の事業（船員が雇用される事業を除く）
⑤	**建設の事業**

有期事業の一括の要件

教科書 Part 1 P414

①	それぞれの事業の事業主が**同一人**であること
②	それぞれの事業が**有期事業**であること
③	それぞれの事業が、労災保険に係る保険関係が成立している事業のうち、**建設の事業**であり、又は**立木の伐採**の事業であること
④	それぞれの事業の規模が、概算保険料を算定することとした場合における概算保険料の額に相当する額が**160万円未満**であり、かつ、建設の事業にあっては、請負金額（消費税等相当額を除く。以下同じ）が**1億8,000万円未満**、立木の伐採の事業にあっては、素材の見込生産量が**1,000立方メートル未満**であること
⑤	それぞれの事業が、他のいずれかの事業の全部又は一部と**同時に行われる**こと
⑥	それぞれの事業が、**労災保険率表**に掲げる事業の種類を同じくすること
⑦	それぞれの事業に係る労働保険料の納付の事務が1の事務所（**一括事務所**）で取り扱われること

下請負事業の分離の要件

教科書 Part 1 P416

①	労災保険に係る保険関係が成立している事業のうち、**建設の事業が数次の請負**によって行われる場合であること
②	下請負人の請負に係る事業の規模が、概算保険料を算定することとした場合における概算保険料の額に相当する額が**160万円以上**、又は、請負金額が**1億8,000万円以上**であること
③	下請負事業の分離につき、元請負人及び下請負人が共同で申請し、**厚生労働大臣の認可**を受けること

継続事業の一括の要件

教科書 Part 1 P416、417

①	それぞれの事業の事業主が**同一人**であること
②	それぞれの事業が**継続事業**であること
③	それぞれの事業が、次のいずれか1のみに該当するものであること（それぞれの事業について成立している保険関係が同じであること） ・労災保険に係る保険関係が成立している事業のうち二元適用事業 ・雇用保険に係る保険関係が成立している事業のうち二元適用事業 ・一元適用事業であって**労災保険**及び**雇用保険**に係る保険関係が成立しているもの
④	それぞれの事業が、労災保険率表に掲げる**事業の種類**を同じくすること
⑤	事業主が当該2以上の事業について成立している保険関係の全部又は一部を1の保険関係とすることにつき申請をし、**厚生労働大臣の認可**を受けること

雇用保険率

教科書 Part 1 P424

種　類	雇用保険率
一般の事業	1000分の**15.5**
農林水産業・清酒製造業	1000分の**17.5**
建設業	1000分の**18.5**

注）農林水産業のうち、季節的に休業し、又は事業の規模が縮小することのない事業として厚生労働大臣が指定する事業（①牛馬育成、酪農、養鶏又は養豚の事業、②園芸サービスの事業、③内水面養殖の事業、④一定の漁船に乗り組むための船員が雇用される事業）の雇用保険率は、**一般の事業**のものが適用される。

行政不服審査法による不服申立て

教科書 Part 1 P458

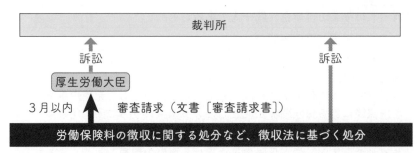

労働保険事務組合の委託事業主の範囲

教科書 Part 1 P461

事業の種類	使用労働者数
金融業、保険業、不動産業、小売業	常時50人以下
卸売業、サービス業	常時100人以下
上記以外の事業	常時300人以下

労務管理その他の労働に関する一般常識

労働契約法

教科書 Part 1 P484

・労働契約の5原則

①	労使対等の原則	労働契約は、労働者及び使用者が対等の立場における合意に基づいて締結し、又は変更すべきものとする
②	均衡考慮の原則	労働契約は、労働者及び使用者が、就業の実態に応じて、均衡を考慮しつつ締結し、又は変更すべきものとする
③	仕事と生活の調和への配慮の原則	労働契約は、労働者及び使用者が仕事と生活の調和にも配慮しつつ締結し、又は変更すべきものとする
④	信義誠実の原則	労働者及び使用者は、労働契約を遵守するとともに、信義に従い誠実に、権利を行使し、及び義務を履行しなければならない
⑤	権利濫用の禁止の原則	労働者及び使用者は、労働契約に基づく権利の行使に当たっては、それを濫用することがあってはならない

障害者雇用促進法

教科書 Part 1 P558

・障害者雇用率等

雇用義務者		障害者雇用率等
一般事業主	一般の民間事業主	100分の2.7（R8.6.30までは100分の**2.5**）
	特殊法人	100分の3.0（R8.6.30までは100分の**2.8**）
国及び地方公共団体		100分の3.0（R8.6.30までは100分の**2.8**）
都道府県に置かれる教育委員会等		100分の2.9（R8.6.30までは100分の**2.7**）

健康保険法

被扶養者の範囲

教科書 Part 2 P33、34

　「被扶養者」とは、次の①〜④に掲げる者で、**日本国内に住所を有するもの**又は外国において留学をする学生その他の**日本国内に住所を有しないが**渡航目的その他の事情を考慮して**日本国内に生活の基礎があると認められるもの**として厚生労働省令で定めるものをいう。ただし、後期高齢者医療の被保険者等である者その他健康保険法の適用を除外すべき特別の理由がある者として厚生労働省令で定める者は、被扶養者とならない。

①	被保険者（日雇特例被保険者又は日雇特例被保険者であった者を含む。以下同じ）の**直系尊属、配偶者**（届出をしていないが、事実上婚姻関係と同様の事情にある者を含む。以下同じ）、**子、孫及び兄弟姉妹**であって、主としてその被保険者により**生計を維持**するもの
②	被保険者の**3親等内の親族**で上記①以外のものであって、その被保険者と**同一の世帯**に属し、主としてその被保険者により**生計を維持**するもの
③	被保険者の**配偶者**で届出をしていないが事実上婚姻関係と同様の事情にあるものの**父母及び子**であって、その被保険者と**同一の世帯**に属し、主としてその被保険者により**生計を維持**するもの
④	上記③の配偶者の**死亡後**におけるその父母及び子であって、引き続きその被保険者と同一の世帯に属し、主としてその被保険者により生計を維持するもの

【3親等内の親族図】

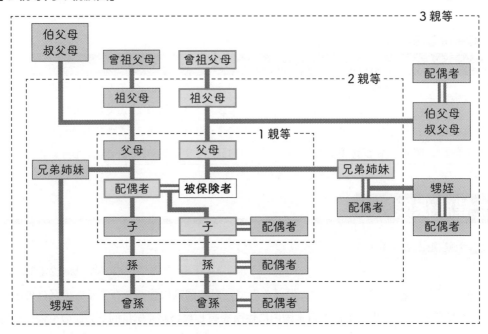

注）□ …生計維持要　■ …生計維持＋同一世帯要

高額療養費

教科書 Part 2 P78、80、81

	所得区分	高額療養費算定基準額（自己負担限度額）	
		世帯合算	多数回該当
70歳未満	標準報酬月額 83万円以上	252,600円＋（医療費－842,000円）×1％	140,100円
	標準報酬月額 53万円以上83万円未満	167,400円＋（医療費－558,000円）×1％	93,000円
	標準報酬月額 28万円以上53万円未満	80,100円＋（医療費－267,000円）×1％	44,400円
	標準報酬月額 28万円未満	57,600円	
	市町村民税 非課税者等	35,400円	24,600円

注）「{医療費－267,000（558,000・842,000）円}×1％」の計算においては、医療費が267,000（558,000・842,000）円未満のときはこれを267,000（558,000・842,000）円とし、1円未満の端数は四捨五入する（下記表においても同じ。）。

	所得区分	高額療養費算定基準額（自己負担限度額）		
		外来療養	世帯合算	多数回該当
70歳以上	一定以上所得者 標準報酬月額 83万円以上	252,600円＋（医療費－842,000円）×1％		140,100円
	一定以上所得者 標準報酬月額 53万円以上83万円未満	167,400円＋（医療費－558,000円）×1％		93,000円
	一定以上所得者 標準報酬月額 28万円以上53万円未満	80,100円＋（医療費－267,000円）×1％		44,400円
	一般所得者	18,000円（年間上限144,000円）	57,600円	44,400円
	市町村民税非課税者等	8,000円	24,600円	―
	判定基準所得がない者		15,000円	―

注）「一定以上所得者」とは、療養の給付又は家族療養費の自己負担割合が100分の30となる者をいう。

高額介護合算療養費

教科書 Part 2 P82

	所得区分	介護合算算定基準額／年額 （自己負担限度額）
70歳未満	標準報酬月額83万円以上	2,120,000円
	標準報酬月額53万円以上83万円未満	1,410,000円
	標準報酬月額28万円以上53万円未満	670,000円
	標準報酬月額28万円未満	600,000円
	市町村民税非課税者等	340,000円

		所得区分	介護合算算定基準額／年額 （自己負担限度額）
70歳以上	一定以上所得者	標準報酬月額83万円以上	2,120,000円
		標準報酬月額53万円以上83万円未満	1,410,000円
		標準報酬月額28万円以上53万円未満	670,000円
	一般所得者		560,000円
	市町村民税非課税者等		310,000円
	判定基準所得がない者		190,000円

社審法による不服申立て

教科書 Part 2 P144

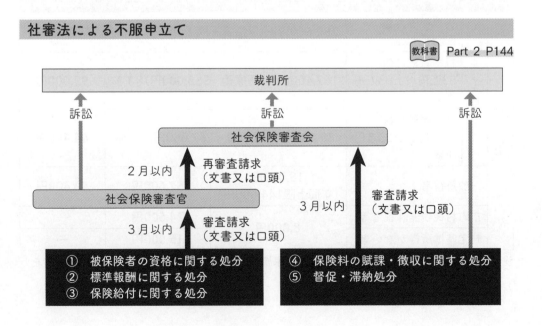

24

時効の起算日

教科書 Part 2 P145

保険給付	起算日
療養費	療養に要した費用を支払った日の翌日
移送費・家族移送費	移送に要した費用を支払った日の翌日
高額療養費	診療月の**翌月の1日**（診療費の自己負担分を診療月の翌月以後に支払ったときは、支払った日の翌日）
高額介護合算療養費	計算期間（前年8月1日からその年の7月31日までの期間）の末日の翌日
傷病手当金	労務不能であった日ごとにその翌日
出産手当金	労務に服さなかった日ごとにその翌日
出産育児一時金・家族出産育児一時金	出産日の翌日
埋葬料・家族埋葬料	**死亡日**の翌日
埋葬費	**埋葬を行った日**の翌日

国民年金法

任意加入被保険者・特例任意加入被保険者の取扱い

教科書 Part 2 P162

	任意加入被保険者	特例任意加入被保険者
付加保険料	納付できる	納付できない
保険料免除	適用されない	
老齢基礎年金の支給繰上げ	できない	

	任意加入被保険者としての被保険者期間	特例任意加入被保険者としての被保険者期間
死亡一時金の支給要件	第1号被保険者としての被保険者期間とみなされる	
寡婦年金の支給要件	第1号被保険者としての被保険者期間とみなされる	算入されない
脱退一時金の支給要件	第1号被保険者としての被保険者期間とみなされる	

申請免除の所得要件のまとめ

教科書 Part 2 P186

		所得の要件	
	対象者		額
全額免除	本人 配偶者 世帯主	単身	67万円
		一般	35万円×（扶養親族等の数＋1）＋32万円
4分の3免除		単身	88万円
		一般	88万円＋38万円（原則）×扶養親族等の数　+40万円
半額免除		単身	128万円
		一般	128万円＋38万円（原則）×扶養親族等の数　+40万円
4分の1免除		単身	168万円
		一般	168万円＋38万円（原則）×扶養親族等の数
学生納付特例	本人のみ		**半額免除**と同じ
納付猶予	本人 配偶者		**全額免除**と同じ

期間短縮の特例

教科書 Part 2 P230、231

・公的年金制度加入期間の特例

生年月日	期間
大正15年4月2日〜昭和2年4月1日	21年
昭和2年4月2日〜昭和3年4月1日	22年
昭和3年4月2日〜昭和4年4月1日	23年
昭和4年4月2日〜**昭和5年4月1日**	24年

・厚生年金被保険者期間の特例

生年月日	期間
昭和27年4月1日以前	**20年**
昭和27年4月2日〜昭和28年4月1日	21年
昭和28年4月2日〜昭和29年4月1日	22年
昭和29年4月2日〜昭和30年4月1日	23年
昭和30年4月2日〜**昭和31年4月1日**	24年

・中高齢者の特例

次の①、②の厚生年金保険の被保険者期間（第1号厚生年金被保険者期間に限る。）について、次表の期間以上である場合。

①	40歳（女子は35歳）に達した月以後の厚生年金保険の被保険者期間
②	35歳に達した月以後の第3種被保険者（坑内員又は船員）又は船員任意継続被保険者としての厚生年金保険の被保険者期間（3分の4倍又は5分の6倍の計算の特例を適用する）

生年月日	期間
昭和22年4月1日以前	**15年**
昭和22年4月2日〜昭和23年4月1日	16年
昭和23年4月2日〜昭和24年4月1日	17年
昭和24年4月2日〜昭和25年4月1日	18年
昭和25年4月2日〜**昭和26年4月1日**	19年

不服申立て

教科書 Part 2 P262

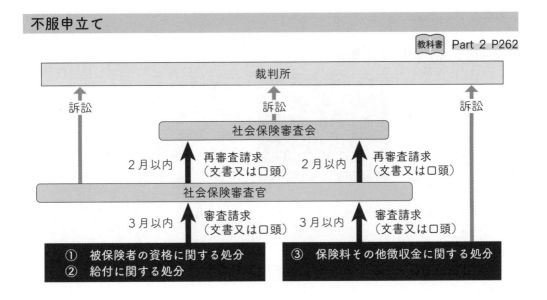

厚生年金保険法

在職老齢年金

教科書 Part 2 P322、323、336、337

・支給停止が行われない場合

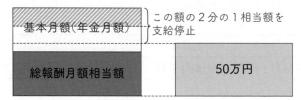

・一部の支給が停止される場合

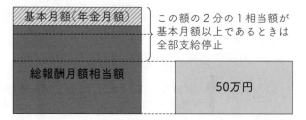

この額の2分の1相当額を
支給停止

・全部の支給が停止される場合

この額の2分の1相当額が
基本月額以上であるときは
全部支給停止

離婚時みなし被保険者期間（被扶養配偶者みなし被保険者期間）の扱い

教科書 Part 2 P373、375

①	当該期間は、老齢厚生年金（老齢基礎年金）の**受給資格期間**や加給年金額の支給要件となる被保険者期間（原則240月）には算入しない
②	当該期間は、額の計算の基礎となる被保険者期間の月数について**300月の最低保障**が行われている**障害厚生年金**については、額の計算の基礎に**算入しない**
③	当該期間は、**遺族厚生年金**の支給要件（**長期要件**※）における「被保険者であった者」としての期間には算入する〔したがって、**厚生年金保険の被保険者でなかった者**であっても、「**離婚時みなし被保険者期間（被扶養配偶者みなし被保険者期間）**」**を有する者**であれば、その者が**死亡**した場合には、長期要件に該当する者の死亡として、その者の遺族に**遺族厚生年金が支給されることがある**〕

※　老齢厚生年金の受給権者〔保険料納付済期間と保険料免除期間とを合算した期間が25年以上（期間短縮の特例あり。以下同じ。）である者に限る。〕又は保険料納付済期間と保険料免除期間とを合算した期間が**25年以上**である者が、死亡したとき。ただし、「保険料納付済期間と保険料免除期間とを合算した期間」が25年以上ない者であっても、（厚生年金保険の）**被保険者期間を（１月以上）有しており**、かつ、保険料納付済期間、保険料免除期間及び**合算対象期間**を合算した期間が25年以上あれば、「保険料納付済期間と保険料免除期間とを合算した期間が25年以上である者」とみなされる。

不服申立て

教科書 Part 2 P397

【第１号厚生年金被保険者に関する処分の不服申立て】

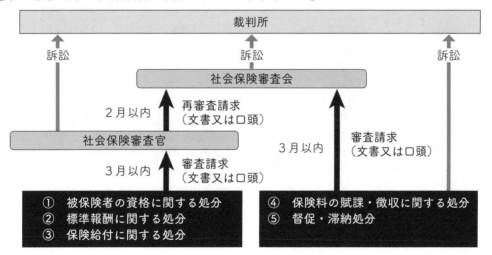

社会保険に関する一般常識

高齢者医療確保法

教科書 Part 2 P421

・後期高齢者医療制度における費用の負担

費用の負担者		負担割合	
公費負担	国	50% (6/12)	**4/12**
	都道府県		**1/12**
	市町村		**1/12**
保険料	被保険者の保険料 （75歳以上の者等の保険料）	50%	（約13％）
	後期高齢者交付金 （75歳未満の者等の保険料）		（約37％）

注）国の「4/12」のうち、「1/12」は調整交付金

介護保険法

教科書 Part 2 P434

・給付費の負担割合

費用の負担者		負担割合	
公費負担	国	50%	**25%**（20％）
	都道府県		**12.5%**（17.5％）
	市町村		12.5%
保険料	第1号被保険者の保険料	50%	約23％
	介護給付費交付金 （第2号被保険者の保険料）		約27％

注）介護給付及び予防給付の負担割合は、原則として国が25％（調整交付金を除くと20％）、都道府県が12.5％であるが、介護保険施設及び特定施設入居者生活介護に係る介護給付及び介護予防特定施設入居者生活介護に係る予防給付の負担割合は、国が20％（調整交付金を除くと15％）、都道府県が17.5％となっている。

児童手当法

教科書 Part 2 P437、438

① 中学校修了前の児童に係る児童手当

児童の年齢	1人当たりの月額
3歳未満	15,000円（一律）
3歳以上小学校修了前	10,000円（当該子が第3子以降の子に該当する場合は15,000円）
小学校修了後中学校修了前	10,000円（一律）

② 中学校修了前の施設入所等児童に係る児童手当

児童の年齢	1人当たりの月額
3歳未満	15,000円（一律）
3歳以上小学校修了前及び小学校修了後中学校修了前	10,000円（一律）

確定拠出年金法

教科書 Part 2 P446、449

【企業型年金掛金の拠出限度額（月額）】

区　分	拠出限度額（月額）
他制度加入者以外	55,000円
他制度加入者	27,500円

【個人型年金掛金の拠出限度額（月額）】

区　分			拠出限度額(月額)
第1号加入者・第4号加入者			68,000円[*1]
第2号加入者	企業型年金加入者以外	下記以外	23,000円[*2]
		他制度加入者・第2号厚生年金被保険者・第3号厚生年金被保険者	12,000円
	企業型年金加入者	他制度加入者以外	20,000円[*3]
		他制度加入者	12,000円[*4]
第3号加入者			23,000円

＊1　国民年金の付加保険料又は国民年金基金の掛金の納付に係る月にあっては、68,000円から当該保険料又は掛金の額（その額が68,000円を上回るときは、68,000円）を控除した額

＊2　中小事業主が中小事業主掛金を拠出する場合は、個人型年金加入者掛金の額と中小事業主掛金の額との合計額

＊3　事業主掛金の拠出に係る月であって、当該事業主掛金の額が35,000円を上回るときは、20,000円から、当該事業主掛金の額から35,000円を控除した額を控除した額

＊4　事業主掛金の拠出に係る月であって、当該事業主掛金の額が15,500円を上回るときは、12,000円から、当該事業主掛金の額から15,500円を控除した額を控除した額